龍樹の遺跡の発見

インド、マンセル・ラームテク遺跡

アニル・クマール・ガイクワード 著
中村晃朗 訳

六一書房

献辞

一九五六年一〇月一四日ナグプール仏教改宗式での歴史的演説にて、ナグプールおよび同地近郊の龍樹窟と、龍族《ナーガ》との関係について喚起せし、歴史家、哲学者にして大革命家たるババサーヒブ・アンベードカル博士に、本書を献ぐ。

祝辞（英語版）

アーリヤ・ナーガールジュナ・シューレイ・ササイ（佐々井秀嶺）大徳

ドクター・アニル・クマール・ガイクワード氏による本研究書は、龍樹大菩薩についての事実に関する大いなる貢献である。古代インド仏教および医学の研究への献身と、この五年間の龍樹への取り組みをみて、氏が龍樹資料の収集にあたって取られた労には甚だ感銘を受けた。

本書がわが協会から―出版第一号たる、ナーランダーにおける「サーリプッタ」発掘の報告書に続き―二番目の書として出版されることは欣快に堪えない。本研究は、龍樹が「古匠《プラーナーチャーリヤ》」の一人であることを証し、科学的な古代インド医学に仏教が果した枢要な役割を確証する一助となることであろう。

全体を通読し、本書の内容が、私自身追究していた龍樹についての、正確な言明であることを認めるものである。龍樹に関わるものとして、著者が指摘した以上のことを見出す余地はないものと思われる。私自身はここ九―一〇年、マンセルの発掘に携わってきた。いやしくも古代インド医学を扱う者には、マンセル・ラームテク、龍樹山そしてヴィダルバ国と龍樹との、近しい関連を認めないような学者、歴史家、考古学者―あるいは作業員であっても―はほとんど稀である。一方で、ナーガールジュナコンダやシルプール、アマラーヴァティーといった他の土地と、龍樹との密接な関係を示さんとする試みがある。私は四—五年におよぶシルプールの探査に加わり、そこでは複数の寺院が発掘された。考古学者や歴史学者は、玄奘の旅行記録に基づいて、龍樹をシルプールに跡付けんとした。その発掘調査の間、私はシルプールにおける踏査を実施し、紀元五世紀—八世紀の遺跡を見出した。それ以前に遡る王朝や宗教的境域の存在を裏付けるいかなる遺跡も見当たらなかったため、それ以上の発掘は打ち切られることとなった。考古学者らが未だに龍樹とシルプールを結びつけようとしていることは驚きである。このような見解は、ミラシ博士の研究に拠るところが大きい。ミラシ氏は玄奘の旅行記を参照して、憍薩羅《コーサラ》国の首都はシルプールであり、龍樹とシルプールとは相関していると考えたのである。

そのミラシ氏はラームテク（ラーマギリ）東面の小山を龍樹山と特定し、またラームテクにはカーリダーサ記念塔のごとく、龍樹の記念塔が建てられるべきだと表明した。そのラームテクの小山は現在、龍樹山とよばれて龍樹がヴィダルバ国にいたことを裏付けるものとなっている。同地はマンセル発掘での発見物によって実証された、サータヴァーハナ王朝の首都である。私はこのことを赤心から人にも説いているのだが、誰も真面目に取ろうとしないことが残念である。私は薬草がふんだんに茂る龍樹山を調査しており、このことは同地が古代アーユルヴェーダの地として、大変重要であったことを物語っている。

龍樹がナーガールジュナコンダにいたということを示す証拠は何もない。サータヴァーハナ朝の最後の首都であったと思しき、アマラーヴァティーあるいはダーニャカタカにも、龍樹がいたという根拠はない。ブッダガヤもしくはバルバル・ヒルにも龍樹がいたという証左はない。対して、ヴィダルバのマンセル・ラームテク地区には多くの考古学遺跡がある。マンセル・ラームテクの領域をつぶさに調べることが、古代の仏教、インド医学史あるいは龍樹の歴史の研究には欠かせないのである。古代の『シンドゥルギリ・マーハートムヤ』という文献ですら、マンセル・ラームテク地域が龍樹の影響下にあることを示唆しているのである。

アーユルヴェーダの薬とその調合用の器具、リンガヤーナの徒の小リンガの祠や―サータヴァーハナ朝の王子による、龍樹斬首の説話に関わる―龍樹像の頭部が発掘されている。玄奘とターラナータも言及する、サータヴァーハナ王朝の建立にかかる宮殿風大寺院も同地にはある。

真実の龍樹史研究は一向に進んでいない。ドクター・アニル・クマール・ガイクワード氏は龍樹史を発見し、それを自身が収集した厖大な資料の裏付けのもと、マンセル・ラームテクと関連づけ、研究を本の形で世に出した。このことは真実の龍樹史と、マンセル・ラームテクと龍樹とのつながりを開展するという意味で、実に慶ばしく嘉すべき挙である。

龍樹―菩薩の肇《はじ》めの誉れ高き偉大な哲学者、化学の父にして「古匠」に関する本研究を齎した、ドクター・アニル・クマール・ガイクワード氏に祝意を表する。

序

プネー、デカンカレッジ大学院大学研究所考古学教授・共同所長
ヴァサント・シンデー博士

ドクター・アニル・クマール・ガイクワード氏による本書『龍樹とマンセル－ラームテクの発見』（原題）は、歴史的および考古学的見地から、伝説的な人物たる龍樹を闡明する報告である。本書は仏教史および考古学を補完する、まことに歓迎すべきものであって、かくも議論の尽きぬ、なおかつ最重要の主題を研究対象に選んだ著者を祝福したいと思う。ドクター・ガイクワード氏の職業は医師であるが、歴史、なかんずく仏教徒が活躍した時代への氏の尽きせぬ探究心と知識とが、この内容の充実した素晴らしい研究を可能ならしめた。かかる書に序文を寄せられることに、満腔の悦びと名誉を覚えるところである。

初期以降の歴史を著述せんとするかつての歴史家の大半は、主として文献記録に多く依拠していたがゆえに、さほど新説を導き出すことはできなかった。そんななか、新たな研究手法を導入した人物は、元デリー大学歴史学教授のR・S・シャルマ氏であり、歴史著述の分野に新しき息吹を起こす、指導的な役割を果たしたのである。氏はグプタ朝時代を扱うにあたって、初めて考古学と文献との両方を典拠として用い、それらを統合することによって全く新しい結論を

下すに至った―グプタ朝時代の歴史を記述するのに、主に文献記録のみに胡坐をかいていたそれ以前の歴史家は、グプタ朝の時代は古代における「黄金時代」だと結論づけていた。しばしば、為政者のお気に召すように誇張して語られている、文学的描写を真に受けたものがこうした結論であった。ところが、考古学的な記録は、グプタ朝時代の貧相な実態を浮き彫りにしたのである。これを受けてシャルマ教授は、「古代インドにおける『黄金時代』などではない」と下したのだ。ドクター・ガイクワード氏は本研究において、この新手法に則り、彼自身文学と考古学との資料を独自に総合することによって、真実に迫ることが可能になった。こうしたことが新生面を拓いており、ついには将来の歴史学と考古学研究のカギともなるであろう。

ドクター・ガイクワード氏はこの著書で、龍樹という高名なる人物の出生地と由来とを辿るべく、きわめて率直かつ赤誠なる努力を傾注している。龍樹について書かれた多種の記録や、先立つ学者達によって提起された多くの仮説を、氏は評価している。本書のなかでは、龍樹の幼年時代や、また彼がいかにして、宗教と薬学の面から大いなる智恵を獲得したかについて、鮮やかな描写が説得力のある筆致で語られる。また智恵の授受を求めての、南インドとヴィダルバ国のここかしこへの龍樹の旅についても、微に入り細を穿って詳述される。ドクター・ガイクワード氏は、龍樹の学問的業績と世間の成り立ちへの淵源なる理解とに光をあてる、多才な人格を初めて描き上げた。けだし、龍樹はインド前史における、宗教哲学、詩学、錬金術、医学に通暁した大学匠であった。龍樹は様々な植物の成分を雑《ま》ぜ合せて、多岐に亘るアーユルヴェーダの薬を調合した。ドクター・ガイクワード氏は各種資料に価値判断を加えた後、ヴィダルバ国が龍樹生誕の地であり、また彼はマンセル・ラームテクに深く関わっていると結論づける。裏付けとなる議論は説得力に富み、早期のヴィダルバ地方の歴史理解に、かくも大きな貢献を成した著者に、祝福を表明するゆえんである。

広範な規模で発掘されたマンセル遺跡から出土した、考古学的な証拠の細述が、本書中第一の見どころであるといえよう。発掘成果の報告書は、未だ出版の日の目を見ていない。ドクター・ガイクワード氏の尽力により、このような重要な研究の成果が白日の下となったからよかったようなもの。さもなくば埋もれたままであったろう。マンセルで発掘された焼成煉瓦の巨きな複合建築は、発掘者らによって王宮とみなされている。しかし、「このいわゆる『王宮』は、実際には雄大なる寺院の合体物である」とするドクター・ガイクワード氏の説に、私は心から賛同したい。このマンセル発掘の建築の構造は、ビハール州のナーランダー大学の複合建築と、多くの点で酷似しているのである。実際はマンセルも同時代の学問の一大根拠地であって、いわゆる「王宮」建築が大学の複合施設でなかったとは少々考えづらい。施設を取り巻く数多の小坊は、学生達に提供されていた可能性がある。マンセルは中央および西インドにおける、重要な学問拠点だったのではなかろうか。将来においてもマンセル研究を継続することを、本書を出版した著者と龍樹菩薩記念研究協会に要望するものである。同地の大規模発掘のみが、過去の真実の姿を開顕するであろう。

同書はまた、地域史の肝要なることをも明らかにしている。かかる今後の探究のみが、国史編纂をも可能にする。本書は本格的な研究者のみならず、一般の読者にとっても有益となろう。ドクター（・ガイクワード）・ロイ氏が、古代インドにおける医療施術、科学および医療器具に関わり深いテーマを引き続き研究して行くことを望む。氏に幸運あらんことを。

緒言

ドクター・アニル・クマール・ガイクワード

博士論文執筆時、古代インド医学の歴史を振り返る機会に恵まれた私は、仏教徒の時代が古代インド医科学にとっての、栄光に満ちた黄金時代であることに思い至った。そしてその私見は、文学的典拠と考古学の遺物とによって勁《つよ》く裏書きされていた。仏教医学の起源というものは、方々に弘まった人類の伝統に根差しており、想像力や神話式の考えが入り込む余地はないものである。何せブッダその人が、植物の各部分を医学の用に供することを奨励し、特別な状況下では外科手術を施すことすら許しているのであるから。

ジーヴァカ、チャラカ、龍樹《ナーガールジュナ》およびヴァーグバッタは、医学における仏教時代の泰斗であった。ジーヴァカはブッダと同時代の人で、彼の業績について私はマラーティー語の小論を書き、すばらしい反響を賜った。インドにおける化学の父と称えられている龍樹に心惹かれたのは、その時のことであった。二〇〇〇年頃、龍樹の探究を開始して、おびただしい資料が手に入った。私がマンセル・ラームテク発掘の報告書を入手したのは、この段階のことである。このことが、龍樹および仏教に関して、龍種族にまつわる考古学と歴史について総浚えする好機となった。私は幾度か同地に足を運び、発掘された遺跡がサータヴァーハナ王朝期に活躍した、龍樹と大いに関連があることを確信するに至った。古代史、考古学の遺物と古代インド医学とを関連づけるべく、写本を総《すべ》て自分で文字に打ち込んだが、往々、新情報が付け加わって、繰り返し打込みをする必要があった。私の素人打込み《タイプ》は杜撰なもので、オーランガバード大学外科学修士課程、ステノ研究室の畏友アショーカ・ダハレーと、同サラスヴァティー・プラカーシャンのヤダヴ氏に、幾度も修正を助けてもらった。

ヴィシュヌ神の架空の化身とみなされることもあるブッダ同様、小児医療に精通したジーヴァカは多才な個性をもち、龍樹もまた―神秘的人間にして、ついには伝説上の人とも目される―スワーミーに描き直されることを免れてはいない。後代の文学があまりに龍樹の原像を変形させてしまったため、歴史上の人物たるべき拠り所は亡失《うしなわ》れ、今やあたかも伝説的人物であるかのごとくである。二〇〇五年、アーリヤ・ナーガールジュナ・シューレイ・ササイ大徳と知り合う機会に恵まれ、師は私の研究に大いに興味を示されて、それを本の形にするための支援をすると約束してくださった。ところが作業も完成に近付いた頃、私は全ての資料を失ってしまった。この出来事は、私の心に深い傷を負わせて無力にしてしまった。その心を再た奮い立たせて執筆に向かうことができたのは、わが親しく近しい友たちの、不断の磬鳴のお蔭であった。こうして資料収集を再開したものの、途中、幾多の障碍に遭遇した。「今は完成に至るまでの、どの段階《ステージ》であるか?」という、支援者の方々からの定期的な問い合わせもあった。こうして再び作業に取り掛かり、おおよそ一年半遅れで本書を読者の手許に届けることができた。オーランガバードのドクター・ババサーヒブ・アンベードカル大学、インド政府考古局オーランガバード支部、およびプネーのデカンカレッジの司書長達と各チームの方々は、必要な資料の閲覧を快く許してくれ、しばしば自身の記憶と新情報からなる示唆を与えてくれた。これらの方々の親切な助力によってのみ、私は資料を適切に配することができたものと信じて疑わない。

ヴィダルバ国について研究する学者達は、ババサーヒブ・アンベードカル博士の歴史的な演説の内容を奉ずることによって、ヴィダルバの原住民族である龍族《ナーガ》の古代の文化的精華、すなわち仏教と龍樹とについてより自覚的になった、と私は実感している。チャンドラナーグ・ナルナワレー氏、プラディープ・メーシュラム博士、そしてH・L・コーサレー氏は、龍樹、そしてヴィダルバとマンセル・ラームテクの仏教文化の価値を不動のものとする、実り多い研究を行った。本著作はこれらの先行研究への付加、あるいは補遺と言うべきものとなるであろう。利用可能な写真から彫刻の概観《スケッチ》をいくつも作成してくれた、オーランガバードの医師評議会医学教授たる、ドクター・マンガラ・ボルカル女史へも感謝を表明したい。

わが精魂を込めしこの浩瀚な研究をものすには、約二年に亘る完全な籠居が必要で、私の子供達チェリーとラシュミーはじめ、家族の世話を担ったのは妻のドクター・レーシャキランである。彼女の献身に対しては、語るべき言葉を辞書に見出すことすらできない。

退職が近づくにつれて多くの病も得た。しかし、厳父のごときダヴァレー、V・D氏のご厚情と、同朋《はらから》のごときアルテー、I・D学長およびモア医学博士の温かき支援の手、そしてアーリヤ・ナーガールジュナ・シューレイ・ササイ上人の祝福とによって、私の病気は鎮静《しずめ》られた。私が研究者であり続けることをお許しくださった、マハトマ・ガンディー伝道会《ミッション》オーランガバード支部のシュリー・アンクシュラオジー・カダム会長にも謝意を表明したい。

本研究を内容の伴ったものとするには、それを支持する根拠を示すことが不可欠であり、寛容にもアーリヤ・ナーガールジュナ・シューレイ・ササイ（佐々井秀嶺）上人は、必要な写真その他の資料をご提供くださった。

また、この私の研究は誰かの批評を経る必要があったが、幸いにもこの分野に卓抜せる考古学者ヴァサント・シンデー教授が、多忙な予定が詰まっているにもかかわらず、本書に目を通して序を寄せる時間を割いてくださった。教授の差し伸べてくださったご助力を、一生涯、恩義として銘記して行く所存である。

わが研究を本として出版するのに、全責任を一身に背負いあらゆる助けの手を差し伸べて下さった、ナグプールの龍樹菩薩記念研究協会会長アーリヤ・ナーガールジュナ・シューレイ・ササイ（佐々井秀嶺）上人と、パワン・シェラレー総書記に対する感謝の念でいっぱいである。

また、マンセルという大いなる仏教遺跡を発掘した、発掘者達とそのチームにも感謝したい。

今、印刷された状態で読者諸賢の手許にある本書は、仏教文献への献身尠《すくな》からぬ、ニューデリーはサンミャク・プラカーシャンのシュリー・シャンティ・スヴァループ・バウッダの考え、経験そして想像力が体現されたものであることを、諸賢は看取せらるるであろう。

本書を完成させるためにあらゆる試行錯誤を行ったが、私が打込みのプロではないことから、看過し得ぬ程に分量の茫漠と人的ミスとが目立ってしまっている。再版の誤植を最小に抑えるためにも、これら全てを海容し、お報せの労をお取りいただけるなら幸いである。

目次

第一章　序　論

龍樹が歴史上実在した人物であったこと、そして仏教と医科学への貢献が卓越していたことについては数々の根拠がある。しかし、時が経つにつれて、龍樹の人生と著作について知るための情報は、次第に曖昧になっていった。彼の素姓は攪乱され、おそらくは別人の「龍樹」達と一緒くたにされて、彼はあたかも神話的人物であるかのようにされてしまった。龍樹についての疑問はいくつもあり、それらの大半は氷解の行く根拠を示すことができるが、わずかな疑問が今日もなお、解消されないままでいる。

一　龍樹は実在した人物か、それとも神話上の人物か
二　どこで生まれたか
三　生没年はいつか
四　両親は誰か
五　龍樹は二人以上いたのか
六　同時代の王は誰か

七　どのようなことに通じていたのか
八　いかに仏教に貢献したか
九　文学への貢献はどうか
一〇　龍樹はナーランダーの学生か教師であったか
一一　他の僧院とはどのような関わりがあったか
一二　龍樹の友人にして支援者であったとされる王は一体誰なのか
一三　龍樹が書いた手紙は、どの王に宛てて書かれたのか
一四　どこで死んだのか

これらが龍樹に関する疑問の一端であり、本書はそのうちのいくつかの答えを見出そうという試みである。手に入る全ての資料を真実と取った場合、龍樹の物語は─龍樹の人生と著作のさらによき理解にとって─あまりに単純化されすぎてしまう。彼はおそらくヴィダルバ国のバラモンの家に生まれたであろう。両親が歳を取ってからの子供であった。幼い龍樹の容態を診たと思しき占星術師の見立てによれば、この子はどうやら、何か手の施しようのない病に侵されて、余命は七日。ただし永ければ七年までは延命できそうだ、と言うのであった。この占星家の診断を受け、息子が七歳になるまで、両親は延命のためにありとある宗教祭祀その他の手段を試したのである。だが、その七年目の終わりに、両親は全ての希望から見放され、息子の死に目を見せつけられるに忍びず、わが子を遠くに遣ってしまうことに決めた。七歳の幼な児は独りぼっち密林に残され、離れた所から召使達がその様子をうかがっていた。するとその児は通り掛かった仏僧に拾われ、住む場所を与えられたのである。きっと当時、龍樹が養育された場所の近くに、仏教寺か僧院があったに相違ない。その僧侶の助言に従い、彼の病はほとんど癒えて、死に脅かされることもなくなった。こうして寺

院にいた時から、龍樹は宗教書と論書の学習に取り組むようになった。彼はいわば執行《しゅぎょう》の立場で寺に仕え、後には衆僧の長となった。薬草とその医学的価値を見出すことにも通達し、さらには薬草のエキスを抽出することも試みた。また種々の化学的処理のために、自身の実験工房を設けた。彼は医学用に植物のエキスを同定していたのみならず、様々な病気治療に応用すべく、金属由来の抽出物を調合する、簡易な手法を編み出さんと実験を開始した。かくして龍樹の名声は、あまねくインドと近隣の諸国に広まった。加えて、彼は古医書『スシュルタ・サンヒター』の編集をも敢行し、これに「ウッタラ・タントラ」という新たな章を追加した。幾何かの化学的処理の成果も上がり、龍樹は死を遅らせ、長寿を保つ効能《ききめ》をもつ薬の調合に成功する。この薬剤は、神話的な古代インド医学史において、神々と悪魔たちによる大洋の攪拌によって獲られたといわれる不死霊薬《アムリタ》にも匹敵するものである。ここから、龍樹の業績と、ヒンドゥー医学体系上の神話的人物たるダヌヴァンタリの仕事とが、大いに関連をもってくるわけである。

龍樹については、ヴィダルバ国で生まれたということを示す、直接・間接の証拠が複数ある。ヴィダルバの歴史はかなり古く、多くの碑文のような名残や仏教遺物が、アショーカ王時代のヴィダルバ国の歴史をも浮き彫りにする。後期のヴィダルバ国は、サータヴァーハナ王朝の統治下に入る。同朝でもまた仏教が庇護され、ヴィダルバにいくつもの寺院が建立されたのである。ヴィダルバ史は、龍樹がサータヴァーハナ王朝期の人物であることを十分に示している。ヴィダルバ地域において、龍樹の名との関連を示す場所はただ一つ――すなわち、現代のラームテクに程近いマンセル村であって、従来マンセル山《テークディー》と称び習わされてきたその場所には、ラームテク近郊仏塔《ストゥーパ》型僧院遺跡および龍樹窟などから成るいくつもの仏教遺跡がある。伝説の示すところに拠れば、そこが彼にちなんで龍樹山とよばれる小山や、龍樹が瞑想をした洞窟であるという。その付近に龍樹の実験工房が、今日まで未発見のまま眠っているということは大いに考えられる。マンセルは紀元一〇世紀頃まで、仏教文化と学修の一大中心地として栄えたが、後代は仏教の凋落と反仏教運動の高まりとともに、自身の基盤を失って、ヒディンバー山という名になってしまった。ヒディンバーとは、アスラ一族の生まれで、ヒディンバの妹である。ヒディンバーとビーマの婚姻については長い物語があり、間にガトートカチャが産まれている。ちなみにビーマは、叙事詩『マハーバーラタ』に登場するパーンダヴァ兄弟の一人である（訳者註：これについては本書第三章で語られている。「ヒディンバーの説話は叙事詩『マハーバーラタ』に語られる。ヒディンバーは羅刹《ラークシャサ》ヒディンバの妹である。ヒディンバーはとても美しかったが、かたやヒディンバは非常に残忍かつ強大で、通りすがった人々が彼の餌食になっていた。ある時、叙事詩『マハーバーラタ』のパーンダヴァ五兄弟が、この森に入った。ヒディンバは妹に、彼らを殺しに行かせた。しかし、ヒディンバーはビーマに懸想し、兄に言い付けられた仕事を忘れてしまった。ビーマはヒディンバを攻撃し、彼を殺した。パーンダヴァ全員が無事にヒディンバの残酷な襲撃から免れたので、パーンダヴァ兄弟達はビーマにヒディンバーと結婚するよう要求し、夫婦にはガトートカチャが生まれた。これがおそらく、この小山がヒディンバー山《テークディー》とよばれている理由であろう。」）。

　仏教の黄金時代とされるアショーカ王時代に続くのはシュンガ王朝の時代であるが、同期には仏教に対して残虐行為が振るわれて、大きな脅威となった。この時期、反仏教運動は残酷の極みに達し、龍樹の尽力がなかったならば、仏教は存続することができなかったであろうと考えられる。龍樹は中道の哲学を鼓吹し、仏像を拝するということの先鞭を付けた。龍樹の時代に仏教中の殿堂《パンテオン》に神々、女神達が幾柱も生まれ、のみならず、その時期ヒンドゥー教徒と仏教徒間での神々の交換すらみられた。さらに龍樹は宗教哲学のみならず、医科学と冶金学にも大貢献しているのである。

　龍樹は文字通りの多才な人物であった。哲学者、詩人、錬金術師であり、そして医科学の大家であった。（律蔵において）ブッダは、様々な植物の根や葉、その他の食用部分を薬用に奨励したが、龍樹はさらに一歩進めて、効果覿面な薬として用いられる多様な植物から、即効性のある成分を配合した。こうして、彼は重要な様々な蒸溜物、昇華物およびこれらを作り出す化学的工程を発明し、高い境地を成就して──一般にサータヴァーハナの王達と考えられている──同時代の王達と良好な関係を保っていた。

龍樹はまた、その化学の知識をもって、水銀や鉄といった金属由来の合剤をいくつも調合した。不断の精進と知識によって、寿命を延ばす効能のある薬剤をいくつも作り出し、この超一流の調合薬をサータヴァーハナ朝の王に献上した。

また、仏教に関する著作の数々が龍樹によるものとされているが、なかんずく、大乗の哲学について書かれたものがその肝を成す。

後年、龍樹はナーランダーの学頭ラーフラバドラが没した時に、新学頭として同地に赴いている。ナーランダーでは、律蔵の定めに従わない数千の比丘を追放して、抜きんでた管理の才を見せつけた。在任中には、大飢饉がナーランダーをも襲ったが、秀れた才覚を発揮して乗り切ることができた。龍樹の時代のナーランダーは一仏教僧院であったが、四世紀になって高名な「ナーランダー大学」としての地位を確立することになる。

後年、龍樹はナーガールジュナコンダとアマラーヴァティーへ移ったといわれる。アマラーヴァティー僧院では石垣を建てている。彼の晩年の日々と最期にまつわる伝説が何種もあるが、どうやらマンセル・ラームテク付近で殺害されたようである。いくつかの典拠によると、龍樹は父王の長命のために王位を継げなくなってしまうことを懼れた、サータヴァーハナの王子によって殺されている。この「王子の王位に対する野心」という龍樹殺害の動機は明瞭簡潔ではあるが、満足な理由であるとはいえない。龍樹の、中観あるいは中道哲学の唱導と菩薩の位の成就とは、インドにおいて十分に、仏教をして民衆の宗教として存《なが》えしめた。彼はヴェーダ文化における、供犠祭祀やバラモンの優位という考え方を好まなかった。これゆえ、反仏教的な運動家達は、サータヴァーハナ王朝のお家騒動を利用したのである。その結果、龍樹は殺害され、サータヴァーハナの王子がこれを殺したのだという粗筋が作り上げられた。マンセルの地は龍樹の助言を得たサータヴァーハナ王朝によって、僧院として発展した。かつてはチベットの僧院の経蔵に、龍樹によって書かれた錬金術書《ラサシャーストラ》や哲学書の写本がいくらもあった。だが不幸なことに、マンセル僧院に対するとどめの一撃は、あらゆる手段でこれを灰塵に帰せしめんと凄絶を極め、その後同地はその痕跡すら留め得なかった。そのほか、そこをヒンドゥー寺院に変えてしまうということすら行われたのである。一二世紀、筋金入りのラーマ帰依者にして信者であったヤーダヴァ朝の王によって、寺院は完全に打ち捨てられた。彼は五エーカー《パンチャクローシ》ごと、全方位にわたる土地で、ラーマのみを信仰するよう命令した。

今日、龍樹について書かれた文献は、チベット、中国、日本で、そしてヨーロッパの学者達の精励によって、英訳にて読むことができる。その文献は残念ながら、翻訳時に幾度も甚だしい変貌を余儀なくされており、そのために龍樹の説話は事実とはかけ離れている。しかるに、龍樹にちなんだ地名や仏教文学、そして古代インド医学に関する文献は、龍樹その人と、彼の医科学に対する貢献について触れているのである。

けだし、「古典籍の文章をわれわれがそのまま素直に解釈するわけにはいかぬものである。なぜなら、その著者とわれわれとは、異なる世界に住んでいるからである。そこには言語習慣および言い慣わしがおよぼす変化、とでもいうべき邪魔者がおり、加えて科学と技術の概念はといえば、根本的に転回してしまっている。哲学的な古典籍と向き合うときに必要なことは、客観的かつ偏見の無い態度を取ることである。その書の複雑な文章も、かつては意味明瞭で理解可能なものであったろうということは、大いに考え得るところである。それを想像の産物だと断じてしまう前に、その叙述が今は失われた、なんらかの社会学的な意図をもっていたと解釈され得る可能性に、思いを致すべきである」[1]。龍樹についての、まるで伝説であるかのような情報についても、同じことがいえる。

「中観派の祖師について、インドの伝統には、伝記的な記録はなんら残っていない。昨今の龍樹に対する視点というものは、古代インド文学と宗教史、文化等のなかの様々な分野に対する複数の視野からの思考でもないし、学者が資料を基にして伝記を編むべく、対象への正当な手続きを踏んで行くというものでもない。ためにその視点は、宗教的な目的のための道具とはなり得ても、龍樹の聖人伝を成すのには、何の役にも立たないのである」[2]。

グラノフ博士曰く、「聖人龍樹は、その幼少期からふつうでなかったという描かれ方をしている。真の師を索ねる彼の足取りは数々の奇跡によって彩られており、終にその使命は、龍樹自身とその人生絵巻を辿る読者の前に明らかとなるのである(3)」。

龍樹について提起された疑問で、謎が深過ぎて妥当な答えを導き出せないというものは、そのうちのたった二、三に過ぎない。龍樹の時代の哲学的、宗教的、さらに、科学的な視野はその差異とは無関係に、混淆し合っていると思しい。龍樹は一箇の多才人―菩薩の位を成就し、ナーランダー僧院の首座となった―と同時に、近代の言葉で言うところの「インド化学の父」とみなされている。

古代インド医学文献は、どれも個性の欠けた、複数の龍樹を筆にする。かくて、その時代も厳密に確定できず、素姓の判然《はっきり》した同時代人についての情報もなく、いずれの龍樹の貢献の具合も同じく議論の余地があるのだ。当たることのできる情報はといえば、多かれ少なかれ、幾度も編集を経ているに相違ない「現代版」のものしか無い。そうして原典としては疑問が多過ぎるか、誤って特定されてしまっているのだ。

ここに、各種文献に描かれている龍樹を、短評とともに示そう。

『ラージャタランギニー(4)』：龍樹

その菩薩は当国におりました。この地の唯一至上の支配者、彼はサダルハードゥヴァナ国に住した、光輝ある龍樹。

第一の波《ターランガー》

龍樹―(紀元一世紀の)仏教徒にして哲学者―は、中央州はベラールの生れである。大乗仏教は小さな違いから、二哲学派に分かれた。一つはすなわち、無著《アサンガ》と世親《ヴァスバンドゥ》という二大哲学者に拠るところの、唯心論的かつ形而上学的な学派（瑜伽行唯識学派）。もう一方が、龍樹―仏教の真の分析的形而上学に結晶する中道、中観派の著述家―の激越な一派。龍樹の力強い分析哲学《クリティーク》は、今日、日本人注釈者らの手によって蘇っている。かの中国の巡礼者、玄奘はカシミールを訪れ、西紀六三一年三月から六三三年四月まで、同地にとどまっている。この玄奘という伝記作者はカシミールにて、己が心に適った齢七〇になる老師―大乗仏教の碩学―を見出し、彼の許で龍樹の著作を学んだことを語っている。人並み外れた徳を具えた老師は、その質実剛健な清廉によって、戒律の定めを遵守していた。同師には天稟の深き智慧あり、その博覧強記は知のあらゆる分野を包摂していた。師の才と炯眼は神懸っており、恵み深い心は諸聖人への慈愛と、教養ある人士への敬意とに盈ちていた。玄奘は躊躇を差し挟まずこの師に質問し、感服・脱帽し、日毎夜毎、熱誠もて同師に学んで、倦むところを知らなかった。

中観派の祖、龍樹の名声は、彼の死後、広く遠くまで拡がったに相違ない。ナーガールジュナにちなむナーガールジュナコンダのグントゥル地区では、仏塔《ストゥーパ》中に仏舎利が見つかっている(5)。

第七の波

（脚註）

ヒンドゥーの若返り術について、アルベルーニ曰く「彼らはかなり独特な―錬金術によく似た―科学を有している。それは『ラサ』すなわち『金』という言葉から成る、ラサヤーナという語でよばれる。その意《こころ》は幾何かの処理、薬、および複合剤に限定された術式、ということであって、ほとんどは植物由来なのである。若返りの道は、望みのない患者に健康を蘇らせ、衰え行く老人に若さを取り戻す。かくて人々は回春するのである。白髪は黒さを取り戻し、若者の機敏さや同棲の能力とともに、感覚の鋭敏が再現される。そして世の人々の生は永きを誇るまでに至るのである。若返り術の第一人者といえば、ソムナート近郊、ダイハク砦の産の龍樹である。彼は当術に熟達し、関連する全般的かつ実質的な文章を含む貴書をものした。龍樹は当代からみて、数百年前頃の人である」(6)。

龍樹に関する『ラージャタランギニー』の描写は、玄奘の旅行記に依拠している。ゆえに、どちらの文献でも、その生地はヴィダルバ国と説かれるのだが、詳細は明記されていない。またその著者は、龍樹は医学の大家で、形而上学の派から出た人であったということを論ずるのである。「第七の波」においては、龍樹は偉大な錬金術師の代表である、というアルベルーニの評が引かれる。これはおそらく「金《ラサ》」もしくは「錬金術書《ラササャーストラ》」に関連しての言であろう。同評はまた、龍樹の生れ故郷がソムナートにほど近いダイハクであることや、また龍樹は晩年をナーガールジュナコンダで過ごした、ということに言及するのである。

レイ、P・Cは語る。

龍樹と彼の同時代人であるサーダヴァーハナの王とは、文学の古典籍のなかにのみ見出される。このサーダヴァーハナは、古代サンスクリット文学に、学問の庇護者としてしばしば登場し、この王朝名を想起させる事物には枚挙に遑がない。バンダルカル（『デカン前代史』）に拠れば、アンドラブリティヤスあるいはサータヴァーハナ王朝は、紀元前七三年から紀元後二一八年頃まで、デカン一帯を統治したという。であれば、もし『ラサラトナカーラ』のサータヴァーハナが古典籍に見えるサーダヴァーハナに等しいならば、龍樹および『ラサラトナカーラ』の年代は、西紀二世紀のどこかに定まるはずである。そして中観哲学の祖たる龍樹と錬金術師たる龍樹とは、同一人物だと考えるべきなのだ(7)。

レイはさらに、「古代インド人にとって、蒸溜と凝縮の手順は、西紀一世紀のはじめには既知のことであった(8)」と付記する。

ドヴィヴェーディ、ヴィシュワナート(9)（一九七七）は『カッチャプタ・シャーストラ』から、幾人もの龍樹についての記述を引いている。

『カッチャプタ・シャーストラ』

vashishthamandavyagurupārshver maya shrutam

ヴァシシュタとマンダヴヤという師と、パールシュヴィより吾聞けり

——「ナーガールジュナ・カッチャプタ」

「ナーガールジュナ・カッチャプタ」に拠れば、著名な錬金達人《ラサシッダ》であるヴァシシュタが、龍樹の師であったという。また二七錬金人《ラサ》の一、聞こえた錬金達人であるマンダヴヤも、龍樹菩薩の師匠筋の一人であった。

Punarnyad pravakshyami manyam yathakrutan（ママ）

それからまた、考慮に入れべき事柄を、ありのまま、私は説こう（？）

——「ナーガールジュナ・カッチャプタ」

ドヴィヴェーディ（一九七七）は、サンスクリット語、パーリ語、チベット語および漢語の文献に記載された八人の龍樹の一覧を載せるが、詳細な記述はそのうちのごく一部にとどまる。

一 第一の「錬金達人」龍樹菩薩
二 龍樹菩薩王
三 『スシュルタ・サンヒター』を補遺編集した龍樹
四 アーナンダカル龍樹
五 龍樹大徳
六 第二の「錬金達人」龍樹
七 第三の「錬金達人」龍樹
八 ナーガールジュナ・ナーゲーシュ

またドヴィヴェーディ曰く、

スシュルタ翁は第二のスシュルタ、すなわち元の『スシュルタ・タントラ』の補遺編集者とはまったくの別人であるといわれる。後代に元の文献は、才ある仏教徒化学者である龍樹によって改筆され、『スシュルタ・サンヒター』とよばれるようになったというのである。こと本書の著者に関するかぎり、諸説紛々としている。スシュルタには、ダヌヴァンタリが主要外科学について講義を施しており、それをスシュルタが本書の中で再説している。しかるに、巻頭の帰敬の辞はブラフマー、ダクシャ、アシュヴィン双神、インドラ、ダヌヴァンタリ、スシュルタその他に献げられている。このことから、スシュルタは—少なくとも現行の形の—本書の著者ではありえない、なぜなら、著者が帰敬辞を自分自身に献ずることは、ありえないからである。またダッラナーチャーリヤの註釈書には、インド医学の伝統説が記されており、そこではスシュルタの元本の改筆・補筆版は、サータヴァーハナの王と同時期の人であったといわれる、天稟ある仏教徒化学者、龍樹に帰せられている。われわれは『スシュルタ・サンヒター』の編輯に関して、仏教徒化学者龍樹にその責を負わせることは避けたい。龍樹は紀元前一世紀頃、カニシカ王と同時代人であったといわれている。おそらく、古代インドには化学者として、二人以上の龍樹が登場しているのであろう。アルベルーニはいう、「龍樹は当代から、数百年前頃の人である」と。(10)

シュリーカンタムルティ(11)(一九八七)は、「龍樹」の名をもつ三人のインド医学の指導的人物について書いている。曰く、「『龍樹』という名称は、古代インドの偉大な三人の科学者に関連している。一、仏僧龍樹。錬金術師でもあった。二、冶金学者、成就者《シッダ》龍樹。そして、三、龍樹大徳、である。学者間では、前二者の素性、時代および著作についての見解はまちまちだが、最後の一人に関しては、多かれ少なかれ、それらは判然共有されている」(12)。彼が提供する情報は詳細である。が、しかし本当に尊重されるべきは確かな事実なのだ。三人の別な龍樹について叙述されているけれども、どうやら混淆されてもいるようである。

『インド医学の指導者達』

一　第一の龍樹、あるいは龍樹比丘

この龍樹の活動時期として最も妥当な線は、紀元前一世紀から紀元後二世紀の時代、であろう。彼はアルジュナの樹の下で産まれ、龍《ナーガ》あるいは蛇等が科学の知識を教授した、それゆえ、龍樹と称されるのだ、といわれる。諸の仏教説話の記録するところでは、長いこと子のいなかったヴィダルバの裕福な婆羅門が、もし一〇〇人の婆羅門を歓待するなら男の子が産まれるであろう、という夢を見た。それを忠実に実行して、彼は息子を授かる。しかし、占星術師達がその子は一週間より永くは生きられないが、もし一〇〇人の比丘を歓待するなら、七年まで延ばすことができると予言し、

これもまた実践される。少年が七歳を迎えるとき、観世音空行世自在大菩薩《アヴァローキテーシュヴァラカサルパナ》がその子の夢に現れ、学問を究めにナーランダーへ行けと教える。少年は健全な熱意をもって、この一流の大学へ向かい、サラーハ・バドラ師の弟子となる。やがて、彼はあらゆる学問の支脈に通暁し、仏教へと導かれていく。当時、仏教や祭式にまつわる教義について論争する論理学者らによって、仏教僧伽《サンガ》は乱脈を極めていた。大導師ブッダの信奉者による、この哀しむべき有様に、龍樹はひどく心を傷めた。何年も、法《ダンマ》の光輝を蘇らすべく尽力を重ね、幾年にも亘って、聖なる仏像に――当時の世の中に受け入れられるよう――大幅な改善を施した。龍樹創始にかかる清新な体系は「大乗」の名で人気を勝ち得、祖師たる龍樹は「菩薩」として認められた。称教家としての刻苦の人生を経、龍樹は南天竺に隠棲し、アーンドラ州のシュリーシャイラの小山に一寺を建立した。彼はこの人里離れた地で錬金術の探究に勤しみ、大成功をみた。その名声は広く遠方まで届き、学者達は陸続と巡礼に来て、弟子となってシュリーシャイラに住居を成した。サータヴァーハナ朝二三代目の王で、同王国の統治をしたヤジュニャシュリー・シャータカルニは、龍樹に惹きつけられること大変篤く、彼を自らの教師かつ友人として遇した。同王は仏法を奉じ、寺院建立に費やすこと、湯水のごとくであった。僧侶達の隠遁所として同王によって建立された、ナーガールジュニ洞窟とよばれる僧院群がシュリーシャイラ山の周縁、およびアジャンターで発見された。この浪費によって国庫が底をついた時、龍樹が錬金術の手順で調えた黄金で、それをいっぱいにしたのだという。このように、龍樹はインドの最初期の錬金術師の一人であり、金属の蒸溜、昇華、焼鉱法、染色、および合金化、黄鉄鉱からの銅抽出や、金属的酸化の医学的利用といった処理法の発明は、一人龍樹上人によるのであったということが、広く認められている。また、龍樹はカッジャーリーすなわち水銀の黒色硫化物を医学に導入した人であるとも認められている。

龍樹は宗教書と科学書の両方を、何冊ものしている。錬金術と冶金学について著されたもののなかでは、『ラサラトナカーラ』が最もよく知られている。同書は、龍樹とサーリヴァーハナ王（サータヴァーハナ朝諸王の異称）と、他の錬金術師ラトナゴーシャとの対話という形式を取っており、ラサヴァーダすなわち解脱を得るための錬金術的方法について提議している。

『スシュルタ・サンヒター』の註釈者、ダッラハナ曰く、「龍樹は元の『サンヒター』を補遺編集し、同書中に「ウッタラ・タントラ」を追加して、現行の形の本と成した。このことに鑑みて、龍樹がアーユルヴェーダにも精通していたであろうことは想像に難くない。以上とは別に、龍樹の名前を冠した書が数冊あるが、その著者が誰であるかは今なお検討の余地がある」[13]。

シュリーカンタムルティが叙述したこの龍樹は、紀元一―二世紀頃の人、ヴィダルバ国生まれのようである。彼の若い時代については、よく知られた伝説に基づいて描かれている。彼は「金《ラサ》」の科学、すなわち「錬金術書《ラサシャーストラ》」の大家となった。おそらく、いくつもの金属を純化する器具や手順の工夫について発見し、それらの医学上の価値を唱導したのであろう。また、参照可能で重要な他の情報としては―ダッラハナが註しているように―龍樹が『スシュルタ・サンヒター』成立に貢献しているということである。唯一、疑義を呈するなら、他の文献に見出すことのできない龍樹とアジャンターとの関連が示唆されているものの、それについて特別説明がないことである。

二　第二の龍樹、あるいは成就者《シッダ》龍樹

西紀六〇〇年頃、龍樹という名の碩学がカルナータカにいた。ジャイナ教文献は、高名なジャイナの哲学者にして医師であるプジュヤパーダの甥（姉妹の子）であるように書いている。若い頃の龍樹は、プジュヤパーダその人によって教育されたという。龍樹はジャイナ教徒の家に生まれたものの、仏教に感ずるところ篤く、仏道を択び取って一比丘と

なったのだという。故郷を発った彼は、巡礼説法師としてインド、ネパール、チベット中を旅して廻った。龍樹はチベットに僧院長として長くとどまり、自身の宗教信仰について多くの書を著した。後年、彼はシュリーシャイラ山までやって来て、龍樹菩薩としての栄光を一身に集めた。そして錬金術を通じた解脱の道である、ラサヤーナの探究に取り掛かった。結果、種々の異なる成就《シッディ》を享け、成就者龍樹として知られるようになった。ペルシアの旅人、アルベルーニが、「当代からみて、数百年前頃の人である」と触れていたのは、おそらくこの龍樹であろう。

彼は錬金の科学を―それについて多くの本をものすことで―進展させた。『ラサカッチャプタ』、『カクシャプタ・タントラ（シッダ・チャームンダー）』が成就者龍樹の名の下に帰せられている。けれども、学者達はさらに他の数冊が、同一人物の手になるものであろうということを表明している。(14)

この龍樹は前述の龍樹とは別の碩学である。著者シュリーカンタムルティがはっきり規定した時代は六世紀。「龍樹」という名称は六世紀当時、おそらく存していたであろう。彼はジャイナ教との関連をもって描かれている。しかるに、彼が仏教を択び取ったということも語られている。彼は錬金術書および錬金術への錬達を得た。残念ながら、彼の生地、晩年、それから同時代の王や最期の日々に関する議論はなおざりにされたままである。そしてまた、彼は成就者龍樹だと考えられているのである。

三　第三の龍樹、龍樹大徳

第三の龍樹は、『ラサ・ヴァイシェーシカ・スートラ』の著者として知られている。「大徳《バダンタ》」の語には「皓々たる白い歯をもつ人」という原義があり、これは蒟醤《キンマ》を噛むことが禁じられていた古代インドの仏僧への一般的呼称である。

K・シャンカラ・メノンは―『ラサ・ヴァイシェーシカ・スートラ』の学問的入門書のなかで―龍樹大徳はケーララの仏僧であった、という説得力溢れる議論を展開している。すなわち、特にナーヤル・カースト共同体出身の可能性が高く、サンスクリット語学とアーユルヴェーダに並外れて造詣が深かった。著書にヴァーグバッタに対する言及がないことに鑑み、また弟子の一人ナラシンハによる註釈書からみるに、龍樹大徳はヴァーグバッタ以前の人、その時代は紀元七世紀の早い時期に絞れるだろうと推測される。

『ラサ・ヴァイシェーシカ・スートラ』

『ラサ・ヴァイシェーシカ・スートラ』はアーユルヴェーダの基本理論の一つ、すなわち「六味《シャドラサ》」について扱っている。「味《ラサ》」の起源、性質、諸のドラヴヤ中に堆積しつつ相関すること、「味」と諸ブータ、「味」同士の組み合せとその変異、および諸ドーシャとダートゥへの作用といった事柄が全て、同書には縷々、明快に綴られている。主だっては、バーダラーヤナの『ブラフマスートラ』に範を採って書かれている。第一章には一七一スートラを収載し、健康と病、食物、運動および気候等が身体におよぼす影響について説明する。第二章は計一二三スートラ。「味」についての全般的詳細にわたる解説に当てられる一方、第四章の七三スートラは嘔吐や下剤による利通といった行為について記す。記述の正確さを増すために、例証が引かれる。この書の価値は非常に高く、同類の書のなかでは最初のものとなるため、一層重大な意義をもつ。

おそらくは龍樹その人の弟子であろうナラシンハの手で、同書に対する学問的なサンスクリット註釈書が著されている。彼の年代は、紀元七―一〇世紀中のどこかであろうと推定されている(15)。

著者シュリーカンタムルティは、この龍樹が実在したとする。「大徳」という呼称は仏教ではよくみかけるものであるし、サータヴァーハナ王朝時代の龍樹を範とする「龍樹」の伝統があったという考えに、間接的ながら与するものであろう。

『インド医学史』

ムコーパディヤーヤ[16]（一九九四）は『インド医学史』という著書のなかで、八人の龍樹について触れている。

一　第一の龍樹。菩薩の化身とみなされている。古代ヒンドゥー的化学との関連は見出しがたい。
二　龍樹菩薩王。ブッダの化身とみなされ、王として描写されるも、おそらく化学には関わっていない。『ラージャタランギニー』（第一七二―一七三頌）。
三　『スシュルタ・サンヒター』を補遺編集した龍樹。
四　アーナンダカル龍樹。医師として有名というわけではない。ダッラハナが言及。
五　龍樹大徳。「味」についての大家。「錬金術書《ラサシャーストラ》」が言及。
六　第二の龍樹、「錬金達人《ラサシッダ》」。「錬金術書」文献が言及。彼も菩薩の化身だとみなされる。
七　第三の龍樹、「錬金達人」。古代インド化学における、重要人物とみなされている。
八　ナーガールジュナ・ナーゲーシュ。高名なる錬金術師にして、『ラサカッチャプタ』の筆者だとみなされている。

ムコーパディヤーヤ（一九九四）の「龍樹」一覧は、ドヴィヴェーディ（一九七七）の一覧に酷似しているが、いくつか情報が付加されている。そのために、元来龍樹は「錬金術書」との関わりで有名だったのであるが、実際のところはいずれの龍樹が化学および医科学に関連をもっていたのかということは、難題となっている。それゆえ、時間が経つとともに付加された情報で、「龍樹」が誰であるのかを解き明かすことはできないのである。

『インド医学の古典的学説』

フィリオザ、J（一九六四）に拠れば、「『龍樹』という名前は―アルベルーニがいうには―一〇世紀のある錬金術師の名前であったが、六世紀の玄奘にとっては、やはりある錬金術と医学の大家のそれであった。それゆえ、今いう医書『スシュルタ・サンヒター』の著者が、カニシカ王の時代より遡る可能性があることの信憑性を、除外するにはおよばないのである[17]」。

パタンジャリ、チャラカおよび龍樹にまつわる疑問点を氷解せしむるべく、フィリオザ（一九六四）が明確にせんとしたのは以下の点である。

文法家パタンジャリ、医師チャラカ、そして仏教の大学匠たる龍樹は、個々別々に存在していた人物である可能性は極めて高く、また二次的資料として、彼らをそれぞれ特定したり、あるいは彼らを同一視させる説話類が存在する。結論としては、われわれがこれらの人物の伝説の存在を証す以前に、すでに彼らの実在は証明されているといえる。この人物達の由来に鑑みるに、（色々な人物に）「龍樹」という名前が付与されるという発想か、もしくはこの名前自体との結び付きがあるかとも思われる。実際、インドにおいては、相手の主張を打ち負かすために、相手を否定するのでなしに、その名前を勝手に名乗ってしまうということはありふれたことなのだ[18]。

龍樹に関する情報は、大乗仏教と錬金術とに関わっており、両者は異質であっていくつもの議論の対象となっている。『シッダ・サーラ』編者は評していう、「龍樹―大乗の高僧にしてサータヴァーハナの王の友―は、『スシュルタ・サンヒター』に『ウッタラ・タントラ』を追補した龍樹ただ一人であったかどうかという論争がある。もしくはクルヌール地区、シュリーシャイラの成就者《シッダ》龍樹等、同名の別人がいたのだろうか。成就者龍樹は錬金術師の学派の祖にして、『カクシャプタ・タントラ』等といった書の著者である。加えてアーンドラおよびカルナータカ地方の―代々大勢の弟子を従えた―『ナーガールジュナーチャーリヤ』の名で知られる他の諸学者や僧侶達、それから東インドには、ナーランダー・ヴィクラマシーラ両大学と関わりをもち、化学等の見識で名声を博した、また別の龍樹がいた[19]」。

同註釈者がさらに言うには、

私が指摘したいのは、タミルナードゥ、カルナータカおよびアーンドラに分布した南の成就者達の学派より出る―中世文献に関する―同地の伝統、歴史、そして地域に固有の言語で書かれた文献資料といったものが、歴史家や医学関係者によってしかるべき博捜も研究も十分にされていないこと、そして同地の伝統、歴史、文献の満足な知識をもたぬ、ヨーロッパおよびインドの学者による推論にせよ結論にせよ、再検討される必要があるということである。医学に関する文献および著作のうちの幾分かは、時の流れ、気候および白蟻による荒廃、あるいは無知、文化破壊のうちのいずれかによって喪われている。調査が徹底しているにもかかわらず、未だ残る資料もどこかへ隠匿されるか、現存していることが知られていないことすらある。時として、アーンドラの彫刻物や写本は、偉大な教師あるいは医学の大家としての龍樹の名前に触れている。『ヨーガシャタカ』と『ヨーガサーラ』の両書もまた、龍樹に帰せられている[20]。

「ヒンドゥーの装いせる仏教の神々」

バッターチャーリヤ、B（一九三〇）は、「ヒンドゥーの装いせる仏教の神々」という論文で、「タントリックな龍樹、あるいは成就者《シッダ》龍樹は、それより遡る中観哲学派の開祖たる龍樹と混同されるべきではない」と語る。また『サーダナマーラー』より珍しい一節を引きつつ、「しかしながら、この一節はわれわれをして、『エーカジャータ・サーダナ』がボータ国出身の龍樹によって請来されたものであろうと推測せしめ、ゆえに彼は全く余所からの移住者であろうと思われるのである。この時代が下っての移住者龍樹の年代を考慮に入れるなら、龍樹という人物の年代について細かい議論をすることは、まだ時期尚早である。手に入る資料からは、龍樹の全盛時代が紀元七世紀の中頃であったことがわかるということで、現時点では十分であろう。[21]」という。

この龍樹の情報は、極めて混乱したものである。若い時代のことや、サータヴァーハナ王朝と同時代の人であることへの言及は皆無である。触れられているのは、彼が「ボータ」―おそらくブータン―から『エーカジャータ・サーダナ』を請来したということである。彼の全盛期は七世紀であった。医学に対する、龍樹の確かな貢献についての情報はない。この「龍樹」には、本著が議論する所の龍樹との相関を示す、いかなる特徴もないのだ。

『聖なる巡礼地ラーマギリーラームテク』

直近二〇年間の諸研究のなかで、グプタ、カヴィター（一九九一）の研究はラームテクの龍樹を、宗教的人格の強いヒンドゥー教徒として描いている。彼女に拠ると、約二二〇〇年前、シンドゥルギリに偉大な瑜伽行者《ヨーギン》が棲んでいた。この成就者たる瑜伽行者は、いくつもの学芸に精通していた。ガダ寺院《マンディル》の東、山々の間に、吉祥《シュリー》龍樹スワーミーの苦行《タパス》のための風光明媚な洞窟がある。龍樹窟の頂上には、シヴァの壮麗な寺院がある。かつて吉祥龍樹スワーミーも、この寺で苦行に励んだのである。……

……龍樹スワーミーの時代には、ラーマギリは種々の薬草で満ちていた。このことについて、ハヌマーンがサンジヴァニの植物のはえる山を運んだ時に、その北側から（植物が）この地に落ちたのだ、それがこの地域で何種類もの薬草が見られる理由である、ここの岩々もまた一方だけ切り落されたかのような表面を呈している、と云う人々もある。……

……吉祥龍樹スワーミーは、医科学における錬金術論書（化学）に通暁していた。彼はヘーマヴァティー明《ヴィドヤー》（錬金術）の達人とみなされていた。ヘーマヴァティー明と化学とは、ナータ派の賜であった。そして龍樹スワーミーは、同派に属する瑜伽行者だったのである。（中略）吉祥龍樹スワーミー窟に至る、とても綺麗な石段が整備されている。洞窟の下には、同じ土地に龍樹が自分自身で調合した薬の実験をしていた工房があった。（中略）龍樹スワーミーはその様々な成就《シッディ》ゆえに、神だと思われていた。シュラーヴァナ月の月曜日ごとに巡礼者達が同地を訪ねにやって来る。その巡礼はシュラーヴァナ月の間中ずっと続くのである。吉祥ラーマチャンドラ神から、吉祥龍樹スワーミーに礼拝が作される。礼拝においては「食施《ナイヴァイドヤ》」という名の一連の行事が、大旗と数々の小旗と演奏を伴った行列とともに供せられる。同様に、深更、吉祥龍樹スワーミーが自身の騎乗した信者らとともに、吉祥ラーマチャンドラ神を拝みにゆっくりと窟のある山へ赴く。この奇瑞は多くの人々に目撃されている。（中略）ヴァイクンティの日には、吉祥ラーマチャンドラ神とラクシュマナ・スワーミーが、吉祥龍樹に逢いに行く。これまた多くの人々の経験したところである。一〇—一五年前には、ヴァイクンティの日の夜更けに、ゴークラ・ダルワーザーの内部に二頭の白馬を繋ぐという伝統が、この小山にはあった。それはあたかも二人の王子のために、両馬が飾られ、調えられているかのようであった。馬達が朝の四時に解放されると、二頭はあたかも長い丘陵を廻ってでもきたかのように、汗でびっしょりに見えたものである。(22)

このカヴィター・グプタ記すところの龍樹説話は、明らかに霊性信仰《スピリチュアリズム》の影響を被った、伝説的なものとなっている。彼女は―「吉祥《シュリー》龍樹スワーミー」という呼称が表すように―ヒンドゥー文化的な龍樹、なる者の人格を認めているのである。また叙事詩『ラーマーヤナ』（訳者註：古代インドを代表する叙事詩。ラーマ王子が、誘拐された妻シーター奪還のため、弟のラクシュマナや猿のハヌマーンらとともに、羅刹《ラークシャサ》の王ラーヴァナを討伐する姿を描く。）のハヌマーンの逸話と、土地の薬草とを関連づける補足も、同じく面白い話だ。この説話は龍樹を、すっかり神話学上の人物と成してしまっている。しかしながら、同研究は龍樹という名の人物がこのヴィダルバ、マンセル、ラームテクの地におり、同地域はあちこちに散在する薬草で満ちみちている、ということを支持するものでもある。

『古代インド医学』

チャクラバルティ、チャンドラ（一九二三）の説では、「されば、『スシュルタ・サンヒター』および『チャラカ・サンヒター』の成立年代がいつかという問題が出てくるわけだが、これを確証をもって決定することは至難の業である。今わかっていることは、偉大なる仏教の学者龍樹が、古い『スシュルタ・サンヒター』を改訂し、それに補足となる節（「ウッタラ・タントラ」）を追加したということである。龍樹はまた、紀元七八年に開かれたカニシカ王の結集にて、導師を務めた。彼はその著書の劈頭、ブラフマー、プラジャーパティ、アシュヴィン双神、インドラおよびダヌヴァンタリと並んで、スシュルタに礼拝を為している。スシュルタが神話的な人物となり、神々の一人に分類されるまでには、きっと数百年は要しているに相違ない(23)」。

ここでこの著者は、龍樹による『スシュルタ・サンヒター』の補遺編集について指摘している。当該説を受け入れるために、彼は本件を扱って行くうえでのごく初歩的な方法を用いている―すなわち、（そう考えないと）筆者スシュルタが同書の啓示を稟《う》けるために、自分自身に礼拝をしていることになってしまうというわけだ。それではあらゆる古代の類書中の表現と、相矛盾したものとなってしまう。

『インド医学』

ジョリー、ジュリアス（一九五一）は龍樹の年代を一世紀と取り、立証するために以下のように書く。「チャラカは仏教徒であったカニシカ王（一世紀頃）の典医であったといわれており、また、同時代の高名な龍樹は、他の医書とともに、『スシュルタ・サンヒター』の増補版を編纂したといわれている。というのも、パータリプトラの柱に刻まれた処方箋が、彼の手に成るものとされているからである(24)」。

『樹と蛇崇拝』

龍樹、仏教、キリスト教に関するファーガソンの発言は、龍樹とその貢献とに光を当てている。

西暦元年を迎える直前、龍樹の影響下に仏教内で大革命が発起した。「龍《ナーガ》」すなわち蛇と、「樹」すなわち彼がその下で産まれたとされるアルジュナ樹との複合語から成る（ワッサリーフ『仏教《ブッディズム》』、二一三頁）彼の名は、甚だ示唆に富むものである。この名前は宗教史全体と関わって来る、最重要なものの一つである。この開祖の年代を、厳密に確定することはできないけれども、かなり狭い範囲まで絞り込むことならできる。ワッサリーフの研究にみえる、チベットのターラナータの書の引用に拠れば、龍樹は紀元前一四年―紀元後二八年の人で、これらの年に従うなら、龍樹はあまり長命していないということになる。だが、彼の年代をより満足に確定することのできる方法がある。龍樹は、北インドとカシミールを統べるタタール王、カニシカによって催行された大結集において、指導者の役割を果たす精神的支柱であった。同王によってマニッキャーラーの地に建立された仏塔中、主要な埋蔵品の周囲で、ローマの執政官《コンスル》の貨幣が何枚も見つかっている。これらの貨幣は前七三―前三三年のものである。また、これらが鋳造されて、大分経ってからそこに納められたとは考えられないことから、カニシカ王による仏塔の建築年は、紀元前三〇年から西暦元年の間である、と特定できるのである。

またファーガソンはいう。

当時、仏教は四つに大別され、一八部派に分かれていた（『アジア研究』、第二〇巻、九二号、二九七頁）。この状況に鑑みて、仏教はむしろ内紛によって分裂したのであり、北方からのかの清新な―タタールの血統の―流入による衝撃なくとも、元々衰退していたのかもしれぬ。同時に東パンジャーブの王ミリンダが、議論で仏僧達を沈黙せしめ、領国内からヒマラヤを越えてラクシラ・タールやマナサロワール湖まで所払いさせたことが知られている。折しも、若き龍樹現れて、その名も高きビハールはナーランダー僧院―インドのモンテ・カッシーノ―の一僧侶であり、自ら古の信仰の復興者をもって任じていた。彼の出会った予言者に拠れば、釈迦牟尼が在世中に発したお言葉は、龍達が聴聞して「人々がその教えを受け入れるに相応しい器となるまで」とこれを書き取り、その住処で自らに銘記したのだという。また龍樹は、龍達からこれらの諸巻を譲り受け、世間に説いていくためにこれを託されたと語っている。このことが全く新たな仏教一派を胎動させた―すなわち、大乗、あるいはM・ジュリアン訳するところの「大きな乗り物《グレイトヴィークル》」（小乗あるいは「小さな乗り物《プチヴィークル》」に対する）である。両者の差異というものは、あらゆる面で

中世キリスト教の福音主義者達の間にあった差異と、軌を一にしているのである。(25)

『バールティーヤ・サンスクリット・コーシャ』

また、『バールティーヤ・サンスクリット・コーシャ』(26)第四部も、二人以上の龍樹について記載している。

一　鳩摩羅什《クマーラジーヴァ》に拠れば、龍樹は南方にて、アルジュナ樹の下で産まれたのだという。龍樹は龍達の援助を受けた。彼はまた、ヴェーダとマントラに通じていた。そのマントラの知識のお蔭で、その身を見えなくすることもできた。龍樹は極めて聡明で、九〇日で三蔵《トリピタカ》の学習を終えた。その後、ある老比丘より大乗のことを教わる。そして龍樹は全インドに、仏教を教え広めたのである。

二　玄奘説（一二七―一六五頁）：龍樹は、サータヴァーハナの王の同時代人にして友人として記述されている。彼はヴィダルバ国のバラモンの家に生まれ、大乗仏教のうちの中観を宣布した。その著作には、迸《ほとばし》る智恵の片鱗が覗く。龍樹は仏教の諸家のなかで、最高の師匠《アーチャーリヤ》とみなされている。幾巻もの述作をものし、例えばサータヴァーハナの王に宛てられた『勧誡王頌《スフルルレーカ》』は大変有名である。また、『バールティーヤ・サンスクリット・コーシャ』はさらに加えて、「仏教の龍樹阿闍梨は、シュリーシャイラ山とは何の関連もなく、すなわち別に『成就者《シッダ》龍樹』とよばれる人物がいたのである。『龍樹』には他にも、『聖《アーリヤ》龍樹』や『龍樹菩薩』（サーフ、N・K、『オリッサの仏教』一九五八）等として認められる人物もいる」という。

三　永きに亘り、大乗の徒龍樹と、化学の龍樹とは同一人物と信じられてきた。しかしながら、哲学思想家達のほとんどは、別人説を採っているのである。このために、化学の龍樹は成就者龍樹として認知されているのである。彼は南方、サチの産である。彼はタントラ仏教に秀で、また女神ターラーの信奉者であった。この龍樹は一聖人より、錬金術《ラサヤーナ》の論書《シャーストラ》と孔雀明咒《マユーリヴィドヤー》の知識を授かっている。彼は化学に革命をもたらした人物だと考えられている。卑金属から、多くの鉱物と貴金属を抽出しており、また、多くの金属を水銀と合金化することができた。『ラサラトナカーラ』という専門書を著し、そのなかで、様々な化学的処理と、種々の器具とについて記述している。

　伝説に拠れば、服した人間が不死を得る霊薬を調合している。しかしながら、インドラ神の教示に従い、それを破斥したのだという。龍樹はナーランダー大学の首座であったが、それが仏教徒龍樹であったか、それとも成就者《シッダ》龍樹であったか確言することは難しい。

　また他にも、これら奇妙な歴史的合致はキリスト教と仏教との間にも存し、驚異的ともいうべき稀有な例を示している。仏教は、その開祖の入滅から三世紀の間というもの、部派に分かれて争鳴した。そして、それらは後世に伝承されこそすれ、ある時は愛受され、またある時は迫害されて、その後、人々の間に広がりをみせはしなかったのである。ブッダの時代より三〇〇年後、アショーカ王が仏教のために行ったことは、コンスタンティヌス帝がキリスト教のために行った事蹟と軌を一にしていた。彼は仏教を国教として採用し、その改宗の熱誠をもって、伝道の支援に尽くした。また、ブッダから六〇〇年後には、ちょうど、聖ベネディクトとグレゴリウス大教皇が西洋の信仰のために成した偉業―すなわち、全聖職団《ヒエラルキー》と教理《ドクトリン》を備えた教会の創建―と同じことを、龍樹とカニシカ王が東方世界で行った。

「龍樹師の歴史的素描」

シャストリ、V・V・クリシュナは幾分異なる龍樹の記録について書いている。すなわち、一五世紀のガウラナによる『ナヴァナータ・チャリタ』というテルグ語文献は、マーラヴァ王の娘由来の月《チャンドラ》氏《ヴァンシャ》の血統もつナレーンドラジットの許に、成就者龍樹王子が生まれた、という情報を提供している。続いて、彼は高名な「錬金達人《ラサシッダ》」ゴーラクナートに弟子入りし、様々な科学を学んでいる。それから、龍樹王子は彼自身の名にちなんだ「龍樹」という同名の弟子を育て、種々の薬の製作、マニマントラ（金剛乗《ヴァジュラヤーナ》？）、ヨーガ論書やその他の秘儀、またアニマ、ラギマ、ガリマ、マヒマ等の九成就《シッディ》に、錬金の科学（水銀を主成分とする医学的配合）を彼に教えている。後年、彼、龍樹王子は、自らの代理として、弟子をアーンドラに遣わしている。

成就者龍樹は、ラサヴァーダ（錬金術）の知識によって、金を産み出す大錬金術師として、あまねく高名を馳せた。龍樹は自身の錬金術研究工房の立ち上げにとって便の良い地をたずねて、お付きの弟子達とともにシュリー山《パルヴァタ》へと赴く。そして、遂にクリシュナ河左岸に位置する、ナルゴダ地区のイェッレースワラームを探し当てるのである。そこは彼の研究に最適な土地で、「九つの城塞、九つの浴場、九つのバイラヴァ、九つのナンディ有り」、豊かな森に囲まれているのであった。龍樹は工房をつくり、大勢の弟子達を助手として、薬を精製し、また水銀を金へと変じていたのであった。

著者が一九六一—六五年にイェッレースワラームで行った一連の発掘調査において、マーダヴァ寺院と、イェッレースワラームの南西の方角に位置する要塞化された一帯が発掘された。この発掘で、中世初期の陶器、炭の集積、そして粘土製の坩堝が見つかった。この要塞化地帯は、おそらく成就者龍樹の工房であろう。

さらに、上述のテルグ語文献が伝える所に拠ると、ある時、成就者龍樹が丘陵の周りを経廻っていると、同じ森のなかを、快々として楽しまずに徘徊している王に出会した。その王は、敵との激戦によって自身の王国を失ったということを語り、龍樹の前に平伏して、助けを乞うた。これゆえ、龍樹はその王に「クリシュナ河対岸の丘の上に砦を築くべし」と教唆するとともに、十分な資金を供した。王は龍樹と彼の創建にかかる城砦とを保護していくために、同地を「龍樹」と名付けて、そこに住み着いた。それから、王はクリシュナ河を渡り、イェッレースワラームの北、およびアシュヴァメーダ山の北西にかけての丘陵に跨る―とはいっても、現在のナーガールジュナコンダの谷に当たる同地は、ナーガールジュナサガル・ダムの湖底に沈んでしまっているのであるが―九つの城門を兼ね備えた城砦を築いた。現在、ナーガールジュナコンダの山城は、考古学博物館と再建された大祠堂《マハーチャイトヤ》と、その他の諸寺のある場所がそうだとされているが、そういわれるようになったのは、あくまでナーガールジュナサガル・ダムの湖底に、ナーガールジュナコンダの谷が沈んでしまった後のことである。ともあれ上述のように、ゴーラクナートと同時代人である、成就者《シッダ》龍樹の名にちなんで、こうよばれているのである。(27)

『樹と蛇崇拝』再出

ファーガソン（一八六八）は―あえて総括していえば―仏教をその草創期、最盛期、そしてまた滅亡に至る前の凋落期とに即して、これを概観している。龍樹は、仏教を生かし、これを支え、戒律を改め、そして中道―これによって、仏教は新たな姿をとって生きながらえた―を発見したということで、主要な役割を果たしている。すなわち、龍樹は、仏陀の教えが存亡の瀬戸際に立っていたときに、これをながらえさせる大役を果たしたのである。龍樹ゆえに、仏教が王の庇護を受け、多くの者がふんだんな供養を受け、寺院はインド中のみならず、他国からも学問を求める人士を惹きつけて止まない、大学としての地位を確立するに至ったのである。ファーガソンに拠れば、「インドにおいては、複数の人物が同一名称をもつということは異例なことではない」。

またパタンジャリでさえ、単一の人物として言及されてしまうということがあったものの、フィリオザに拠れば、

複数人のパタンジャリの存在を認めることができるけれども、彼の諸属性は伝説めいたものばかりであるという

問題に、ここでまた際会することになるのである。努力によって、これらの属性のなかから、龍樹に帰せられるものを想起することも可能であろう。それすなわち、例の哲学、錬金術、医学のアンサンブルといった属性である。さて、「龍樹」という名前は、蛇のなかの「白蛇」を意味する（「龍樹」の名のチベット語訳は、*klui sgrub* すなわち蛇のなかの「全き蛇」を意味する）。また、伝説の語るところに拠れば、蛇神シェーシャの化身であるパタンジャリは、蛇の姿で落っこちながら（*pat*）生まれた、それも文法学者のパーニニが合掌（*anjali*）を作していたその両手の中に―と言うのである（ウィルソン、H・H、『サンスクリット語・英語辞典』）。無論、この語源解釈は、言語学のうえでは無価値であるけれども、おそらく歴史的な人物ではないと考えられる文法学者パーニニから、この伝説が膨らんでいるということを、余さず説明しているといえる。このゆえに、あるいは龍樹のように、医師でありかつまた錬金術師でもあるとされるパタンジャリは、仏教の龍樹の分身などではなく（同時に、龍樹とパタンジャリの間を結ぶ錬金術の大家として、シヴァデーヴァセーナがよく引き合いに出されるが、結果として彼は両者との相違を示しながらも、彼らに準ずるという扱いを受けるのである）、すでにみてきたように、一方にはディヴォーダーサとバーラドヴァージャがいて、他方にはスシュルタとアトレーヤ・プナルヴァスがいる、彼らこそその龍樹とパタンジャリという神秘的人格の、分身であったといえるのである。また、チャラカが―同じ蛇神の化身だという属性のために、もしくはただ単純にパタンジャリと同一視されることで―そのパタンジャリと混同されてしまう場合には、龍樹と混同されてしまう可能性もあるわけである。よって、『チャラカ・サンヒター』の改訂者と、『スシュルタ・サンヒター』の改訂者とは、同一人物であろうと考えられる。(28)

パタンジャリと龍樹―冶金学者龍樹は、水銀配合薬によって、化学的結合の知識を進展させた。七世紀の『ハルシャ・チャリタ』は、この龍樹を伝説と関連づけ、また彼がサータヴァーハナの王の友人にして同一人物であると語っている。パタンジャリと龍樹の時代的前後関係ということも、冶金学史上、議論の喧しい問題である。この龍樹のものした『ローハ・シャーストラ』が、パタンジャリの著の最終的な編集よりも早いだろうということは、以下の状況から明らかになる。（一）チャクラダッタによる龍樹の著述の総括では、純鉄かどうかを試す化学的処置は、それを確実にするために二度繰り返されねばならない、といわれているが、一方、シヴァデーヴァセーナによるパタンジャリの著の抜粋に拠れば、パタンジャリは同処置を七度繰り返すべし、として試験している。（二）パタンジャリは「アブラカ・ヴィディ」（雲母精製）という特定の処理において、水銀の注入を行っている。

龍樹がサータヴァーハナ王朝と同時代の人であるという印象《イメージ》は、混迷の霧中に失われてしまったかのようであり、イギリスの考古学者達は、インド内外の遺跡の探査を試みてきた。そして、それらの遺跡はインドにおける仏教文化の、栄光に満ちた過去として聳《そそ》り立っているのである。

龍樹とサータヴァーハナ王朝と、マンセル・ラームテクとのつながりを甦らせようと様々試みられているが、そうした活動の声は、メディアに届くにはまだまだ小さすぎる。インドはマハーラーシュトラ州のマンセル・ラームテク周辺の仏教遺跡の数々と歴史的な龍樹窟とは、何かよくわからない理由から、無視されたままになっているのである。

最近の探査と見解とに拠れば、仏教の歴史はアショーカ王の時代までは遡って調べることができ、その後も王達による庇護は続いたということが確認されている。同地こそが、サータヴァーハナ王朝と同時代に出た龍樹に関連する遺跡であり、龍樹の工房と—彼がここで暗殺されたことから—龍樹の遺骨が見出されるかもしれない他ならぬその舞台として、踏査されねばならぬ場所であるということを、今こそ確信の下に言うことができるだろう。

註

（1）Lama Chimpa. Tibetan account of the activities of Nagarjuna in *Madhyamika Dialectic and the Philosophy of Nagarjuna.*

Publ. Tibetan Institute Publication, Sarnath, 1971, pp.158–161.

（2）Androssov, V.P. Three points of view on Nagarjuna's Hagiography, in *Glimpses of the Sanskrit Buddhist Literature*. Vol. I. Ed. Mishra, K.N. Central Institute of Higher Tibetan Studies. Sarnath, Varanasi, p.39.

（3）Granoff, Ph. Holy Worriors: A preliminary study of some biographies of saints and kings in the classical Indian tradition. *Indian Philosophy*, XII, 1984, pp.297–298.

Cited by Androssov, V.P. Three points of view on Nagarjuna's Hagiography, in *Glimpses of the Sanskrit Buddhist Literature*. Vol. I. Ed. Mishra, K.N. Central Institute of Higher Tibetan Studies. Sarnath; Varanasi, p.40.

（4）*Rajatarangini*: Trans. Pandit, R.S., Sahitya Akademi, 1968.

（5）Ibid: p.185.

（6）Ibid: p.188.

（7）Ray, P.C. *The History of Hindu Chemistry*. Publ. Indian Chemical Society, Calcutta, 1956, p.117.

（8）Ibid: p.80.

（9）Dvivedi Vishwanath: *Bhartiya Ras Sastra*（*Ancient Indian Chemistry with Practical Pharmacy*）. Sharma Ayurved Mandir. Nagpur, 1977, pp.43–48.

（10）Ibid: pp.43–48.

（11）Srikantamurthy, K.R.: Nagarjuna in *Luminaries of Indian Medicine*. Chaukhambha Orientalia, Varanasi, 1987, pp.42–47.

（12）Ibid: p.42.

（13）Ibid: pp.42–45.

（14）Ibid: p.45.

（15）Ibid: pp.45–47.

（16）Mukhopadhyaya, G.N. *History of Indian Medicine*. Munshiram Manoharlal PVT LTD, New Delhi, Vol. III. 3rd Ed. 1994, pp.572–574 and p.681.

(17) Filliozat, J. *The Classical Doctrine of Indian Medicine*. Munshiam Manoharlal, Delhi, 1964, p.19.

(18) Ibid: p.24.

(19) Editor. SIDDHASARA: An unpublished Medical Treatise nearly 1000 years old. *Bull. of the Dept. of Hist. of Med.* Vol. II, 1964.

(20) Ibid: p.160.

(21) Bhattacharya, B. Buddhist Deities in Hindu Garb. *Proceedings and Transactions of the Fifth Indian Oriental Conferernce*. Pub. University of Punjab. Lahore, 1930, p.1277.

(22) Gupta, Kavita. Nagarjuna in *Pavitra Tirth Ramgiri Arthat* (Hindi), Sun Publications, Pune, 1991, pp.77-78.

(23) Chakraberty, Chandra. *Ancient Hindu Medicine*. Publ. Ramchandra Chakraberty, Calcutta, 1923, p. xvii.

(24) Jolly, Julius. *Indian Medicine*. Eng. Trans. Kashika CG, Poona, 1951.

(25) Fergusson, J. *Tree and Serpent Worship*. Illustration of Mythology and Art in India in First and Fourth Century after Christ. Oriental Publisher, Delhi, 1868, pp.64-65.

(26) Bhartiya Sanskruti Kosha, part IV.

(27) Sastry, V.V. Kirshna. The Historical Sketch of Acharya Nagarjuna. Seminar Issue on 'National Seminar on Nagarjuna,' Hyderabad, 2003, pp.23-24.

(28) Fergusson, J. *Tree and Serpent Worship*. Illustration of Mythology and Art in India in First and Fourth Century after Christ. Oriental Publisher, Delhi, 1868, pp.23-24.

第二章　龍樹伝説

歴史資料からみるに、アショーカ王時代が仏教の黄金時代であったことは明々白々である。しかるに、全ての宗教は等しく尊崇され、それでも王による仏教庇護によって、仏教は古代インド他の諸国にまたがる、同王の帝国全土に広まったのである。マウリヤ王朝の凋落後、シュンガ王朝の創始とともに反仏教運動の狼煙が上がり、幾度かの仏典結集を経て、ブッダの元来の法《ダンマ》に変化がもたらされたにもかかわらず、インドから仏教が失われてしまいかねない脅威に襲われた。しかし、そのシュンガ王朝の後、クシャナ王朝時代から一〇世紀にかけて、程度の差こそあれ王達による仏教への庇護は続き、仏教は何世紀にもわたってその命脈を保った。法に加えて、インドの科学史上の遺産に対する、仏僧達の貢献は他に比類がない。仏教文献は、その当時の科学的な業績をも内に含んでいるのである。傑出した内科医であったジーヴァカは、ゴータマ・ブッダと同時代人であったが、彼は真の意味で、インド医学の父とよんでいいだろう。その業績は、近代医学の父たるヒッポクラテスよりも以前になされたものなのである。サータヴァーハナ王朝と同時代の人で、大乗仏教を広宣した龍樹菩薩が歴史上実在した人物であるということは、科学者、人文学者、インド学者、そして考古学者達さえ認めるところである。しかしながら、彼の歴史的記録はといえば、諸の伝説と謎に紛れてしまっているのである。おそらくは長い年月、仏教の衰亡、インドにおける反仏教運動、それから異国からの侵略によって、龍樹本人にまつわる資料や遺物は、インドでは失われるか無視されるようになってしまったのであろう。

現在利用可能な資料は、「再生族（ドヴィジャ）」の言語であったサンスクリット語で書かれたものであり、これらは当時支配的だったバラモン教・ヒンドゥー教に相応しいよう、そうなったに違いない。龍樹の仏教と古代インド医科学への貢献は、疑問の余地なく証されている。しかし、これら全ての事実にかかわらず、龍樹はその出生直後から死に至るまで、伝説に彩られた人物であって、その貢献についても議論に晒されているのが実状である。おそらく、龍樹による仏教の復興と中観哲学の紹介とが多くの人の心を惹いて、彼は第一の菩薩の境涯に達したのであろう。諸伝説がいつから語られはじめたかということは定かではないが、歴史と伝説との混淆によって、その歴史的記述と諸伝説との切り分けが難しくなっていることは確かだ。これら諸伝説が、龍樹の歴史的生涯に光明を投げるものであることは疑いないが、あまりに錯雑してしまっていることから、伝説が本来の歴史的背景を混濁させてしまっているのである。これらは地域固有の影響を被りつつ、また大本の資料と筆者の見解とを含んで、複雑な様相を呈している。伝説の話の主たる典拠としては、チベット、中国、それからインドのものがある。

情報のほとんどは、もともと利用可能な状態であったものか、もしくは原典からの誤訳という問題を乗り越え、学者達が利用できる状態にしたものに依拠している。こうした困難をこえ、龍樹は今日まで伝えられ続けてきた。そして、いくつもの伝説めいた説話こそあれ、仏教とインド科学への彼の貢献は、看過するわけにはいかない。これらを全て証明すべく取り得る科学的方法で迫っていくことは困難を伴うけれども、決して不可能なことではない。よりよい視点から、有益な解釈が再び見出されることが必要であり、新知識の追加は解決に資することこそあれ、問題を増やしたりすることにはならないはずだ。こうした考えを念頭に置いたうえで、以下、めぼしい説話を辿ってみよう。諸原典―これらは重要とみなされているにもかかわらず、幾人かの学者に誤って解釈されてしまっていることもある―に則った詳細な記述を心掛けたつもりである。

（A）ソーマデーヴァの『カター・サリト・サーガラ』[1]

インド文学のなかでは、ソーマデーヴァが『カター・サリト・サーガラ』で記している伝説的な話がおそらくその最古層のものとなるであろうが、龍樹の後半生についてしか描かれていない。話のなかに、複数の目新しい人物が登場するが、どうやら同書では元々は違ったはずの人物や土地の名称が、修正や改変を被っているらしい。以下が著者の言葉で語られた物語である。

> 昔、チラーユスの市《まち》に、チラーユスという名の王がいて、齢はまことに長命。あらゆる福徳をその身に宿していた。彼には情けを知り、寛仁大度で才に長けた、龍樹という名の大臣があり、これ菩薩の誓願《さだめ》に生まれたる者。ありとある種の薬の処方を知り、霊薬によって自身と王とで、老衰からの解放と長生とを享受していた。
>
> ある日、その大臣龍樹の子らのなかで、誰よりも一身に愛を注がれていた幼い息子が身罷った。このことを聞いて深い悲しみに襲われた彼は、自らの苦行と知識の力をもって、ある決まった材料から、死せる者の逝く手を阻む「不死の水」の調合を進展させた。ところが、望みの薬が煎じ出されるめでたき一瞬を待つ間に、インドラ神が事態の進行を嗅ぎ付けてしまった。
>
> それからインドラは神々に諮って、地上の龍樹の許に行って言付けするよう、アシュヴィン双神に言った。「大臣の身でありながら、どうして生命の水を生成するなどという大それた所業に取りかかったのであるか。生命の水を調合して、人間を不死にせんと企てるとは、よもやまことと人間を、死の定めの下に創造せし、創造主を弑せんと思うてか。かようなことが現実とならば、神と人との間にいかなる差異やあらん。また供犠も、その嘉納者もいなくなってしまうとなれば、宇宙の理法が損なわれてしまう。よって生命の水の調合を打ち切るがよかろう。さもな

くば神々は瞋《いか》りて、必ずやそなたを呪うことであろう。そして、そなたが悲嘆に暮れて、かかる所業に専心する当の息子はといえば、今は天界にあるぞよ」。この言葉を託して、インドラ神はアシュヴィン双神を遣わし、双神は龍樹の住居を訪った。そして、龍樹の歓待《アルガ》を受けた後、双神の影向を慶ぶ彼に、インドラ神からの神託を伝え、彼の息子は神々とともに天国にいることを告げたのである。

それから――失望落胆して――龍樹は考えた。「神々、何するものぞ。さあれ、もしインドラ神の命に従わねば、アシュヴィン双神は私に呪いをかけるであろう。されば、生命の水は打ちやってしまおう。わが欲するところは未だ果たされていないけれども、わが前世の善行の果報によって、息子は吉祥の神居へと登りたるよ」。

かかる熟考の末、龍樹は二柱の神に語った。「アシュヴィン双神よ。私はインドラ神のお命じに従います。私は生命の水を創ることをやめましょう。もし双神様のお渡りがなければ、私はあと五日のうちに生命の水の調合を終え、この全世界を老いと死から解放していたことでありましょう」。

こう語って、龍樹は神々の勧めに従い、ほとんど完成しかけた生命の水を、双神の面前で地中に埋めた。そうして、アシュヴィン双神は龍樹の所を去り、天界のインドラ神の許に行って、彼らの任が遂行されたことを伝えると、神々の王は喜悦した。

しばらくして龍樹の主、チラーユス王は、息子のジーヴァハラを世継ぎに指名した。指名され、大歓喜して挨拶にあがった王子に、彼の母、ダナパラー王妃は開口一番に言った。「王子、世継ぎの位を得たからといって、何をわけもなく喜んでいるのです。なぜなら、これは王位を得る一段階でも何でもなく、まして苦行の助けすらないというのに。なぜって、多くの世継ぎの君と、そなたの父上の息子らは死んで、誰一人として王座に着いたものはいないのですよ。彼ら皆が引き継いだものは、ただ絶望だったのです。龍樹が王様に霊薬を差し上げて助けているがために、王様のご宝算は今や七〇〇年を優に越えているのです。そして、王様の御身があと何百年以上保っていくのか、誰が知るでしょうか。誰が王様より短命の息子達を、真の王子になどするものでしょうか」。

これを聞いて、王妃の息子は落胆し、彼女はなおも語り続けた。「もしそなたが王座を望むなら、こうするがよい。この龍樹大臣は、毎日その日の勤行をしてから、食事時に布施をなし、こう宣するのじゃ。「御嘉納のお方はどなたかな？　御所望のお方はどなたかな？　どなたに、何を差し上げよう？」この時に、彼の許へ行って言うのじゃ、「そちの頭をくれ」とな。さすれば、彼は至誠の人として、自が頭を斬り落とし、また龍樹の死への悲しみゆえに、王様も崩御なさるか、森へと隠遁されるであろう。そうなったら、そなたが王冠を手にしようぞ。このことに関しては、他に採り得る手段《てだて》はありませぬぞ」。

母親からこの言葉を聞いて、王子は喜びかつ同意し、彼女の助言を実行に移さんと決心した。なぜなら、王位への欲望とは残酷で、友への情愛をも凌駕してしまうものだからである。

それから翌日、自身が食事を摂る時間に、王子は自ら件の龍樹の住居に赴いた。そして大臣が「御所望のお方はどなたかな？　一体、何を御所望かな？」と声を上げた時、王子は中へ入って行って、彼の首を要求した。

大臣は言う、「わが子よ、これは異なことを聞く。こんな私の頭で何をしようというのですか？　なぜって、こんなものただの血肉と骨と髪の毛の塊に過ぎぬのですよ。一体、何用に供せらるのかな？　それでもなお、こんなものが貴方様のお役に立つのなら、どうぞ斬り落としてお持ちください」。こう言うとともに、龍樹は王子の方へ首を差し出した。ところが、霊薬によって実に勁《つよ》くなっている首は、王子が長いこと剣で打っても斬ることはできず、反対に何本もの剣が折れてしまった。

一方、王がこのことを聞き付けるややって来て、龍樹にどうか頭をやるなどと考えることはやめてくれと懇願した。しかるに、龍樹の王に語って曰く、「私は前世のことを憶えているのですが、様々な前世で、九九回まで自分の頭を他人にやってしまっているのです。王よ、今回が他人に首をやる、ちょうど一〇〇回目となるのです。ですから、これに対してはもう何も仰いますな。なぜなら、これまで何かを所望しながら、満たされずに私の許を去った者はいないのですから。ですので、私は陛下の御子息に、この頭を差し上げます。この先延ばしも、私が陛下の御尊顔を拝するまで、留め置いたまでのこと」。かく語り、王を抱きしめるや、隠し場所より粉末を取り出して来て、それを王子の剣に擦り込んだ。そして、王子は大臣の首を斬り落としたのである。

龍樹への剣の一振りは、あたかも蓮華がその茎から刈り取られるがごとくであった。続いて、大号泣の慟哭が起こり、王自身も命を手放さんとしたまさにその時、天より以下の姿無き声が谺《こだま》した。「王よ、そのような振舞いをやめよ。そなたの友龍樹のことで嘆くことはない。なぜなら、彼はもう生まれて来ることはない、むしろ却って、仏の境地を得たのであるから」。

チラーユス王がこの声を聴いた時、彼は自殺を思い留まり、その代わりに、大いなる供物を布施し、深い悲しみを越えて王座より去り、森へと隠遁した。そこで彼は、ついには苦行の功徳を得た。

そして、彼の息子ジーヴァハラは王国を手中にした。即位するやいなや、領国内に不和が生じ、彼は父の暗殺の遺恨を抱いた、龍樹の息子達の手で弑せられた。それから、ジーヴァハラの死への悲嘆ゆえに、彼の母后の胸は張り裂けてしまった。どうして卑劣な道を歩んだ者に、繁栄が訪れるでありましょうか?

その後、チラーユス王の他の妃から生まれた、サターユスという名の息子が、主だった大臣達によって王座に着けられたのであった。

『カター・サリト・サーガラ』の物語に拠れば、龍樹はチラーユス王の廷臣で、子どもが夭逝してしまったのだという。龍樹は「菩薩」と関連が深い人物で、あらゆる薬の用法を知っていた。彼は人間の生命を延ばし、死を妨げることのできる薬を調合していたが、これはすでにチラーユス王に処方されており、彼を不死の者と成していた。この調合ゆえ、もしこれが他の人々にも処方されれば、皆不死身となってしまうために、神々は恐れを抱いた。かるがゆえに、この薬の調合を止めるべく、アシュヴィン双神が龍樹の許に遣わされた。医学におけるヒンドゥーの大系（アーユルヴェーダ）のなかで、神話的な、神々の医師と位置づけられるアシュヴィン双神への言及は、この話を医薬調合との関連のなかでみることを、さらに強めてくれる。彼らはいわゆる「生命の水」（阿修羅達と神々による大海攪拌の最中、ダヌヴァンタリがもたらした不死甘露《アムリタ》に酷似）の生成を止めるべく、インドラ神によって遣わされたのである。龍樹が友誼を結んでいる王の名前は「チラーユス」となっているが、これまた「長命」を意味する。龍樹は不死の霊薬調合の悪しき影響について、アシュヴィン双神とやり取りした末、調合を抛却し、さらにこれを進めることを止めたのである。

龍樹による薬の調合のお蔭で、王は長い年月ながらえていた。これが、彼が「長命《チラーユス》」という名前をもっていた理由である。このことは、王子達の苦悩を胚胎した。なぜなら、長い間、戴冠できることがなかったからである。

王子の母の、王位継承権を主張する煽情により、王が常より長命を保つ「元凶」たる龍樹への敵愾心が芽生えた。彼らは、龍樹によって王の寿命が延ばされていることが、即位を実現する障礙となっているという執見に捉われていた。このことが、王子の手による龍樹の死へとつながったが、龍樹自身の助言によって、剣もて頭を落とすという件りは、他の諸伝説でも語られるところである。龍樹の死に引き続いて、王もまた王国への関心を失くし、苦行者となって死ぬ。龍樹の息子達はチラーユス王の子を殺して、父暗殺の仇を討つ。これはおそらく、龍樹が王の大臣で、既婚者にして子供達がいるとする、唯一の説話である。龍樹は、チラーユスとして登場する王の、善き友にして助言者であったに相違ない。この説話は「どうして卑劣な道を歩んだ者に、繁栄が訪れるでありましょうか？」という教訓をも語っている。

龍樹の前半生については描かれず、彼に関連する他の土地も言及されない。この話の出典はなお不明なままである。これら全ての瑕疵はあれ、『カターー・サリト・サーガラ』が語る物語は、龍樹にまつわる重要な文学的資料であり続けている。

（B）サラット・チャンドラ・ダースに拠る、龍樹の生涯および伝説(2)

別のよく引かれる龍樹についての詳細な記述は、サラット・チャンドラ・ダースによるものである。以下、彼が語るところの伝説物語である。

アショーカ王の王朝衰え、光輝あるチャンドラ（グプタ）の出る王朝にその座を明け渡したとき、龍樹は中央インドに生まれて、仏教という宗教の歴史上に、重大な一章を果たすべく、運命づけられた。インドの歴史学者らに依拠して執筆した、チベットの歴史学者達に拠れば、彼はチャンドラグプタがマガダの王に即位する、一〇〇年前に生まれたという。だが、西洋の東洋学者らによる、推測に基づく年代学に照らして龍樹の年代に鑑みれば、その年代をアレクサンダーのインド侵攻より一世紀以上後にずらしてみる必要があるだろう。仏教時代のインド人著者による、歴史的著述がわれわれの手に入りでもしなければ、龍樹の年代はどうしても不明なままであらざるを得ない。龍樹や他の哲学者等の諸著作から、もっと仏教史を白日の下に持ち来ることができると私は信ずる。今の時点では、ただ、私がバラバラの諸原典から収集した、とある龍樹の伝説に触れておくに留めたい。

長年、息子に恵まれなかったヴィダルバ国の裕福なバラモンに、ある時霊視ありて、もし一〇〇人のバラモンに布施をし、また娯しませることあらば、息子を得ることができよう、と観じた。そこで、神々に布施と祈祷を為し、一〇〇人のバラモンを楽しませた。一〇ヶ月の後、彼の妻は男の子を産んだ。裕福なその男は、息子の運命を予言させるために博識の占星術師を招いたが、一週間も保たぬ命であることがわかった。その他のあらゆる面においては、子供は福運有りと鑑定された。この悲報がもたらされた結果、両親の精神は極度の悲しみに蹂躙され、深き心配のなか、占星術師に何か子供を救う手立てを見つけてくれるよう迫った。占星術師は両親に、もしいくつか宗教的な儀式を挙行し、功徳のために金銭を供養し、諸の宗教書を読み、そして一〇〇人のバラモンを楽しませるなら、この子は七ヶ月生きるであろう。また、もし一〇〇人の比丘を楽しませるなら、七年生きることができるであろうが、それ以上はいかなる手段をもってしても、これを引き延ばすことはできない、と断言した。そこで、彼らは子供の命を延ばすべく、予言の通り、ありとあらゆる種類の儀式と行事を催行した。だが、七年目が過ぎんとする時、両親は深い悲しみに圧倒されてしまった。

予言された息子の死を、苦悩のなか、目の当りにするに忍びず、両親は数人の召使いをつけて、彼をある人里離れた場所に捨ててしまった。少年が暗々鬱々たる日々を送っていると、ある日、観世音空行世自在《アヴァローキテーシュヴァラカサルパナ》大菩薩が姿を窶《やつ》してやって来て、死神の魔手から逃れる確実な方法として、マガダ国のナーランダー大僧院に行くがよいと告げた。そこで、少年はその有名な寺院に赴き、門に着くと数偈を誦えた。

ちょうどその時、大聖者サラーハ・バドラがナーランダーの高僧であった。偈を耳にした聖者は少年を呼び、それで彼は連れて来られた。そこで少年は己が身の上と、自身の運命に垂れ掛かる陰鬱たる一面と、それから果たして免れられるか、苦しいほど不安であることについて、誠実極まる陳情を為した。聖者は、僧侶の聖なる秩序のなかに入ること、その行動のみが、彼を死の手から救い出すことができるということを教えた。少年は僧侶の礼拝を作した。それからサラーハは、少年をアパーラミター・アーユシュ・ブッダ（ママ。阿弥陀仏《アミターユス》のことか）の信仰と勤行へと誘い、その加護を彼に請け合った。サラーハは少年に、その仏に帰敬して、「死の瞬間」が訪れると予言されていた期間の日の出から日没まで、聖なる真言と偈文とを誦えることを命じた。少年は、その取り組みを止めることなく、一睡だにせず諸聖典を読み、偈文を誦え続けた。「死の瞬間」が過ぎた。死の使いは来なかったか、あるいはその犠牲となるはずだった者を、捕らまえることはできなかった。この吉報が少年の両親の許にもたらされ、その心は喜悦《よろこび》に満ち溢れた。それから、高僧サラーハは少年を、ナーランダー僧院の一比丘として得度させた。彼はここで、大聖人の教導の下、仏法を研鑽したのである。

数年の勤めを終えた後、彼は僧伽《サンガ》の執行の末房をあてがわれた。房の任期の前半に、龍樹はチャーンディカー女神を手なづけ、その力によって、僧侶の大集団に生活必需品を行き渡らせることができたという。女神の懐柔にはいくらか時間がかかったが、その後は召喚に従って、彼の前に姿を現すようになった。彼女は、龍樹の手なづけの儀式の力によって使役されていたので、「天界にお連れいたしましょうか？」と従順に尋ねた。そう言いつつ、彼をあちら側に送ってしまおうとの魂胆である。賢者龍樹は自らの幸福は顧みず、不断に自身の諸の義務を心に掛けているので、声張り上げて、「大胆な女神なるかな。私が天の領域になど行くものか。私がそなたを召喚したのは、この大地に法《ダルマ》を宣布するためだ」。それから彼は、文殊支利菩薩への信仰ゆえに、聳《そそ》り立つ石の寺院を建立し、その境内で、彼女に幽玄な諸々の魔法の呪文をもって地上での諸義務を命ずべく、いわば女神を呪縛するために、太い尖頭状の棒杭を松脂で塗った。

それから、龍樹はチャーンディカー女神に告げた。「おお汝、聖なる女精よ。我、汝に大僧伽への糧食《かて》の手配を命ず。汝は、この棒杭が灰となるまでの間、その務めから離れることは罷りならん」。それで、チャーンディカー女神は、麗しき乙女の姿で、その地味な仕事に取り掛かった。女神の、僧院近郊での仮の宿りの間に、僧伽の料理長が彼女の佇まいに魅了され、彼女の身体を堪能したいあまり、思いを遂げさせてくれと縋って来た。乙女は彼の求愛を何度も撥ね付けたが、終には、彼が前述の棒杭を灰にすることができたなら、という条件付で承知した。棒杭にまつわる秘密を知らず、まんまと引っ掛かった料理人は、直ちにそれを灰塵に帰せしめてしまった。乙女は、今やかの繋縛の義務から自由の身となり、死すべき人間の眼を晒すには強烈過ぎる、天使の栄光中の輝きに満ちた、自身の天界での姿に変わると、天上の己が棲み処へと登って行ってしまい、後には彼女を驚きの眼で見詰め、失望落胆する恋人だけが残された。

このことが出来するや否や、龍樹は天眼通をもって事態を知った。損失を埋め合わすべく、彼はマガダ国その他の仏教国の諸王、王子、貴族の宮廷を訪ね、彼らからナーランダーの大僧伽支援のための、年金や布施を受け取った。また、彼は自分の宗教の守護を託して、巨大なマハーカーラの像を建立した。房の任期の後半に、国は飢饉に見舞われ、その結果、僧達は大窮地に陥った。執行龍樹は、この大自然災害の惨禍について考え抜いた。窮状と欠乏とは僧伽に、否応なく平素以上に、金銭の必要を痛感させることとなった。今や僧達は、飢えたる僧伽を支援する、財貨獲得の諸手段を案出せんと決心した。そこで龍樹は、錬金の術によく通じた大聖人の棲む、大海中の島を訪れるべく旅に出た。その海はこの地上にあるいかなる手段によっても渡ることができないので、龍樹はその神懸った学識の力によって、魔法の樹の二枚の葉を手に入れ、それを用いて海を渡り、奇跡のごとく島に着いてその聖者の前に自身の姿を現すと、聖者は、死すべき生類には辿り着けないと考えていた己が住処に、人間がやって来たことに大いに驚いた。

聖者は、どうやって、この奇跡を実現することができたのかを熱心に尋ねた。龍樹は彼の訪問の諸の理由と、彼をこの地に寄越した状況とを語りつつ、実現した方法について答えた。彼はまた聖者に、魔法の葉の一枚を示したが、もう一枚は托鉢の皿に隠しておいた。そして龍樹は彼に、金属を金へと変える術を教えてくれるよう乞うた。聖者はその話に合意したが、ここに来て素晴らしい術が閻浮提《ジャンブドヴィーパ》に知られてしまうことを連想して、龍樹から魔法の葉を取り上げることで、彼を島に永遠に引き留めておこうと決めた。このことを狙って聖者は、もし龍樹がその葉を手放すならば、錬金の術を教えるにやぶさかでないと言った。龍樹は同意し、その術を教わる。彼はこれを完全に習得したとき、残りの葉の助けを借りて、インド大陸（ママ）の方へと漂っていった。そしてナーランダーに帰って、その容易に富を得る方法によって、僧伽全体を支えた。彼は自身の宗教的修行によって、成就《シッディ》を得た。シャンカラーチャーリヤの哲理を論破し、ナーランダーの僧達に宗教的な教えを伝授した。

龍《ナーガ》達が少年の姿で、龍樹の説法の場に臨んでいたことがあった。龍達は彼の教説にすこぶる関心があったので、その棲み処に龍樹を招き、彼はそこで三月を過ごした。龍達はずっと「龍の地」（地下世界）にいてくれるよう、龍樹に懇願したが、彼は閻浮提に聖教を説かねばならぬとその申し出を断り、有情の一助ともなるように、宗教的大建築を建立した。辞するに際して、彼はいつか将来同地に戻って来ることを約束した。龍樹は高価な贈り物と、推し測れぬ価値をもった宝石と、また『龍千部《ナーガサーハスリカ》』とよばれる教巻とを積んで、ナーランダーに帰還した。この龍との繋がりのために、彼は「龍樹」の称を得たのである。

ラーダー国で、龍樹は数多の礼拝堂と祠堂《チャイトヤ》を建立した。ウッタラクルへの途上、サラマもしくはサラマナという市《まち》で、彼はジェータカという少年と出会い、その掌の徴《しるし》を験《けみ》することで、この少年がいつか王となるであろうことを予言した。ウッタラクルに着いて、彼は衣をとある木に置いてから、川に沐浴に行った。沐浴をしていると、地元の人間が自分の衣服を持ち去ろうとしているのが目に入ったので、龍樹は衣を持って行かないでくれと請うて彼を止めた。その現地人は、龍樹が衣服のことを訴えるので、大いに訝しんだ。なぜなら、ウッタラクルでは、個人の所有物に差異を認めないからである。ここでは、全ての持ち物は共有財産なのである。龍樹は、ウッタラクルに三月逗留し、人々を聖教に教導した。帰路、彼はジェータカ少年が、自身の予言通り王となっているのを見出した。ジェータカは、その高徳な性格から大信心をもっており、龍樹に高価な財宝を布施した。龍樹は郷里へと帰り、沢山の祠堂と寺院を建て、科学、医学、天文学、錬金術にわたる多くの著作を編んだ。サラーハ・バドラの死後、首座の房の座は龍樹に白羽の矢が立ち、彼はその大才覚と倦むところを知らぬ熱誠とをもって、運営にあたった。そして、彼の光輝に溢れた師、サラーハのみが通じていた、中観の哲学を成熟させた。

龍樹は今や広汎に広まりつつある宗派―中観派―の指導者であったが、以降、別派扱いとなる声聞達の福益のためにも、なお、尽力することを忘れなかった。彼らもまた平等に、龍樹の高徳な人格の恵みを享受した。彼は性格、否、素行の潔癖に疑い有りということが筒抜けであった、八〇〇〇人の僧侶を追放することで、自身の属する僧伽《サンガ》の規律を確立した。これらの行いによって、彼は万人の認める、仏教界全体の指導者となった。折しも、第三の分派の萌芽が―後に瑜伽行派として発展するその信徒の間で―顕著になっていたときのことである。

龍樹が采配を揮っていた頃、「金剛座《ヴァジュラーサナ》」（ブッダガヤ）が声聞―あるいは「小乗《ヒーナヤーナ》」部派―達の本拠地であったが、衰退の一途を辿りつつあり、ナーランダーがその富と光輝とをもって、その「ブッダの住処」の座を凌ぐに至っていた。ある時、一頭の荒々しい象が、聖なる菩提樹《ボーディドルマ》を損壊したことがわかり、その時、龍樹は樹の支えとして、二本の石柱を立てた。この措置は、数年後に似たような危害が繰り返された時に、上手く機能した。龍樹は大寺―マハーガンドーラすなわち「香気の館」―を、ヴァジュラガヴァークシャすなわち「貴《あて》なる壁龕」を設えた石垣もて取り巻き、その外側に一〇八の小さな礼拝堂を建てた。彼はまた、シュリーダーニャカタカの大寺院も、石垣で取り巻いている。

そしてまたしても、河による浸水の事態が発生した。龍樹は人々が恐れることから、河がその被害を大きくする経路を変えるよう、第一の聖地の安全を脅かす場所たる「金剛座」の東に、石から刻出した七体の大仏を建立し、河の方に向けて据えた。この当時、オティシャ（オリッサ）のマンジャ王が、その一〇〇〇人の家臣等とともに、仏教を信奉していた。西に目を転ずれば、ボージャデーヴァ王がマルワ国のダラという市《まち》で、やはり、その数百人の家臣等とともに、仏教を信奉していた。これらの改宗の成果は、数多の中観哲学の書―例えば、『根本（中論頌）般若』、『知識の第六集合』（『六十頌如理論《ユクティシャシュティカー》』か）、『法界讃』、『経典綱要』等々―をものした龍樹の徳による感化に帰せられる。彼は、プラタペーシャ、オティシャ、バングラー、そしてイクシュヴァルダナ国に、沢山の寺院を建立した。龍樹はその後半生には、ダクシナ（南天竺）を訪れ、そこで南の仏教僧伽の保護のために、多くのことを為した。ドラヴィダ国には、マドゥとスプラマドゥという名の、二人のバラモンが住んでいて、その富の名望は、当時の諸王や王子達でさえ、驚嘆するようなものであった。彼らは四ヴェーダとバラモンの一八技芸について、龍樹と一連の議論を交わしたが、自分達が仏教の論師達より、いずれの分野においても、限りなく劣っていることを見出し、ついには、「まこと、どうして釈迦族の獅子の教えの沙門が、ヴェーダと論書について、かくも甚深なる知識を有することができたものか」とまで表明した。龍樹は答える、「バラモン教の論書に習熟するはいとも容易かったけれども。聖法は理解がおよばぬほど深遠でした」。そして、ついに龍樹は二人を仏教に改宗させることができた。サラスヴァティー女神を手なづけていたマドゥは、バラモン教と仏教の聖典中の大いなる知識を獲得し、富の女神たるラクシュミーを手なづけていたスプラマドゥは、莫大な財貨を取得して、それで仏教教団を賄った。マドゥは『般若波羅蜜多経』の沢山の写しを作った。彼らの諸礼拝堂では、一五〇人の僧達が、宗教的な勤行をした。かくして、あらゆる種類の科学と論書で頌に高らかに謳われている龍樹大師は、自身の敬虔な行いの金字塔で、閻浮提を満たした。彼の苦行における精励、科学における博識、法における信心、ヨーガにおける幽玄、論争における鋭鋒、布施における寛大、寺院と祠堂《チャイトヤ》の建立、および僧伽《サンガ》への食の供給とは、いずれも比類がない。龍樹は「第二のブッダ」の称号もて、呼び習わされている。なぜなら、ブッダが後世にただ託しただけのものを、彼は能く統合したのであるから。

龍樹は、仏教に改宗した南天竺のシャンカラ（*De-chye*）王の、大親友であったといわれている。両友は運命を共有する—すなわち、生きるも死ぬも一蓮托生—という契りを結んだ。龍樹は、死神があえて近づき得なかった聖者であり、それゆえ、友の王は尋常ならざる長命を得て、その間、次々と自身の沢山の妻、子、そして孫達が死んで行くのを目撃していた。この高齢にして、王は唯一人、幸運にも自分よりも後まで生きる息子を得た。ある時、この王子（名前はチベット語では *Zon-nu-denchye* すなわち、「喉を斬る若王子」）の母親が、彼に着て欲しいとて立派な外衣《ローブ》を誂えた。王子は、王になった暁にそれを着ましょうと言って、それを用いなかった。母は深い溜め息を吐いて、こう叫んだ。「息子よ、何と空しい望みであろう！　愛しい子、そなたは王である父上が、いつかは亡くなると考えておろう。死は全ての命ある者を待ち受けているけれども、王様だけは、それから免れておられるのじゃ」。王子は答える、「母上、私は王子として生まれたのですから、王として統治するはずではないのですか？　父上が生きようと死のうと、私は王になる所存です」。王子の決意を目の当りにして、母はその夫の死にまつわる秘密を、彼に明かして言った。「行きなさい。龍樹の頭を乞うのです。さすれば、それがそなたの王位継承を早めることにもなろう」。そこで、王子は直ちに龍樹を探しに出かけ、吉祥山《シュリーパルヴァタ》の頂に彼を見出した。高徳の沙門に近付きつつ、彼は龍樹にその頭を賜えと願った。龍樹は、どうして彼がそこに来たのか知っていたので、これに同意した。

王子は自身の剣の一振りで、聖者の喉を斬ろうと幾度も試みたが無駄であった。龍樹は、王子の無知を目にして、自身の喉を斬り落とすことを可能にする秘密を示して曰く、「王子様、左様な大刀、何百振り頂戴しましても、わが頭を身体から断つことは叶いませぬ。しかし、クシャ草を取りに行ってみてごらんなさい。それのみ功験があるのです」。龍樹は、ある過去世において、クシャ草をもって虫の喉を切ったことがあるのだといわれている。その遁《のが》るべからざる業《カルマ》の因果から、今生では他ならぬその虫が、龍樹の頭をクシャ草にて、胴体から断ち切る王子として生まれたのである。龍樹は今際の際、王子に「私は将来また起き上がり、この頭は再び身体と一つになろう」と告げた。王子が頭を抱え去ろうとしたところ、夜叉《ヤクシャ》に掠め取られ、夜叉はこれを二里（五マイル）の外に抛《ほう》ったが、そこすなわち、聖者の遺骸が石と化していた場所であった。このことは、スンパ・ケンポ・イェシェー・ペルジョルの *dPag-bsam-ljon-bzan* という書の中にみえる。龍樹の予言にあった彼の頭は、今や合体せんと引き寄せられて、日に日に胴体に近付きつつあるという。まこと龍樹に関しては、その合体が起こる時、ガヤーの市《まち》は「ガヤースラ」、すなわちガヤーの悪魔に吹き飛ばされてしまうと言ってもよいくらいだ。龍樹は聖法を説くために、再びインドに現れて、一〇〇年生きるといわれている。

以上、サラット・チャンドラ・ダース説くところの伝説物語には、幼年時代から死にまつわる逸話まで、龍樹についての詳しい情報が含まれているが、S・C・ダースは龍樹の物語について、自身が語った龍樹の生涯の記述の典拠に触れることを省略している―劈頭、彼自身「今の時点では、ただ、私がバラバラの諸原典から収集した、とある龍樹の伝説に触れておくに留めたい[3]」と、言及しているにもかかわらず。しかしながら、ワレーザー（一九九〇）に拠れば、「これらはその一部を―同論文で、他の文章の大部分の引用元ともなっている―*Dub-than-sel-kyi-me-lon* から引いているかもしれない。また、詳細な記述はターラナータの諸歴史書にもみえる。すなわち、互いに補い合う、インド仏教史と七啓示の書である[4]」。

サラット・チャンドラ・ダース説くところの説話に拠れば、龍樹の生誕地はヴィダルバである。彼はそれに付け加えて言う。「長年、息子に恵まれなかったヴィダルバ国の裕福なバラモンに、ある時霊視ありて、もし一〇〇人のバラモンに布施をし、また娯しませることあらば、息子を得ることができよう、と観じた。そこで、神々に布施と祈祷を為し、一〇〇人のバラモンを楽しませた。一〇ヶ月の後、彼の妻は男の子を産んだ。裕福なその男は、息子の運命を予言させるために博識の占星術師を招いたが、一週間も保たぬ命であることがわかった。その他のあらゆる面においては、子供は福運有りと鑑定された。この悲報がもたらされた結果、両親の精神は極度の哀しみに蹂躙され、深き心配のなか、占星術師に何か子供を救う手立てを見つけてくれるよう迫った。占星術師は両親に、もしいくつか宗教的な儀式を挙行し、功徳のために金銭を供養し、諸の宗教書を読み、そして一〇〇人のバラモンを娯しませるなら、この子は七ヶ月生きるであろう。また、もし一〇〇人の比丘を楽しませるなら、七年生きることができるであろうが、それ以上はいかなる手段をもってしても、これを引き延ばすことはできない、と断言した。そこで、彼らは子供の命を延ばすべく、予言の通り、ありとあらゆる種類の儀式と行事を催行した。だが、七年目が過ぎんとする時、両親は深い悲しみに圧倒されてしまった[5]」。

後年、龍樹は同著者が以下のように述べるところの寺を建立した。「それから彼は、文殊支利菩薩への信仰ゆえに、聳《そそ》り立つ石の寺院を建立し、その境内で、彼女に幽玄な諸々の魔法の呪文をもって地上での諸義務を命ずべく、いわば女神を呪縛するために、太い尖頭状の棒杭を松脂で塗った」。

龍樹がナーランダーにいた時、ナーランダー僧院は大飢饉に見舞われた。「房の任期の後半に、国は飢饉に見舞われ、その結果、僧達は大窮地に陥った。執行龍樹は、この大自然災害の惨禍について考え抜いた。窮状と欠乏とは僧伽《サンガ》に、否応なく平素以上に、金銭の必要を痛感させることとなった」[6]。

またS・C・ダースは、他の話についても書いていて、それに拠れば龍樹は、飢饉の間、錬金術の知識を用いてナーランダー寺院を支え得んとて、その知識を獲んがために別の島へと赴いた。「そこで龍樹は、錬金の術によく通じた大聖人の棲む、大海中の島を訪れるべく旅に出た。その海はこの地上にあるいかなる手段によっても渡ることができないので、龍樹はその神懸った学識の力によって、魔法の樹の二枚の葉を手に入れ、それを用いて海を渡り、奇跡のごとく島に着いてその聖者の前に自身の姿を現すと、聖者は、死すべき生類には辿り着けないと考えていた己が住処に、人間がやって来たことに大いに驚いた。聖者は、どうやって、この奇跡を実現することができたのかを熱心に尋ねた。龍樹は彼の訪問の諸の理由と、彼をこの地に寄越した状況とを語りつつ、実現した方法について答えた。彼はまた聖者に、魔法の葉の一枚を示したが、もう一枚は托鉢の皿に隠しておいた。そして龍樹は彼に、金属を金へと変える術を教えてくれるよう乞うた。聖者はその話に合意したが、ここに来て素晴らしい術が閻浮提《ジャンブドヴィーパ》に知られてしまうことを連想して、龍樹から魔法の葉を取り上げることで、彼を島に永遠に引き留めておこうと決めた。このことを狙って聖者は、もし龍樹がその葉を手放すならば、錬金の術を教えるにやぶさかでないと言った。龍樹は同意し、その術を教わる。彼はこれを完全に習得したとき、残りの葉の助けを借りて、インド大陸（ママ）の方へと漂って行った。そしてナーランダーに帰って、その容易に富を得る方法によって、僧伽《サンガ》全体を支えた。彼は自身の宗教的修行によって、成就《シッディ》を得た」[7]。

また当時、シャンカラーチャーリヤが在世であった、という説にも触れていることになる。龍樹は、シャンカラーチャーリヤの諸理論を破斥し、僧達、そして龍達にさえも、教えを説き続けた。「シャンカラーチャーリヤの哲理を論破し、ナーランダーの僧達に宗教的な教えを伝授した。龍達《ナーガ》が少年の姿で、龍樹の説法の場に臨んでいたことがあった。龍達は彼の教説にすこぶる関心があったので、その棲み処に龍樹を招き、彼はそこで三月を過ごした[8]」。

S・C・ダース説くところの伝説は、龍樹の時代に「龍種族」がいたということを支持している。仏伝には、ブッダはムチリンダ龍王に守護されていたと述べられている。仏教徒たる龍達がいたということであり、龍樹の説法の場には、龍達までが臨んでいたのである。彼は龍達の棲み処を訪れ、そこに少しの間逗留した。そして帰りしなには、高価な宝石に宗教書の経巻の数々を贈られている。S・C・ダースの伝説に拠るなら、その龍達との関係・関連ゆえに、彼は「龍樹」の名を得たのだという。

―龍樹は長いこと旅をして、多くの場所を訪れた。プラタペーシャ、オティシャ、バングラー、そしてイクシュヴァルダナ国といった所であり、彼は沢山の礼拝堂と祠堂《チャイトヤ》を建立した。ウッタラクルでは一人の少年と出会い、彼は王となるであろうと予言を伝えたが、帰りにまた立ち寄った折に、果たしてその通りになったことを目撃した。そのジェータカとされる王についての情報としては、彼は龍樹の善き友となり、龍樹が僧院の経済状況を安定させるのを助けたという―。帰郷の後は、医学、天文学、そして錬金術について、多くの書をものしている。すなわち、ダースに拠れば、「龍樹は郷里へと帰り、沢山の祠堂と寺院を建て、科学、医学、天文学、錬金術に渡る多くの著作を編んだ[9]」という。ここでまた―手に入るかぎりの資料からは―龍樹が学んだり知識を得たりしたこれらの様々な科学に関して、誰が彼の師であったのか、そして彼がどういった方法を採って『スシュルタ・サンヒター』を補遺編集し、これに「ウッタラ・タントラ」の部分を付け加えたのかという疑問が浮かび上がる。

「サラーハ・バドラの死後、首座の房の座は龍樹に白羽の矢が立ち、彼はその大才覚と倦むところを知らぬ熱誠とをもって、運営にあたった。そして、彼の光輝に溢れた師、サラーハのみが通じていた、中観の哲学を成熟させた。龍樹は今や広汎に広まりつつある宗派―中観派―の指導者であったが、以降、別派扱いとなる声聞達の福益のためにも、なお、尽力することを忘れなかった。彼らもまた平等に、龍樹の高徳な人格の恵みを享受した。彼は性格、否、素行の潔癖に疑い有りということが筒抜けであった、八〇〇〇人の僧侶を追放することで、自身の属する僧伽の規律を確立した。これらの行いによって、彼は万人の認める、仏教界全体の指導者となった[10]」。

サラーハ・バドラの死後、龍樹はナーランダー寺院の首座となった。彼は師より教わった中観の哲学を説き、大乗の徒であるにかかわらず、小乗信徒にも等しく敬意を払った。性格、否、素行の潔癖への疑いが公であった八〇〇〇人の僧侶を追放した時、龍樹の寺院首座としての運営能力は証された。

仏教への龍樹の貢献は未だこれに並ぶ者なく、これこそ彼が「第二のブッダ」と呼び習わされているゆえんである。なぜならば、ブッダがただその緒を付けただけのところをも、彼は能く統合したからである。

南天竺のサマラ（*De-chief* ママ）という名の王についても触れられており、彼は龍樹が仏教に改宗させ、生死をともにする契りを結んだのだという。

ダースの記述は、その王の末子たる王子の手による龍樹の死という、最期の逸話で締め括られている。「王子は自身の剣の一振りで、聖者の喉を斬ろうと幾度も試みたが無駄であった。龍樹は、王子の無知を目にして、自身の喉を斬り落とすことを可能にする秘密を示して曰く、『王子様、左様な大刀、何百振り頂戴しましても、わが頭を身体から断つことは叶いませぬ。しかし、クシャ草を取りに行ってみてごらんなさい。それのみ功験があるのです。』龍樹は、ある過去世において、クシャ草をもって虫の喉を切ったことがあるのだと言われている。その遁《のが》るべからざる業《カルマ》の因果から、今生では他ならぬその虫が、龍樹の頭をクシャ草にて、胴体から断ち切る王子として生まれたのである[11]」。

説話に述べられている通り、その王子に抱え去られていた頭は、夜叉《ヤクシャ》に掠め取られ、夜叉はこれを二里（五マイル）

の先に擲《なげう》ったが、そこはすなわち、聖者の遺骸が石と化していた場所だったのである。

ダースによって語られたこの物語は、主に龍樹にまつわるチベット語と漢語の説話中の、諸伝説が入り混じったもののようである。

（C）インド文化事典(12)

マルトゥンガ・プラバンダチンターマニへの言及がある『インド文化事典』（一九四—九六頁）には、龍樹についての伝説が二つ記されている。

（1）第一の物語

ダナカ山上に、ラーマシンハという名のラージプートがおり、彼にはブーパラーという娘があった。ヴァースキ龍王が彼女に惚れ、間に龍樹という名の息子を儲けた。ヴァースキは息子が大のお気に入りだったので、彼に一切の果物、根菜、薬草の葉を食べさせ、その力によって龍樹は大いなる不思議な力を授かり、サータヴァーハナ王にあらゆることを教授する師となった。この地位にあっても、龍樹は飛行術を習得するために、パーダリプタの市《まち》のパーダリプタ師に仕え、飛行術すなわち、その秘訣を同師より教わりし軟膏を塗布すればよいのであった。彼はまた、不死霊薬が—もしそれが夫に捧げられた妻によって、二三番目のティールタンカラ、パールシュヴァナータの像の面前にて調合されるなら—全き効能を具えることを知るに至った。また、そのティールタンカラ像は、海に沈んだドヴァーラヴァティー（ジャイナ・バラヴァイ）という所の寺院に埋められているということも教えられた。龍樹はそこに行き、その像を探し当て、セーディ川の岸辺にそれを安置して、そして悪魔たちの助けを藉りて、呪術をもってサータヴァーハナの—チトラレーカー—という名前の—貞淑な妻を服従せしめ、毎夜その場所へ彼女を連れて行った。それから師匠の要求通り、彼女に薬草を搗かせた。龍樹を友とみなして、彼女はそれらの薬草を搗く目的を尋ね、彼は不死霊薬についての真実を話して聞かせた。彼女は霊薬欲しさから変装して龍樹の国へとやって来た二人の息子に―霊薬の効き目を確かめる委細と、龍樹がどこで食事を摂るかを彼女から聞いていた―龍樹付の料理人を連れて来てこれを伝えた。すなわち、彼女は効き具合を知るために、龍樹のラサヴァティー（凝乳化《カード》した牛乳に砂糖と諸の香辛料を混ぜた料理）を過度の塩で味付けしたのだ。六ヶ月が経って、龍樹はラサヴァティーがべらぼうに塩辛くなっていることに気が付いた。そこで料理人は、霊薬の準備良しと二王子の許へ行って伝えた。この時までに、二人は龍樹の甥として縁組みされ、霊薬を掠め取らんと切望しており、また噂を介してヴァースキが、ダルバ草の葉によって龍樹は死ぬだろうと予言したという情報を知っていた。このダルバ草という手段で、彼らは龍樹を殺害したが、そこに勧請されていた主宰神によって、たちまち霊薬は消え失せてしまった。

この伝説では、龍樹はその当時の先住民たる龍種族と関わりがあると考えられている。龍樹の父ヴァースキは、彼に何種類もの薬草を食べさせて、その身体がほとんどの病に対して抵抗力をもつようにした。のみならず、龍樹は空を飛ぶ不思議な力も手に入れた。また同伝説は、龍樹とジャイナ哲学とのつながりと、ジャイナ論師との関係にも触れている。後半生においては、龍樹とサータヴァーハナ王との結び付きも強調され、そして、龍樹が調合した長命の霊薬のことが言及されている。

さらに龍樹の情報について続けて、『事典』は付け加えて曰く、「龍樹の名は、ターラーのカルトをして、より魅力的かつ重要にせしむるために、なおもそのターラーの名と結び付けられていた。通常は龍樹が大乗の祖とよばれるが、日本人はこの栄誉を馬鳴《アシュヴァゴーシャ》―おそらく龍樹の先生《グル》であろう―に帰せしめている。一方で、他の人々は龍樹こその教派の真の開祖であり、無量光《アミターバ》の教義をはじめて詳説したのだと考えている。チベット伝に拠れば、彼は南天竺のバラモンの両親の許に生まれ、たったの七日しか生きられないと予期されていたものの、両親の功徳によって諸神がその最期を、はじめ七週に、続いて七月に、そしてついには七年に延ばした。彼は七つになった時に、ナーランダーへと遣られた。彼はそこで無量寿《アミターユス》すなわち『長寿の福徳』を宥め、それから尊崇することを学び、三〇〇年ながらえ、そして遂に己が頭を斬り落として絶命した。龍樹は最大最高の仏教哲学者、および諸科学、殊に諸の魔術の大家であり、神秘力《シッディ》を獲得して、その結果ほしいままに姿を消し、また己が霊力によって、場所から場所へと移動することができるようになった」(13)。

また上記に加え、『事典』は以下に示す通り、中国伝についても伝えている。

中国の仏教徒に拠れば、龍樹は、老仏弟子たるカーシュヤパに始まり―紀元六世紀に仏教の本旨を中国に伝えた―菩提達磨《ボーディダルマ》に極まる、仏教の信心を宣布した二七祖中の第一四祖であった。中国と日本の文献では、龍樹は八祖師の第三祖であったと主張しているが、瑜伽行派のなかではこの祖師としての栄誉は―紀元三〇〇年頃の『秘密集会《グヒヤサマージャ》』のなかで、「(五)方仏《ディヤーニーブッダ》」と共に記載があり、またネパール仏教徒によって、最古にして最初の「(五)方仏」とみなされている―ヴァイローチャナのものとされる。

(2) 第二の物語

次に特筆すべき、同じ「龍樹」の名を冠する人物としては、第一の龍樹同様、高名な錬金術師およびタントラの学者となった、プジュヤパーダの姉妹の息子がいるが、彼は前者とは異なり、厳格なジャイナ教徒であった。プジュヤパーダは、ラシュトラクータ朝のドゥルヴィニータ王治世の、紀元五世紀後半と六世紀初頭の人とされている。

上述の物語では、龍樹はジャイナ教と関連をもつ、より下った時代の人物のように描かれており、錬金術の知識を取得し、より後代に属していたと述べられている。この龍樹についての記述は、他の箇所で紹介するジャイナ文献に描かれた龍樹と、多少の差異こそあれ、似通っている。

「第一の物語」に拠れば、龍樹は戦士階級の家に生まれたということで、また龍種族に属していることへの示唆もある。彼の薬草との関わりは幼少期も早い頃から続いている。物語は、サータヴァーハナの王が彼と同時代の人であると指摘している。龍樹は、他の諸説話にもみられるように、飛行術を学んでいる。同物語は龍樹の医化学の知識と、生命の霊薬調合の試みに光を投げかける。龍樹は、クシャ草をもって殺害されている。物語に出てくる諸の名前のほとんどは、ジャイナ文化をうかがわせるものだが、諸地名には新奇な印象を受ける(14)。

「第二の物語」は、龍樹に関連するジャイナ説話の、短い覚書といったところである。

(D) ジャイナ教における龍樹(15)（フィリス・G：一九八八）

「ジャイナ教白衣派《シュヴェーターンバラ》の諸『プラバンダ』、『ティールタカルパ』、および少なくとももう一つ他の説話集のなかでは、龍樹はジャイナ教徒となっていて、彼等自身の信仰に準じた尊崇を受けている。これらの伝記が含意するごとく龍樹がジャイナ教に改宗したという、これ以外の裏付けの証拠がないため―これらは純然たる空想上の編纂物にして、中世インドの魔法使いおよび魔術師としての龍樹の大人気ぶりに応じての所産に相違なく―そのために彼の筆によるものとされた中世錬金術諸書に関する多くの時代特定が、他の証拠なのだということになるわけである(16)」。

どうやらここに描かれている龍樹は、ジャイナ教世界における中世期に属し、錬金術の知識を兼ね具えていたようである。

龍樹について語りはじめるとなると、常に彼の生地のことからになる。そして、唯一の例外―龍樹伝の異聞とでもいおうか―のなかでさえ、彼はなお同名の市《まち》で生まれたといわれているのである。さて、当時の文献に出てくる「ダナカ山」というのは、往時、天下の巡礼霊場であったサトルンジャヤ山の異称であるか、そのサトルンジャヤ山上の霊峰の一つをいったものであろう(17)。

龍樹の生誕地は、「ダナカ」、あるいは古代の巡礼地であったサトルンジャヤと書かれている。龍樹への諸評には、医術の徒にして、また龍達《ナーガ》と関係があったということも含まれている。

円熟の境に入ってからの龍樹は、さらに平素から別の高名な聖地と関わりをもち、実際、同地は龍樹がそこで活動した結果、人口に膾炙した彼の名前を冠するようになったのだといわれている……龍神の息子が、その龍神に護られたティールタンカラの像を聖地に持ってきたという、これらの文章から連想される地平においては、龍樹が龍王たる父の勧めで、自身の霊薬が効き目を帯びるよう、パールシュヴァナータの不思議な像を、スタンバナに持ってきたといわれることも、ほとんど自然なことと言うべきだろう……龍樹の伝記として、極めて簡潔ですっきりした記述を提供している『プラバンダ・コーシャ』に拠れば、龍樹はヴァースキ龍王と人間のローパラー姫の息子で、ダナカ山で生まれたという。龍王は、龍王たる自身の息子への厳父の愛を生涯もちつづけ、そして幼年期の最も早い頃から、種々の薬草で龍樹に滋養を与えたところ、龍樹は諸の不思議な力を得た。また龍樹は、プラティシュターナのサータヴァーハナの王の、王師となっている(18)。

ほとんどの文献で語られる龍樹の空中飛行の秘訣のことは、フィリス（一九八八）にも出てくる。

龍樹は飛行術に通達せるパーダリプタに仕え、ある日、パーダリプタがその蒼穹の一冒険から帰ってきた折に、龍樹は疲れた師の両足を洗う機会を得た。しかし、これは口実に過ぎず、龍樹は全く、師がその両足に何を塗り付けることで、空を翔ぶことができるようになっているのかを知りたかったのだ。龍樹は即座に、不可思議な調合製法を悟り、パーダリプタの許しなく、一群の自身用の軟膏精製を進めてしまった。噫《ああ》、龍樹は術を師から学ばないことで肝要な掟に背いてしまったばっかりに、その試みは失敗に終わると極まってしまった。龍樹は突然―ほとんど悲惨なまでに―深い井戸の縁に打ち付けられたのである。パーダリプタは負傷した自身の弟子に、これは一体全体どうしたことかと尋ねた。龍樹は飛行軟膏の製法を盗んだのです、と正直に答えた。龍樹の正直さに満足したパーダリプタは、龍樹に教授を垂れ、そして彼は晴れて飛ぶことができた。(19)

龍樹による生命の霊薬調合について、フィリス（一九八八）が書くことには、

龍樹は霊薬に関しては、空を飛ぶ試みに成功したと同様には行かなかった。彼が何を試そうと、霊薬は必須の条件たる固体にはならなかった。パーダリプタはもうあと二つの要素が必要であると教えた、すなわちパールシュヴァナータの不思議な像と、一部分を掻き混ぜる貞淑な女性とである。龍樹は、どこを探せばかかるパールシュヴァナータ像が見つかるか突き止めんと、父、ヴァースキ龍王の助力を仰いだ。ヴァースキは龍樹に、「ドヴァーラヴァティーの滅亡」という、ジャイナ教とヒンドゥー教中に見出すことのできる、一連の物語について教えた。そして、壊滅的なドヴァーラヴァティーの洪水で、海中に没した驚異のパールシュヴァナータ像のことを説明した。

洪水からずっと後に、一商人が神明の教示により、この像を再発見したというのである。龍樹は商人から像を奪って、セーディ川の岸辺に据え置いた。彼はそこで夜な夜な、霊薬の調合を手伝わすため、サータヴァーハナの王妃チャンドラレーカーを誘惑した。これ自体、大した芸当であるが、さらに龍樹はその王妃を彼の許に連れて来る下級神達に、佑助を願わねばならなかった。チャンドラレーカーは龍樹の要請通りにしたが、彼が骨折りしている秘密を、自身の二人の息子に漏らした。彼らはあれやこれやのペテンを仕掛けて待ち、霊薬が完成に差し掛かる最後の日を突き止めた。そして、龍樹は、ただ草の葉身の一振りによってのみ死ぬであろうことを知って、龍樹殺害を決心した。かたや龍樹はといえば、霊薬の入った二つの容器をダナカ山の窟に隠すが、このことが龍樹とその聖地について指摘されている以前からの関連を、さらに補強しているのである。二王子はその邪悪な企てを成就し、龍樹は彼らの手にかかって死を迎えたが、霊薬が人間の手に渡り、そこから宇宙の均衡《バランス》が覆されることを防ぐため、二柱の神がこれを封じ去ってしまった(20)。

さらに長い、パーダリプタ師《アーチャーリヤ》の行状の節で龍樹について伝える『プラバーヴァカ・チャリタ』は、幾分か異なる説話を提供する。

この記述は、『プラーターナプラバンダ・サングラハ』のパーダリプターチャーリヤ・プラバンダ中に見えるものにピタリ対応している。私は二つのテキストよりも詳細な『プラバーヴァカ・チャリタ』から要約をしてみようと思う。これまで概観してきた諸プラバンダの記述とは異なり、この説話では龍樹は、クシャトリアで、ヴェロア帽で有名だったサングラマという名の人間と、その妻でやはり人間であるスヴァルタとの子供である。彼の生地はダナカ山ではなく、ダナカの市《まち》である。夫婦はシェーシャ龍王の夢を見、龍王は開口一番、龍樹の誕生が差し迫っていることを告げるのであった[21]。

龍樹の振舞は尋常と異なっていた。彼は様々な魔術に熟達した老人達と、自分と同い年の二人の仲間と一緒にいることを好み、遂には完全に錬金術を成就してしまった。『プラバンダ・コーシャ』とその関連テキストで、自身の錬金術の技を完遂することができなかった龍樹の面影はここにはない。龍樹は弟子の一人に、完成なった錬金霊薬を携えさせてパーダリプタ師の許に拝礼に遣った。パーダリプタ師はその贈り物を蔑み、霊薬の壺を傍らに打ちやってしまったが、その弟子を気前よくもてなし、高価な食事を給し、それから龍樹へ、と返礼の品を贈って持たした。自身の小便入りの壺を。龍樹が静かにその壺の蓋を開けてみるとそこにあるのは紛れもない、例の中身そのまんま。激昂した彼は壺を傍らへ投げ捨てたので、壺は粉々に砕け、異例なその中身が飛び散ってしまった。そしてうっかりその壺が、龍樹が調理のためにくべていた火と接触してしまった。と言うのも―文献の説明に拠れば―錬金術を成就した者であっても、腹は減るし、そのまま料理してしまったと言うのだ！　さて、何たることか、火に触れて、パーダリプタ師の小水は金へと変じる……後の話は前述のものと似たり寄ったりである。パーダリプタ師に関する当説全体は最後に、龍樹とパーダリプタ師はサトルンジャヤ山で、共に断食して死んだ、という陳述で締め括られる[22]。

第三の龍樹の記述は、『クマーラパーラ・プラティボーダ』にみえる。それに拠ると、

龍樹はサウラーシュトラ出身の仏教徒で、パーダリプタ師から飛行術を教わりたいと望んでいる。彼はパーダリプタに、飛行術を教えてもらうのと引き換えに、値打ちのない物質を黄金に変える術を献じた。ところが、パーダリプタは龍樹の献上の件に関心を示さず、なぜなら僧には金など何の役にも立たん。とまれ、金の作り方ならもう

知ってるよ、というのである！　そこで龍樹は、敬虔なジャイナ教徒に身を窶し、忠実に同師に仕えはじめた。全ての文献で共通に語られているが、彼は何やかやと口実を弄した結果、お馴染みのあの結末に至る。パーダリプタは、龍樹が真のジャイナ教徒になるという条件と引き換えに、遂に教授することに合意した。龍樹はジャイナ教の信仰を受け容れ、師とともに逍遥しはじめた(23)。のみならず、龍樹についての物語は、白衣《シュヴェーターンバラ》派の伝統における二本の巡礼文献―ジナプラバースーリの『ヴィヴィダティールタ・カルパナ』（西紀一三三三年）および一五世紀中葉の『サトルンジャヤ・カルパ』の註釈書『スバーシーラ・ガーニー』―にも見出される。この両書中の龍樹に関する記述は、上に抄出した『プラバンダ・コーシャ』の関連説話と密に対応している。唯一の例外は、『ヴィヴィダティールタ・カルパナ』が、諸書における外ならぬ最期の龍樹の暗殺についての言及をことごとく欠いていることで、『サトルンジャヤ・カルパ』は敬虔なるジャイナ教徒に是認されたる死、すなわちサトルンジャヤ山での断食を龍樹に迎えさせている(24)。

諸ジャイナ文献における龍樹伝を概観することで、以下の文脈が浮かび上がってくる。これらの文献の諸龍樹伝は、彼と蛇、不可思議な山および錬金術との関連をめぐるものである。龍樹はその生誕からして、蛇とつながっている。ある異説にはヴァースキであり、また別のものでは二人の有徳の士の許への龍樹の誕生が夢告され、そこでは夫婦にシェーシャ龍王が、龍樹が彼らの息子となることを告げるのである。

龍樹にはジャイナ教の賢者パーダリプタ師《アーチャーリヤ》―諸の事柄のなかでも、飛ぶことができるようになる薬草の知識を有し、また不死霊薬の調え方を知っていた―と関わりがあった。一旦立ち止まり、同文献群のパーダリプタ師伝を検討し、パーダリプタ自身に蛇との関連があることも銘記しておくべきだろう。彼は子のいなかった両親に、女蛇神ヴァイオートヤーからの賜りものとして授けられた。そして、例えば『プラバンダ・コーシャ』にみられる彼の本名はナーゲーンドラ、すなわち「諸龍の王」というのである。奇妙なことには、『プラバンダ・コーシャ』版では、龍樹は布施の誓願―この「物語り《ストーリーテリング》」全般の文脈において、この一まとまりの文章が一つの典型となっていることからも、ある種、異質な環《リンク》を有しているといえる―を全うせんと望み、霊薬調合に興味を抱いたといわれていることである。この点、および次の点はこの過程の仮説的復元―それによってジャイナ教の諸龍樹伝が有名な諸仏典から改編されたかもしれない―において明らかであろう。そしてそれゆえに、ここで言及するのである。それは以下の点である。すなわち、同版では龍樹の死は不自然な死とみなされ、彼の霊薬は世界に行き渡らなかったとされるのである。遂に龍樹は、不可思議なるサトルンジャヤ山に―その生まれか、事績か、死のいずれかにおいて―明らかに連関する、自身の両方の伝記に登場することになった。もっともある伝記では、龍樹はさらにパールシュヴァナータの不思議な像と、巡礼地スタンバナに関わりをもっているのだけれども。スタンバナとの関連は、同じくこういった主たる文脈のなかの一つ―今の場合はやはり蛇―がその動機となっているのである。(25)

ミラシ（一九六六）もまた、ジャイナ文献の龍樹に触れている。彼曰く、「ラームテクはごく早い時代から聖地として知られている。ラームテクの小山の上には、いくつものヒンドゥーの神と女神の寺がある。同山の支脈の一つに、極めて早い時期から『龍樹窟』として知られている洞窟がある。ラームテク近傍のマンセルには、仏教寺院の遺物の数々がある。かくして、同地はヒンドゥー教、仏教、ジャイナ教の三大宗教の信者達が、神聖とするところである(26)」。

ミラシ（一九六六）の記述からは、彼がラームテクと関連づけている龍樹が、どの宗教の信仰に属する者なのか判然としないが、彼はマンセル付近に仏教寺院の遺跡を認めている。

ジャイナ文献における諸龍樹伝についての結論として、「龍樹伝を改編するにあたっては、ジャイナ教徒の著者達は、仏教とヒンドゥー教の所伝に対して、驚くべき精度で忠実性を保たんと腐心しているようである。ゆえに彼らは、元来は『龍樹』の名前から示唆されたのであろう龍樹と蛇とのつながり、を保存しているのである。彼らはまた、龍樹の錬金術と聖山への関連をも留め、またある伝記においては、龍樹に自然な死に方をさせていない。それと同時に同版、すなわち『プラバンダ・コーシャ』と関連文献もまた龍樹の、惜しみなく施すという敬虔な属性を保存しているが、これらジャイナ伝では、龍樹が布施に身を献げていたということの叙述は婉曲で、諸テキストは、錬金術の研究抜きに布施の功徳はあり得ないと聞いたために、龍樹はその研究に着手した、と言うのみである[27]」。

さらに、フィリス（一九八八）はいう。「現時点では、ジャイナの龍樹伝がいつ最初に現れたかを特定することはできないが、龍樹に帰せられるジャイナ文献のみがラサ・タントラであると判明し、錬金術師としての龍樹の名声がジャイナ教内でよく確立していた、と示唆するかも知れない。事実、それは龍樹をジャイナ教集団へ取り入れる一要因であったかもしれないのだ[28]」。

フィリス（一九八八）に拠れば、ジャイナ教における龍樹は、「純然たる空想上の編纂物にして、中世インドの魔法使いおよび魔術師としての龍樹の大人気振りに応じた所産に相違な[29]」いという。この著者の仕事が、以下の三本の重要な原典に立脚していることは明白である。すなわち、一『プラバンダ・コーシャ』、二『プラバーヴァカ・チャリタ』、および三『クマーラパーラ・プラティボーダ』である。

このフィリス（一九八八）が引く所の諸原典は、ほとんどの龍樹関連説話の元となっている龍《ナーガ》、サータヴァーハナ、彼の飛行術についての物語、生命の霊薬調合への貢献、および最後に彼の不自然な死と、龍樹との関連についての情報に富んでいる。この著者は、「この過程の仮説的復元―それによってジャイナ教の諸龍樹伝が有名な諸仏典から改編されたかもしれない―において明らか」として、この点に同意している。

（E）M・ワレーザー（一九九〇）に拠るチベット語および漢語文献にみえる龍樹の生涯[30]

アーサー・A・プローブスタインは、ドイツにあるチベット語および漢語諸文献中の、龍樹の伝説の詳細を提供しており、これとともに、出版されたワレーザーの英訳に言及している（以下はその厳選された説話中のいくつかにある記述である）。

（一）チベット語文献

他のチベット語諸文献に拠るなら、最近、A・グリュンウェーデルによって *Die Geschichte der 84 Zauberer*（*Mahasiddhas*）のタイトルでドイツ語になり、またその道のサンスクリット原典に再言及してもいる *Grub-thob brgyad-curtsa-bshi rnam-thar* という文献のなかで、龍樹は讃えられている。また龍樹は、スンパ・ケンポ・イェシェー・ペルジョルの *Pag-bsam-ljon-bzan* のなかで、同様の意味で、またよく似たつながりにおいて言及されている。これに拠れば、バラモン・カーストの出である龍樹は、東インドはカーンチー（現在のコンジーヴェーラム）の一部に当たるカホーラ滞在中に、ターラーから不可思議な力（シッディ）を授かり、それからカホーラのバラモン達に賛同して、全ての財産を引き渡してからの苦難全般の時代に、そこから遠くへ去り、（王舎城《ラージャグリハ》近郊の）シーターヴァナを越えて、彼が僧となり、五学の知識の蘊奥を究めることになるナーランダーへと進んで行った。それから龍樹は、説法への反感から、ターラーに咒をかけ、彼女の表情を見詰めた。また同地で住居と食糧が不足した時、彼は自身の郷土へ帰り、後にまた一二年留まる王舎城、その後ガンターシャイラ山、ここから南のシュリーパルヴァタへと赴き、そこで永い余生を送った[31]。

詳細はアビラ（*ba-glan-rdsi*）から龍樹の手により王へと転身した、サーラバドラと彼との関係の線で見出せよう。

もし、私が推定しているとおり混乱があるとすれば、他の説話でも龍樹とのつながりでしばしば引き合いに出される、サータヴァーハナの王についてであろう。この人物がサータヴァーハナ王朝の創始者となっていて—少なくとも姓として—皆同じ名を冠している、サータヴァーハナの王の後継者ではないとする *Grub-thob* の伝説めいた記録から、同王は引用されている可能性が高い。これらの文献に拠れば、龍樹の生涯が不思議な冒険の連続であるのと同様、彼の死もまた然り。ブラフマー神が一バラモンに変身して龍樹師の首を所望し、同師自ら首を授けるために立ち回って、バラモンはそれを獲た。龍樹はクシャ草の葉身で自身の首を斬り落として果てた。

龍樹は、シュリー・サラーハあるいはラーフラと同世代人で、月《チャンドラ》家の鼻祖であったハリチャンドラ王の在世後に、バングラー国に現れているかのようである。しかし、われわれが扱っているチベット語諸文献にある、この年代に関する記述は極めて疑わしい、なぜならそのチャンドラ家の王子を、アレクサンダー大王と同時代のサンドローコッタと比定することは不可能であり、しかし一方で、西紀三〇八年開創のグプタ王朝の創立者は、龍樹よりたっぷり一〇〇年は後の人だからである、ということを言っておかねばならない。この場合、龍樹は紀元後三世紀を生きているはずである。龍樹がカニシカ王やサータヴァーハナの時代に生きていたとする他の諸記録に照らすとき、どちらがありそうもないことだろうか。チャンドラ・ダースは上述のチャンドラグプタをマウリヤ王朝の開祖に比定して、龍樹の一生をアレクサンダー大王のインド侵入よりも一世紀以上後に置かんとする一方で、自身の情報をもその通りに改めている。しかしながらチャンドラ・ダースは、仏教時代のインドの歴史家達の所見がわからないかぎり、龍樹の年代についてはなんら確信はもてないと認めざるを得まい[32]。

ターラナータの諸著によれば、ラーフラの弟子、龍樹は南方のヴィダルバで産まれた。出自としては、バラモンであった。彼が産まれた直後、占星家が予言して言うことには、もし一〇〇人の僧侶（比丘）、または一〇〇人のバラモン、もしくは一〇〇人の庶民が饗宴に招かれるならば、この子はそれぞれ七年、または七月、あるいは七日存《なが》えるであろう。それ以上の長命は叶わぬであろう、との由。そこで、彼の両親はその通りに振る舞った。ゆるされた時間が終わりに近付いた時、両親は少年を余所へと旅立たせ、彼はナーランダーに辿り着いた。ラーフラ師の曰く、もし無量寿《アミターユス》の真言《マントラ》を唱えるならば、長く（当然、善い）命を保てるであろう、と。かくして、少年は聖なる教団に入信し、大小乗《ヤーナ》の三蔵と、あらゆる学問を学んだ。そうして、彼は大孔雀《マハーマユーリ》、クルクッラー、九夜叉女、大黒《マハーカーラ》の呪文《シッディ》を得、他にも数珠玉《ビーズ》、目薬、剣、食糧入手の速やかさ、生命の霊薬、宝物の発見、全き破壊と復活などの多くの呪文を獲た。人間ではない夜叉《ヤクシャ》や龍《ナーガ》等が龍樹に服《まつろ》った。殊に生命の霊薬を手に入れてから、金剛身を受け、また能く諸の魔術（ラディー）や千里眼《アビジュニャーナ》を発揮したといわれている。[33]

さらに、龍樹がいかにありとある種の呪文を会得したのか、また飢饉発生に際して、彼がいかに金の精髄《エッセンス》を作り出し、遠く離れた飢饉でない国々で、トウモロコシのために黄金の穀物を交換し、そうして僧伽《コミュニティ》に生活の糧を提供したのかについて述べられている。ラーフラバドラ師はターラーを召喚して、魔術的に雨を降らそうとして果たさなかった。彼は一二年を経た末に、畑が依然荒涼としているのを見て、龍樹が有情に対してほとんど悲れみを示さないからだと確信し、菩薩行に背くと考えた。それゆえ、彼は龍樹に償いとして、一〇八の僧院《ヴィハーラ》と一千の寺院、そして一万の祠堂《チャイトヤ》の建立を課した。龍樹はこれは一人の比丘には無理な仕事だとみて、建築資材としての金を求めて、ジャンバラから夜叉を遣わした。龍樹は労働力として龍達を当てにせざるを得なかったので、龍達を信用することが肝要だと考えた。それで彼はクルクッラーの真言によって、タクシャカ龍王の娘をその随身とともに召び出した。僧伽に二人の婦人がその大勢の随身とともに、説法を聞きに現れた時、その場はむせ返らんばかりの白檀の香りに満ち、彼らがまたそこを去ると、香りもともに消え失せた。こんなことがしばしば起きたのである。「あそこにいるのは？」と龍樹が問われると、彼らは「私達はタクシャカ龍王の娘です。人間の染汚《ぜんま》から自分自身を護るため、最上の白檀の粉で身を覆っているのです」と答えた。それで、龍樹はかかる白檀樹からターラーの像を創らんと欲し、そのためには白檀樹の提供が欠かせない。龍樹曰く、「わが寺院《ヴィハーラ》と祠堂《チャイトヤ》の建立にはそなた達が必要だけれども、その旨をそなた達の父上にも伝えたうえでまたやって来なさい」。そして、二人がお互いに言うことには、「もし御師匠様ご自身が龍《ナーガ》の国にいらっしゃれば、龍王から口頭の教授がございましょう。さもなくば、実現はできないわ」。そして龍樹は『十万頌般若波羅蜜多経』を龍と人間に流布できることの大利を見て取って、蛇《ナーガ》達の国へと向かったのである。[34]

龍樹は過去仏たる迦葉《カーシュヤパ》仏や倶那含牟尼《カナカムニ》仏等の顔を拝した比丘であった、といくつかの物語にあるのは古くに遡る。そのため龍樹については、前世に数々の大いなる出来事を目の当りにして、今世で彼自身が偉大になったのだと言うことができよう。釈迦牟尼世尊の教えに属する、沢山の阿羅漢達が龍達の聖域で暮らしていて、龍樹に「われわれは阿羅漢だが、そなたは三毒に害せられたる人間だ。どうして龍の毒を被らないのだ?」と訊ねると、「大孔雀《マハーマユーリ》の咒を見出したからです」と答えたと言う。[35]

龍樹は龍達に法《ダルマ》を告げ知らせつつ、長くそこに留まった。彼は完全な般若波羅蜜、陀羅尼、および沢山の論理学上の業績を成就した。『十万頌般若』の頌句《パーダ》のいくつかは、かつて言われたように龍達によって龍樹に伝えられた、というわけではないといわれる。機は未だ熟せず、妙法《サッダルマ》の敵が三度立ち現れるであろう。そして最後の敵は実に(仏陀によって)告げられているのだが、漢訳『十万頌般若波羅蜜多経』中の三つの章は、二万偈の引用である。それから、龍樹は再び地上にやって来た。ここで彼は法の諸集成等、数多くの論書《シャーストラ》に着手した。シャンカラ比丘はじめ、大乗を目の敵にする者達は、皆、論争で龍樹に破斥された。しかし、センダパ比丘による問いの数々をはじめ、その他大乗に反対の議論が百出した時、彼は写しを全て集めて、地中に隠蔽してしまった。[36]

南の、ジャタサンガタという町で、再び五〇〇人の外道《ティールッティカ》を相手に論争していた時、龍樹は彼らをして自身の教義を受けしめた。このようにして、彼は寺院と祠堂を建立したのである。同師が建てた祠堂は、あらゆる方角からよく見えるようになっていた。かくして、龍樹は太陽のごとく煌く、大乗の教えを生み出したのである。「鐘岩《ベルロック》」（ガンターシャイラ）や南ではディンコータのごとき多くの山々を、龍樹は金へと変えようと欲したが、畏敬すべきターラーが「これを巡っていつか闘諍あらん」とそうすることをさまたげた。しかるに、沢山の金鉱が出現した、あるいは少なくとも岩々が金色に変じたということが、報告されている。[37]

ある日龍樹は、どこかに向かう途上、遊びに興じる沢山の子供達と出会し、そのなかの一人が王となるであろうと予言した。それから、彼は北にあるウッタラクルへ向かった。龍樹は、世界の別な部分《ドヴィーパ》や、人界上の居住地《アーマヌスヤ》に一二年間逗留した。彼が閻浮提《ジャンブドヴィーパ》に帰る時、先の少年はサータヴァーハナという名の王になっていた。彼は師に対し、敬礼の態度を示した。後に同王は、師の助言に従って、生命の霊薬と、また扈従として夜叉《ヤクシャ》達を獲得した。龍樹は、比丘達を住まわせるために、五〇〇の寺院を建立した。暫く後に、彼は解脱の山（シュリーパルヴァタ）の上に二〇〇年間留まった。龍樹はまた夜叉女《ヤクシニー》達の一団と、破魔法《マントラ》を修することで、（仏陀の）三二相をその身に具現した。[38]

その時、サータヴァーハナ王の末子、スシャクティが言った。「王子だけが能く君主になることができる《スシャクティ》のですか？　それとも王子も君主の財産《サシャクティ》なのですか？」彼がこのように王の統治に喜びを見出していると、母親が言った。「そなたの父上は福徳を授かっています。龍樹師と同じだけの寿命があると信じられていますよ。師は金剛《ヴァジュラ》の身体を具えているので、決して死にません。曩《さき》の王子達は王権を手にすることなく死にました。王子達も、王孫達でさえも身罷ったのです」。この事実は彼を苦悩させたが、母親は彼に告げた。「一つ方法があります。龍樹師は菩薩であるので、もしそなたが彼の首を所望すれば、必ず同意するでしょう。さすれば、師が死んだ後に、王様もまた亡くなります。王権はそなたのものとなるのです」。そこで、王子はシュリーパルヴァタへ赴き、龍樹に首を乞うた。龍樹は過去ある時に、青草で生き物《ジーヴァ》の頭を切断したことがあるのを思い出し、そして同時に次の言葉を発した。

「われはここより極楽《スカーヴァティー》へ往く。そして再びこの身の中に戻るであろう」。すると世界が震動をはじめ、一二年の飢饉が発生したと伝えられている。王子は、師が生命の霊薬を手に入れていることから、再び（身体と）結合するかもしれないと怖れ、龍樹の頭を、その首を斬り落とした場所から幾里も先へと持ち去った。しかしそこで、首は夜叉女《ヤクシニー》が掠め去ってしまった。その首は大岩の上に据えられた後粉々になってしまい、五柱の観世音《アヴァローキテーシュヴァラ》神の石の身体（像）が現れた。首と身体それぞれのために、寄進者たる夜叉女によって、一つずつ寺院が建立された。かつて、その両者の懸隔は一・六里（四マイル）離れていたが、現在は呼べば声さえ聞こえる先だといわれている。(39)

以上の龍樹伝によれば、おそらく彼のいた場所と、後に彼が住んだ他の場所の名称のみが歴史的痕跡をある程度とどめているのであって、またそれらのみが龍樹と伝説的な南天竺の王との関係を示唆する言明であるのかもしれない。大乗は龍樹以前にすでに存在しており、彼はその信者でこそあれ、開祖であると考えることはできない。

龍樹の時代にはすでに宗教的著述の編纂も行われており、諸経《スートラ》が様々な地域の神々《デーヴァ》、龍《ナーガ》、乾闥婆《ガンダルヴァ》、羅刹達《ラークシャサ》―ほとんどの場合は龍の国から―得られた。また龍樹は諸の眼病と、その療治についても学んだ。おそらく彼は広く遍歴して、菩提樹に帰敬するところ大であった。その石柱群を修繕して、その手入れを試みている。四〇一―四〇五年に鳩摩羅什《クマーラジーヴァ》が、大乗仏典をほぼ完璧に漢訳した時には、龍樹の名は大乗経典の註釈書と結び付いて語られていた。

龍樹と聖提婆《アーリヤデーヴァ》の時代には、大乗は中央インドを越えて、一大勢力を誇った。

チベット語諸文献は、龍樹在世当時の他のいくつかの場所や地域の名前を伝えている。そこで言及されている龍叫《ナーガーフヴァヤ》は龍樹とはなんら関係が無いかもしれないが、菩提流支《ボーディルチ》による一本と、実叉難陀《シクシャーナンダ》によるもう一本から成る漢訳版は、基本的に龍樹のことをその名前で言い換えて表し、インド人の視点に従って、これは正しい解釈であると宣していた。「しかし、チベットの *de min klu shes bod-pa ste* は、その言い表しを認めており、『龍《ナーガ》』の名前と『龍叫』というサンスクリット複合語の蛇《ナーガ》の名でよばれるその人物については、その語をそのように固有名詞さながらに用いる可能性が容認されるにとどまらず、また実際頻繁に—例えば龍樹その人の高名な弟子の名称として—登場する『龍叫』の名に関しても『龍とよばれる者』あるいは『龍と名付けられた者』というわけを認めるのであって、ゆえに『龍』が彼の実際の名称であって、そして龍樹とはほとんど他人に等しいこの人は、五つの道を打ち負かした比丘達の一人なのである」(40)。

龍樹との関連でチベット語文献に表された資料は、収集時期が変動することから比較に供することができず、また引用元の資料も異なるに相違ない。

(二) 漢語文献

これらの記録のなかでは、幾分かの新出の名前と、チベット語文献に既出の名前とが混在している。「建揵稚声塔《ガンター》」（鐘音塔《ベルサウンド・ストゥーパ》）部に見える「那伽閼剌樹那《ナーガールジュナ》」という名前の説明は、新たに付け加えられたもののようだ。

さらに『翻訳名義集』一、九a、一、二〇の記録は、玄奘がいわゆる「建揵稚声塔」（鐘音塔）を訪った時のことに基づいて書かれた『西域記』第八章における、その玄奘の記述に触れている。この書物から、「龍樹」すなわち「龍の樹」という—すでに玄奘によって「非なり」と宣告されていた—ナーガールジュナ名の表現が否定され、同名に対する「龍猛」すなわち「龍の猛者」という説明の方が採られている(41)。

この一節では龍樹その人についての描写に大いに注目が集まるよう、龍樹と後に弟子となる聖提婆の初対面およびその委細と（ママ）、聖提婆と揵稚を撃った彼に挑まれた外道との論戦について厳密に描かれている。そこではただ、龍樹は幼くしてすでに博識の誉れを得、また長じては一切の世間的な楽を捨て去り、出家をし、自身を研鑽に捧げ切って初地を得た、ということのみ触れられている。また同書巻一〇においては、しばしば詳細になる他の諸記述に─伝説めいた特徴が皆無というわけではないが─それらが実あり血の通った記憶に依拠していることを示すに足るまでに、龍樹の人格が描かれている。ここでは彼の活動の舞台は、「南憍薩羅《コーサラ》」の首都とされている。また、サータヴァーハナもしくはサーダヴァーハナの王によって、偉大な壮麗さを誇る僧伽藍《サンガーラーマ》（僧院）が石から削り上げられ龍樹に差し出された、という山の名前に言及している。すなわち、首都から西南に三〇〇里離れた「跋邏末羅耆釐《ブラマラギリ》」（黒蜂山）のことである。他の点においては、龍樹について玄奘が伝えている事柄の主だった特徴の数々は、チベット伝統文献にある同様な内容を支持している。例えば、龍樹とサーダヴァーハナあるいはサータヴァーハナの王との友情─同王が彼の居処の絶え間ない守護を命ずるほど親密だった─である。伝説に拠れば、王子（ママ）の寿命はその友の寿命に懸かっていたということだが、上記の友情もその伝説と関連していた可能性がある。また─その最期は、王の世継ぎが王位に即くための依頼に、一〇〇歳の賢者が同意したという─チベット説話にあるのとよく似たかたちで語られた、龍樹の生涯の最期を伝える物語も、諸チベット伝統文献と大体において合うものである。(42)

幼少時の龍樹の悲劇、サータヴァーハナの王との友情、飢饉と僧院管理への彼の貢献も、チベット語による情報そのままに残っている。

鳩摩羅什《クマーラジーヴァ》による伝記では、龍樹の母親はある樹の下で彼を生み、その樹によって彼自身が「阿周陀那《アルジュナ》」（と称した）。「阿周陀那」とは樹の名前である。彼は蛇《ナーガ》達からの教示（原文では「道」）を成就したゆえに、「龍《ナーガ》」の字をもって「龍樹」とよばれた。

その直後にはこう続いている。法顕（ママ）の曰く、

龍樹の研鑽は天下におよび、とどまるところを知らなかった。彼は仏陀の経典を検せんと欲し、法《ダンマ》を独修した。また「われに師なし」と宣した。龍樹は龍宮に入ることを得た。ある夏に、彼は独り七つの仏教経典を記憶した。そして、自身微妙な仏法の基礎を知って、自坊へと去った。彼は国王を服従させ（ママ）、敵対諸派（外道《ティールッティカ》）の信徒達を圧倒した。ある外道は幻影を作り出したが、すると龍樹は一頭の象を生み出して、その幻の蓮華をもぎ取って、外道を叩きのめしてしまった。龍樹は三種の「法の書《シャーストラ》」を編んだ。第一に、称揚された巧み《カウシャ》な布施の論書《シャーストラ》で、これは天界の秩序（天文学）と地上世界の法則、すなわち宝石類と薬草類の調合、およびあらゆる世俗事の発展について説明する。第二に、天界の光輝についての論書。これは功徳と善悪の変化を解説する。第三には、恐れがないこと（無畏《アクトーバヤ》）についての、称揚されたる論書。これは低次の意味での真実と、中道の教えの詳述（中観論書《マドヤマカ・シャーストラ》）について説く(43)。

鳩摩羅什による伝記は、いくつかの理由から瑕疵を免れていない。その伝説的な要素は、あたかもチベット語文献中にあるのと、すこぶる多くの点で似通っている。記述はさらに続く——

龍樹は、ごく幼少の頃からバラモンが—各頌三二音節から成るところの四万偈《ガーター》が、それぞれに含まれている—四ヴェーダの編纂物を誦えるのを聴いていた。彼はこれらの文を諷《そら》んじ、その意義を領解した。弱冠にして、世界に名を馳せていた。天文、地理、図緯、秘讖、および諸の道術（世俗的科学?）—すべて体得せぬものはなかった。退屈な生活に倦み、人生の快楽を味わんと欲して、龍樹は同じ考えと学徳をもつ四人の男でつるみ、どうすれば真

に貴顕の生活を娯しむことができるか談義した。そして、隠身術《みえなくなる》の呪文を獲得することによってのみ可能だと気づき、彼ら自ら要求を実現してくれる魔術師と接触した。そして早速王宮に潜り込み、そこで女性達の身を持ち崩させた。このことは王に奏上され、その逆鱗に触れた。王はともに協議するために、主だった役人達を召集した。彼らが言うには、この不可解な出来事には、二通りの説明が与えられる。すなわち幽鬼か方術師か、の疑いが強い。後者の場合は目に見える足跡が付くはずだ。さもなくば悪魔祓いによる駆逐を試みるべきか、と。その旨を知らされた門衛は直ぐに四人の男の足跡に気がつき、その報告を王に上奏した。ある役人が、一〇〇人の男とともに王宮を占拠せよとの下令《げち》を受けた。門は閉ざされ、兵士らが空に剣を揮った。隠身していたなかの三人は殺され、ただ龍樹のみが命拾いすることができた。彼は王の隣に踏み込み七歩の半径の内にいて、剣が届かなかったため、こうして剣戟を躱したのである。この時、龍樹は生きることの苦という考えを悟り、苦しみの原因を洞察し、欲望的観念への嫌悪を心に抱いて、彼の中に家を出る望みが育まれた。「もし脱け出ることができたら、私は沙門となり、出家《プラヴラジュヤ》の状態を追い求めます」。王宮を脱出するや否や彼は山へと向かい、そこで仏教寺院（ストゥーパ）の聖なる僧伽《サンガ》に入って、戒《シーラ》に従う生活を送るという礼拝を作したのである。龍樹は九〇日の間に三蔵《トリピタカ》を理解し、その深妙な意義に通悟した。遠方は雪山中の聖蹟《チャイトヤ》に程近く、一老比丘が住んでいた。龍樹は彼とともに大乗経典を誦え、それらを尊び、好むことを学んだ。龍樹はそれらの深甚なる重要性を諒解したが、未だその真価を通悟することはできていなかった。彼はまた、他の諸経典を探し出すべく、ありとある国々を彷徨った。閻浮提《ジャンブドヴィーパ》全体からも、それらを見つけ出すことはできなかったが、それでも隈なく探索した。龍樹は異国の諸師（外道《ティールッティカ》）や沙門をして服従せしめ、はなはだ自惚れで一杯になったために、慢心して傲岸になってしまった。彼は、世間の諸法《ダルマ》には沢山の汚泥があり、また仏陀の諸経典は深遠なれども論理面の端々で完璧を期していない、そして、未だ完璧ならざるこれら経典は、論理的に深められねばならぬ、と考えた。人に教えるべき彼は、まずもって明快に理解し、それから学ばねばならなかった。道理に矛盾なく、事柄《アルタ》に過失なし。ここにどんな咎が起こり得ようか？　これらのことを熟慮してから、龍樹は新しい教義を打ち樹て、様相を一新せんと欲した。今し彼は仏の法《ダルマ》と異なるところに従って、差異を際立たせた。そしてまた、来るものは拒まずまた淡白に、一切智を表さんと欲した。彼は日を選みて、弟子達と交わる時間を設け、新しい戒の規範を授け、新たな法衣類を定め、そして弟子達はこれらの矩を越えずに歩み行くべしと望んだ。ある大龍が龍樹のこの有様を見て愍《あわれ》みの念を起こし、彼を海中に入らせるべく導いた。その宮殿の広間にて、大龍は七つの尊き教蔵《ピタカ》を開陳した。あちこちの場所から、諸の方等、深奥なる諸経典と無量の妙なる法を（大龍は取り出し）、龍樹に手渡した。九〇日の間に、龍樹はこれらを暗誦し、理解のおよぶところ大であった。彼の心はそれらの意義に深く通じ、真の功徳を得た。大龍は、彼の考えを理解し尋ねた、「汝、未だ（ここに）見ゆる経典に通了せざるや」。答えて曰く、「汝が蔵におびただしき経典有り。その数、窮尽すべからず。吾須らく後に此の、閻浮提に一〇倍せるを再た読むべし」と。大龍の曰く、「わが宮にて手許にある諸経典と法の書は、多きこと比類なし」と。そして龍樹は、諸経典のただ一つの意義を理解し、無生法忍の三昧《サマーディ》に深く通達した。大龍は経典類を彼に手渡し、閻浮提に還した。龍樹はさらにブッダの教えを熟考し、外道の者達を打ち負かした。彼は大乗について詳述し、一〇万偈から成る教説《ウパデーシャ》をまとめた。その他、『荘厳仏道論』五千偈、『大慈方便論』五千偈、大乗『（中）論』五〇〇偈を著した。彼は大乗の教えがさらに天竺へと広まりわたる契機となった。[44]

龍樹が蛇《ナーガ》の国から帰還した当時、南天竺の統治者は異国から来た（外道）諸師を贔屓にし、仏教徒達を告発していた。彼を改宗させるべく、龍樹は七日の間、いつでも王の面前で赤い旗を掲げて、彼の関心を自身へと向けさせた。王は訝しみはじめて、遂に「余の前でいつも歩いているかの男は何者ぞ」と尋ねた。（中断ママ）王は、大いにたまげたと答え、「一切智者とはこれ奇特なる者。汝がそれだといかにして証す？」と尋ねた。龍樹は「もし王様がわが智慧を知らんと望まれますなら、私からお教え差し上げることでそれがわかりましょう」と答えた。王は

「余が彼を、論書の解釈者の上首としてしまうかもしれない」と内心思い、「唯今、諸天《デーヴァ》は何をしておいでか」と訊ねた。龍樹は「諸天は阿修羅達と闘っているところです」と答えた。王がこの言葉を聞くこと、あたかも人が喉のつかえを取ろうとして、吐き出すことも嚥み込むこともできずにいるごとくであった。王は、諸天による事実ではあるまいと信じて、誰もいないのに龍樹はどう自分の断言したことが正しいと証せるのか、と言った。すると、ありとある種の武器、剣、干戈、そして戟が天から降って来た。それでもなお、王が半信半疑で「武具の類はあるかもしれぬが、どうしてその諸天と阿修羅達がおられようか」と述べると、阿修羅達の手や足や、指、耳そして鼻が降って来た。王は怖れをなして稽首し、改宗した。その時、殿上には一万人のバラモンがいたが、この奇瑞を目の当たりにするや、自が髭と頭髪とを剃り落とし、聖なる僧伽へと入った。そして、龍樹は南天竺で仏教を広く宣揚して、外道輩を服せしめ、大乗の偉大なる機微を解釈したのである(45)。

これら、本書にとっては重要とは思われないので一部割愛している諸文献には、このようないくつかの龍樹の逸話が詳しく書かれている。最後にワレーザーは結論して言う、

またこの書は、龍樹が見出した否定主義《ネガティヴィズム》という方法原理の斬新さと、尋常ならざる重要性が最も際立ってみえよう計算されている。なぜなら未だ―ほとんど超自然的な起源というわけではないとしても―奇跡および魔法に彩られた存在として、独特の秘儀めいた方法で働きかけている蛇《ナーガ》達による、超自然的な干渉という出来事が、龍樹に帰せられているからである。その帰結として、龍樹その人の人格が段々と謎めいたベールで取り巻かれて、そのために彼について無数の伝説が湧いて出て、古来稀なる不可思議な力を獲得したことが、龍樹に帰せられるに至っているのだ。またその結果、批評家達がいかなる歴史的事実の根拠をもほとんど集め得ないほど、彼の生涯における

出来事の数々がありそうもない様相になってしまったのである。もはや、北部の仏教文献群中、龍樹の名の下に四散したこの文献の山についてどんなことを考えてみようとも、ここにはなお、またいくつかの例外―例えば、龍樹の生涯にまつわる記述を、知的能力に関する取るに足らない一特性がはなはだ極端な形で表現された、何か特別な潤色、とはみなせなくなる『勧誡王頌《スフルルレーカ》』等の文献―を除いて、同様の没個性的な要素が見て取れるということになってしまうのである。(46)

(F) その他の文献

(a) バグチ、P・C(47)（一八四一）

一、*Gnaschan-po-brgyad-kyi-mchod-rten-la-bstod-pa* テンギュル、二四

Cordier du Fonds Tibetan 七頁 Sanskrit Title *Astarnahasthana caitya sotra.* 文献奥書の著者名はここでも龍樹《ナーガールジュナ》師《チャーリヤ》とされている。

二、*Gnaschenpolog-brgyad-kyi-mchod-rten-la-bstod-pa* テンギュル、二五

Cordier du Fonds Tibetan 七頁 The Sanskrit to this, *Astarnahasthana caitya sotra.* ここでもまた、龍樹に言及。ただし、テキストは上述のものと異なる。

一と二は、龍樹師の手になると言われている。ここに出る龍樹は、中観哲学派の開祖たる大龍樹とは確実に別人である。大龍樹は―『勧誡王頌《スフルルレーカ》』の編纂を除いては―簡単な詩作を好んだりしそうにもなく、しかるにその『手紙《レーカ》』もこれらの文献とは性格を異にしている。後代にも紀元一〇世紀にナーランダーの教師であった龍樹がおり、これら両文献の性質は、後代の龍樹の著と考えるとしっくりくるものである。

（b）ジャヤスワル、K・P（一九三三）

われわれは高名なる仏教徒の聖人にして学者たる龍樹が、吉祥山《シュリーパルヴァタ》へ赴きそこで死んだという伝承を知っており、また実に奇妙なことに、当該の小山の現在の名（ナーガールジュナコンダ）がそれ支持しているのである。玄奘はサータヴァーハナの王が龍樹を庇護していたことを記している。[48]

イクシュヴァーク王朝（その系図はジャッガイヤペッタ碑文にみえる）の王、シン・チャタムーラ一世は、アグニホートラ、アグニシュトーマ、ヴァーヤペーヤおよびアシュヴァメーダの祭祀を執り行い、そしてまた、神々の馬番たるマハーセーナの崇拝者であった。彼らには従兄妹婚というイクシュヴァークの風習があった。仏教に対する彼らの寛容は注目に値する。王家のほとんど全ての婦人は仏教徒であったが、王や他の男達は、自身の名で布施を為すことはただの一度もなかった。しかし彼らとて自身の貴婦人達にとっては出資元であったはずである。イクシュヴァークは、彼らにとっては後の支配者に当たるサータヴァーハナ達の宗教政策に従っていた。彼らの統治は平和そのものであった。ヴィーラ・プルシャダッタの時代の碑文の一つによれば、ヴァンガ、ヴァナヴァーサ、チナ・チタラ、カシュミーラ、ガンダーラらからの訪問者とセイロン人僧侶達は、しばしば「龍樹山《ナーガールジュナコンダ》」を訪ったという。[49]（サータヴァーハナの）王が龍樹の庇護者《パトロン》であったとする、玄奘の伝聞に基づく伝承は、もし龍樹が紀元以前に活躍していたのでなければ、怪しいかもしれない。その典拠たる仏塔《ストゥーパ》は―玄奘に拠れば―アショーカ王の建てたものだという……龍樹が仏塔建立で空になったシャンタカ・サータヴァーハナの国庫を補填するために、岩から金を出して彼に与えたという物語は、もしかすると龍樹によるマイソールあるいはバラガートの金鉱の発見とその認知が元となっているのかもしれない。龍樹はその長い一生における諸の業績のほかに、とりわけ諸金属および化学の知識に長けていた。[50]

こと文献群の伝承にも言がおよぶ第六感との関連では密教信者達《ターントリカ》がいて、それは文献群の伝承を表現するときに諸のタントラを説明した者達を意味している。ナーローおよびマイトローにしたがって厖大なタントラを評することは難題であった。西インドのヴィヤーリという個人について以下のごとき物語がある。「西インドにヴィヤーリという者がいた。彼はおびただしい数の薬を一緒くたに渾淆し、そして一二年の長きにわたって、水銀霊薬を克ち得べく討究した。しかし、いかなる成功の兆もみえず、手持ちの材料も底をついたので、彼は水銀法について書かれた本をガンジス河へ擲げ打ち、乞食へと出掛けてしまった。彼がオーディーヴィチャへと戻ってくると、折しもその同じ本が河に浸かりながらも、全く傷んでいないのに出会すではないか。そこでこれは成就《シッディ》獲得の兆なりと悟り、母国へとんぼ返りした。そしてそこで、正確かつよく見窮められ調節された水銀が取り出された。ここに家族達は花の雨が降り注ぐのを目の当りにして『これは何？』と尋ねたが、このことについては誰も何もわからなかった。この時、少し頭の鈍い少女がこんなことを云ったらしい、『ここで私、粉《パウダー》まみれになっちゃったわ。』彼女は自分で身体を洗ったらと言われ、その結果次のようなことになった。すなわち、問題の所在の不確かさが明らかとなったのである。何が内省をもたらしたか。ヴィヤーリは訶梨勒《ミロバラン》の性質を知らなかったのだが、それが少女に振りかかった粉末の例《ケース》と、同等であることがわかったのである。彼は単に赤い訶梨勒一個を薬に加えるという以外、何ら結論を得ていたわけでもなかったが、洗浄時に赤い果汁の雫が現れたとき、それは水銀精錬の成功を意味していた。それ以降六ヶ月の間、ヴィヤーリは莫大な量の水銀を調合した。かくして、ヴィヤーリとその妻、息子（夫妻？）およびその養女の五人と、六番目に彼の馬とは、この成分の持ち主となったのである」(51)。

この成就を誰かに伝授するにあたって、ヴィヤーリは大石の上に自ら坐し、水銀精錬法と錬金の材料とを他者に授けんと考えはじめた。そして、彼は今や成就を得ているので、自らを大黒《マハーカーラ》のタントラで増強して、除霊を作した。

（c）ダッタ、B・N（一九四四）

しかし、龍樹師がこのことを聞きつけた。龍樹は空中遊行者（荼枳尼《ダーキニー》）達の陀羅尼を自ら保持し、木の葉叢から二足の沓《くつ》を持ち来り、それで空中を行くことができるようになった。そして、今や龍樹が「尊師は私に錬金の法をお授け下さらねばなりません」と要求したので、ヴィヤーリは「汝が沓をわれに与えよ。そはわれの授くる錬金の法に価《あたい》すべし！」と答えたのである。それから、たくさんの水銀精錬法の教示《ウパデーシャ》、幾十万、幾百万もの霊薬調合法とそれ以上のこと、また錬金のための除霊の力を彼は龍樹に授けた。そしてそれは、かの沓のために授けられたのである。そして彼は、隠しておいた沓を履いて飛翔してインドへ赴き、そこで生命の霊薬の教示を益々追究した。ガンダーラ国の北部、ムニーンドラという地域にはディンコータ山があった。彼はこれを金と銀に変えんと欲したが、将来の世代が相争う元凶となることがわかっていた聖《アーリヤ》ターラーがこれをさまたげ、自身の功徳もて塩に変えてしまった。(52)

著者は二人のラーフラに言及している。すなわち具寿ラーフラと、婆羅門ラーフラである。(53)

前者の弟子が龍樹師であった。龍樹は南ヴィダルバの生れで、そのカーストからいえばバラモンであった。彼は最終的にナーランダーへやってくる。彼の師たるラーフラバドラが、無量寿《アパリミターユル》陀羅尼を絶え間なく唱えるよう教えたので、龍樹は安寧に生きられるようになった。そこで彼は得度した。大乗も小乗の三蔵も知り尽くしてしまうと、彼が学ぶべきものはなくなってしまった。ゆえに、彼は大孔雀《マハーマユーリ》、クルクッリ、九夜叉女《ヤクシニー》および大黒《マハーカーラ》の行を修したのである。龍樹はありとある成就《シッディ》、すなわち丸薬の成就、眼薬、剣の成就、さらには破壊・再生するあらゆる力を得、超人間的なる全ての夜叉《ヤクシャ》・龍達を超える完全を手に入れた。なかんずく、自身のために生命の霊薬もて創り出した金剛身を授かったのである。彼は不思議な力と、超自然的な知識の巨人となった。いたる所で剣の成就と水銀の成就を作した。ラーフラバドラが聖ターラーを祓うのに多忙な時は、龍樹が僧伽《サンガ》のために食料も生み出して、当時の大僧院にやってきたのである。

この時期、マガダには一二年の間飢饉が続いた。師《アーチャーリヤ》は鍍金（成就）を行い、そしてこの鍍金の行きわたる地域では、トウモロコシ畑の様相が一変し、飢饉のあることはなかった。かくして、僧伽《サンガ》が糧に困ることもなかった。

ある時、南のジャータサンジャヤの市《まち》で、龍樹は五〇〇人の外道《ティールッティカ》と論争し、宗教の全面にわたって、彼らを凌駕し打ち負かした。かくして、彼は大乗を太陽のごとく輝かしたのである。それから龍樹は、ガンターシャイラと北方に横わる多くの山々―すなわちディンコータ等―を黄金に変えんと欲した。アーリヤーヴァルタは、将来それをめぐって諍いが起らんとて、彼がそうするのを思い止まらせた。しかるに、金鉱脈は今もそこにあり、少なくとも鉱石は金色を表しているといわれている。後に北方を行脚の途上、龍樹は大勢の少年達の遊ぶのを見、ある少年に対し、王になるであろうと予言した。一二年後、北倶盧《ウッタラクル》より閻浮提《ジャンブドヴィーパ》へと帰るさに、龍樹は少年の一人がウダヤナという名の、彼自身への崇敬篤い王となっているのを見た。結果、同王は延年の霊薬と扈従の夜叉達を授かった。王は説法者たちが憩える場として、五〇〇の寺院・僧院を建立した。後に龍樹師は二〇〇年もの間、夜叉達に囲まれて吉祥山《シュリーパルヴァタ》に住し、続くシュシュクティあるいは剛王子というウダヤナ王の孫によって斬首されるまで、そこに留まり諸のタントラを修していた。伝えるところによると、これが起きたのは龍樹の齢七〇の時で、七一年目の齢はまだ半分しか過ぎていなかったという。王子の母親は、父王と師は不思議な力を有しており、その為王の寿命は師のそれと同じ位長いであろうし、また師は金剛身を具えて不死身であろうからと、その師の首を乞うよう息子に頼んだ。母親は息子のためを思って、それを望んだのである。王子は吉祥山へ赴き師に首を乞うた。首はクシャ草の葉柄もて斬り落とされた。次の言葉が聞えてきた、「われはここより極楽へ往く。されど再び還り来て、身体と合するであろう。」すると地震《ない》ふるいて、一二年間の飢饉がやってきた。王子は身体と首の再結合を惧れて、斬首の場から幾里も離れた地点に、首を擲った。夜叉がその首を取り上げ、そして首と身体の上に、ヤクシー・クシパティが寺院を建立した。[54]

(d) ヘイスティングス、ジェームズ[55]（一九五四）

われわれは「般若」文献群がいつ、どこに始まったのかを知らない。しかし、われら以前、紀元二世紀にそれらの一つが漢訳されている事例がある。言い伝えによれば、『八千頌（般若経）』は、まず南天竺で形になり、それから西および北天竺へ伝えられたと言われる。その言い伝えの裏付けが何であれ、人は二、三世紀の南天竺に生きたと信ぜられている龍樹のなかに、著名な、教理の開祖の姿をみる。彼は偉大な論法家であり、あらゆることに対する絶対的想念、ことにアビダルマ論書のそれを徹底的に否定するに至るまで、「般若」学派の否定論法を追究した。

(e) マジュンダル、R・C、プサルカル、A・D[56]（一九五四）

龍樹の衣鉢は、聖提婆《アーリヤデーヴァ》によって引き継がれ、聖提婆は上述のごとく、インドの四泰斗の一人に数えられていた。聖提婆はシンハラの王の養子であり、ナーランダーの僧院長および異端的諸師の精神的導師として龍樹の跡を襲った。彼はいくつもの論書を著したが、そのなかで唯一、『四百論《チャトゥフシャタカ》』のみがサンスクリット語原文で残っている。彼は長年ナーランダーで過ごし、その晩年に当ってカッチへと赴き、紀元二世紀にそこで最期を迎えた。彼はラーフラバドラが僧院長の期間に、一四の香堂《ガンダクティー》と一四の僧院を建立した。また一三の著作を編纂した……これらはナーランダーで、大小乗両方の僧達によって暗誦されていた。

(f) セン、A・C（一九五六）

法顕がナーランダー大学若しくは僧院に関して、全き沈黙を保っていることに鑑みて、同大学は彼の時代には未だできていなかったと結論づけられるかもしれない。それゆえ、大仏教哲学者龍樹（紀元二世紀）、聖提婆（同四世紀）、無著《アサンガ》、世親《ヴァスバンドゥ》、陳那《ディグナーガ》（いずれも同五世紀）が、ナーランダーにおける師弟達であったという旨のチベットの諸伝承は気をつけてこれを見るべきである。いくつかの寺院《ヴィハーラ》、それも比較的小さなものが早い時期から同地に存在していた、ということは大いにあり得るかもしれないが、近現代の歴史家達は、同大学が大きな規模で開創されたのは、およそ紀元五世紀の中葉、クマーラグプタの治世下のことであろうと考えている。[57]

玄奘曰く、ナーガールジュナコンダ―古くは吉祥山《シュリーパルヴァタ》とよばれた―に、あるサータヴァーハナの王が、紀元二世紀の名高い聖職者にして、中観哲学はの開祖たる龍樹のために、僧院を建立したということである。チベットの歴史家ターラナータは、龍樹はアマラーヴァティーの大仏塔《ストゥーパ》の周囲に欄楯を築いたといい、その伝承では、龍樹は人生の大半を吉祥山で過し、同地で死んだとされている。玄奘の時代、アマラーヴァティーは廃墟と化しつつあったが、それでもなお、およそ二〇の僧院がよい状態で立っており、一〇〇〇近くの僧侶達―そのほとんどは大衆部《マハーサンギカ》中の異なる部派に属していた―の居住地であった。[58]

（g）ミラシ、V・V（一九五八）

ラームテクの龍樹窟：「ヒンドゥー教徒と同様、ラームテクにはジャイナ教徒と仏教徒の聖地がある。仏教哲学者龍樹は、ヴィダルバの婆羅門の家に生まれた。（JASB、五一、一一五）その子の両親は、占星家が告げた彼の七歳での夭逝を目の当りにしないために、彼を幾人かの従僕と一緒にラーマギリの密林へと遣ってしまった。龍樹は窟のなかで、死の訪れを待っていた。やがて近くの寺院から、一人の比丘が彼を救いにやってきた。彼は龍樹に、自分が種々の学芸と論書とを学んでいたナーランダーへ行くよう示唆した。龍樹は医学、占星学、錬金術そして眼科学の権威となった。彼の名声は遠く中国にまでおよんだ。龍樹はある期間を吉祥山、あるいはシュリー・シャイラで過ごした。後に同地は、ナーガールジュナコンダとして高名になった。西暦紀元後、イクシュヴァーク王朝の母后と王子達は、ナーガールジュナコンダにいくつもの寺院と祠堂《チャイトヤ》を建立した。龍樹はその中観哲学ゆえに、世界に知られるようになった」。

「現在、龍樹窟にはただ一体の蛇《ナーガ》の像と人の首とがある。ラームテクの龍樹山上に、龍樹の名において記念碑を建てる必要がある(59)」。

ミラシの記述からみるかぎり、彼は龍樹の出生の地をヴィダルバであると決定する典拠に同意しているようである。龍樹は幼少期にラーマギリ—ミラシはラームテク（現在の名称）ともよぶ—の密林に避難させられた。近くに一寺院《ヴィハーラ》（仏僧達の住処）あり、龍樹はその寺院に住する僧達の世話を受けた。これら全ては、古代のラーマギリは有名な仏教由縁の地であったという記述に、ミラシが間接的に賛成していたということを示している。その論評からは、龍樹が博識多才な人物で、かつナーランダーと関わりがあったということが明白である。龍樹はその後半生を、シュリー・シャイラで過ごした。この場所はナーガールジュナコンダであると考えられている。『シンドゥルギリ・マーハートムヤ』および『ラーマーヤナ』にある情報に拠れば、ある小山の名前が「シャイヴァル」であって—それが数ある山の中、サトプラー山系のいくつかの山々の一部を指すのか、はたまたその主脈であるのかは判然《はっきり》しないけれども—「シュリー・シャイラ」に似通っているのである。

(h) ダッタ、S（一九六二）

諸伝説のなかで、龍樹は相容れない二つの人格として描かれている—すなわち、『中論頌』の作者たる完全主義の哲学者としてと、『ラサラトナカーラ』の著者たる魔術師にして錬金術師として、である。

以下はチベット伝（『パクサム・ジュンサン』より引用）についてである。他のチベット伝の例に漏れず、立証不能な個人的詳伝に満ちみちている。

　龍樹師《アーチャーリヤ》は、南方ヴィダルバ国の婆羅門の家に生まれた。彼が生まれた時、占星術師は両親に、儀軌にのっとって幾日も幾月でも一〇〇人の婆羅門を歓待すべし、さすればこの子はともかく七年の命脈は保てるでしょう、と告げた。早その七年に垂んとして、両親は愛息子が死ぬのを見るに忍びず、彼を異郷へと遣ってしまった。彼（息子すなわち龍樹）はナレーンドラへと辿り着き、サラーハにみえ、彼は龍樹に無量寿《アミターユス》の灌頂を作し、長寿のための真言《マントラ》を誦えさせた。龍樹は（ナレーンドラあるいはナーランダーの）僧院長ラーフラから得度《プラヴラジュャ》を受けた後、齢八つを少し超えたばかりで、説一切有部の知識を獲得し、またサラーハから時輪《カーラチャクラ》における教示を得た。一九の齢、彼は前述の僧院長から受戒し、また「龍樹」（チベット語で *Dpal-idan-blo-hohan*）の名を授かった。彼は大孔雀《マハーマユーリ》、クルクッレーおよび他のいくつかの（呪術）儀礼、術式、なかんずく錬金術《ラサヤーナ》において成就《シッディ》を得、「雷霆身《ヴァジュラカーヤ》」となった。龍樹はバラヴァの教導を受け、ドヴィパンタラから「触石《タッチストーン》」を得た。けれどもそれを使いこなすことができなかったので、彼は女葡萄酒商人の説明を聞いて、飢饉が猖獗を極めた時、その完全な「触石」をもって、自身の監督下にあったナレーンドラの大乗僧伽を養ったのである。チャーンディカー女神から成就を得た後も、彼はそうし続けた（すなわち、かかる奇跡を演じていた）。彼の説法の場にはタクシャカ龍王の二人の娘が列なっており、彼女らはその教義を聞くために、彼を蛇界《ナーガローカ》へと誘った。彼はそこへ赴き、少々欠落のある『十万頌（般若経）』といくつかの陀羅尼（呪文）を持ち帰り、このゆえに「龍樹」として知られるようになったのである。プンドラヴァルダナでは、黄金と自身の「触石」とを産み出し、布施《ダーナ》を作した。彼はハヤゴーシャからターラータントラを聴聞した。ダーニャカタカの寺院からは、「大黒の宝《マハーカーラ》」、「クルクッレーの宝」その他のタントラを持ち来った。それ以降は、インドに新たな大乗経典の出ることはなかった。[60]

　ダッタの著作から引き出せる結論は、以下のごとく要約できる――

本説話は哲学者たる龍樹を錬金術師の龍樹と結び付けている点、全ての龍樹伝説の一典型である。しかるに、大乗仏教中観派を創始した龍樹が、タントラの学匠、魔術師、神秘家にして賢者の石の保持者たる龍樹と同一人物であったとは信じがたい。複数の錬金術《スヴァルナタントラ》の著述―なかんずく『ラサラトナカーラ』が最も有名である―の作者とされる、『龍樹』の名をもつ古代の錬金術師についての諸伝承は疑いなく存在していた。彼は遅れること紀元八世紀に活躍したと信ぜられているが、その時代は二、三世紀遡られるべきだろう。なぜなら、玄奘が錬金術師の龍樹についての諸伝承を知っており、全ての龍樹伝説と同様、それらを中観哲学の龍樹のものと混同しているからである。

玄奘によれば、龍樹菩薩は啻《ただ》に大師および哲学家であったのみならず、また「生命の霊薬」の製作者にして、石を黄金に変えることのできる錬金術師でもあった。龍樹菩薩は（丸薬もしくは薬塊の）調合による薬の合成術に通暁しており、数百年にもおよぶ長寿を誇ったので、頭脳も容貌もともに衰えることがなかった。

玄奘は龍樹が現出した奇跡について語っている―彼は大きな岩々を、神聖にして優れた煎じ薬（薬剤あるいは混合薬）で潤すことによって、それらを金へと変えた。この錬金術師は明らかに相当な期間活躍したに相違なく、それはおそらくこの中国からの巡礼者の二世紀前のことだったたであろう。

上記の他にも、文献中に記されたよく似た短い伝説があり、それら全てについて簡単に記せば以下の通りである。

（後略）

（i）ウォーカー、B（一九六八）

仏教哲学者龍樹（紀元一〇〇？～二〇〇？）はアーンドラ出身の南天竺の婆羅門の両親の許に生まれた。その名前については、彼はアルジュナ樹（テルミナーリア・アルジュナ）の下で生まれ、その前半生を龍《ナーガ》の土地で過した（からだ）と云われている。龍樹は龍達から錬金術の秘奥の数々を教わり、またこの技芸のインドにおける基礎を築いた錬金の書『ラサラトナカーラ』の著者として高名であった。学識深い形而上学者兼論法家から、ついには改宗し仏教徒となって、大乗中観派を築き上げた。仏教学派の多くが龍樹を初祖、世親《ヴァスバンドゥ》を第二祖とみなしている。龍樹は自身の教義を仏教における半神的な大日《ヴァイローチャナ》と金剛薩埵《ヴァジュラサットヴァ》から相承したと考えられていた。伝承によれば、龍樹は自裁してその生を終えたということである。[61]

(j) グプタ、カヴィター(一九九一)

マンセルはラームテクの西にある非常な古蹟である。ここには古代の遺構が沢山ある。その中央は大きな湖である。ヤーダヴァ王の石碑にこの湖の記述がある。同湖は「マニカル泉《クンド》」とよばれていた。『シンドゥルギリ・マーハートムヤ』には、ヒディンバーはこの泉で沐浴をした後、崇拝されるようになったはずだと記されている。同地の呼称は、マニカル泉から「マニセル」あるいは「マンセル」へと派生した。この湖の近くには、巻貝状文字《コンチスクリプト》で書かれた古代の碑文がある。この文字が何を表しているのかは、誰にも解明されていない。現在、ヒディンバーの寺院があるわけでもないのに、マンセルはヒディンバーの聖地に比定されている。[62]

龍樹について彼女(グプタ)が書くことには、

約二二〇〇年前、シンドゥルギリに偉大な瑜伽行者《ヨーギン》が棲んでいた。この成就者《シッダ》たる瑜伽行者は、いくつもの学芸に精通していた。ガダ寺院《マンディル》の東、山々の間に、吉祥《シュリー》龍樹スワーミーの苦行《タパス》のための風光明媚な洞窟がある。龍樹窟の頂上には、シヴァの壮麗な寺院がある。かつて吉祥龍樹スワーミーも、この寺で苦行に励んだのである。

龍樹スワーミーの時代には、ラーマギリは種々の薬草で満ちていた。このことについて、ハヌマーンがサンジヴァニの植物のはえる山を運んだ時に、その北側から（植物が）この地に落ちたのだ、それがこの地域で何種類もの薬草がみられる理由である、ここの岩々もまた一方だけ切り落されたかのような表面を呈している、という人々もある。

吉祥《シュリー》龍樹スワーミーは、医科学における錬金術論書（化学）に通暁していた。彼はヘーマヴァティー明《ヴィドヤー》（錬金術）の達人とみなされていた。ヘーマヴァティー明と化学とは、ナータ派の賜であった。そして龍樹スワーミーは、同派に属する瑜伽行者《ヨーギン》だったのである。

吉祥龍樹スワーミー窟に至る、とても綺麗な石段が整備されている。洞窟の下には、同じ土地に龍樹が自分自身で調合した薬の実験をしていた工房があった。

龍樹スワーミーはその様々な成就《シッディ》ゆえに、神だと思われていた。シュラーヴァナ月の月曜日ごとに巡礼者達が同地を訪ねにやってくる。その巡礼はシュラーヴァナ月の間中ずっと続くのである。吉祥ラーマチャンドラ神から、吉祥龍樹スワーミーに礼拝が作される。礼拝においては「食施《ナイヴァイドヤ》」という名の一連の行事が、大旗と数々の小旗と演奏を伴った行列とともに供せられる。同様に、深更、吉祥龍樹スワーミーが自身の騎乗した信者らとともに、吉祥ラーマチャンドラ神を拝みにゆっくりと窟のある山へ赴く。この奇瑞は多くの人々に目撃されている。

ヴァイクンティの日には、吉祥ラーマチャンドラ神とラクシュマナ・スワーミーが、吉祥龍樹に逢いに行く。これまた多くの人々の経験したところである。一〇—一五年前には、ヴァイクンティの日の夜更けに、ゴークラ・ダルワーザーの内部に二頭の白馬を繋ぐという伝統が、この小山にはあった。それはあたかも二人の王子のために、両馬が飾られ、調えられているかのようであった。馬達が朝の四時に解放されると、二頭はあたかも長い丘陵を廻ってでもきたかのように、汗でびっしょりに見えたものである。[63]

(k) デーヴェーンドラ、B(64)(二〇〇三)

龍樹師の誕生について、興味深い伝説がある。それによると、龍樹はテルグ語を話す婆羅門の家に生まれたということである。龍樹が生まれた時に、星の特徴《しるし》を検めた後、彼の父親は龍樹が長命せず、一一歳で夭逝するだろうことを見出した。それで父親は、龍樹が齢一一に達すると、「愛しい息子が死んでしまう惨い情況を目の当りにするに忍びず」と考えたのだった。そこで父親は、龍樹の寝ているうちに、彼を肩に担いで行って、近郊の森の中に置きざりにして帰ってしまった。

しばらくして眼醒めると、龍樹は自分が独りぼっちであることに気づいて泣き出した。ちょうどその時、「ナーランダー」への帰途、その森を通っていた一群の仏僧達が泣き声を聞き付け、龍樹の許へやってきて、彼が泣いているのを見つけた。仏僧の長は、龍樹少年を鋭く観察し、「この子は直ぐ死んでしまう。だが、今もし彼が死を免れることができれば、きっと世界にその名を轟かす聖人になる」と云った。この言葉を聞いて、仏僧達はその長に「尊師よ、どうかおはからいを。さすればこの子は、時ならぬ死を免れることができます」と伝えたのである。

これらの懇願を聞いて、仏僧の長は再度龍樹を看破して「もしこの子が直ちに仏僧となるならば、死を免れることができよう」と云った。かく言いつつ、彼は直ぐさま龍樹を得度させ、こうして龍樹はその時その場で一仏僧となったのである。

そこで、仏僧達は龍樹を自分達とともにナーランダーへと連れて行った。ナーランダー大学で龍樹は長い年月を過ごし、全ての学問を完全に学び、あらゆる学芸を究め、学修の達人となり、しかしこれら全ての業績をなしとげても、彼は自身の生誕の地たるアーンドラ国のことを忘れなかった。自身の郷里に、あらゆる点でナーランダー大学に優るとも劣らぬ大学を開創せんと決意した。そこで彼は、自身の師たるナーランダー大学の教師《アーチャーリヤ》に、故郷に大学を創設する許可を取った。それからはるばるナーランダー大学から、郷里のアーンドラ国へと旅をし、現在ナーガールジュナコンダとして知られる「吉祥山《シュリーパルヴァタ》」上に、龍樹大学を建創した。

龍樹大学の構造物と建築は夜叉《ヤクシャ》、神々、鹿、獅子、花々、そしてその他多くの自然美を写した美麗な彫刻を具えて荘厳であった。鉱物学、錬金術、内科医学、外科医学、論理学、大乗仏教、仏教学的注釈、美術およびその他多くの学科が同大学では教授された。

龍樹の医学生達の試験方法は独特である。彼は試験する医学生達に一画の土地を見せ、彼らに何であれその土地にある、薬草としての用に立たない木々、灌木、草々、蔓草を示すよう問うたのである。学生達はあらゆる木々、灌木、草々、蔓草を検した後、それぞれの薬草としての効を龍樹に説明し、遂に医学のために役に立たぬいかなる木々、草々、灌木、蔓草もないと答えるにおよんで、それらの学生は試験の合格を告げられたのである。

龍樹師は不世出の、学芸と科学との万能の人であった。偉大な予言者であった。熟達した建築技術者であった。全き鉱山・冶金技師であった。一〇〇以上の書をものした大詩人にして著述家でもあった。大芸術家であった。卓抜な哲学者であった。論理学と呪術を究めていた。諸ヴェーダを深く知っていた。また、錬金術、内科医学、外科医学、植物学、およびアーユルヴェーダの諸科学にも通じていた。腕のいい外科医であり、彼の技術と眼球手術は、中国とチベットで今なお行われている。彼は癰疔《はれもの》の治療法を確立した。諸のウイルス性の熱の解毒剤を発明した。寿命を増長させる「生命の霊薬」も産み出した。

龍樹師は「インド錬金術の父」とみなされている。内科学と外科学の分野における龍樹の諸業績によって、彼を讃えていない古代の医書は皆無である。

龍樹は医学と関連諸科学について多くの書物を書き、また仏教と仏教哲学について数多の書をものした。前述のように、一〇〇以上の書が著されたのである。しかし、そのうち今日読むことのできるものはごくわずかである。龍樹が著した書のほとんどが、漢語とチベット語に訳されている。

龍樹師の著名な作は、『根本中論（頌）』、『般若波羅蜜多（経）』、『勧誡王頌《スフルルレーカ》』、『宝行王正論《ラトナーヴァリー》』、『空七十論』、『六十頌如理論』、『廻諍論』、『ヴァイダルヤ論』、『ヴャヴァハーラ・ニディ』、『ラサラトナカーラ』、『ムリカ・シッダンタム』、『アーローグヤ・マンジャリー』等々といったところである。

世界に名高い古典『清浄道論《ヴィスッディ・マッガ》』の著者仏音《ブッダゴーシャ》は、龍樹大学の教師であった。

龍樹在世当時、インドはカニシカ王に統治され、アーンドラはサータヴァーハナ王ヤジュニャシュリー・シャータカルニが治めていた。龍樹は、その両者によって崇敬され、礼遇されていた。カニシカ王がプルシャプラ（現代のパキスタン、ペシャワール）で仏教の講莚を開いた時、龍樹がその講義の劈頭を飾り、仏陀の諸の教えを美しくかつ縷々纏綿と説いたので、彼はカニシカ王の絶賛に加え、その講莚に連なったインドと異国両方の賓客達から讃えられた。

仏教が異なる部派——具体的には小乗と大乗と——に分かれた時、龍樹は自身の「中観部」（中の主題〔を説く部派〕）を表明することで双方を一つにまとめ、仏教に新たな命を吹き込んだ。

サータヴァーハナ王ヤジュニャシュリー・シャータカルニが長く頑固な病に苦しんでいた時、龍樹がものの数分のうちに治療して病患を治してしまった。のみならず、一度ヤジュニャシュリー・シャータカルニの国庫が空になってしまった時、龍樹は自身の物質錬成の能力によって泥を黄金へと変じ、その金を売った金で国庫を満たしてしまった。また龍樹は、自身がセイロン（現代のスリランカ）からもたらした聖なる仏舎利の上に、豪壮な大祠堂《チャイトヤ》を建立した。

龍樹師の教説は力強く、麗しくかつ真っ直ぐで、たちまちに人の胸を打つものであった。

これら全て、デーヴェーンドラによって語られる異説である。私は個人的に講莚云々の件で、この出版された論文の典拠に興味がある。この著者の宛先について、編集者と博物館長に請求した私の書簡には、まだ返事がない。同論文が含む情報の多くは夢想、幻想、想像に満ちている。同著者によれば、幼年時代の悲劇は龍樹一一歳のときに起きたとされているが、この逸話の年齢は大抵の文献では七歳と言及されている。著者によれば、龍樹は一一の歳にすでに病魔に侵されており、自身の死への虞《おそれ》から得度したということのようである。龍樹のナーランダーとの関わりは、まさにこの一一歳から始まっている。ナーランダーが大学としての地位を確立した四世紀以降に、そこで教えられていた諸学科の一つが医方明《チキッツァーヴィドヤー》である。細菌学が生まれてすらいなかった当時、龍樹がウイルス性熱の解毒剤を発明していた、とあるのは驚くべきことである。カニシカが用意した講義での、龍樹の教説というのは、近現代に作られた話のようである。同論文には明確な意図もなければ、典拠への言及も一切ない。どうやら龍樹の著作と生涯の顕彰によって、アーンドラをも賞賛しようということの様である。

学者のほとんどは、龍樹の生誕の地はヴィダルバであったという考えを好む。しかしながら、彼の生誕地として言及される他の場所としてはカホーラ、カルナータカ地域、もしくはヴィダルバの南の地、あるいはヴィデーハ、ヴィディシャ、ヴェーダーリー等々である。われわれは龍樹という名前に言及する詳細については、文学で他より触れられることの多いヴィダルバ以外得ることができなかった。ヴィダルバ一帯を治めていたサータヴァーハナ王と諸の場所と龍樹との関わり、マンセルの古代遺跡群とは—彼は後半生をナーガールジュナコンダで過ごしたけれども—その生誕地はヴィダルバであったと示唆している。

(l) サマッダル、J・N (一九二七)

これは龍樹についての短い説話である。「長年息子が産まれてこなかったヴィダルバの裕福な婆羅門が、ある時霊視のなかで、もし一〇〇人の婆羅門に布施をなすなら息子を得よう、と見た。……彼はそれを実践し、一人の息子が産まれたが、占星術師達は一週間以上は生きられまいと予言した。それゆえ彼らは、かかる不幸を回避するための策を見つけるよう依頼され、もし両親が一〇〇人の比丘をもてなすならば、それによってのみ彼の命は七年延長されるであろうと断言した。無論それは実行され、その子は絶体絶命の七歳が始まるまで存《なが》え、両親は痛々しいその最期を視るに忍びず、彼が数人の供の者と、人里離れた場所へ遠ざけられるようにさせた。少年がその最期の陰々滅々たる日々を送っていると、ある日、観世音《アヴァローキテーシュヴァラ》大菩薩が身をやつしてやってきて、彼に死神の魔手から逃れる最も確かな手段《てだて》たるナーランダーの大僧院に行くべし、と助言した。少年はそれに遵《したが》ってそこへ行き、僧院長に自らの差し迫った危機について告げた。後者はそこで、聖なる僧籍に入るよう勧めた。これが彼を死の魔手から救い、彼は一比丘として得度して、そこで自身の学修を始めた。僧院に仕えた数年の後、彼は僧伽の役僧の下級房を得た。その房での任期の最初のうち、龍樹はチャーンディカー女神を宥和し、その冥助をもって僧侶の大集団に必需品を給仕することを成し遂げた。彼は他にも多くの神秘的な術を学び、自身の宗教的修習によって成就《シッディ》の円満、すなわち成功を獲た。龍《ナーガ》達でさえもが、少年の姿で龍樹の説法に連なり、彼を龍族の地のおのが棲み処へと招待し、彼はそこで三ヶ月を過ごした。彼はそこに永住するよう請われたが、閻浮提での聖教の説法を必要とされていることから、これを固辞した。彼は高価な贈り物の数々とまた『龍の（八）千（頌般若経）《サーハスリカ》』とよばれる教えの書とをもって、ナーランダーへ帰還した。彼はこの龍との伝で、「龍樹」という名を得たのである。彼は後に多くの聖地を訪れてからおのが郷へと帰り、そこに数多の祠堂《チャイトヤ》を建て、科学、医学、天文学および錬金術について多くの書を編纂した。ナーランダーの件の高僧遷化の後、龍樹がその後を継ぎ、自身のその名高き先師や先駆者が信奉していた中観哲学を成熟させた。彼は遂には仏教教団全体の長となった。龍樹は再びインドに現れ、一〇〇年に亘って生き、聖なる仏法を再度説くのだといわれている[65]」。

（m）カランベルカル（一九五二）

評して曰く、「龍樹はヴィダルバの婆羅門の両親の許に生まれた。母親はアルジュナ樹下で彼を産んだ。彼は夭逝の運命であった。かくして、両親はその最期を見届けるに忍びず、人里離れた所に彼を打ち遣ってしまった。けれども幸運なことに、観世音《アヴァローキテーシュヴァラ》菩薩が彼を見出し、憐れと思って彼をナレーンドラ（ナーランダー）へと連れて行き、そこで彼は菩薩の助言に従い、無量寿仏に特別な信仰の念を起こして、死を免れた[66]」。

（n）ルスティグ、フリードリッヒ・V（一九五九）

述べて曰く、「龍樹大師はガウタマ・シャーキャムニ・ブッダ以降のインドで最も偉大な師《グル》の一人である。仏教哲学の正しい解釈に、彼が貢献したところは実に大である。（二四五）祝福されたる龍樹師は婆羅門の生れであった。彼は紀元一五〇年頃、ヴィダルバに生まれたと云われている。彼の受けた教育は、典型的なバラモン教式のものであった[67]」。

（o）クルシュナナータ（一九七一）

龍樹の時代を再検討し、結論して曰く、「仏陀入滅後四〇〇年にして、龍樹が南街道《ダクシナーパタ》のヴェーダーリーに生まれた。南街道のヴェーダーリーとは、南街道中のヴィダルバのことと考えられ、ヴェーダーリーとよばれる土地はない。他の証拠が得られぬかぎり、ヴィダルバが正しいようである。彼はこの時代に一〇〇年近く生き、多くの学芸を学んだ。その生涯の晩年に至って、彼はナーランダーへと赴いた。そして終焉の地、ナーガールジュナコンダへ向かった。彼が六〇〇年生存したといわれることは、長命したという意味でなければ、文字通りに捉える必要はない。全て詳細は、アマラーヴァティー、ナーランダー、もしくはナーガールジュナコンダ由来の論書に記されていたはずであるが、あるいは失われたか、これらの土地の考古遺跡の底深く眠っているかであろう[68]」。

(p) ジョーシ（一九七二）

ジョーシによれば、「中国の旅行家玄奘の情報に従うなら、龍樹の死は南憍薩羅国の首都近郊の僧院で起こったという。龍樹の、王家の弟子にして庇護者は、『彼を儀礼を尽くした尊崇もて遇し、その住居に衛者を配した』*Sha-to-po-ha*であった。『龍樹は長寿の秘鑰を握っており、それを用いることによって、彼自身の生命のみならず、その庇護者の寿命をも幾百年にもわたって延ばした』という信仰は、七世紀に広く流布していた。王の寿命はこの仏教聖者のそれに依拠しており、かくして王は龍樹の生命の安全を守る特別な手段《てだて》を採った。『王の年下の息子は譲位が待ち切れなくなり、母親から自身の父親の生命の秘密を教わり、彼女に吹き込まれて大菩薩（龍樹菩薩）の許を訪ね、この若き王子のために死することが、その義務であると説得した。龍樹はこれに従って、おのが首を乾いた草の葉身もて斬り落とし、その死の直後に老王の死が続いた』[69]。ジョーシは龍樹の死について、三つの事実を指摘している。「（一）この仏教聖者は畳の上で死んだのではなく、殺害されている。（二）彼の暗殺を直接招いた男は、サータヴァーハナ王子である。（三）殺害の現場は、山《パルヴァタ》かナーガールジュナコンダにある僧院である[70]……」。

ジョーシ（一九七二）はさらに加えて、

> 少なくとも一人のインド人著述家は、この王子の行いを非難している。その典拠というのは『カター・サリト・サーガラ』の著者、詩人ソーマデーヴァである。曰く、龍樹の死後、老王はその玉座を下りねばならなかった。彼は森へ行き、そこで死んだ。后もまた死別した。龍樹の息子達は、父の暗殺を忘れることなく、聖者を殺したジーヴァハラ王を殺害した。「どうして卑劣な道を歩んだ者に、繁栄が訪れるでありましょうか？」と、ソーマデーヴァは問うている[71]。

『カターー・サリト・サーガラ』は、龍樹の生涯を扱い、敬虔な仏教徒にして医学と錬金術の達人という彼の素性と性格を保存しつつ、しかしながら彼を家長であり、何人もの息子の父親でもあり、また王の大臣《マイトリン》であるともする、おそらく唯一の、今なお現存するインド文献である。他方、彼の庇護者たる王の名「チラーユス」や、その首都の名前「チラーユ・ナガラ」、そして忍耐できなかった王子「ジーヴァハラ」などはとても空想的なものである。彼の説くところの、龍樹の息子達が父の死の仇を討ったという新出の部分は、説話に劇的な要素を加味するために案出されたものとみえる。ついでにいうなら、ソーマデーヴァは成就者《シッダ》の首を斬り落とすのに、クシャ草が用いられたという挿話を関知していない。龍樹の頸は霊薬によって非常に強靭になっていたので、「ジーヴァハラ」王子が長時間打ったにもかかわらずこれを斬ることはできず、かえってそのためにおびただしい剣が折れてしまったのである。龍樹が自身の調剤室から粉《チュルナ》を持ってきて、それを王子の剣に塗り込んで初めて、「あたかも蓮華が」慈悲の行いで「その茎から刈り取られるがごとく」、その「剣の一振り」で「王子は大臣の首を斬り落としたのである。」この仏教哲学者がその仇に抗うことなく、むしろ彼を助けたということは、菩薩の究極の目的をよく保っており、あらゆる点でこのサータヴァーハナ王子は非難されるべきである。

龍樹―龍樹師は大乗哲学の信奉者であった。彼は西紀二世紀、サータヴァーハナ王ヤジュニャシュリー・シャータカルニ（紀元一六六―一九六）の時代に生まれた。鳩摩羅什によれば、龍樹は南天竺の婆羅門の許に産まれたということである。玄奘によれば、彼はヴィダルバの生まれである。彼は長きにわたって、龍樹にちなんでナーガールジュナコンダと名付けられることになるダーニャカタカに留まった。彼はまた一時期、ナーランダーにも留まっていた。龍樹は約二〇の論書をものし、それらは中観の偈頌が主であった。彼の著作は全てサンスクリット語である。彼は化学の父とみなされている。龍樹は、彼自身にちなんだ名をもつ洞窟が今なお存するラームテクと密接な関係をもっている。当時、ラームテクーマンセルーパウニにはいくつもの大寺院があった(72)。

龍樹はヴィダルバ（ベラール）の婆羅門の家に産まれ、バラモン教論書をよく誦した。彼は存在と非存在との教説、すなわち空性《シューンヤター》とありのままなる真実《タタター》の権威ある唱道者となった。彼は大乗者ではあったが、小乗の徒の利益のことも心に懸けていた(73)。

ボルカル、R・R(74)（一九九七）は龍樹窟《ナーガールジュナチ・グハ》について描述している。曰く、「ラームテクは、ヒンドゥー教の場合と同様、仏教とジャイナ教にとっても、有名な宗教聖地である。ラーマギリの三キロ東方の丘に、龍樹窟がある。『ベンガルアジア協会雑誌』、第五一巻、一一五頁に、龍樹はヴィダルバの上位カースト社会に生まれた識者であった、と報告されている。占星術師に告げられた、短い七年の寿命を彼は過ごした。彼の痛ましい死を目の当りにするに忍びず、両親は数名の従者とともに、彼をラーマギリの密林へと遣った。彼らは龍樹とともにその死を待ちながら、この洞窟に留まっていた。しかるに、この悲劇は近くの道場に滞在していた仏教比丘の恩恵によって、回避するを得た。その比丘は従者達に、龍樹をナーランダーへと連れて行くとよいと助言した。その後の人生で、龍樹は多様な学芸と論書に寄与した。彼は医学、占星術、錬金術、および眼科学を学んでその第一人者となり、それによって中国においてさえ有名になった。龍樹はその生涯の一時期をアンドラ・プラデーシュの吉祥山《シュリーパルヴァタ》またはシュリーシャイラムで過ごした。同地は後にナーガールジュナコンダとして有名になった」。

ボルカルはシヴァ寺院について記述し、そのシヴァ寺院と龍樹とを相関連づけようと試みた。「龍樹山との関連で、逸話がある。聖ラーマギリの東に、聖《シュリー》ナーガールジュナ・スワーミーにちなんだ名で有名な小山があり、そこで彼は苦行を修した。山の上にはシヴァの寺院がある。この寺院は聖ナーガールジュナ・スワーミーが三昧のための隠遁の場を見つけた所である。人々は聖ナーガールジュナ・スワーミーが、今もなおここに目に見えぬ姿で留まっていると信じている。寺院の下には龍樹窟があり、そこでは龍樹が日々崇拝されている。ヨーガ行者の王《ヨーギラージュ》・聖《シュリー》ナーガールジュナは、およそ二二〇〇年前のインド史上、錬金術書《ラサシャーストラ》において有名であった。聖ナーガールジュナ・スワーミーの名で書かれた、錬金術書その他の錬金術の書が数多くある。仏教徒の龍樹とシヴァ信徒たるヨーガ行者の王・聖ナーガールジュナが同一人物か否かについては、見解の相違がある。しかしながら、様々な研究を考慮に入れたならば、彼は仏教徒の龍樹として描かれる、その同一の龍樹であったろう」。

すべての歴史的根拠にかかわらず、龍樹の生誕説話は伝説として語られ、彼の生涯と死とは神秘的に描写される。彼は六〇〇年近く生きたといわれるが、これは事実ではなく、単に彼の長生を象徴したものかもしれない。短期間、彼はナーランダー僧院を主導し、それからおそらくナーガールジュナコンダへ行った後、母なる地ヴィダルバのマンセル・ラームテクへと帰り、そこで最期の日々を過ごしていた時に、その丘の一つで暗殺されたのだろう。

龍樹の死についての詳細な記述は、ジョーシ、L・Mによって再検討されている。彼は敬虔なチベットと中国の著者達の信じ込みやすさが、彼らをして龍樹の人生と死を、あたかも彼が想像上の菩薩であるかのごとく扱わしめたのだ、これは彼の生涯の歴史的詳細についてのわれわれの研究を、著しく妨げている、とさえ表明している。

インド古代史は書き直される必要があると述べられている。これはヴィダルバおよび、彼の龍樹研究とのつながりからして、全く的確に思える。伝統ある龍樹山と、マンセル・ラームテクの複数の仏教遺跡とは、古代インドの同地における仏教文化を実証した。この研究と諸学者への手引きは、チャンドラナーグ氏の類なき著作を思い出させる。彼は幾多の困難にもめげず、自著をもって提言せんと真摯に試み、機会あるごとに諸学者に挑戦した。彼の著作と仏教文化の証明の集成とは、おそらく考古学の諸成果にとっての宝であった。彼は当時の歴史ライター達の反則行為を目撃した。私には彼の一、二の著作の書評をする機会があった。彼は諸の遺跡の多くが失われるのを目の当りにしたが、なす術をもたなかった。

龍樹の説話は、ギリシャ時代の医者イムホテプと大いに比較し得る。この伝説について、シゲリストが評して言うには、「ギリシャ人がエジプトへの旅を始めた時、彼らはエジプトの医療の神イムホテプのなかに、彼ら自身のアスクレピオスを見出した。しかしそれでも、そこにいたのは二柱の全く異なる神々であった―まずはイムホテプ、元々は人間、大学者にして建築家、ジェセル王の時代に生き、後に英雄視された。―他方、アスクレピオスはテッサリアの土着の悪魔であり、カトリックの一聖人である。伝承に拠れば、アスクレピオスは母親の子宮からアポロによって切り取り出され、その諸の矢が彼女を殺してしまった。子供のアスクレピオスはケンタウルスのケイロンの洞窟へと連れて行かれ、その者が彼に薬草の医学上の諸効験と多くの呪文とを教えた。かくして、アスクレピオスは多くの病者を療治する医者となり、幾人かすでに死せる者を救いさえした。かかる僭越のために、ゼウスが彼をその雷挺もて打ち殺した」（シゲリスト、H・E。『医学史』、フェリックス・マルティ・イバネズ編、MDパブリケーションズ・インク、一九六〇、五頁）。

註

（1）*Katha Saritasagara.* Somdeva. Story of King Chirayu and his Minister Nagarjuna. Vol. III, Chapt. XLI. 57, p.252.

（2）Sarat Chandra Das. Life and Legend of Nagarjuna. *The Journal of Asiatic Society of Bengal*, LI, 1882, pp.115-120.

（3）Ibid.

（4）Walleser, M. *The Life of Nagarjuna from Tibetan and Chinese Sources.* Translated from German Unpublished Original by Arthur A. Probsthain（London）. Asian Education Service, Repirnt, New Delhi, Madras, p.1090.

（5）Sarat Chandra Das. Life and Legend of Nagarjuna. *The Journal of Asiatic Society of Bengal*, Li, 1882, p.117.

（6）Ibid: p.117.

（7）Ibid: p.117.

（8）Ibid: p.118.

(9) Ibid: p.118.
(10) Ibid: p.119.
(11) Ibid: p.120.
(12) Nagarjuna. *Encyclopedia of Indian Culture*. Sterling Publisher Pvt. Ltd., New Dlhi,1984, pp.1018-1023.
(13) Ibid: p.1019.
(14) (sic) Ibid: p.1021.
(15) Phyllis, G. *Jain Biographers of Nagarjuna*. Notes on the composing of biography in medieval India in Monks and Magicians. Motilal Banarsidas, Delhi, 1988, pp.47-60.
(16) Ibid: p.47.
(17) Ibid: pp.47-48.
(18) Ibid: p.48.
(19) Ibid: p.50.
(20) Ibid: p.50.
(21) Ibid: p.53.
(22) Ibid: p.53.
(23) Ibid: p.54.
(24) Ibid: p.55.
(25) Ibid: pp.57-58.
(26) Mirashi, V.V. Ramgiri in Jaina literature. *Studies in Indology*, Vol. I, 1966, pp.53-58.
(27) Phyllis, G. *Jain Biographers of Nagarjuna*. Notes on the composing of biography in medieval India in Monks and Magicians. Motilal Banarsidas, Delhi, 1988, p.59.
(28) Ibid: p.60.

(29) Ibid: p.60.

(30) Walleser, M. *The Life of Nagarjuna from Tibetan and Chinese Sources*. Translated from the German Unpublished Original by Arthur A. Probsthain（London）. Asian Education Service, Reprint, New Delhi, Madras, 1990.

(31) Ibid: p.4.

(32) Ibid: pp.5–6.

(33) Ibid: pp.8–9.

(34) Ibid: pp.9–10.

(35) Ibid: pp.9–10.

(36) Ibid: pp.10–11.

(37) Ibid: p.11.

(38) Ibid: pp.11–12.

(39) Ibid: pp.10–13.

(40) Ibid: pp.20–21.

(41) Ibid: pp.23–24.

(42) Ibid: p.24.

(43) Ibid: pp.25–26.

(44) Ibid: pp.27–29.

(45) Ibid: p.31.

(46) Ibid: p.37.

(47) Bagchi, P.C. The Eight Great Caityas and Their Cult（Tibetan and Chinese translation）. *Indian Histoircal Quarterly*, XVII, 1841, pp.223–235.

(48) Jayaswal, K.P. Southern India 150 A.D.–350 A.D. Unification of North and South. *The Journal of the Bihar and Orissa Re-*

search Society, Vol.XIX, 1933, p.172.

(49) Ibid: p.175.

(50) Ibid: p.177.

(51) Dutta, B.N. *Mystic Tales of Lama Taranath*. Ramkrishna Vedanta Math Calcutta, 1944, p.54.

(52) Ibid: p.54.

(53) Ibid: pp.9–10.

(54) Ibid: pp.10–11.

(55) Hastings, James. *Encyclopedia of Religion and Ethics*. Ed. Hasting, J. Vol. 4. Third Impression T and T Clark, New York, 1954.

(56) Majumdar, R.C. and Pulaskar, A.D. *Religious and Philosophy*. Chapt. XVIII in The Classical Age; Bhartiya Vidya Bhavan, Bombay, 1954, p.381.

(57) Sen, A.C. Nalanda in *Buddhist remains inIndia*. Indian Council for Cultural Relations, New Delhi, 1956, p.45.

(58) Ibid: p.131.

(59) Mirashi, V.V. *Meghadutatil Ramgiri Arthat ramtek* (Marathi). Vidarbha Sanshodhan Mandal, Nagpur, Ed. 1st, 1958, pp.20–21.

(60) Dutta, S. *Buddhist Monks and Monasteries*. George Allen and Unwin Ltd., London, 1996, pp.278–279.

(61) Walker, B. *Hindu World*. George Allen and Unwin Ltd., London, 1968, pp.110–111.

(62) Gupta, Kavita. Nagarjuna in *Pavitra Tirth Ramgiri Arthat* (Hindi), Sun Publications, Pune, 1991, p.82.

(63) Ibid: pp.77–78.

(64) Devendra, B. Acharya Nagarjuna, His Life and Teaching. *Paper read at National Seminar on Acharya Nagarjuna*, Salar Jung Museum, Hyderabad, 2003, pp.92–96.

(65) Sammaddar, J.N. The University of Nalanda. Lecture Series, Lect. V; *Glories of Magadha*, 2nd ed. Patna University, 1927;

Ibid: pp.140–141.

(66) Karambalekar, V.M. The Problem of Nagarjuna. *Journal of Indian History*, XXX, 1952, p.23.

(67) Lustig, Friedrich V. The Immortal Guru Nagarjuna. *Aryan Path*, XXX, 1957, p.147.

(68) Krushnanath. Nagarjuna Ka Kal (Hindi). *Madhyamika Dialectic and the Philosophy of Nagarjuna*, Tibetan Institute Publication, Sarnath, 1971, pp.99–110.

(69) Joshi, L.M. The Legend of Nagarjuna's Murder. *Madhyamika Dialectic and the Philosophy of Nagarjuna*, Tibetan Institute Publication, Sarnath, 1971, p.166.

(70) Ibid: p.168.

(71) Ibid: p.169.

(72) Bhadant Dharmakirti. *Bhagwan Buddha Ka Itihas Avam Dhammadarshan* (Mararthi). Bhikshu Mahapanth, Nagpur, 1986, p.382.

(73) Dutta, Nalinaksha. Religion and Philosophy, Chapt. XIX in *The Age of Imperial Unity*. Ed. 6th, Bhartiya Vidya Bhavan, 1990, p.389.

(74) Borkar, R.R. *Nagarjunachi Guha/Shiva Mandir in Ramtek* (Marathi), Nagpur, 1997, pp.81–82.

第三章　龍樹関連の考古学的証拠

龍樹に因んで名付けられたる諸所の批評
―地名辞典《ガゼッティヤー》、旅行記、探検・発掘報告書、および表明された専門的意見より

古代史、考古学、医学・文化・地理史のような様々な資料が、龍樹に関連したいくつもの場所と、彼がそこで成した業績とについて記述している。彼が広く旅をしたことについて言及されているが、これらの土地での滞在はおそらく短期間のものであったろう。これらの土地土地への彼の貢献は、救いの手を伸ばし、その土地にあわせた改善に積極的に加わるという態のものであった。ほとんどの学者によってヴィダルバが、龍樹がそこで幼年期とその生涯のほとんどを過ごし、仏教や諸医学を含むその他の学芸に貢献した生誕の地であると考えられている。龍樹に関わりのある他の土地には、彼に関連する複数の遺跡があるナーガールジュナコンダ、ナーランダー、ヴィクラマシーラ等が含まれる。他に、龍樹との関連で言及されたさほど重要でない土地や遺跡がある―ビハールのナーガールジュニ洞窟や、アジャンターのナーガールジュナ洞窟等である。

後者たる両地に関しては、龍樹関連の情報はさほどない。これらの場所はナーガールジュナ山かナーガールジュニ山、

およびナーガールジュナ窟の名で通っている。

その治世が仏教の黄金時代とみなされているアショーカ亡き後、シュンガ王朝の時代に、仏教は転落と諸の反仏教運動の勃興という突然の打撃に襲われた。これにカニシカとサータヴァーハナの時代が続いた。仏教にたしかな修正と新たな諸思想を導入することでこれを支えて安定させた、サータヴァーハナと同時代人たる龍樹は、仏教を庶民にも魅力あるものにして、菩薩の位を得た。仏説と仏教復興への彼の貢献ゆえに、再び当時の反仏教運動の数々による仏教への一大脅威が訪れた。しかし、仏教を生かしたのは龍樹であり、その努力によってのみ仏教が数世紀にわたって発祥の地にとどまったのだということは、認められべきである。奉仕と、供犠反対のメッセージが仏教の最重要の特徴であった時、ヴェーダ文化とともに反仏教運動が急増し、その頂点に達した。これが長いこと続いたにもかかわらず、仏教は寺院、仏塔、石窟寺院、洞窟壁画、および諸碑文からも明らかな王家の庇護を享受した。王による仏教庇護が減衰した後の時代には、インド自体で仏教を終焉させせんとの諸の試みが幕を開け、異国からの侵入者達がこれに加わった。諸の古代仏教遺跡は閑却され、呼び間違えられ、ぞっとしない呼称か新たなヒンドゥー名を与えられ、のみならずヒンドゥーの神々の寺院の数々がこれらの土地か、あるいは先に仏教の構造物であった遺跡の上に建立された。これら全ての企ては、仏教および他の人々の視界と意識とから、古代仏教遺跡群を遠ざけてしまった。また、時の流れと自然とがこの作用をし、これらの遺跡を土や植物等でおおうか、地中に埋めるかしてしまった。大体一二世紀の後くらいに、仏教は母なる土地から姿を消したが、異国の訪問者達のお蔭で、彼らがインド滞在中や旅行中に、見聞したものは記録に残された。現在読むことのできる文献は主にチベット語と漢語のもので、それから龍樹についての記述のあるいくつかのインド文献が現存している。彼の生涯と諸貢献についての議論はあるものの、上述のほとんどの場所に龍樹の名前が残っている。これら全ては、サータヴァーハナ王と同時代の万能人たる龍樹が実在して、法《ダンマ》を広め、またその知徳をもって、哲学および、錬金術論書《ラサヤーナシャーストラ》、眼科学、錬金術そして現在化学とよばれる分野等の諸学芸に貢献した、ということを実証している。彼が最初の菩薩であり、後代の仏教の説法は彼に依るところ大であったとは、歴史的にも認められている。以下は彼の生誕地、誕生の諸由来、幼年時代、彼と他の古代仏教遺跡との関係、哲学・仏教・医科学への貢献等についての、様々な見解の概観である。

龍樹と同時代のサータヴァーハナ王から、近年の彼に由来する名前の土地と関連する、構造物を伴った諸の遺跡の発見に至る龍樹にまつわる年代には、少なくとも二〇〇〇年にもおよぶ隔たりと、幾何かの不明期間とがある。本書の性格と参照できる厖大な文献とを考慮に入れて、関連のあるもののみに絞ることにした。それゆえ、これら参照可能な諸見解と記録とは重要性に鑑みてのものであり、議論の便宜を図って恣意的に二期に分類した。すなわち、龍樹生誕の地たるこのインドの、独立前期と独立後期とである。

独立前期

独立前期は主にインドにおける大英帝国の時代を含み、その時期に古代の構造をもった遺跡群が重要性をもつようになった。これらの遺跡は仏教時代のインド古代史を探るのに有益であった。インドでの仏教衰退の後、ヴェーダ文化が復活し、その興隆はインドで仏教が生き延びるには不都合なものであった。活発な反仏教運動を伴う破壊および古代仏教遺跡での寺院や聖地建設が試みられ、それらの仏教遺跡群はぞっとするような名前が付与されるか、ヒンドゥーの神々その他の神話的人格と混合されるかしてしまった。そのうちごくわずかが打ち棄てられ、幾年も地中にとどまって、そのごく一部分が大地の裂け目から覗いていた。イギリス人はこれらの諸遺跡、探査、発掘への興味を膨らませ、世界へ向けての報告が開始され、続けられた。現在、インド内外における仏教とその文化のかつての栄光を間接的に物語る、かかる多くの古代仏教遺跡の数々を目にすることができるのは、彼らの努力、情熱、そして真摯な同定作業に負うところが大きい。以下は龍樹を、その誕生の地ヴィダルバと彼が貢献を成した土地土地へとぐっと近づける、文献、探査・発掘報告書、遺跡探訪と記録の試みの一部を記したものである。

古代仏教遺跡アジャンターのナーガールジュナ洞窟

シュリーカンタムルティ、K・R(1)（一九八七）は、その『インド医学の指導者達』という著書で、三人の龍樹について描述した―すなわち、第一の龍樹あるいは龍樹比丘、第二の龍樹あるいは成就者《シッダ》龍樹、そして第三の龍樹あるいは龍樹大徳《バダンタ》である。彼の諸著から明らかなのは、従来この三人物を記述するに際して大きな混同があったということである。彼は第一の龍樹あるいは龍樹比丘をアジャンター石窟と相関づけようと試みた。

シュリーカンタムルティ（一九八七）に拠るこの情報は、その典拠を示していないが、この物語はあるていどまでは、ダース、S・Cの挙げる説話と混淆した、短い要約であるようだ。さらに、龍樹の生誕地はヴィダルバと記され、彼の幼年時代についての短い記述もある。のみならず、龍樹を菩薩とみなして、彼の大乗への貢献が説明されている。残る情報は、おそらくあちらこちらの典拠から拾い集めたものであろう。しかしながら、場所についての混乱こそあれ、龍樹のサータヴァーハナとの関わりと、彼の医学的貢献とは明らかである。

彼の医科学への貢献―そこでは諸金属の使用が指摘され、また様々な精錬の化学的方法が列挙されている。そしてまた、著者は『スシュルタ・サンヒター』への貢献も認識している。

アジャンター（マハーラーシュトラ）は重要な仏教の一中心地であり、仏教信仰の絵画で世界的に有名である。私は龍樹の名前で通っているというアジャンターの石窟や、付近の他の土地というものについては、いかなる資料も得られなかった。同著者の見解を裏付ける証拠となる碑文もまたまったくない。

当該地域の地理、すなわち遺跡状の僧院が皆無であることは、アジャンター近郊地域が何がしか龍樹と関連しているという、検討中の可能性を否定する。しかし、もし将来発掘が行われて、なんらかの遺跡が現れるなら、それはむろん龍樹がおそらく同地を訪れたことを示唆するものであろう。著者は情報の出典も、その結論を実証する他のいかなる詳細も呈示していなかった。ヴァーカータカ王朝期の商人達その他は、疑いなくアジャンターの石窟群に布施を行っている。しかし、その龍樹との相互関係は、現時点では単に仮説的なものであって、それゆえ、アジャンター石窟群近郊の龍樹に因んで名付けられた遺跡というのは、少なくとも今のところはありえないようである。

ビハール州、パトナ（ガヤー）のナーガールジュニ洞窟(2)

（クライシ・マウルヴィ・ムハンマド・ハミドがこれらの洞窟の詳細な記述を示していた）

これは、龍樹の名前と関連して言及されている、他の土地である。龍樹との関連でこの場所を検討することを、考慮し得なくさせるだけのとても多くの事実がある。しかし、将来必要があればいつでも再評価することができるよう、情報の手短な叙述だけ示しておこうと考えた。

最初に認めておくべきなのは、これは皆ひっくるめて別人についての記述であるということだけである。ナーガールジュニ丘陵―それは多くの詳細が不明なある人物、ナーガールジュナ・デオ由縁の場所として描かれている。指摘されるところに拠れば、洞窟群はマウリヤ朝期に、アージーヴィカ教徒らのために作られたということである。洞窟群はジャイナ衰亡期に打ち棄てられ、かなりの間、人も訪れなくなったままだった。洞窟のいくつかは、後にイスラム教徒が所有することになった。そしていくつかの洞窟は改名され、ヒンドゥー信徒に利用されるようになり、後代、新たな碑文の数々が彫られたり、洞窟群をヒンドゥー教遺跡と規定するために、同地に神々の像が据えられたりといったことが、物証として示されている以上の状態であった。ナーガールジュナ・デオと彼の生涯および業績と関連しては、何も詳しいことはわからない。ワウチョップ(3)の批評から明らかなように、仏教衰退を経た他の複数の仏教遺跡のごとく、本遺跡もまた反仏教運動家の手の中で損害を被った。「イスラム教徒等の洞窟群への侵入と、宗教的祭礼への使用は、後代のことであるようだ。イスラム教徒等はこれらを避難場所として利用した。仏教滅亡期には、諸のヒンドゥー女神の像が据え置かれた。さらに後代には、ヒンドゥーの神々や女神達に関して新たな碑文の数々が彫られた」。これもまた間接的に、本書が検討している同地が直接龍樹と関連しているのではない、ということを支持している。

ワウチョップ[4]は、インドの仏教石窟寺院について記述して、

多くの一連のインド石窟寺院群は、ガヤーを去ること一六キロメートル北方の、ビハール州はナーガールジュニとバルバラの丘に位置する、マウリヤ朝期のひとまとまりの洞窟群をもって、その嚆矢となす。集合的にサト・ガラ（七家）として知られる本洞窟群は、二組に分かれる。バルバラの最南端の四つがより古い。

と言う。彼はさらに加えて、

ナーガールジュニの組のなかで最重要のものはゴーピカ（乳搾り娘の窟）である。これは長さ四〇フィート五インチ、幅一九フィート二インチで、両端はかまぼこ型をしている。壁は六フィート六インチでアーチ形に造った屋根は四フィート高くなっている。出入り口のすぐ上では、王位継承（？）に際してダシャラタが、アージーヴィカ教徒等にこの石窟を奉献したことを記録した、四行の碑文が記された小さな板が、内側に傾斜する垂直面を成している。ヴァーヒーヤカとヴァーダーティカとして知られる残りの洞窟群は小さく、特に興味深い点もない。両者ともダシャラタの碑文を帯びている[5]。

マジュンダルおよびダッタ（一九七七）もまた、ナーガールジュニ洞窟群についての、幾何かの情報を追加してくれる。彼らに拠れば、

アショーカは、南ビハールのガヤー近郊、バルバラの丘の二つの洞窟群を、アージーヴィカ教徒らに奉献した。アショーカの後継者の一人、ダシャラタはアージーヴィカらに、同域内のナーガールジュニ丘陵にある三つの洞窟を捧げた。これらの洞窟群は、芸術の視点からみて重要である。開鑿、石切りおよび研磨には、たしかにそれなりの技術と労働とが必要であったし、これもまた当時、アージーヴィカらが謳歌した地位を示すものである。しかしながら、洞窟碑文はまた同様に、彼らの没落もほのめかしている。「アージーヴィケー、ヒ」という文句のある五つの碑文のうち四つで、その部分が一部または全部こすり取られているのだ。明らかに、これは誰かアショーカかダシャラタへの敬意を抱いていた者の仕業であり、それゆえ彼らは碑文全体をこそげ取りはしなかったのだ。この仮説はすなわち、その行為がマウリヤ朝後期に実行され、その時同時にアージーヴィカらも洞窟から追放されたに相違ない、ということを指し示している。これはおそらく、すでに滅びの原因への後退であったのだ。なぜなら、マウリヤ朝期の後に、アージーヴィカらは歴史から姿を消しているのであるから。(6)

みてきたように、同地はわれわれが検討している龍樹との直接・間接の関連はもっていないが、アショーカの時代に仏教が国教であったにもかかわらず、ジャイナ教のような他宗教にも寛大な態度が取られていたことを、たしかに物語っていると結論できよう。

アンドラ・プラデーシュ州、グントゥル、ナーガールジュナコンダと龍樹

これまた別の仏教遺跡であり、その名はもちろん、龍樹と関連している。学者の何人かは、龍樹の生誕地はアンドラ・プラデーシュ州、グントゥルの近郊であると表明している。ここにある大学は、彼の名を冠している。しかし、ほとんどの伝承は彼の誕生の地はヴィダルバであって、ナーガールジュナコンダではないと信じている。ナーガールジュナコンダは本書において、龍樹との関連で議論し、考察される必要のあるもう一つの遺跡である。アンドラ・プラデーシュ州にあるナーガールジュナコンダは、サータヴァーハナ王朝の治下にあった。アンドラ・プラデーシュ州には、古代に同地域で仏教が栄えたことを証明する仏教遺跡がいくつもある。これにもかかわらず、龍樹とナーガールジュナコンダとの関連を立証することは困難である。

ダッタ（一九九七）に拠れば、

サータヴァーハナ王国の一部として、三〇〇年近くにわたり涵養されてきた仏教文化から生じた、アーンドラの小王国。この領域の首都はヴィジャヤプリー（勝利の都）と名付けられ、クリシュナ河右岸峡谷の西部にあった。ヴィジャヤプリーの東と北には、シュリーパルヴァタとよばれる広大で辺鄙な高原がある。諸プラーナで、イクシュヴァークと命名されているのは、シュリーパルヴァタ界隈である。明らかに、同都市はチャンタムーラが開拓したものである。王国の滅亡とその首都の荒廃より暫くして、そのヴィジャヤプリーという名前は忘却の淵に沈み、イクシュヴァーク王国全土が新しい名でよばれるに至った。すなわち、ナーガールジュナコンダ（ナーガールジュナの小山）である。この名前の由来になったナーガールジュナの素性であるが―その実、それに帰することはできない。しかるに、チベット語諸伝承のなかに、大乗仏教の中観学派の開祖たる龍樹大師が、アマラーヴァティーから

吉祥山《シュリーパルヴァタ》へと遷座し、ここで晩年を過ごしたという説話が伝えられている。これら諸の龍樹伝説の記録は紀元一三世紀より遡ることはなく、いかなる確証資料も残っていないことに胡坐をかいている。いまのところ、同地より発掘されたいかなる諸碑文上にも、龍樹という名前は登場しない。(7)

このように、龍樹とナーガールジュナコンダとを関連づけるのに、少なくとも彼の前半生については、碑文学は助けにならないし、諸伝承が裏付けとなることもない。

アンドラ・プラデーシュ州においてさえ、龍達《ナーガ》と仏教との間には、大きな関連があった。ラオに拠れば、「仏教における龍文化もまた、特筆すべきである。龍、龍王達、そしてその后たちは仏塔を崇拝し、師の説法を聴聞する姿で表現されている。ともすると、これらを龍樹と同定したくなるが、しかし蛇信仰はこれらの地域に実に広く流布しているので、清新な証拠でも出て来ぬかぎり、かかる解釈には疑問の余地が残ったままであるに相違ない。また、想定される紀元二世紀の龍樹菩薩とアーンドラ国《デーシャ》とのいかなる結び付きも、未解決の疑念の下にみることにしよう。(8)」ラオは龍樹とアンドラ・プラデーシュ州との相関を認めていない。

S・ヴェンカテースワルル、Mは評していう。

龍樹が後半生を吉祥山で送ったと述べるチベットの伝承と、ずっと後に同賢者が、アマラーヴァティーの大仏塔に外欄楯《プラーカーラ》を建立したとするターラナータの記述とから判断して、後期サータヴァーハナ時代の龍樹が、同地での滞在時にシュリーパルヴァタの大寺建立に大きな役割を果たし、彼がまたアマラーヴァティーで、はじめの自身の手にかかる大塔完成の後に、おそらく同様の欄楯を手配しただろうということが証明できる。この線からいって、大寺以外に、同地に龍樹がその開基であると正当にいえる、いかなる構造物もないということは銘記すべきである。

実際、伝承中で龍樹と彼に帰せられるあらゆる出来事を記録した、いかなる碑文の証拠もないというのは残念なことである。だがやはり、その後シュリーパルヴァタが、龍樹とのゆかりで知られるようになったというほかならぬその事実が、イクシュヴァーク期より以前もしくは後期サータヴァーハナ時代に、大寺が彼によって建立されたというわれわれの論述の正当性を補強している(9)。

S・ヴェンカテースワルル、Mの研究は、他者の見解と同じく、龍樹の後半生においてのみ、彼とナーガールジュナコンダとの関係を認めている。先に諸の伝承と歴史的根拠とから試論したように、おそらくナーガールジュナコンダが、龍樹の後半生と関わりがあったろうことは明白である。彼とサータヴァーハナ王との同時代性と、同地でサータヴァーハナがアーンドラ王国と関係していることは、そのまま龍樹とナーガールジュナコンダとの、何らかの関係であるに違いない。ヴィダルバでの幼年期の後に、彼が長たるべくナーランダーへ行った学歴が続くのは確かである。「ナーガールジュナ」コンダとその名前との関連は、当時の仏教徒学者等の間での、龍樹の高い地位への経緯から出ているか―考古学的物証がないことから解明はされていない―この諸の遺跡の興隆への彼の貢献から来ているかのどちらかである。またそれゆえ、この問題は未解決で、自由な議論に対して開かれたままである。ナーガールジュナコンダの龍樹が実は全くの別人であるか否かにも、大きな疑念がある。

パティに拠れば、アーンドラ王国もまたサータヴァーハナに等しかったのだという。彼は幾分異なる見解の持ち主であった。曰く、「チャンドラグプタへのギリシャ大使メガステネースが、マウリヤ王国に隣していたアーンドラ王国について描写している。アショーカの死後、マウリヤ王国が瓦解し、アーンドラの諸王は遂に自ら建国し、東はクリシュナ、ゴーダーヴァリー両河口から、西はアラビア海まで広がる広大な領土にわたって君臨し、マガダに至るまでの全ての国々を占領した。アーンドラ三〇王は、仏教巡礼者等が非常に活気づいたその時代に、四五六年間統治した。大乗仏教の祖龍樹の時代（紀元前一世紀）に、クリシュナ河畔はアマラーヴァティーの有名な大学が栄えた。彼はその大学とシュリーシャイラム、そして彼に因んだ名付けられたグントゥル地区の小山、ナーガールジュナコンダに住したといわれている」[10]。

ことに独立前期には、龍樹とヴィダルバとの関連と、彼のサータヴァーハナとの同時代性とを指摘する学者が複数あり、中央諸州およびヴィダルバと、「龍樹」の名前と関連する諸の遺跡には、さらなる批評が必要であった。国《デーシャ》、マンセル・ラームテクの遺跡群が大英帝国の複数の学者たちの注意を惹いた。初期の報告書類は、おそらく意識的に無視されたのであろう。そして同地はなおも歴史家達や、考古学者達にとってさえ、挑戦の余地を残しているのである。だが、龍樹−サータヴァーハナに関連した、同地への注目が逸らされてしまったことは明らかである。それでは、どうしてそうなったか？　答えは極めて単純なようだ。それはおそらく、仏教ではない別の信仰の、異なる遺跡へと注意が惹かれたがためであった。

中央諸州およびヴィダルバ、マンセル・ラームテク、龍樹山と龍樹

ヴィダルバの古代文化を裏付ける、考古学的興味をそそる複数の遺跡が、中央諸州に散らばっている。それらについての記述は、様々な報告書として出版されている。それらのいくつかは、以下に手短に概観する非アーリヤ諸人種と、ヴィダルバ古代史の関係への興味を大いに喚起してくれる—

一八七九年、リヴェットは、中央諸州はナグプール地区の諸の塚から発掘された、いくつかの鉄製品を展示した。これら興味深い遺物の数々のスケッチは、有望そうなものであった。

彼に拠れば、「数々の円形の石で囲まれた塚、あるいは墓塚群《マウンド》は、ナグプール諸州の複数の地区で発見された。これらは何回も描き取られつつ、調査されている。[11]」ヴィダルバに加え、塚のある他の遺跡についても、彼は「ニザーム領

区とマドラスで、故メドウズ・テイラー大佐によって、類似の塚が発見されている」(12)と述べている。色々な塚の遺跡があるにかかわらず、リヴェットはナグプール諸州とナグプール近郊の塚にのみ惹き付けられた。残念ながら、この経験ある碩学は、これらの塚について自身満足な答えを得られなかった。彼はさらに評していう、

ナグポール（ママ）地区上にわたって散らばって発見された、墳丘群の小山級の多くのグループのうち、最も広がっているものはジュナパーニの近くに位置している。この村は巨人達、あるいは「羊飼いの諸王」もといガオリーの力作、市民駅から約五マイル西にある。中天竺におけるこれら諸王の統治についていえば、アーリヤ人侵入に先立つ時代のことであり、それはカトレ本街道上のナグポールの深く根差した伝統である。これらの塚のナグポールへの近さが、慎重な調査の結果やはり顕著であり、これらは敬愛する故S・ヒスロップ、ヘンリー・サンガー氏とハネイ氏によって何度も訪ねられ開陳された。近隣住民、そして同州の古代史権威と語り合える婆羅門その他の識者達からさえ、これらの塚を築いた諸部族について満足な情報を得ることはできない。あるいは、これらの塚は残りもので、つまり円石群は非常に古く、これらが今ある状態というのは――一度は、その作られた目的たる人々の埋葬の場所であったが――今あるこの円石というのは、われわれの時代まで残った痕跡にすぎない、という話を聞くだろう。(13)

リヴェットはジュナパーニ（ナグプール）の遺跡を、サーンチー仏塔《トープ》遺跡とその龍《ナーガ》達との関連に引き較べ、それについてこう述べた。

そして、おそらくサーンチー仏塔上の彫刻は、諸のジュナパーニの塚で見つかったような、金属製の手斧を表現

せんと意図したものであろう。また、ジュナパーニの墳丘群が先住諸部族の遺跡の数々であるということが、自身の性質をよく示唆している。仏教徒等との対比における、これら諸部族のサーンチー彫刻上の存在感は、ファーガソン（ファーガソン、『樹と蛇崇拝』より）からはっきり明らかになる。[14]

サーンチーの基壇浮彫に表された仏教における木の信仰に、他の人も（私同様）ドルイド教および派生形たるイングランドの樫の木への崇敬という好対照をみるだろうと思う。アジャンターの馬蹄形に並んだ寺院群およびサーンチーのなかに、多くの人が、サンデンゲーの内部柱廊の形を認めよう。そして、インドにも英国にも環状列石《クロムレック》があり、婆羅門達、仏教徒、そしてドラヴィダ語族は皆魂の輪廻を信じており、またケルト語は疑いなくサンスクリット語から派生したのであること等々を、知ることになるのではないかと思っている。[15]

リヴェットが観察した塚のほかにも、彼はまたその注意を惹いた珍しい盃状模様の数々について批評し、それらを古代文化と相関連づけようと試みた。それらを詳細に描写して曰く、

英国の諸の塚に見られる模様に類似した、二種類の盃状模様—片や大きく、他方は小さい—が見つかった。しかしそれでも、私は未だジェームズ・シンプソン卿が言及する同心円を、塚の上にまったく突き止められていない。だが、これらは未だ、それら墳丘群と母国の遺跡とをさらにつなぎ寄せる、おそらく他のもっと決定的な数々の特色が、白日の下になっていないということなのかもしれない。[16]

諸の盃状模様について言及があったが、これらが単なる盃状模様ではなく、何か同地域の古代の住人達の、未特定の文字なのではないかと試論し、疑ったのもまたそのリヴェットである。大きさの流動性や、長・短・丸・切の一画一画

など様々な切込みの組み合わせから、彼はこれが文字群であると信じたが、さらなる研究が、これらいわゆる盃状模様に光を当てることはなかった。この関連でのリヴェットの描述は、模範的なものである。曰く、

盃状模様は奇妙で、小さかったり大きかったりし、何か装飾であるというだけではない、ある意匠を示している。別な二つの石の上にあれば、それらの模様はもうまったく似ていない。大小の盃の組み合わせが際立っている。すでに検討した、石上の盃の変化は大層おびただしい。大盃の入り込み具合も、諸の盃の組み合わせが多分未発見・未解明かもしれぬ、何らかの意味をもっているかもしれないということを、示唆しているようでもあろうか。電信による印刷システム、モールス信号における長短の打ち込みの組み合わせ、そして特にその目的に適った最近の、長短の照明光の瞬きによる、夜間の諸部隊間の通信信号の配備や、そして日々の太陽のような電報をよくご存じの方々は、これらの模様が何らかの未だ隠された意味をもっていることが、まったく可能性のないことではないと、多分同意してくださるだろう。私の理解するかぎり、アガム文字は長短の切込みの組み合わせから成る。この文字は、鑿で長い一画一画を刻みだすことも難しくない砂岩の上に主に見られる。しかるに固い黒色火成岩の上では、諸の切込みを刻むよりは、丸鑿で作業して、盃状模様を作る方がはるかに楽だとわかるだろう。そしておそらく、巨きな黒色火成岩上では大小の盃が、砂岩上に刻文する時に見られた長短の切込みに取って代わり、同様に砂岩が調達できない土地土地では諸の塚が、環状列石《クロムレック》に取って代わったと考えることは不可能であろうか？ これについて、もしその仮説は批判に耐えるものでないというならば、この模様は死者の年齢や彼の子供の数か、あるいはこの石で囲まれた墓所に、遺骨が埋葬された戦士に屠られた敵の数の印であろう[17]。

種々様々な大きさの盃状模様は大いなる謎のままであり、何か今なお未発見のままの意味を有していると、リヴェッ

トは考えている。ファーガソンはこれらを蛇崇拝と、また仏教信徒とのなんらかの関連の下に相関づけようと試みた。元の論文は非常に興味深い情報を提供しているので、読者諸賢には同論文を通読されたし。これは仏教徒でありまた蛇（蛇か男根かリンガ）を崇拝していた先住民との相互の関係を実証するものである。のみならず、文字使用の開始とその筆記も試みられたが、これは発展しなかった。しかし、これら異例の刻文が、後に巻貝状文字《シェルスクリプト》とよばれる文字を示唆しているのかどうか、答えは保留されたままである。そしてこのマンセルの象形文字について考察するとき、これら砂岩上の「文字」群が、文字使用の初期の試みであると考えることも可能ではないだろうか？

ヒラーラール、R・Bは、紀元前二〇〇〇年のヴィダルバ古代文化を明らかにすることができた。曰く、ここで、ナグプール博物館で偶然見つかった独特の碑文に言及してみよう。残念ながら、この出所の記録は保存されていない。これは四〇〇〇年前のバビロニアの印章である。かくも遠い昔、これら諸州を旅していた時に、バビロニアの旅人がこれを落としたと考えられるであろうか？　大英博物館のL・W・キング氏は、この碑文を解読し、その上に彫られた諸の表象について、以下の説明を提供している――

この印章に彫られた情景は、気象神アダドか西セムで彼に相当するアムルルの前で、女神が両手を挙げて崇拝をなしながら、立っている様子を表現している。印章の地の部分にあるのは彼の諸の紋章、すなわち叉状の雷電、円盤と三日月である。小ぶりな人物達は、おそらく供の神々である。碑文は所有者の名前を示しており、「――のしもべ、リブルベリ」と読める。二行目の終りの部分は明らかにこすり取られるか、摩滅するかしており、碑文上に表れていない。これはおそらくリブルベリは、「アムルル神」もしくは「アダド神のしもべ」と述べていたのだろう。リブルベリというバビロニア人の名前の意味は、「神の強大ならんことを」である。当印章の年代は、紀元前二〇〇〇年、すなわちバビロン第一王朝時代まで遡る(18)。

さらにヒラーラールは、中央諸州の仏教と諸のパーリ語碑文について追加して語る。

　これまで発見されて来た諸碑文は、アショーカ大王の時代から現代に至るまで、つまりこの二五〇〇年間に、同時期かまた別時代に、それかやはり同時代の諸グループのなかで、約三〇の諸王朝が、これら諸州の部分部分を統治して来たことを示している。これら諸州で発見されたパーリ語碑文はほとんどないけれども、諸州全体にわたって広まった数々の仏教遺跡群がある。最重要のものとしては、ジャッバルポール地区のルプナート岩勅文、チャンダ地区のバンダクにあるダガーバー洞窟、ライプール地区はトゥルトゥリアの尼僧院、サルジャ州ラムガードの洞窟劇場群、ナグプール地区ラームテクにある龍樹窟、サキ州にあるダマウダーラ池、ベラールのパトゥル洞窟群、そしてホシャンガーバード地区はパチュマリーの伝岩窟寺院群である。このように、仏教はある特定の地域に閉じ籠ってしまうことなく、むしろ——その正否は措くとして、先住民達の根拠地と考えられていた——州の中央や四隅へと、広がっていったと考えられる。この未開の土地から、紀元後最初の数世紀における仏教の、最も偉大な哲学者の一人が生まれたことは、ひとり同州の人々の密やかな矜りであるにとどまらなかった。すなわち、中観哲学の開祖たる龍樹が生まれたのは、ここビハール、古のヴィダルバであったのだ（ワッターズ、『玄奘』第二巻、二〇三頁）。彼は文献に、際立った天才、ほとんど世界的な学者、含蓄深き哲学者、そして文芸の大才を具えた詩人にして著述家として登場する。彼の名声はインドのみに留まらず、諸の異国にまで轟き、そして遠い古代に、彼の著作の数々は漢語に翻訳されたのである。同州における仏教の繁栄は、マウリヤ王朝による統治と、地元の首長達が同宗教を受け入れたことに依っていると結論するのが、理に適っている。名高き中国人旅行家玄奘は、紀元七世紀に同州を訪れ、大憍薩羅《マハーコーサラ》国全土を治める——宗教的には仏教徒であるが——クシャトリアである王を見出し、また同国に属するバンダク（古のバドラヴァティー）は、同地を統治していた仏教徒諸王の系統の存在を裏付けている。(19)

ヒラーラールによる中央諸州史の三期分類

前期中央諸州史第一期（紀元前二五〇年—紀元六五〇年）

かの中国人巡礼者が訪れた時、むろん、マウリヤ王朝はすでに消え失せ、なんとも迅速な継承のなかで、他の諸王朝に取って代わられていた。それは、同州にその統治の記録や痕跡を一切残していない、シュンガ王朝とアーンドラ王朝であった。彼らの後、グプタ王国がこれに続き、同朝の最も偉大な王が、あたかもマウリヤ朝第一の王のごとくに、今は元あったエーランからカルカッタのインド博物館に持ち去られている、ある記録を残している。その記録（九二頁、註50）は、紀元四世紀中葉のものである。V・A・スミス氏よぶところの「インドのナポレオン」（『前期インド史』、第三版、二八九頁）、サムドラグプタは、そのサウゴール、ジャッバルポールおよびチャッティーシュガルに対する遠征で、チャンダ地区の仏教徒王達を煩わすことはなく、南へと進軍したようだ。(20)

以上のように、第一期はマウリヤ王朝から紀元六五〇年までが関連する。アショーカは、仏教への庇護が続き、後に大学としての地位を得るに至るいくつもの僧院や寺院が建設された時期を除いても、多くの仏塔や寺院を建立した。

件の中国人巡礼者がバンダクを訪れた直後、すなわち八世紀のはじめ頃に、大憍薩羅国はライプール地区、マハーナディー河に臨むシュリープラ（現在のシルプール）へと遷都したとみえる。仏教の衰退に伴い、バンダク王達の後裔等は、自身の古い宗教へと戻り、シヴァ派信徒になってしまったようだ。(21)

第二期（紀元六五〇年―一二五〇年）

碑文資料は、これら諸州の第二歴史期により豊富にみられ、かの中国人旅行家の訪問と、同地の純然たる先住民ゴンド人達による支配の間にある六世紀に跨るが、ゴンド人達は文字をほとんど顧みておらず、筆記という手段を通じて土地の下付証を発行し、自身の偉大さを宣言するのに没頭することもごく稀であった。

最南部では、ニザーム諸領区のイェルブルガ族に似た、チンダ族に属する龍種族《ナーガヴァンシ》の王朝が、チャクラコーティヤを支配していたが、このチャクラコーティヤというのは、バステル州の少なくとも中心部の古称であった。彼らの首都は紛れもなく、同州中央のブラースルであった。同王朝の諸碑文は、一一世紀から一三世紀中葉までの期間にわたる。チャクラコーティヤの王達は、不断にゴーダーリーの他地域の王達と反目しており、彼らによるチャクラコーティヤ襲撃と焼き討ちの記録が、いくつもある。もう一つの―だが全く別な―龍種族王統は、彼らの碑文が示すように、少なくとも一一世紀と一二西紀に、カワルダ州を治めていた。彼らはさほど強大ではなかったようで、明らかにラトナプールのハイハヤ王朝に従属していた(22)。

第三期（紀元一二五〇年―一八〇〇年）

当期はイスラム教徒、ゴンド族およびマラタ族が支配していた。一三世紀の終りまでに、ベラールは侵略され、デオギリのヤーダヴァ王から取り上げられていた。アクバルは紀元一六〇〇年にブルハンプールを訪れ、自身の敵達に対する大勝利を、ブルハンプールの―それ自体のアシルガード要砦にある複製《レプリカ》以外では唯一有名なモスクである―ジャマー・マスジットにて、その地の建立者達の要請を容れて彫られた、サンスクリット語のものも含めた記録を残した。シャー・ジャハーンの治世に、ベラールは今一度ムガール王朝の統治下に入ったが、すぐにマラタの掠奪者達の餌食となった。その結果、ムガールのデカン総督が自身の独立を宣言し、ベラールはハイデラバードのニザームと、ナグプールのボンスレー一族との二重統治となったが、彼らは自身の統治についていかなる石碑も残さず、一、二の碑文中にある彼らの名前が、石か金属に刻まれたその歴史の総計であるという有様である。(23)

ヒラーラールは、碑文表に加えて、また彫像表も提供し、そこでそれらのおおよその時代を観察し、載せている。

一　ジャイナ教小像碑文（一一〇六―一七〇六）　七
二　ジャイナ教彫像諸碑文（一二二六―一二七一）　九
三　ジャイナ教像碑文（一二七八）　一
四　台座碑文（一一九八）　一
五　ヴィシュヌ像碑文（紀元八―九世紀か一二―一三世紀頃）　二
六　仏教彫像諸碑文含仏教真言耳《のみ》（年代不詳）　一
七　仏教彫像碑文始真言与奉献者名　一

明らかに、ジャイナ教の彫像群と諸碑文が数のうえで多いが、それらは紀元一二世紀から一八世紀のものである。ヴィシュヌ像碑文は八世紀以降であるが、ジャイナ教彫像群と碑文とはやはりもっと後の時代に属す。上記の仏教彫像諸碑文の年代については、情報が顕著にあるわけではない。その理由は解明されぬままだが、仏教衰退が破壊に帰結したのだと考えても驚くにはあたらぬであろうし、おそらくこれらの骨董品の正確な年代を規定するのは難しかったのであろう。これらの仏教彫像諸碑文は、ヴィダルバにおける仏教信仰が、幾度にわたる自然災害と、人の手による反仏教的運動とを生き延びたことを示唆している。これは間接的にヴィダルバにおける仏教が古くまで遡ることを実証している。

インド中央諸州地名辞典《ガゼッティヤー》

インド中央諸州地名辞典、初版、ナグプール、一八六八は、ラームテクと周辺遺跡群について、初めて登録された公式記録であり、系統立った資料収集を呈示する。

第一一節（二九〇頁）交通：道路(24)

北道：新北道は今や全道完成し、ジャッバルポールへと通ずる。未だ架橋されていない唯一の河川は、カンプティーのカンハン河と、ジャッパルポールのネルブダ河とである。現在、カンハン橋が建設中である。しばらくの間は、仮設の橋杭が毎年雨季直後に建てられており、年間八ヶ月の使用に供されている。この道路は、鉄道終着駅に近いナグポールを去って、カンプティーへと至る。そこからカンハン河を渡って、マンスルおよびチョルバオリー（それぞれナグポールから二一マイルと二七マイル）付近を北に進み、これを越えてセオニー地区に入り、ダオラパルを通り過ぎて、コライでサウトプーラ山脈に登る等々、セオニーを通ってサウトプーラの台地を越え、そこから道は、ジャッバルポールから距離約三〇マイルの地点で再び下る。この道路は全然異なる国に跨る、多くの工学技術によって敷設された。当地区内では、その全行程は約三三マイルである。この距離のうちに、ナグポール自体の住民には開かれていない宿泊施設《サライ》が三つあり、新しくて素晴らしいものが二つカンプティーとマンスルに、古いのが一つチョルバオリーにある。旅館が二つ、カンプティーとマンスルにある。警察署が四つ、インドラー、カンプティー、マンスルおよびチョルバオリーにある。並木がほとんどの長さにわたって植えられている。井戸と穀物商の店は沢山ある。

地元の新道[25]（二九四―二九五頁）

交通について地名辞典は追加して述べる。「地元の新道は現在調査中で、建設物としては、（六）マンスルからラームテクを通ってアンバーラ湖に至る、距離七マイル。これは土工事や架橋に至るまで完了し、三マイルに砂利が敷かれた。最近並木も植えられている。この道はラームテクの町と、帝国北道とを繋ぐ。砂利舗装は来年完了予定」。

ラームテク[26]（三二〇―三二三頁）

どうやら地名辞典が執筆された当時、ラームテクは重要な巡礼地であったようで、それゆえ詳しい描写のために、多くの注意が傾けられている。地名辞典曰く、

> ラームテク、すなわち同名の行政管轄支区《タシール》の支区都は、ナグポールの二四マイル北東にある。また、起伏する森林地域より、農耕地を挟んで数マイル離れた丘陵の尾根の南麓は、ナグポールージャッバルポール道路の四マイル東にあり、同森林地域はサトゥポール山脈の麓まで延びている。砂と砂利の多い土地には塔が建てられ、また龍樹山《ナーガールジュナヒル》は山麓の辺りに植えられた広大な森に囲まれており、家々は概して上手にしっかりと建てられている。
>
> 総人口は七九三三人で、このうち一二分の一がイスラム教徒、八分の一が婆羅門、八分の一がバレー（檳榔《パーン》樹栽培者達）、そして残りの半分は耕作者である。織工は極めて少なく、マルワリーはいないが、ジャイナ教徒のパルワールの店主が多くいる。
>
> ラームテクの交易は、蒟醤《キンマ》の葉から上がる分以外は重要でなく、かくて大量の蒟醤葉が輸出されている。ラームテク檳榔樹の良質は昔から有名で、常に大量にセオニー、チンドワルス、ジャッバルポール、ベラールその他の地

区に持ち出されている。ここ一〇年間は、鉄道開通までは栽培不振であり、その当時からは大量の輸出がボンベイに向けて始まり、価格も相当に上昇し、栽培地域も増加した。檳榔樹《パーン》栽培は、現在の農園所有者の先祖が、デオグルから導入して以来、この地で三〇〇年に亘って栄えてきたといわれる。

物品入市課税の義務づけが、約四五〇〇ルピーの相場で昨年解禁され、その総額は町会によって彼らの学校、町警や、町営の工事に使われる。今やマンスルからの砂利で舗装された良い道路がほとんど完成し、同町を通ってアンバーラの村まで続いている。その村では小さな湖の畔にカルティク月に毎年恒例の市が開かれ、昨年は喧騒の二週間の間、一〇万人を大きくは下らない人々が詰めかけた。平地よりおよそ六〇〇フィート高い丘の尾根には素晴らしい平屋《バンガロー》がある。この地点からは、全方位に向かって、変化に富んだ宏大な景観が視野に入る。行政管轄支区《タシール》役所は、同町の西の端にある構造物である。

従来、ラームテクはヒンドゥー教徒の間で、宗教的崇拝にとっての選ばれた法座であった。

多くの古寺のうち、最古のものは丘の北側頂上付近にある寺のようだ。粗削りの石で建てられており、モルタルなしでもよくぴったり嵌まり合っている。その形状と構造とからみて、これはおそらくジャイナ教寺院であるが、地元の伝統はこれをあるヘーマト・パントの作だとし、この者は一部からは婆羅門だと、他方面からは羅刹《ラークシャサ》（半神）だと言われていて、バンダーラとナグプール地区の実に多くの建築遺跡が、その名前と結び付けられている。この寺院はまた、大きく見事な集合体として、境内に囲まれ、平地から北方への接触に備えてよく要塞化された、現代のパルワール寺院からも程近い（著者註：このマンセル山遺跡にヘーマト・パントが建てた、ジャイナ教寺院の存在についての言及は、誤った解釈である。なぜなら、時代の下るどの著作からも、これに関連するいかなる資料も手に入らないからである）。

しかし興味の中心は、丘の西の外れにある集合体であり、そこにはラーマ寺院（ラムチュンデル）があり、他よりも上にその守護神が、砦の壁々の上にでんと立っている。丘の南と西側は、高い自然の斜面によって守られている。北側のみがとても急で、二重の防御線を有している。内側の線は砦に属し、外側のは西の地点から、砦の壁の下を走りつつ、内側の陣地上で緩やかに約三〇〇ヤードまで広がった後、南に転じてアンバーラまで下る狭い谷を横切って運ばれている。これはラームテクの町に面しつつ、丘の南側で断崖と出会う場所から丘陵伝いに続き、ここで、より最近の砦の壁がある最西端の地点で合流するまで徐々に丘へと迫り上がってくる小峡谷を、諸の防壁とともに塞き止める。この外側の防御施設は、今や諸の遺跡と化している。粗笨な建築に属するものの、高くて強靭で、互いに重なり合った重い大石でできている。これは疑いなくとても古く、ガオリー達の手になるものと信じられている。それなりの大きさの村を囲い込んでおり、今でも二、三、その跡が見える。この三角形の囲いの中、砦が最高所の西端際にあり、角の先端部に筆頭寺院を有する。敵の来る虞のあるのは、唯東側のみである。アンバッラーの側から砦に登るためには、小さな木でできた避暑地の下を道が通っていて、その頂上には要塞化された夏の宮殿があり、一方からのみ近付くことができる。これは、太陽種族《スーラジヴァンシ》（日種）の王によって建てられたといわれている。

この道に従って行くと、町を通り過ぎてから森の外側を回り、それから丘の南尾根の内側を廻って、正面に湖の堤防を望むことになり、それとともに防御線あり、入口を側面に配した頑強な稜堡があるが、この堤防はアルムホーレ一世が築いたのである。この内側がアンバッラーであり、その心地好い湖、諸の水浴段《ガート》、そして数々の寺院を伴い、これら寺院はそれぞれが、この国の古い偉大な自我《マハートマー》一族のひとつに属しているのだ。湖の西の隅から、長さにして半マイルの、一続きの石段がいくつも、狭い入口の傍のガオリーの壁を通り過ぎながら、上の砦へと導いて行く。諸寺へのお詣りに行く全ての巡礼者達は、この道を通って丘を登るのである。ほとんど頂上に着いた右手には、大きくとても古い開けた外壁の庭があり、付属の宿坊《ダルマサラ》を伴っている。左手には二つの簡素な、それでも大変古い、ナラシンハに化身したクリシュナの寺院群がある。これらの反対には質素なモスクがあり、アウラングゼーブ皇帝の従者中の、ある偉大な男を記念して建てられたといわれている。

ここから、ひと連なりの階段を伝って堂々たる建築の外門へと上がるが、この建物は壁の外郭線全部と一緒に砦の一部であり、初代マラタ王が建てたものである。入口の内側右手はナーラーインのヒンドゥー寺院群である。左手には他の諸寺あり、ここにパルワール達が毎年避暑にやって来るのだ。この下庭を突っ切ると、二列目の壁の中にあるシンガポール門に至る。ここの建物は一列目のそれらよりも遥かに古く、太陽種族《スーラジヴァンシ》の時代に帰せられるものである。第二の庭には、偉大な自我《マハートマー》達がその宝物庫をもっていた。壁の破片がいくつか、今なお残っている。第三の庭へは、バイラヴァ・ダルワーザーとよばれる、とても素敵な門口を通って行く。この部分では、偉大な自我達によって再建された諸の壁と稜堡とは、とてもよく修復されている。この内奥部の庭には、それぞれの側面に諸寺院付きの奉仕者達の住居がある。最奥部にあるのが、ガナパッティーとハヌマーンの神殿へと誘う最も美麗な建築物、ゴークラ・ダルワーザーである。そして最後が、崖っぷちに建てられたラーマ神殿である。この内庭から別な一続きの石段が、ラームテクの町中へと下っている。このラゴジー一世の時代には、その諸寺を伴う要砦は、当時これに向かってやってくることができたいかなる軍勢からも、安全であったに違いない。

ヒンドゥスターンでは、巡礼者達の有名な避暑地として、ラームテクの名前を聞くことは稀だが、それでも毎年の訪問者の数は大層多い。その大市がライポール、ボーパル、そしてハイデラバードから人々を惹き寄せるのだ。

民間の諸伝承から、種々の古代の神殿や遺跡の、筋の通った、または理解可能な歴史を紡ぎだす、あらゆる企ては実を結ばなかった。諸建築そのものも、過去をほとんど明らかにはしない。今ある要砦は、相当程度、マーラッタ達によって建てられるか、再建されたものである。マーラッタ達の数々の時代が始まった頃、長い年月土で覆われていた、二つの古く大変状態の良い階段井戸《バーオリー》が発見されたが、それは彼らが存在した証たる伝統が失われてから、長く経った後のことであった。これらは確実に、四〇〇年の昔には始まっていたかもしれぬ、ゴンド族による支配の前に建てられたものである。これらの階段井戸ならびに、多くの寺院および砦群は、アヨーディヤーからの移民たる、太陽種族王達のような、伝統的なヒンドゥー教徒達に帰属するはずだ。これら以前のものとしては、諸のガオリー壁、またガオリーの街の痕跡がある。それよりも前に遡るのは、モルタルを使わずに建てられた、ジャイナ教のもののような小寺院である。異なる民族による建築上の特徴は、それぞれ容易に見分けることができる。しかし、時代の隔たりで分けられたジャイナ、ガオリー、太陽種族、そしてゴンド族の諸時代というのは、単に推測の域を出ないものなのである。

はっきりと触れられてはいないものの、この記述は注意深く読めば、この土地の描写がマンセル近郊の仏教遺跡群であることを裏付けてくれる。観察者は正当に、当該の構造物が最古のものであると言及するも、ジャイナ教寺院と区別がつけられないでいる。ジャイナ教遺跡だと混同されてはいるものの、これがヒンドゥー寺院の特徴をもたないことははっきりしているとさらに付言されている。混同というのは、ここがジャイナ教遺跡であるという、他の学者達によるさらなる実証は、皆無だからである。この構造物は諸の粗削りの石で建てられ、モルタルなしでもぴったり嵌まっている。同遺跡はヘーマト・パントか、またはとある悪鬼（現在、ヒディンバーの名で特定されている）によって建てられたと指摘されている。

さらに地名辞典《ガゼッティヤー》では、ヤーダヴァ時代の集合寺院群たるこれらの寺院が、ヘーマドパンティ寺院群とよばれていると付け加える。

二番目にあった可能性は、同寺が悪鬼によって建立されたということが、今なお、これがそこに住していたヒディンバーによって建てられたと考える、現代の諸伝統にまで息づいているというものである。悪鬼の所有のうちにあったと考えられている同遺跡は、在俗信徒達を惹き付けることはできなかった。これはどうやら、遺跡を悪鬼のものであるとして恐怖を煽り、在俗信徒らが定期的にここを訪れなくなることで、遺跡を放棄するという計算をされたかつての企みが、まんまと奏功したということのようである。地名辞典《ガゼッティヤー》は、その悪鬼の名前も、後代ヒディンバー山《テークディー》と認定される遺跡の名前も記していない。当時この官報に収録された遺跡の多くは、密林か大地に覆われていた。おそらく、観察者の眼にジャイナ教寺院遺跡として映った、ドーム状の構造物があったのであろう。むしろ、同官報で、この構造物の詳細を見つけようという試みがなんら行われず、ただ伝統的見解と、これが最古の構造物であるという注意を惹いた遠くからの展望のみが、報告の決め手になったということは、少々意外である。

このように、同官報の描写と議論とから、たしかにマンセルの仏教遺跡が、約一三八年前に公式の記録に収載されているが、正しく特定されておらず、ジャイナ教寺院と誤解されて報告されたことや、その他、タクシラやナーランダー等の発掘とともにとうに掘り出されていたろうし、またナーランダー、タクシラ、オダントプーラ等のように、大学級の学修の中心地にして、重要な仏教遺跡であるとして、インド地図上に立てられていただろうということがいえよう。

地名辞典はまた、ラーマ寺院となっている興味深い遺跡にも触れる。他に触れられている諸寺は、ナラシンハ、ナーラーヤナ、ハヌマーンとガナパティといったヒンドゥーの神々のものである。モスクについての言及もある。同官報に拠れば、ヒンドゥーの神々の寺は、太陽種族《スーラジヴァンシ》（日種の者達）たるアヨーディヤーからの移民達が建設したものだという。遺跡の一部を建てるのに、ラゴジーが貢献したという言及もある。同遺跡は近傍諸地区からの巡礼者達が訪れる、良い巡礼地である。

地名辞典の報告者らによる、種々の神殿と遺跡についての筋の通った、または理解可能な歴史を手に入れようとの企ては、残念ながら結実しなかった。建築群についての記述も、古代史を明るみに出すことはさほどできなかった。これら全ての遺跡特定の困難にもかかわらず、「異なる民族による建築上の特徴は、それぞれ容易に見分けることができる。しかし、時代の隔たりで分けられたジャイナ（おそらくは仏塔）、ガオリー、太陽種族、そして（ラーマ寺院の建設が帰せられる）ゴンド族の諸時代というのは、単に推測の域を出ないものなのである」と評されている。

一九世紀後半には、ベグラー、J・Dが中央諸州を訪れた。ラームテク・マンセル近郊の複数の遺跡での彼の観察の詳細は、この時代の文化史に強い光を投げかけるものである。彼の報告書は、その個人的な観察の数々と、入手した情報とに依拠している。たしかに、その諸著述のなかで、彼は地方語を用いており、その意味は後代不明になったもので、しばしば反対の意味で注釈されている。彼がの神殿群のある遺跡について伝える名前は奇妙にみえるものだが、こうしたもの全ても、ベグラーによってなされ報告された観察の数々の価値を減損したりはしない（ベグラーの完全な『旅行報告』は、補遺の二に収録）。

はじめに、彼はラームテクの様々な寺院を鳥瞰して描写する。その旅行報告の後半部では、ベグラーは龍樹集合寺院群についての詳細その他の情報を提供する。龍樹遺跡群の助けを得て曰く、「連山の西端にあるこの集合寺院群の他、北東隅にも二、三の寺がある。この集合は龍樹集合体《グループ》として知られている。これらのうちで最も際立っているのが、目地材を用いない石積みでできた、ただ一つの聖所のみから成る小寺院であり、そのなかではリンガが崇拝の対象物である。ガウラ・シャンカラとサラスヴァティーだといわれるいくつかの彫像が、外に据え置かれ、明らかに他の諸寺の遺跡から来たものである。これらの像は、頭と両肩の上に蛇達がいて、明白にシヴァ派のものである。下方、丘陵の側面では、岩の中の小さな裂け目が頂上からの短い道となっており、やがて壁を作って小房となる。ここにある二つの像は龍《ナーガ》とアルジュナのものだといわれており、そこから『ナーガールジュナ』という名前が出ている。全体はバラモン教シヴァ派の場所である」[27]。このようにベグラーが、龍樹集合体として特定した、連山西の集合寺院群と、北東端の二、三のものを見たことは明白である。彼はリンガまで、崇拝対象として目撃している。そこには他の複数の彫像もあり、それらについて彼はおそらく、ガウラ・シャンカラとサラスヴァティーのもので、当地由来のものではなく、他の諸寺院遺跡から来たといわれたのだろう。それは明らかに、これらの構造的遺物が、いわゆるヒディンバー山《テークディー》に外から入ってきたことを示唆している。彼の観察のうち、最も際立っているのは、これら頭と両肩の上に蛇達を乗せた像である。下方、山の側面では、岩中の裂け目が頂上から短い道になっており、壁を作ってやがて小房となっている。そこで彼は、龍《ナーガ》とアルジュナのものだといわれ—そこから龍樹という名前が出ている—二つの像を観察している。

このように、ベグラーの報告書は、一〇〇年以上前の丘陵における、龍樹集合体《グループ》の存在を確認している。彼はこの構造物が、ヘーマト・パントによって建てられたものだと言及している。

ベグラーが描写した遺跡は、おそらく龍樹　山《テークディー》（窟）である。彼の記述のなかには、地元の伝承にさえヒディンバー山として描かれ、インド独立前後両期の著者達も度々触れた、遺跡か小山への言及がある。同著者は龍樹集合寺院群を、はっきり他と区別している。これは、龍樹という名前が、伝統的に同遺跡と関わっていたことを実証するものである。そしてここは、中観の大哲学家にして、『錬金術論書《ラサヤーナシャーストラ》』という医科学派の鼻祖たる龍樹が活動したのと、同じ場所である。

ベグラーはその報告書で、これらの寺院についての情報を追加して、ために曰く、「この集合体から東に約半マイル、北連山の北麓に、一つの奇妙な寺院と、他の一、二のものの遺跡がある。この奇妙な寺院は、いくつもの房から成り、具体的には五つ、すなわち三つが主で、二つが従。境内の西端を占めている。この三つの主要な神殿房は、一つが中央に、二つは最両翼にある。これらは一般的な塔屋根を有する。全体が、正面を柱で支えられた、長い縁側をもつ。この開けた縁側は、ぐるりと境内の他の三面にも巡っている。そのように隔離されたこの開けた空間は、四角い石の池で占められている。池はおよそ四五平方フィートで、各辺に一〇本の柱、件の縁側は池の縁ぎりぎりを巡っている。必然的に、神殿房は全て東面している。正面、境内東端の中央は、今は失われた柱廊玄関、もしくは入口である。より小さな二房を側面に配し、おそらく塔屋根と一緒になって、側面の神殿房の塔屋根と呼応している。池は深さ約九フィートといわれる。全体が注意深く切石で建てられ、モルタルなしで据え付けられているが完璧に平坦で、諸柱は四角い平らな柱身に、簡単な繰形《モールディング》で単純に飾られた、柱頭と土台を伴っている。全般に建築の浮彫は欠落しており、イスラム教徒の影響を強く暗示するものである。入口上部に二体の彫刻があり、寺院としての目的を示しているが、どれも頭を失った八シャクティを表した厚板―細長い一片が縦に打ち壊されたそれらの頭を含んでいる―から、私はこの寺院群が、バラモン教のものであると結論した。浮彫の欠如にみられるイスラム教様式の影響はすでに指摘した。そしてこれに則って、同寺をアクバル南征後の時代に帰するとしよう。イスラム教様式は、彫刻から浮彫を、諸建築の設計図から光と影の動きの計算を取り除くというその壊滅的影響を及ぼしはじめた。それゆえ、私は同寺が、既述のジャイナ教寺院と大体同時期のものであると考えるのである。同寺は様式と設計の面で、ある程度、以下に指摘するアルモリの寺院とよく似ている(28)」。

その位置、関係から同遺跡の距離、描写に至るまで、これはおそらく僧院遺跡の諸の僧房であったろう。ラームテクの寺院群を考慮に入れてしまい、ベグラーはこの僧院遺跡と、寺院群との区別が付けられないでいる。しかし、彼はその内部で、自身がラームテクの寺院群では見た諸の彫刻像を、一体も見出すことができなかった。それゆえ、自身が同遺跡で見た、いわゆる「寺院」の目的を知ることは、彼には難しかった。彼が批評した同遺跡は、おそらく諸の僧房である。

彼はラームテクの寺院遺跡を訪ねた時に、明確にヒンドゥー文化に属する、多くの崇拝対象物を目撃した。ラーマのほかにも、ラクシュマナ、カウシャルヤ、ラチュミ・ナーラーヤナ、マハーデーオ、エーカト・スワーミー、バラジー、ラクシュミー、八臂の女神とマハーヴィーラ、あるいはハヌマーンのための、他の諸寺院があった。ベグラーの提供する情報は直接体験したもので、何か歴史的諸相を深く考慮に入れることすらしていなかったというのは、意外なことである。諸の四角い平らな柱身の柱、装飾された土台と頭のない八体の背の高い人物像（細長い一片が縦に打ち壊されたそれらの頭を含んでいる）もまた、見落とされることなかった、彼の観察眼の対象である。諸彫刻のこの建造と破壊は、イスラム教徒の影響に依るものとされる。残念ながら、ベグラーの観察の当該部分は、後代の研究者達によって全く無視され、また彼の自分が用いた言葉に対する批評は、騒論の的になっている。その良い例は、「エーカト・スワーミー（不明）、ラムジュローク（不明）、カビール・アスナ(29)（不明）」。ベグラー、J・D（一八七八）の報告書に鑑みて、伝承にある龍樹の古跡と僧院遺跡とは、一〇〇年以上も前に同定されていたものとみえる。これら全ての遺跡にもかかわらず、彼もその全体が、バラモン教シヴァ派の場所であると考えた。それはおそらく、彼の訪問当時、支配的であった宗教であろう。残念ながら、その場所について当時の考古学者達に、さらなる探査と発掘のために考えることをさせなかった原因が何なのかは、未だ解明されぬままである。

ヘンリー・クーゼン(30)（一八九七）は、中央諸州における古遺物リストを作成し、出版した。ナグプール地区、ナグプール管区のリストのなかに、彼は様々な重要な構造物の遺跡を含めた。それら興味深いもののいくつかを以下に含めよう。彼はラームテク山について、ラーマを含む神々と女神達の長い表を添えて描述した。彼が表に収めた重要な古遺物は、以下の通りである―

アンバーラ(31)

ラームテクの一・五マイル東方、ナグプールの二八マイル北東の湖。伝承はこの湖の起源を、トレーター・ユガの昔まで辿る。あるアンバ王が狩り場より出た間に、この湖で水浴した。そして、厄介な皮膚病が癒えたので、そこにおった。感謝した彼は湖を大きくし、水場まで下りて行く水浴段《ガート》を築いた。湖の周囲に立っているのは、以下の建物である。

一　湖北面、太陽種族王《スールヤヴァンシ》によって、粗削りの石とモルタルをもって建てられたといわれる王宮。

二　パンチャカラシ・バングラー：粗削りの石とモルタルをもって建てられたといわれる、五つのドームをもった稜堡の一種。
三　マラタ達によって建立された、三二柱寺院。
四　南向きの大門
五　スールヤ・ナーラーヤナに捧げられた寺院
六　マハーデーヴァ寺院
七　ボンスレー家以前に築かれ、彼らによって修繕された水浴段。

これらに加えて、いくつもの寺院がバララーヴ、ジャムダルその他諸家によって建立されている。湖はよく修繕されているが、誰の管理下にもない(32)。

同遺跡群についてのベグラーの長いリストに較べ、ヘンリー・クーゼンは同じそれを手短に描写している。だが、彼の発見物の数々と、上述のベグラーの旅行報告とを相関連づけることは難しい。彼はおそらく、アンバーラ湖の傍に、王宮によく似た複数の遺跡を認めたのであろう。

マンスル(33)

ナグプールの北東二四マイル。ヒディンバーの山と寺院。この山《パハド》には、数世紀前、魁偉な悪鬼女がいて、その名をヒディンバーといい、かつてこの山上の自ら建てた宮殿に棲んでいた、という伝承がある。現存する湖もまた、彼女が創造したものだといわれている。言い伝えに拠れば、約一世紀前、この地をたまたま訪れた全ての旅人は、必要に応じ、あらゆる調理用具を湖の中から、自分で好きなだけ取り出すことができたという。唯一の条件は、旅人はそれらを使い終わったら、湖へと戻してくれというものであった。ある時、調理用具を使用した一人の旅人が、その貪欲からこれらを着服してしまった。この厳粛な条件が破られるが早いか、調理用具の供給は止んだ。その寺院は現存しない。また毎年チャイトラ月に、恒例の巡礼のある、マンバウ神の寺院がある。

伝聞に基づく、ヒディンバーと関連するマンセル山についての伝説は、ヘンリー・クーゼン（一八九七）に詳細あり。

ラームテク(34)

ナグプールの北東二八マイル。以下はその遺跡群と、諸伝説である――

サトヤ・ユガには、同地区は深い森に蔽われ、当時、その小山はタポーギリ（布施、あるいは苦行の山）の名で知られていた。その後同ユガ期に、ヴィシュヌの化身たるナラシンハ神が、ヒラニヤ・カシプを殺した時、同山はその怪物から流れ出た血の流れに因んで、シンドゥルギリという名称を得た。この山の上で、アガスティヤ仙がタパハ（布施、あるいは苦行）を修した。

ラーマの治世に、己が息子の五〇〇歳での夭逝のために（当時寿命は一律一〇〇〇歳であった）、悲嘆にくれたある婆羅門が、その屍をラーマ王の許へと持って行き、彼の時ならぬ死を、この英雄の王国の罪咎のせいだとした。そこでラーマは、自身のヴァシシュタ仙という名の祭司に、原因について知るところを語れと頼んだ。祭司は、シンドゥルギリ山上で、シュードラが苦行を修しはじめた（諸論書に拠れば、これはシュードラがなす罪であった）と答えた。ラーマはその弟ラクシュマナとともにこの地に行って、そのシュードラがシンドゥルギリ山麓にて、苦行を修しているのを見出した。ラーマが彼を矢で貫くと、彼はラーマ、ラーマと言いながら気絶してしまった。ラーマは、この断末魔の悲鳴を聞くや否や彼に近付き、悔恨から彼の命の復活を請け合った。そして彼に、望みのものを何でも与えようと言った。だが、死に行くシュードラは、ラーマの立ち会うなか死ぬことが嬉しく、ただ彼ら、ラーマとラクシュマナの両人がそこに、世の終るまでとどまれよかし、そして、己が身体がピンディ（崇拝されるシヴァ神の姿）へと変化せんことを、とだけ請うた。この願いは直ちに叶えられ、そのシュードラの体は、ダルメーシュヴァラの名を伴って、石のピンディへと変じた。ある時、ベニライン・ダニがそのピンディの上に、現在の寺院を建てたといわれている。

ラーマは例の婆羅門の息子を蘇生させ、自身の全ての従者とともにアヨーディヤーへと帰り、王権を自らの息子達に譲って、死に行くシュードラに与えた誓願を果たさんと、シンドゥルギリへと戻ってきた。彼がこの山上に落ち着いたことに因んで、同山はラーマ・クシェートラ（ラーマが原）あるいはラーマ・テークディ（ラーマが丘）とよばれてきたのである。

その後、あるヘーマド・パント（羅刹《ラークシャサ》だと言う者もいれば、婆羅門だと言うものもいる）が以下の五寺（ママ）をラームテク山に建てた。

一　ラーマに捧げられた寺院、ヒンドゥー教徒の間ではランゴリ石として広く知られる、石英岩の一種で建てられ、ラーマとシーターの像を納める。
二　同種の石をもって建てられた、ラクシュマナ寺院
三　ハヌマーン寺院
四　エーカーダシー女神に捧げられた寺院

五　ラクシュミー・ナーラーヤナ寺院
六　ドゥムレーシュヴァラ・マハーデーヴァ寺院
七　宿坊《ダルマサーラ》
八　ゴークラ・ダルワーザー

これら全ての建築物は、がっしりとして気品があり、ラームテクの町を創建したと伝えられる太陽種族王《スールヤヴァンシ》（日種）の功績で―ラームテク山に位置しているということですでに列挙済みの―以下の建築物が建ったとされる――

一　ラーマ・ジャルカ
二　王宮
三　ヴェンクテーサ（ラクシュミー・ナーラーヤナ）に捧げられた寺院
四　粗削りの石とモルタルで建てられた要砦周辺の城壁
五　バイラヴァ・ダルワーザー（門）
六　シンガプール門
七　ヴァラーハ門
八　ダシャラタに捧げられた寺院
九　大湖
一〇　ヴァラーハ像の上に建てられた寺院、この像はトレーター・ユガから存しているといわれる。
一一　ナラシンハ神に捧げられた二寺

次に、パラヴァラ門として知られる二門を備えた砦の周りの壁以外、どの建築物とも名前の結び付かぬゴンド王達が続く。これらの次にくるのは、ボンスレー王達である。以下の諸建築が彼らに帰せられる。

二組の一連の階段、一組はアンバーラからガド、すなわち砦へと続く。砦では特定の集落の上に複数の寺院がある。もう一組は砦から、ラームテクの町へと続く。

シンドゥラ・バヴァリーとよばれる井戸は、次のようにしてできたといわれる。ナラシンハが怪物ヒラニヤ・カシプを殺した後、自身の棍棒を山へと擲げた。その衝撃は、階段井戸《バーオリー》に十分な位の大穴を作るほど恐ろしいものだった。

上記の伝承に拠れば、この神聖な井戸は、トレーター・ユガから存在している。だが付属の宿坊のあるその石造りの建物は、高名なヘーマド・パントの手仕事であるといわれている。

バヒナ・バウの諸像の起源については、以下の伝承がある――

昔々、ある所に、一人の兄と一人の妹が住んでおり、妹は兄の世話をしておった。ある時、兄が怒って妹を殺してしもうた。それから、救いを求めて、二人ともアガスティヤ仙の所へやってきた。聖仙は、ラーマの到来とともにお前達の苦悩は救われるであろう、と予言して二人を慰めた。それから二人は家へと帰って、ずうっとそこにとどまっていたそうじゃ。

ヘンリー・クーゼンが記述した三つの古遺跡は、遺跡保護のために設定された基準に則り、これら記念物が三つとも、崩壊が進んでいる、または比較的重要でないとして、等級三に分類される。これらを保存するのは、不可能もしくは不必要である。ヘンリー・クーゼン自身が伝えるように、中央諸州およびベラールの古遺物リストは、古写本と印刷リストをもとに完成され、甚だ不十分である。バージェス博士のボンベイ州遺跡リスト中の小表、すなわち長官アレクサンダー・カニンガム卿の「中央諸州およびベラール報告書、地名辞典」は、地区行政官から得られた付加と相関、および一八九二―一八九四年にこれら地区の部分部分を巡った二度の旅行で、個人的に入手した情報から成る。

ヘンリー・クーゼンによる古遺物報告書は、ベグラーの旅行報告より大分劣る。遺跡の全ての遺物が記録されているわけではない。「マンスル」の記述からは、当時の考古学権威であったヘンリー・クーゼンが、同遺跡の歴史的遺物について重要と捉えておらず、残念なことに情報のほとんどは、ただ伝え聞いた諸の説話と伝承とにのみ依拠したものであることは明らかである。ヒディンバー山《テークディー》には、数世紀前、かつてヒディンバーという名の魁偉な悪鬼女が、山上の自ら建てた宮殿の中に棲んでいたという言い伝えがあった。

驚くべきことに、三つが主、二つが従の五房のある奇妙な寺院や、一房あるいは聖所からのみ成る―そのなかではリンガが崇拝対象であった―セメント付けされない石造寺院群たる龍樹集合体《グループ》のように先に記述された他の遺跡は、ベグラーは重要と考えていたのだが、どれもヘンリー・クーゼンのリストからは漏れている。アンバーラ湖と村々、マンセルとラームテク、および諸伝説についてはは描かれているが、歴史に関する情報はない。

同所の報告者の興味の中心であった遺跡は、彼の時代に有名なヒンドゥー教聖地であったラームテクであった。ラームテクとアンバーラ湖周辺の、神々と女神達の長い表がある。同表の中で重要なものには以下が含まれる。

一　ラーマに捧げられた寺院、ヒンドゥー教徒の間ではランゴリ石として広く知られる、石英岩の一種で建てられ、ラーマとシーターの像を納める。
二　同種の石もて建てられた、ラクシュマナ寺院
三　ハヌマーン寺院
四　エーカーダシー女神に捧げられた寺院

五　ラクシュミー・ナーラーヤナ寺院
六　ドゥムレーシュヴァラ・マハーデーヴァ寺院
七　ヴェンクテーサ（ラクシュミー・ナーラーヤナ）に捧げられた寺院
八　ダシャラタに捧げられた寺院
九　ヴァラーハ像の上に建てられた寺院、この像はトレーター・ユガから存しているといわれる。およびナラシンハ神に捧げられた二寺

同表には、諸の門《ダルワーザー》の名前まで見出せる。だが、マンセル・ラームテクにおける、仏教文化の情報について辿った形跡はみられない。悪鬼ヒディンバーが、自身が暮らすために建てたいわゆる宮殿の性質を見出さんとする努力もない。同仏教遺跡についてのこの情報隠匿は、さらに後代の諸著作の、さらなる探査のための同遺跡への関心を失わせることになった。ヒディンバーと、旅人達への調理用具供給の言い伝えは、ここがマンセル・ラームテクに、大勢の仏教徒巡礼者達を集めた故地であったことを示唆している。ヘンリー・クーゼンが集めた、諸の構造物遺跡についての情報のほとんどは、彼以前の学者達による、それら構造物遺跡の視認に依拠しており、残念ながら歴史的記述については、伝聞した諸伝説が縷々記されているだけなのである。

帝国《インペリアル》地名辞典《ガゼッティヤー》中央諸州

帝国地名辞典中央諸州：ナグプール管区、ナグプール地区、一九〇六は、ごくわずかな遺跡についてのみ描写があり、多くを割愛している。わずかながら記述されたものは以下の通り――

「同地区の複数の土地に、時にかなり広範囲に延びる、粗い石の環が見つかっている。その下からは、明らかに偉大な古遺物たる、いくつかの土器の破片、火打石でできた鏃、鉄器の数々が発見されている。これらは未知の種族によって建てられたものだが、一般には牧畜民たるガオリー達に帰せられ、彼らの野営地か墓地だといわれる。厖大な粗削りの石もて建築された、パルセオニの要砦遺跡群もまた、ガオリー達のものとされ、大変早い時期のものと推定されている」(35)。これらの遺跡もまた、リヴェット・カルナック、J・H(一八七九)によって、中央諸州における先史時代の遺跡群として記述されている。

ラームテク町

北緯二一度二四分、東経七九度二〇分、ナグプールから道沿いに二〇マイル北東にある。同町は、小アンバーラ山脈の西極端を形成する、独立した丘の麓に丸く横たわっている。その名前にみられるように―別名ラーマ、あるいはヴィシュヌの丘―同地はヒンドゥー教の聖地である。町の上五〇〇フィートまで聳り立つ丘の上には、数々の寺院があり、その沢山ある白い堆積土層のお蔭で、遠方からでも朝日に耀り輝いて見える。最も重要な寺院は、内砦の中で他のものよりも上に佇立するラームチャンドラのもので、その砦は二重壁の防御線によって守られ、どちらの線も古い起源ではないが、丘の麓のアンバーラ湖を巡って、三番目の防御線も走っている。この湖は、石の護岸と階段とで、全体を縁取られている。とても深く、魚が沢山いるそうだ。湖の端の隣から、長い一連の階段が丘の上の方まで続いている。その反対側の端には、全て町を巡るほど広く作られた、別な一続きの階段があり、ラームテクの町まで下りて行く。ここでは一二月に大きな祭礼市が、三月に小さなものが開かれる。一二月の市は一五日間にわたって続き、商人達がジャッバルポールやマンドラからやってきて、衣類や家庭用品の取引が相当量発生する。町の近隣のかなりの地域が、蒟醤《キンマ》植物の菜園となっている。カプリとよばれる変種が主に育ち、地元ではより珍重される。今や同町の重要性は増してきているが、と言うのもこれに加えて、広い面積で稼働しているマンガン鉱山に負うところが大きい(36)。

地名辞典《ガゼッティヤー》は、同地の古さを認めている。「同地区の複数の土地に、時にかなり広範囲に延びる、粗い石の環が見つかっている。その下からは、明らかに偉大な古遺物たる、いくつかの土器の破片、火打石でできた鏃、鉄器の数々が発見されている。これらは未知の種族によって建てられたものだが、一般には牧畜民たるガオリー達に帰せられ、彼らの野営地か墓地だといわれる」。しかし、現存する魅力ある主要な遺跡は、ラーマ寺院であった。地名辞典は明らかに、さほど考古学的な価値はもっておらず、現存する他の遺跡は、意識的にか否か、無名のまま完全に閑却されている。インド帝国《インペリアル》地名辞典、一九〇八(37)もまた、ラームテクについての詳細な情報と、その他の遺跡についての手短な説明を提供する。

ラームテク（繰り返し原著ママ）

北緯二一度二四分、東経七九度二〇分、ナグプールの北東二〇マイル、サルワ鉄道駅からは一三マイル。同町は、小アンバーラ山脈の西極端を形成する、独立した丘の麓に丸く横たわっている。その名前にみられるように―別名ラーマ、あるいはヴィシュヌの丘―同地はヒンドゥー教の聖地である。町の上五〇〇フィートまで聳り立つ丘の上には、数々の寺院があり、その沢山ある白い堆積土層のお蔭で、遠方からでも朝日に耀り輝いて見える。最も重要な寺院は、内砦の中で他の者よりも上に佇立するラームチャンドラのもので、その砦は二重壁の防御線によって守られ、どちらの線も古い起源ではないが、丘の麓のアンバーラ湖を巡って、三番目の防御線も走っている。この湖は、石の護岸と階段とで、全体を縁取られている。とても深く、魚が沢山いるそうだ。湖の端の隣から、長い一連の階段が丘の上の方まで続いている。その反対側の端には、別な一続きの階段があり、ラームテクの町まで下りて行く。……

……一二月に大きな祭礼市が、三月に小さなものが開かれる。一二月の市は二週間にわたって続き、商人達がジャッバルポールやマンドラからやってきて、衣類や家庭用品の取引が相当量発生する。

これら一九〇六年と一九〇八年の官報は、仏教文化の遺跡群については銘記しておらず、主に、認定された崇拝の場としてのラームテク近郊のヒンドゥー教寺院に惹き付けられている。同報告書から明らかになる追加の情報は、最も重要な寺院が、内砦のなかで他のものよりも上に立っているラームチャンドラのもので、その砦は二重壁の防御線によって守られ、どちらの線も古い起源ではない、ということである。一九〇六年と一九〇八年の官報が記述したこの寺院は、先の官報記者の注意をも惹いていた、件の巡礼者の集合地である。

『ラームテク探訪』

ヒラーラール、R・B（一九〇七）はラームテクを訪れ、彼の訪問の記録は『ラームテク探訪』として一九〇八年に出版された（報告書の完全版は、補遺の二に収録）。

同報告書は、ヒラーラールが同遺跡についての中央諸州地名辞典《ガゼッティヤー》からの情報を把握しており、また歴史資料を意識していたことをはっきり示している。それに応じて、彼は報告書のなかで、自身の訪問で得られた詳細な情報を提供線と試みた。

同報告書において、彼はラームテクの様々な呼称について語っている。[38]「一群のラーマ寺院、および同群中の他の寺院について。カウシャルヤ、サトヤナーラーヤナ、八臂のマヒシャースラ・マルディニ、およびダルメーシュヴァラ・

マハーデーヴァ（同一寺院内）、ラクシュミー・ナーラーヤナ、ヴァンカテーサ、別のマヒシャースラ・マルディニ、およびハヌマーンに奉献。第二境内では、最も重要な場所は、二彫像を具えたハリハラ寺院である。これは広くダシャラタ寺院、現代のドゥムレーシュヴァラ・マハーデーヴァ寺院などとして知られている」[39]。

ラームテク・マンセルの他の古遺跡についても記述する一方で、ヒラーラールはまた龍樹窟にも注意を惹かれている。彼の報告書ではまた、「約二マイル離れた丘の東端に、龍樹に捧げられた洞窟がある」[40]と言及されている。

ヒラーラールはまた、龍樹窟の詳細な資料も提示しており、それは龍樹の伝説と、ラームテク伝承に関連する龍樹についての情報である。龍樹について、彼は以下のように記す。

龍樹

最も興味深い場所は、龍樹の洞窟であるようだ。最近あるマルグザルが、これを寺院にみせるために、その入口上に一つの構造物を据え付けている。この洞窟が同地を際立たせており、東端の山上にぽつんとある白い斑点が、遠くからでも見える。洞窟のなかには、据え置かれた一体の龍像《ナーガ》と、アルジュナを表したと思しき人間の頭部像がある。庶民にはこの意味があるだけで、崇拝するに足るのである。もっとよく知っていると主張する者達は、龍樹はもと婆羅門で、ラーマがラームテクに到来する遥か以前に、この洞窟で諸の厳しい苦行を修したという伝承について語る。彼の苦行は最終的に、サーリヴァーハナかヴィクラマーディトヤのごとき、一時代を画する偉人とならんとの願いを叶えることになった。この秋《とき》はまだ来ていないが、人々は必ず来ると信じている[41]。

彼の記述は、明らかにラームテク・マンセルに、仏教徒たる龍樹の伝承があったことを示している。残念ながら、この考古学者が龍樹窟を見た時には、同地はすでにそこを寺院に見せるために、すっかり変貌させられてしまっていた。

洞窟の中で、彼は龍《ナーガ》の像と人間の頭部像とを見ている。当時の伝承でさえ、龍樹窟がラームテクのラーマ寺院より古いということを自覚していた。龍樹はまた、サーリヴァーハナ（サータヴァーハナ）やヴィクラマーディトヤのごとく、仏教信仰にとって文字通りの画期的人物となろう、とされていたのである。

ヒラーラールはさらに認めていう。「私はこの伝承の底に、これを裏付ける諸事実があるものと信じつつある。ラーマ寺院建設の遥か昔に、ある龍樹があの洞窟に住んでいたことが顕わになり、現時点では証拠はさほど強くないが、私はあえてこの龍樹こそが、古代インドにおける偉大な仏教改革者にして、中観哲学の祖であったのだと推測する。……彼は文献に、際立った天才、ほとんど世界的な学者、含蓄深き哲学者、そして文芸の大才を具えた詩人にして著述家かつ、自身と同じ生類への慈愛深き者として登場する……この龍樹は啻《ただ》に仏教の唱道者としてのみではないが、その存命中も死後遥か後代にも、その母国と異国の両方で高名であった。彼はまた、バラモン教学徒達の、あらゆる教育をも受けていた。彼は薬草類の諸の効験と性能、星々の秘められた影響、錬金の科学に、魔術師と悪魔祓いの術を熟知していた。彼は医者、眼科医として名声を博し、その成功の声望は中国に達した。トーマス・ワッターズ氏は、彼がおそらく紀元三世紀に生きていたであろうと考え、その生誕地についての一般的表明は、彼はヴィダルバで生まれたとするものである(42)」。同著者は、ラームテクは信じられているより古く、ラーム寺院の伝承以前ですら、仏教と大いに関わりをもっていたという考えを肯定する。彼はさらに、ラームテクと関連する仏教徒たる龍樹の説話が、ラームテク伝承では全く知られていなかったということも付け加える。ヒラーラールの研究は、龍樹を同地から切り離して考える―なかんずく、独立後期の―多くの著述家に対する、完璧な反論となる。

過去数世紀にわたって、インドにおける仏教は衰退したにもかかわらず、その足跡は実に深く刻印されていたので、当時の偉大な遺産の数々を―それは構造物であれ人物であれ―根絶やしにすることなどできなかった。隠蔽、記念物の破壊と彫刻の損壊、ヒンドゥー名による遺跡の誤認定、それらを通俗的名称でよんだり、新たに寺院を建てたりまでするなどの企ては、必ずしもいつもイスラム教徒の襲撃ばかりが非難されるいわれはない。全ては反仏教運動家による、残酷な行為である。ヒラーラールはダース、S・C同様、龍樹伝説の詳細な資料を提供している[43]。

このように、マンセルにおける諸の反仏教運動が、サータヴァーハナと同時代人たる龍樹にも関係していた。この運動が激烈を極めたのは、彼が仏教復興を助けた菩薩であったからである。これはインド全土で発生している、類似の運動の一例に過ぎない。

ヒラーラールの旅行報告（一九〇八）は、古代仏教文化に強い光を投げかけ、歴史的説話もしくは諸伝説さえ付け加わっている。結論において補足して曰く、

> ラームテク伝承にとっては、これらの全てが未知であるが、人々が物語る一部の説話は、何か著しい一致をみせるのである。すなわち、コブラと一緒になった石化した頭部の存在と、未来における龍樹復活の伝承とである。明らかに、これらは偶然ではなく、そして古代のヴィダルバ、現代のベラールへのラームテクの距離のうえでの近さが、私があえて提起するこの合致の重みを増す。すなわち、このラームテクの洞窟は、龍樹がその両親によって追い遣られてしまった後、自身の死を待っていた場所である可能性がある。明白に、ここは彼が殺された場所ではない。その場所は説話が伝えるように、吉祥山《シュリーパルヴァタ》の南のどこかであり、トーマス・ワッターズが法顕の言う波羅越（*Po-lo-yue*）—明らかに玄奘の伝える跋邏末羅耆釐（*Po-lo-mo-lo-ki-li*）と同じ場所—と同定した所である。憍薩羅《コーサラ》国の首都から三〇〇里、すなわち約五〇マイル南西に位置し、私がバンダクであると比定する（ラームテクの約一二〇マイル南西）この場所において、龍樹の王たる友人は、彼のために石を切り出した僧院を所有しており、それは中国人旅行家の描写が露わにしている通り、慎ましいラームテクの洞窟よりも、確実に遥かに大きかった。伝説に拠れば、龍樹の首は斬られたその場所に留まることを許されなかったそうだ。それは掠め取られ、遠くへと抛り投

げられている。畢竟、元々龍樹の死に場所と定められていたラームテクの洞窟が、彼の実際の死に際して、少なくとも彼の石化した遺体と思われるものの一部を、置いておくに相応しい場所として選ばれたのではなかろうか(44)?

ハンターによる、ラームテク近郊マンセルにおける象形文字の発見

ジェームズ・プリンセップが、碑文学研究のための最初の礎を築いたのは、一八三七年のことであった。「*Devana-mpiye Piyadasi laja hevam aha*」「神々の愛する喜見王《プリヤダルシ》、斯く語りき」という彼の解読は、物言わぬ石に、アショーカ時代の栄光ある古代インド史に関わる世界と話をさせた。碑文学に明るいことへの信頼は、ジェームズがまた未知の文字群を有したある碑文に批評をし、それらを、まずく引かれた脛《すね》骨か巻貝のような、洗練されていない筆記様式と描写することでいや増した。彼が批評した碑文のうち二つは、ナーガールジュニ洞窟群からきたものだった。

ハンターは、マンセル岩の文字に注意を惹かれた。「中央諸州、ラームテクより三マイル離れ、南東でマンセル湖と接する小山の、西側の斜面に横たわる剝き出しの結晶片岩の表面に、碑文が見出される(45)」。

同碑文の詳細を示しつつ彼は評する。「この碑文は明らかに、岩のとても滑らかな表面に、ある一定数繰り返し書き付けられて来たものである。ある一定数と言うのは、この岩の表面のほとんどの部分は、紀元五世紀のグプタあるいはヴァーカータカ王朝の要砦または王宮の、煉瓦造りの遺跡群によって今なお覆われているからである(46)」。

この、ハンターが未知の象形文字と認めた文字について、彼自身補足していう。

九つの文字があり、左から右へ読むようである。これらの文字は、意図的に左に向かって徐々に小さくなっているらしく、つまり碑文が右に進むにつれて大きくなって行く。私が発見した一〇例の全てで、碑文は大きく飾り立てられて終わっており、これらは明らかに間に一つの頭部を挟んだ、二匹の蛇の姿をしている。同じ意匠が四番目

の記号の下にも見える（左から読む）。六番目の記号の上にあるのは、ひっくり返された三日月らしい。一行の左手、と一緒に、あるいはその上で、文字の軸がさらに二つの三日月となっているらしい。だが、最後の記号の上には、一つ太陽の円盤があるようだ。これら全ての、岩の表面上の碑文は、東から西を向いている。[47]

ハンターは筆跡の中の様々な記号を、月、太陽、蛇達、牛頭等々と認めている。非アーリヤ語族の奇妙な彫琢と考えられる、盃状模様の証拠があることから、ハンターは以下のように結論する。

> これゆえ、このマンセル岩彫刻のなかに、アーリヤ語族侵入以前の中央諸州で暮らしていた人々、すなわち『リグ・ヴェーダ』で言うダスユあるいはダーサの、筆記の一例を見出せると推測できる。今、これら後者の人々には、二つの異なる民族が含まれている。（一）先ドラヴィダ人、諸ヴェーダではシャンバラ、今日はマハーデーオ丘陵のコルクと表現される（二）ドラヴィダ人、今日、ゴンドと表現される。なので、おそらく、これらのうち、コルクかゴンドがこの忘れられた文字を用いていたのであろう。[48]

この論文には編集注記が付いていて、編者は、ティグワンに立っている（ジャッパルポール地区ママ）グプタ時代あるいはグプタ以前の寺院に、上から下へ走る、何だかよく似た筆記を見たと述べている。彼の考えでは、これは有名な「巻貝状《シェル》文字《スクリプト》碑文」であるという。

この、ハンターが象形文字的だと認定したマンセルの文字については、巻貝状文字である疑いがある。ヴィダルバには、このような文字のみられる遺跡の一覧もあると、付け加えてもよいだろう。特定の遺跡では、蛇が描かれているのがはっきりとわかる。これが巻貝状文字だと指摘する目的は、マンセルのこの明白な文字の古遺物が隠匿されてしまったことの強い証拠を、またしても補足するためである。マンセル・ラームテクでの発見物についての詳細報告書を書いたウェルステッド（一九二三）が、そのよく記述された報告書のなかで、この文字に触れていないのは興味深い。

いわゆる巻貝状《シェル》文字《スクリプト》の解読に手柄があったのは、その刻苦奮励によって、巻貝状文字碑文を読み解いたムケルジー、B・N（一九九〇）である。その碑文はラクナウの州立博物館で保存されている、グプタ時代の馬の像上にある「*Sri Mahendraditya*」というものである。彼の努力に続いて、巻貝状文字碑文の徹底的な探査がなされたが、その手短かな記述は以下の通りである——

ムケルジー、B・N（一九九〇）に拠れば、「巻貝状文字が用いられるようになったのは、紀元前一世紀頃か遅くとも紀元一世紀のことで、おそらく紀元八世紀かそれ以降まで続いた(49)」。

彼はさらに言う。

> 巻貝状文字は、紀元前三世紀のマウリヤ王、アショーカの王勅を帯びた多くの柱の上に見出される。だが、その存在から同文字の使用開始を、アショーカの時代（紀元前二七三頃—二三六年頃）に推定することはできない。なぜなら、いくつかの同様の柱に、それよりかなり後代の他の碑文も彫られているからだ。同じことが（ガヤーから程遠からぬ）ナーガールジュニ洞窟群出土の巻貝状文字で書かれた諸記録についても言えるだろう。洞窟の壁はマウリヤ王ダサラト（ダシャラタ）の碑文のみならず、様々な時代の碑文をも帯びているのだ。しかし、記録に残るインドの巻貝状文字碑文発見場所が、マウリヤ王国のブラーフミー文字使用地域として知られる領域内に限られるというのも興味深い(50)。

パンディイ（一九九〇）は、マッディヤ・プラデーシュ州内の諸の岩の庵に描かれた、マウリヤ王朝まで遡ることのできる、巻貝状文字の筆記のある、複数の中心地を発見した。これらの碑文について、パンディは述べる。

問題の地域はサーンチーに近く、狂信的な僧達が庵住者達を自身の信者へと改宗させて、これらの庵を占有していたようである。彼らはまた同地域に諸の仏塔も建立し、これらの仏塔の遺跡はソナーリー、ハキムケーダ、カルワイ、プタリ・カラル、ビンベートカ、そして諸の岩絵のあるラカジュワールに位置している。この慣習はそれ以降の諸時代にも、グプタ時代のヒンドゥー教復興期にも続いた。仏僧達は、シヴァ派の苦行者達に取って代わられた。ボーパルの地域にある、ダランプーリの岩の庵は、シヴァ寺院に改められてしまった。これらの庵を占拠したシヴァ派信徒達は、明らかに巻貝状文字で文章を書くことに明るかった。これらの岩の庵の屋根や壁々の上に、神秘的な巻貝状文字で碑文を描いた者達は、どうやら彼らだったらしい。これらの巻貝状文字の筆記は、ナンドプールからエーランまで延びるベトワ地域で「流れていた」ようだ。巻貝状文字の解読は、中央インドの洞窟居住の歴史に、明確に新次元を加えよう(51)。

巻貝状文字の数々の謎の解明についての物語のなかの、ムケルジー、B・Nの諸観察についての、アミナ・カールの批評にここで触れておくべきだろう。同著者の言葉を藉りれば、「彼特有の用心で、ムケルジー博士は自身の発見が、巻貝状文字についての全ての問題を解決するわけではないと観察した。しかし、これは巻貝状文字で書かれた諸碑文にとって、初めての確実な解読を提供するものであった。このように、諸のインド古文献記録のたしかな知識、直截な視覚的アプローチ、想像力と黄金の幸運とが一緒になって、文字を巡る謎を解くのに貢献し、インド史の構築にとってのその重要性は、数年の内に益々明白になることだろう(52)」。

一九八九年の四ヶ月という短い期間に、シャルマ、R・K（一九九〇）は中央インドにある、三〇〇以上のいわゆる巻貝状文字《シェル スクリプト》碑文を観察した。

ヴィダルバにある二遺跡　一、カンハン：カンハン河は、ワインガンガー河の支流である。ナグプールの北東約二〇キロの場所、マハーデーヴァ水浴段《ガート》の近くにあるこの河の地層には、岩に彫られた巻貝状文字碑文がある。（二〇五頁）二、マンセル：マハーラーシュトラ州、ナグプール地区、ラームテク郡《タルカ》中の古い村。ナグプールージャバラプール道路上に位置し、ナグプールの北東四〇キロの距離にある。ラームテクの西五キロにある。この村には大きな湖があり、その東側にヒディンバー山《テークディー》として知られる小山があり、その西側の斜面に、表面に巻貝状文字碑文が彫られた状態で見つかった大きな岩がある。これらの碑文のほとんどは、いたく摩滅するかこすり取られるかしている。(53)

グプタ、C・S（一九九〇）は、ヴィダルバと南インド出土の巻貝状文字碑文についての情報を再検討している。ヴィダルバ碑文群はカンハン、マンセル（ナグプール地区）、およびバンダク（チャンドラプール地区）にある。グプタはマンセル碑文についての、詳細な情報と議論とを示す。

マンセルでは、ヒディンバー山の西斜面にでこぼこした表面の大きな岩があるが、そのてっぺんは滑らかで、西方向の斜面と南側に巻貝状文字で書かれた碑文がある。同遺跡はインド政府考古局によって、保護遺跡の宣言をされている。門（今はもうない）を伴った囲い壁が岩の周囲に建設され、遺跡随行員（同遺跡で一度もお目にかからない）が任命された。遺跡から煉瓦や装飾された石板を掠奪して、その動物達を飼育している村人達や山羊飼いの少年達は、この場所を休憩場所として使ったり、自分達の名前を彫ったりなどしている。浸食作用の力もまた、その威力を揮っている。これら人為・自然の災難により、これらの碑文のかすかな痕跡のみが、ようやく今日までその影をとどめている。(54)

このように、グプタ（一九九〇）の研究を要約すれば、以下のように結論できる。

貧弱な保護措置と、古代文字保護への無関心とが、グプタの記述から明らかである。

一、ハンターが象形文字だと指摘した文字は巻貝状文字である。ハンターは太陽、月、牛頭、蛇達を考慮に入れて、この文字を象形文字的と称したのである。二、ハンターが紀元五世紀のものとしたこの文字は、実は紀元二世紀に属する。三、B・N・ムケルジーが指摘した法則に従う、いくつかの文字は解読可能。例えば、*va, ma, dhd-hi, dhi, sa, sr*（それぞれ左から右へ読む時の文字番号四、五、六、七、九）。四番目と一〇番目の文字に付加された脇付《サブ》文字筆記体を、彼は頭が一つの一対の蛇と取り、また六番目の文字の頭に添加された中間の印は、逆様に置かれた三日月とみなされている。これ以外にも、すでに二つの三日月と、それぞれ月と太陽を表現した同心円の模様がある。さらに、二番目の記号の巻貝との類似性と、五番目の記号の牛頭との類似性が、ハンターをしてこの文字を象形文字的であるとみなさしめた。(55)

グプタはさらに、故パダムシュリー・V・S・ワカンカルの見解を批評して曰く、「碑文（その一）は明白に、ハンターが言及したのと同じものである。しかし、ワカンカルの線描とハンターの絵との比較は、ワカンカルによる目視複写が、単に不合理であるばかりか、誤解を招く代物であることもはっきり明らかにしている(56)」。

グプタの研究は、むろん、マンセル文字の解読において、最良のものである。しかし、マンセルの岩上の全ての文字が意味するところは何かという問題は、未解決のままであり、あらゆる努力にもかかわらず、「マンセル岩は沈黙を保ったままである」と吐露することは、あながち誤りではない。

中央インドの諸の岩の庵にある巻貝状《シェル》文字《スクリプト》の観察について、ワカンカル氏（一九九〇）は評して言う。「私は思い付くままの観察をしただけだ。今やグプタ時代から紀元八世紀の装飾様式までの漸進的発展の、系統立った文書化と複写が俟たれる、おおよそ一千もの碑文群がある。これらの密林の庵を自身の苦行と平和な住居のために好んだ、仏教徒の予言者達と学者達の小宇宙の詳細を知るための道を、これはわれわれの前に拓くものだ」[57]。同文字の仏教文化に対するワカンカルの批評は、特筆すべきものである。

かくしてこれを編集すべく、最終的に以下のように結論づけられるならば、誤りではないだろう。すなわち、いわゆる巻貝状文字の発見と解読は、マンセル岩の文字の意味の判読に失敗したのであり、おそらく同石の文字は巻貝状文字ではない。

そもそものハンターの報告書から、以下の結論が導き出せる。

一　この未知の象形文字群の広がる範囲については、そのほとんどの部分が煉瓦の建築物の下に覆われてしまっていて、はっきりわからない。

二　このマンセル岩に彫られているのは、非アーリヤ語族が居住していた、マンセルを含むインド半島へのアーリヤ語族の侵入以前に、中央諸州で暮らしていた人々の文字使用の例だと考えるのは、正しいかもしれない。ハンターはこの人々のなかに、二種の異なる民族がいることを指摘する。すなわち、（一）先ドラヴィダ人、諸ヴェーダではシャンバラ、今日はマハーデーオ丘陵のコルクと表現される（二）ドラヴィダ人、今日、ゴンドと表現される。同文字はおそらく、この二つの古代民族のどちらかに属するであろう。

三　マンセル湖に面して立っているのが見つかった独立した巨石上に類似の碑文がある。これは湖そのものよりも、同文字の方が古いことを示唆するものである。

四　同文字は同時代かそれ以降のいかなる他の文字とも異なっていた。なぜなら、これが先に解読された巻貝状文字であることを示す証拠はないからである。この文字についての結論は、解読されて初めて引き出せるであろう。

五　同文字は明らかに、自身の間に一つの頭を伴った、二匹の蛇の姿を取っている。これは同文字がおそらく龍《ナーガ》達か、あるいは龍（蛇）神の崇拝者達に属していたのではないか、と思う念を増すものである。

六　全部が全部、真西から日没の方に逸れた境界内という、特定の方位が用いられていることは、おそらく同文字が、太陽種族となんらかの関係をもった者達のものであったことを示唆しているだろう。

ジェームズ・プリンセップが巻貝状文字に言及したのは一八三六年のことであり、ハンターはマンセルの象形文字について論文を書いた時、おそらくこれを把握していたことであろう。彼ははっきりと、自身が観察した様々な記号に鑑みてこの文字は象形文字的である、と述べている。後になされた諸の解読の試みは不完全で、巨石上の全ての文字の意味は不明瞭であるが、ハンターの批評はそのまま有効であるといえよう。

　リヴェットは一八七九年に、大いなる難問のままで、リヴェット自身はなんらかの未発見の意味を有していると考えた、バラバラの大きさの盃状模様を発見した。ファーガソンはこれらを蛇崇拝、およびなんらかの仏教信徒達との関連と、相関づけようと試みた。元の論文は非常に興味深い情報を提供しているので、読者諸賢には同論文を通読されたい。これは仏教徒でありまた蛇（蛇か男根かリンガ）を崇拝していた先住民との相互の関係を実証するものである。もし、この盃状模様の文脈で、マンセル遺跡の象形文字をみるなら、そこにははっきりとある関係がある。もしこれが難問であると認められるなら、ただ時間のみがその問題を解けるのかもしれない。

これら全ての試みにもかかわらず、私の最近のマンセル訪問では、南東でマンセル湖と接する小山の西斜面に剝き出しになった、結晶片岩の表面上にある文字は、薄くなり過ぎていて見つけ出せないことが確認された。

ウェルステッドのヴァーカータカ王朝小論文（一九三二）

ウェルステッドはマンセル・ラームテク遺跡についての小論文を出版し、その考古学的遺物の数々について批評した。このウェルステッドの小論文は直接、中央諸州のヴァーカータカ王朝と関係するものであり、ことにマンセルおよびラームテクの古遺物に言及していた。これはおそらく最も重要で、かつ彼が上記の遺跡で発見した考古学的遺物からみて独占的といえるものであった。その信頼性から同論文は、これらの遺跡に関連するほとんど全ての研究者達によって、頻繁に参照されている。

ナンドプール（ナンディーヴァルダナ）について曰く、

マンセルと較べると、ナンドプールは小さい。がっしりした、モルタルなどの接着剤を使わない空積み工事で作られた自然石の壁があり、その形は大体正三角形、頂点は南向きで、それぞれの辺の長さはおおよそ一マイルである。

壁で囲まれた部分の南側には大きな建築物の遺跡があり、その配置と尋常ならざる大きさからして、これはおそらく王宮である。煉瓦の破片上の地面の上には今は何も残っていないが、壁の輪郭線は容易に追跡し得るものであり、見取り図に示した(58)（図6、写真2）。

マンセルについて曰く、

「グプタ」様式の煉瓦の出現と、マンセル近郊の仏教僧院の様相を呈する諸の遺跡については、何十年も前に初めて言及されている（一九〇六年のP・W・D、注一一二、および一九〇八年のナグプール地名辞典《ガゼッティヤー》）。しかし、同地の正式な調査は未だなされていないようである。一九二八年、相当量の興味深い資料の存在が明るみに出て、マンセル湖を取り巻く地域全体の調査につながり、広大な街の痕跡が発見されるという結果に結びついた。(59)

マンセル遺跡の古遺物については、先にはベグラー（一八七八）によって、後にはウェルステッド（一九三三）によって正しく指摘された。しかし驚くべきことに、同遺跡はさらなる探査を免れて、意図的に無視されたままだったのである。

彫刻遺物、リンガ、そして土器の数々がウェルステッド（一九三三）によって発見され、また二、三の像も彼の報告書に現れる。残念ながら、彼はそれら彫刻群のいかなる図像学的特定も示していないが、その印象を以下のように表現している。「実物の質からも量からも技術と熟達とがよく見て取れ、また登場人物の多様性は、像の数が非常に沢山であることを表しているに相違ない(60)」。

要砦の不在と、彼が描写した遺跡群とは、おそらくマンセルの仏塔と関わりがあるだろう。

マンセル古街の見取り図（ウェルステッド図版七）からは、僧院遺跡全体にわたって延びる仏塔塚よりこのように広がる地域を取り巻く、ぽつんぽつんと散らばる煉瓦になってしまった広大な建造物は、荒廃した仏塔に似ていた、という遺跡群の範囲についての見解が得られる。この僧院遺跡について、ウェルステッドは以下のように批評する。

僧院遺跡

ここは湖の東端に一段高くなった地面の一部で、範囲にして一一エーカー近くある。中央には地表から四〇フィートの高さまで盛り上がり、仏塔の荒廃した基部に似た巨大な塚山がある。その概観としては、至近距離での調査で確認したわけではないが、印象では、まず塚山の中央に、一五〇フィート×八五フィート寸法の、長方形の建物の痕跡が認められる。それゆえ、これはおそらく寺院、あるいは周囲の庭々を伴う世俗的な建物の諸の遺物ですらあるかもしれないが、その性格が何であれ、それは発掘によってのみ明らかにされ得るのであり、同遺跡は明らかに一群の大いに重要な建造物を覆ったものである(61)。

彼はさらにいう。

同遺跡はこのように位置しており、外側から繋がる一つの排水路もない。このため、土壌の浸食は境内をシルトで塞ぐという、とても小さな作用をおよぼしているだけで、これとても大部分は、建物から出た瓦礫に負うているに違いない。その三エーカー近くある内側の境内は、約三フィートの深さまで、シルトで塞がれている。壁の幅は、一と二分の一フィートから四と二分の一フィートまで異なっており、壁は地表のどこにも見ることができないものの、村人達による発掘から判断して、土台まで含め一一フィートか一二フィートの高さの壁であり、現存している。過去、かくも多くの損傷を受けてはいるものの、壁のかなりの長さはこれを免れ、煉瓦が切り出されてしまっている箇所でさえ、おそらくその土台は多くの場合、側面から地面に崩れ落ちることで、やはりこれを免れている証拠がある。この建築に用いられた煉瓦は典型的な大型のもので、寸法は約一七インチ×九インチ×三インチ、ただし厳密に一様ではなく、いずれかの方向に、二分の一インチかそこらの長さの差異があるのはありふれたことである(62)。

ウェルステッドの記述から、同遺跡が自然の保護によってのみ、今に残ったことは明らかである。この自然の保護は全く違和感のないものであったので、これを表面から拭い去ることは人知と人の手には不可能であったようだが、それでもやはりその活動は明らかに、同地や近郊の諸処で試みられている。

ウェルステッド（一九三二）による他の興味深い遺跡としては、そこからいくつもの完全もしくは破片状の壺の数々、丸砥石一つ、素焼きの人物像、諸の焦げた木片、複数の馬の骨等々が出土した、祭壇遺跡が挙げられる(63)。

また、ウェルステッドが描写したもう一つの興味深い遺跡が、彼が埋葬柱塔だと考えた、煉瓦柱塔《ブリックシャフト》である(64)。その考古学的諸側面の詳細が記述されており、最も興味深いものは、緑がかった石鹸石でできた蛇の小像と、いくつかの土器（大英博物館：一九三〇年収得）であるようだ。この蛇（龍《ナーガ》）の像について、以下の疑問が生じてくる。この像は何を示唆しているのか？　この龍像と、現在までに発見された龍達に関係する考古学的遺跡の数々とは、おそらく古代の中央諸州の統治者であった、龍達との大きな関連に光明を射し入れるものである。煉瓦柱塔と認定されたこの埋葬遺跡は、おそらくは龍王が埋葬されたか、あるいはその壺の一つに、彼の遺灰が保管されるかした場所であっただろう。残念ながら、それら遺物のこの側面については、他のいかなる学者も議論していない。

ウェルステッドはまた、ヴィンディヤシャクティ直系のグプタ‐ヴァーカータカ王朝史を要約している。彼らについて曰く、「さらに、同王朝の祖、ヴィンディヤシャクティは龍族の将軍として記録されている。主としてその征服域は、後にヴァーカータカ朝諸領地上の、統合された重要な部分としてのみならず、広い範囲に渡る諸の本拠地として認識される、正にそれらの領域であった(65)」。ウェルステッドはマンセル近郊でおよそ六つのリンガを、さらに近くでももう二つを観察し得た。彼はそれらのリンガと土器を、その論文の図版の中で描いてもおり、そのことから彼はこれらを明らかに、写真記録用に収集したようである。

なお、これらの分散した諸遺跡について注記すれば、彼はそれらの古遺物を確認しつつ、自身、仏教のものだと考える同王朝や遺跡の文化的側面の数々に光を当てるべく、この考古学的遺跡群の豊穣さを認めている。

中央諸州およびベラールにおけるヴァーカータカ王朝と関係する、ウェルステッドの論文は、マンセル、ラームテクとヴァーカータカ時代の仏教遺跡群についての、最も情報に富み、かつ例証ともなる業績であり、これらを本来もっとずっと早くに、発掘対象として取り上げさせて十分然るべきものであった。不幸なことに、その後同遺跡は無視されて、保護もされないままであった。あまつさえ、複数の文化的遺跡、それから他の構造物遺跡が永久に失われてしまった。一、二のものはおそらく破壊され、そしてまたいくつかは、後世の人々を混乱させんとの意図的な企みによって、こそぎ取られてしまった。

デシュパンデー、Y・K(66)（一九三二）は、ラームテク・マンセルの仏教遺跡群についての論文を発表し、また紀元九世紀か一〇世紀まで、仏教地域であったと特定されている古代ヴィダルバに光を投げかけた。

彼に拠れば、

現在のベラール、マラーティー語圏たる中央諸州、カンデーシュの一部と、ニザーム領区のマラーティー語圏が古代ヴィダルバを構成していた。……仏教がヴィダルバに紹介されたはじめは、王命を受けた布教者たるマハーラッキタが、アショーカ王によってマハーラーシュトラに派遣された時である。当時、マハーラーシュトラはゴーダーヴァリー河近くにある、属領として知られていた。中央諸州のルプナートにある王柱法勅と、近年ニザーム領区で見付かった岩上王勅とは、アショーカがある種の支配力を、古代ヴィダルバにおよぼしていたことを示している。……

……中央諸州はラームテクにある龍樹寺は、仏教徒の中観派の偉大な祖たる龍樹について思い出させてくれる。彼はベラールで生まれ、ナーランダーで学び、そして最終的にその大学の長となったという伝承が伝えられている。

われわれはヨーロッパの学者達の努力によって、チベット語と漢語を通じた彼の多くの著作のことを知っている。……有名な旅行家玄奘は仏教徒の王を、カニンガムがチャンダ地区のバンダクに比定した憍薩羅《コーサラ》国の首都で見出した。仏教寺院と僧院もあった。その仏教徒の王は、ライプール地区のシルプールから遷都し、また国教もシヴァ派に改宗した。ラームテク近郊には、マンセルの仏教遺跡群があった。この場所は、グプタ時代の遺跡で満ちている。グプタ王朝はヴァーカータカ王朝の姻戚であった。ベラールには、仏教石窟が二ヶ所にあった。すなわち、アムラオティ地区のサルバルディと、アコラ地区のパトゥルとである。彼らの歴史については、まだ暗中模索である。パトゥルの洞窟では諸の柱上に短い碑文があるが、これらはまだ解読されていない。……われわれの前にある資料から、アショーカの時代から九世紀か一〇世紀まで、仏教がヴィダルバで広まっており、シャンカラ師《アーチャーリヤ》が生まれた後、最終的にヴェーダ宗教の復活によって滅ぼされてしまったこと、仏僧達は自分達の洞窟住居で平和に暮らしていたこと、彼らが時として当時の諸王の役人達から支持を受けていたことなどが、はっきりわかる。

上述の彼の論文の詳細は、アショーカ時代から紀元一〇世紀に至る、ヴィダルバの短い概観をまとめたものである。独立前期の諸研究の最も重要な成果は、訪問者等や旅行者達の実観察に基づいている。その歴史資料は—諸説話や伝承が入り込むのはどうしようもないが—入手可能な典拠に依っている。解釈者の言語の問題はあったに違いない。これら全ての問題を越えて、ヴィダルバの古代文化は受け入れられた。その根拠となった報告は、唯視認にのみよるものであった。探査と発掘が推奨されるべき余地は一二分にあった。残念なことに、現地の諸伝承はその方向への興味を惹かなかった。これら全てにかかわらず、地中深く埋もれた構造物や、仏教のものとしての遺跡認定についての諸批評が印象的である。

ここに、諸の探検活動と関連した、独立前期を終える。その最も重要な諸特徴は—諸見解、報告書の数々は、広い範

独立前期のヴィダルバの古遺物・仏教遺跡群の発見に関する出来事、およびマンセル・ラームテク地域への特別な言及についての年表

出典	年代	言及
地名辞典《ガゼッティヤー》	一八六八	ジャイナ寺院と混同されたヒディンバー山の特定
地名辞典	一八七八	ヒディンバー山、五僧房、龍樹窟
リヴェット、J	一八七九	ナグプール地区における盃状模様および砂岩上筆跡
ヘンリー・クーゼン	一八九七	ヒディンバー山、マンセル湖の伝説
ヘンリー・クーゼン	一九〇五	荒廃した古仏塔、仏教女神
地名辞典	一九〇六	ヴィダルバとナグプール地区における環状列石群
地名辞典	一九〇八	ヴィダルバとナグプール地区における環状列石群
ヒラーラール、R・B	一九〇八	龍樹窟、ラクシュマナ寺院碑文
ヒラーラール、R・B	一九一六	バビロニア貨幣、仏教彫像と碑文、龍樹窟
ハンター	一九三三	マンセルの石上象形文字
ウェルステッド	一九三三	僧院遺跡、祭壇遺跡、煉瓦柱塔と蛇像とリンガ群
デシュパンデー、Y・K	一九三三	龍樹窟、マンセルの他の仏教遺跡群

囲に依拠し、個人的な体験も付け加わっていた。広漠な経験に加えて、考慮が加えられた他の諸要因は、正確に実証あるいは反証し、賛成もしくは反対するための、伝統的、歴史的、遺跡的な、公式および非公式のものであった。

このことはジェームズ・プリンセップの諸著述のなかに反映されている。「学界が、インドでわれわれに要求することは、自身のデータにしっかり確信をもてること、現在遺跡があるがままに、その記録を彼らの前に提示すること、そしてそれを正確かつ文字通りに解釈することである」(67)。

独立後期

独立したインドはそのはじめのころは、解決すべき問題を挙げていくと、長いリストができるほどだった。優先順位は緊急性に応じて決められた。偉大な哲学者、革命家、科学者、そして政治家達はこうした仕事で忙しかった。だが、忘れられた歴史は、その大多数の庶民達のためにも、見直される必要があった。

このリストのなかで、古代の諸王たる龍達《ナーガ》と新しい宗教信仰を説いた仏陀の歴史を忘れることができなかった人物、偉大なる歴史家にして哲学者、憲法起草者である、一筋の光明、アンベードカル博士がそそり立ち、彼の著述のなかに歴史上の出来事として反映されている、古代ヴィダルバの龍達に惹きつけられた。彼らは仏教を受け入れた先住民達であり、その昔、それは古代インドと他の国々の宗教だったのである。諸の仏教遺跡はインド全土に広がり、その栄光に満ちた遺産をわれわれに思い出させる。ヴィダルバの古代文化、仏教と龍達の歴史の復興を実証せんとの、色々な段階での試みについての短い資料がある。

アンベードカル、B・R博士は、一九五六年一〇月一四日、ナグプールで仏教に改宗した時の歴史的な演説において、ナグプールの地を選んだ理由を示しながら、ヴィダルバ龍達と、マンセル・ラームテク近郊の、龍樹にまつわる龍樹山《テークディー》について告げた。彼の演説はナグプールの古代史と、龍樹についての自覚とに光を差しかけるものだった。

この地を選んだのには別の理由があります。仏教史を読んだことがある方なら、龍達がインドに仏教を広めた人々であることがおわかりでしょう。龍達はヒンドゥー教徒の敵でした。アーリヤとアナーリヤ（非アーリヤ語族）との間で、何度も戦いがありました。プラーナ文献には、アーリヤ人達が龍達を焼き殺していた数々の証拠があります。アガスティ牟尼が一人の龍《ナーガ》を助けましたが、私達は皆、彼の後継者なのです。龍達はとても苦しんでいたので、彼らの地位を向上させるために、大いなる人《マハープルシャ》が必要でした。彼らは大いなる人、ガウタマ・ブッダを得ました。龍達はブッダの教えをインドに広めました。私達は皆ナグプール近くの、龍達の主な居住地の生まれです。「ナーガ・プール」すなわち「龍達の街」と名付けられた都市です。ここからおよそ二七マイルのところに、龍樹山《テークディー》があります。流れている河はナーグ河です。この河もまた、ここに住んでいた龍の人々にちなんだ名前をもっているのです。それがこの地を選んだ理由です[68]（ババサーヒブ・アンベードカル博士の演説の大まかな英訳。ここで使われている言葉は全て私自身のものであって、彼の英語力を考慮に入れれば、彼の表現とは比べ物にならない※日本語への重訳もまたしかり）。

二番目の補足の証拠は、サータヴァーハナ時代についてのヤズダーニ（一九六〇）の批評で、これはそのなかでサータヴァーハナと、薬学の徒にして他の並外れた特徴を具えた龍樹とを相関連づけて、自己説明的になっている。彼はまた文献に描かれた、龍樹の様々な年代を列挙している。彼に拠れば、

> 実のところこの時代の、宗教、哲学、そして文学の分野で最も傑出した人間は、仏教聖者龍樹である。だが、彼の生涯についても業績についても、明確な情報はない。諸伝説が彼の周りに厚く膨れ上がってしまったので、彼はもうほとんど神話上の人物であるかのようにみえる。漢語と現地の諸文献では、彼は医者、占星術師、魔術師、仏教中観派の開祖にして、何よりも空《シューンヤヴァーダ》の説を説く者として描かれている。玄奘に拠れば、彼はその生涯の晩年を、娑多婆訶（*Sha-to-po-ha*）すなわちサータヴァーハナとよばれる王の庇護のもと、跋邏末羅耆釐（*Po-lo-mo-lo-ki-li*）で過ごした（バーナの『ハリシュチャンドラ』の一節は、七世紀の伝承に拠れば「三海の王」サータヴァーハナは龍樹の友人

であった、ことを示している。龍樹の『勧誡王頌《スフルルレーカ》』では、龍樹に「サータヴァーハナ」と言及される。しかし、ここに集めたこれら全ての典拠は、あるサータヴァーハナ王が龍樹と同時代人であったという、単純な事実以上のいかなる情報も示さない。カニシカ、ヴァスミトラ、アシュヴァゴーシャ等といった名前が、龍樹に帰せられる著述に現れるので、どうやら彼は紀元二世紀に生き、龍樹のサータヴァーハナの友人とは、ヤジュニャシュリー・シャータカルニか、彼の後継者の一人であった、ということのようである）。跋邏末羅耆釐（*Po-lo-mo-lo-ki-li*）とは、ターラナータが龍樹の住居であったと伝える吉祥山《シュリーパルヴァタ》に比定できるかもしれない。この吉祥山が、グントゥル地区のナーガールジュナコンダの異称であるということは、同地で発見された諸碑銘から確立できる[69]。

龍樹の著作について、著者はさらに加えて言う。「この仏教聖者の書いた諸論書のうち、おおよそ二ダースが漢訳のなかに残っている。『大智度論』、『根本中論』、『十二門論』、『空七十論』、そして『勧誡王頌』が、彼の重要な著作のうちの一部である。『ヨーガサーラ』、『ラティシャーストラ』、『ラサラトナカーラ』もまた、彼に帰せられる[70]」。

サータヴァーハナ王朝と龍樹の他に、ヤズダーニはまたヴァーカータカ王朝の故地について、それはマッディヤ・プラデーシュ州かベラールであると評している。彼は加えて、「それゆえ、原初のヴァーカータカの中心地は、主として東マッディヤ・プラデーシュかベラールのどこかであったに相違なく、ヴィンディヤシャクティの功績は、東マルワの一部をそのなかに併合したことのうちに存したに違いない[71]」。

マハーラーシュトラ州地名辞典《ガゼッティヤー》、ナグプール地区

マハーラーシュトラ州地名辞典、ナグプール地区、改訂版、一九六六[72]は、マンセルの地とラームテクの遺跡群について語る。

サトプダ山脈[73]

サトプダ山脈について述べて曰く、

サトプダ主山脈の二、三マイル南方に、山脈の二支脈あり、ペンチの東西に広がっている。西方のものはビヴァガードとパルセオニの間に横たわり、五〇八・三四メートル（一六六九フィート）の山頂で極まる。ペンチの東方にはマンセル連峰があり、この両方や西方の山脈とも今は禿山になっており、数マイルの間隔を置いて、有名なラームテク山に至る。これはラームテクのなかだけで広がり、四二七メートル（一四〇〇フィート）まで隆起している。

マンガン鉱石塊が走行に沿い、また横断して通り、一連のゴンダイトのうち、一部変質したものか新生したものに入り込んでいる。上記の種類のマンガン鉱床は、主にコデガオン、グムガオン、ラムクロンガリ、リサラ、ナンドゴンディ、カンドリ、マンセル、パロスダ、ボルダ、パルセオニ、バンシンギ、サタク、ベルドングリ、ナーガルダン、ナンダプリー、ロードンガイリ、カチュルワヒ・ワレガオン、カンダラ、マンドリ、パンチャーラ、マネガオン、ググルドー、およびバンダルボリで採掘されている。[74]

マンセル[75]

マンセルは大北道路《グレートノーザンロード》上にある村落で、カンプティーの北二四・一四〇キロメートル（一五マイル）、ラームテクからは八・〇四七キロメートル（五マイル）である。ここでラームテクへの道は、現在国道ナグプール-ジャッバルポール幹線道路《ハイウェー》とよばれる大北道路上から離れる。美しい湖があり、それに因んで村もマニサル、すなわち「宝珠の湖」とよばれている。マンセルはラームテクを取り巻く八聖地の一つとして描かれ、市の開かれるチャイトラ・プルニマの日には、湖で水浴するために巡礼者達が大寺を訪れる。その市には、周囲三二・一八キロメートル

（二〇マイル）の距離からやって来るおおよそ二千の人々が詰めかける。村には低い丘陵が張り出しており、その南斜面は煉瓦片でいっぱいで、地表に露出した煉瓦壁の基壇がそこかしこに見られる。古壁の部分部分は掘り出され、煉瓦は村の家々を建てるために持ち去られている。丘陵の東端、湖の隅に近い平坦な地面に大きな塚山があり、その下部は堅い煉瓦積みから成っているようである。これは全く、仏塔基部の外観を呈している。この塚山の基部については、がっしりした諸建築の広壁のものと思しき、煉瓦類が掘り出されている。煉瓦の寸法は〇・五二五×〇・二八五×〇・〇八メートル（一七・五インチ×九・五インチ×三インチ）で、泥をもって接着されている。煉瓦基壇群で覆われた土地は、町か世俗集落にしては小さすぎ、単体の宗教施設にしては大きすぎるので、同地はかつて仏教僧院であった可能性がある。大寺で悪鬼女ヒディンバーのものと信じられている壊れた像一体を除いては、石の彫像は見つかっていない。彼女はマハーラーシュトラ州の神話の登場人物であり、その兄、巨魁ヒディンバーに、パーンダヴァ兄弟が寝ている間に食われてしまいそうだったところを救った。彼女はビーマに恋をし、ビーマはヒディンバーの振舞いに報いて彼女と結婚した。このヒンドゥー大叙事詩のなかの、関連するパーンダヴァ兄弟の冒険の多くは、地方の伝承ではナグプール地区の様々な場所がその舞台となっている。湖についての関連では、かつてその畔で夜の宿りを取る旅人は皆、その用に供する真鍮の調理道具が水面に浮かんでくるのを見出した。唯一の条件は、朝になったらそれらを湖に返さねばならない、というものだった。だが、ある貪欲な旅人がこれらを返却せず、それ以来現れなくなってしまったという。マハーヌバヴァの神たるクリシュナの寺院が湖の側に立っていて、地域のマハーヌバヴァの集会も湖の側で開かれる。そしてマンセルでは、地域のマハーヌバヴァの集会は、チャイトラ月（四月）に催されるのである。……

……マンガン鉱床群は村近くの丘陵に見られ、中央インド鉱業会社によって操業されている。美しい橙と濃い橙の満礬柘榴石《まんばんざくろいし》の結晶の数々が、「カンプティーの貴婦人《レディー》」として知られる採掘場から見つかっている。マンセルで栽培される蒟醤《キンマ》植物は幾分苦味のある種のもので、ボンスレー王妃バカ・バーイーがこれを大層好んだ。宮廷の撤収以降、その葉の高級品としての価値は減じていき、現在の価格はラームテクのものより遥かに低くなっている。

村には旅人のための平屋《バンガロー》や、発電所の支所がある。

インド地名辞典《ガゼッティヤー》、マハーラーシュトラ州、ナグプール地区（改訂版）一九六六はマンセル、ラームテク[76]、アンバーラ[77]の詳細な情報を含む。全体的に否定志向が看取されるにもかかわらず、同地名辞典はその記述にも明らかなように、マンセルが仏教遺跡であることを受け入れ、記載し、そして認めた。

同地名辞典は、明確にマンセルの仏塔について言及している。

村には低い丘陵が張り出しており、その南斜面は煉瓦片でいっぱいで、地表に露出した煉瓦壁の基壇がそこかしこに見られる。古壁の部分部分は掘り出され、煉瓦は村の家々を建てるために持ち去られている。丘陵の東端、湖の隅に近い平坦な地面に大きな塚山があり、その下部は堅い煉瓦積みから成っているようである。これは全く、仏塔基部の外観を呈している。[78]

この報告者にとっては、遺跡の外観は仏塔として非常に典型的なものであり、他のいかなる宗教的な崇拝の地とも見間違えようがなかったようだ。指摘されているように、同地はヒディンバーとして崇拝される、損壊した彫刻のあった遺跡である。この像はこれ以降の訪問者達によって報告されていないところからみて、おそらく失われるか破壊されるかしたのであろう。同地名辞典は、ヒディンバーのような神話上の人物の説話や、彼女と『マハーバーラタ』のパーンダヴァ兄弟との関係を銘記している点でも信頼できるようだ。だが同書はヒディンバー山《テークディー》や、「龍樹窟」の名で通っている他の遺跡と関連のある、龍樹の名前をその記述に含める責任は避けてしまっている。同地名辞典は、他のある遺跡の情報をも付記している。

この塚山の基部については、がっしりした諸建築の広壁のものと思しき、煉瓦類が掘り出されている。煉瓦の寸法は〇・五二五×〇・二八五×〇・〇八立方メートル（一七・五インチ×九・五インチ×三インチ）で、泥もてセメント付けされている。煉瓦基壇群で覆われた土地は、町か世俗集落にしては小さすぎ、単体の宗教施設にしては大きすぎるので、同地はかつて仏教僧院であった可能性がある。(79)

ヴィダルバの古代史と文化について、ミラシ（一九六八）が網羅的な研究をなした。同主題についての彼の権威には並ぶものがない。彼は古代聖地としてのラームテクと、歴史的な仏塔遺跡群たるマンセルとをはっきり区別した。彼に拠れば、

州のこの部分には、ラーマギリの名で通っているラームテク以外に、古代聖地はない。ラームテクの古遺跡は、発掘によって仏塔遺跡群そっくりな姿を現すだろうマンセルの、隣接する村にある塚山が属するさらに古い時代まで遡れるかもしれない。(80)

このミラシの陳述は、彼がラームテクに程近いマンセルにある、仏教遺跡群について自覚していたことを示している。残念ながらこの自覚は、彼のその後の諸著に深く反映されることはなかったが、さもなくば、さらなる発掘と探査とのために、これらの仏教遺跡群にまで遠く遡る古代世界への注意を、惹起されていたことだろう。関連する諸年代のなか

で、マンセル連峰に関係のある最も重要な出来事は、おそらく、注目を浴びたジャンバラの驚くべき彫刻の発見である。これについての最初の報告書は以下の通り出版された。すなわち、「同調査の中心人物たるシュリー・ラグビール・シン（一九七二）が、紀元五世紀頃まで遡る四臂のジャンバラの彫刻を明るみに出した」[81]のだ。

明らかに、同報告書は図像学的特徴を確認した後に出版されたものであり、この彫刻は仏教のジャンバラのものであると宣言された。残念なことに、その後の諸見解が論争になってしまった。同彫刻と種々の見解の詳細は、他の場所で紹介しよう。

マンセルにおける、発掘という系統立ち科学的な努力が開始されたのは、二〇世紀後半のことであった。

マンセル発掘：一九九四―一九九五年[82]

発掘部門一、ナグプールにおける調査で、アマレンドラ・ナートおよびその同僚達が、ナグプールの北東四五キロメートルに位置するマンセルにおいて発掘を行った。同地へはジャバラプールへと続く国道七番幹線道路、および南東鉄道のカンハンｰラームテク区間鉄道で行くことができる。ヴァーカータカ王朝の遺跡であり、またウェルステッドが同地を訪れ報告している、というこれら完全かつ歴史的な記述が留意されたと思われる。同発掘は、先に僧院遺跡として特定された遺跡から着手された。

同著者は、実際に用いられた探査の技術的諸手法の手短な記述を提供している。発見物を描写しつつ言うことには、「カッティングにより、諸の突出部《ラタ》を伴うモルタルを用いた煉瓦建築の中の、がっしりした焼成煉瓦の複合的構造物の一部が露わになった。これらの突出部は建築活動が三段階にわたったことを示しているものと仮説される」[83]。

同遺跡群は三段階に分類され、これについてさらに付記される。

建設活動の第一段階は、中核部《コアエリア》を構成するカッティングH7、H8、G7に示され、繰形《モールディング》を施された基壇《アディシュターナ》西側の高まり、数組の階段《ソーパーナ》、繞道《プラダクシナパタ》、および複合構造物《コンプレックス》への入り口を示している。中核部は、塚の自然の高さを利用して、これにかぶさるように自由に建てられたが、その利用は時が経つにつれて、全体として構造物に負荷をかけることが明らかとなったものである。片側で、基壇へと導く、側面の階段は、一四段から成っている。繞道は平行な壁で境界付けされ、その通路は石灰岩の混ざった、煉瓦・石灰溶物から成る床を帯びている。複合構造物全体は、西壁の角に低い手すりつきの入り口をもった、囲い壁《プラーカーラ》で囲まれていたようである。(84)

第二段階の建築では、中核部の元の基本計画に障りなく、基壇が拡大されたらしい。基壇の西側外部は、諸の段壁《デーヴァコーシュタカ》と柱形の繰形《モールディング》とで飾られている。(85)

第三段階では、細心の注意の下、標準的な壁々をそれら自身を跨ぐように持ち上げ—最終的には煉瓦片で埋め—ることによって、基壇階へと導く階段が発見された。基壇の上には、その北と東の一画に、張出玄関《ポーチ》と付随的な諸の祠《ほこら》の部分が現れた。張出玄関《ポーチ》の床には、施設崩壊の合理的理由の一つを示唆する、厚い焼けた堆積物があった。そのままの場所にあった、二つの焼けた木柱の遺物は、同遺跡の大規模な火災の証拠となるものである。北寄りの祠は壇のような三つの多面体の台座から成るが、東の一画の祠は、大部分損壊した刻印された数々の粘土像のある、崩れかかった台座群で構成されていた。二、三の大型の、神々や門衛神達《ドヴァーラパーラ》のうなだれたような粘土立像が、滅茶苦茶になった場所から見つかった。また、大破壊を免れた二、三の彫刻片は、同構造物の宗教的関係の大部分を決定するうえで、大きな図像学的価値を有するものであった。(86)

同著者が記述する、発掘の他の詳細は以下の通り—

複合構造物《コンプレックス》の、自由に建設されがっしりとした中核部《コアエリア》を、自然の予想できぬ変化から保護するため、傾斜路の壁々の、長方形の箱のような建築物が、西側面に構想されたようである。傾斜路の、一定の間隔で直角に合体している各々の壁は、より短い中心軸の一般的な壁の副産物であって、最終的には中核部を支える基壇《アディシュターナ》の西側面に対する形で終わっている。どうやら、自然の勾配が中核部からさらに西へ、短い中心軸に向かって与えられ加味されているようである。後に、壁と壁の間の空間は、やはり自然の勾配を維持するために、石片と鉄を含んだ粘土で整然と埋められたようである[87]。

第一段階の入り口と異なり、囲まれた祠とは非対称的な、焼成（訳者註：あるいは焼けた）煉瓦の柱のある入り口が、カッティングE7に示されている。このことは、上記の複合的構造物より地層学的に前の時代の、他の複合構造物が飛び出す可能性を提起するものである[88]。

土器の遺物類については、同著者は以下のように批評している――

土器の種類は、以下の通り特徴づけられる。中間地（訳者註：本書では土器表面の精粗の度合によって麁地・中間地・精地と3区分する。）の赤色土器、中間地の酸化していない暗赤色土器、麁地の砂利と雲母を含んだ赤色土器、および精地の磨製赤色土器、である。形状の種類は以下の通り。明確に斜め首の壺、張り出し外に曲がった縁の壺、球形胴と外に広がった縁の壺、面取りされた縁の壺、厚底で玉で縁を飾った貯蔵壺、短い垂直な首と外に曲がった縁のある竜骨状の甕、特徴のない縁の鉢、波型側面と外に曲がった時々両側に緑色の泥漿《スリップ》を帯びた縁の碗、平たく丸い把手と内に曲がった特徴のない縁の蓋、蓋付首のじょうろと壺、である。土器の異なる口の種類は、いくつかの封泥《ルーティング》の印を伴った、様々な形状を表現していた。同遺跡の装飾土器は、もっぱら中間地の赤色土器に時々雲母の泥漿《スリップ》が外面に入るもので、この外面は三種の装飾模様を示している。すなわち、刻み装飾、押印装飾、そして斜線装飾である。刻み装飾が数のうえで他を凌ぎ、このデザイン要素は傾きながら一列に並んだ斜線、凹線、覆いつくすように刻まれた線、V字と、小円で構成される。押印の種類は花の意匠に限定されるが、切嵌《アップリケ》タイプのものは全面を覆う斜線の列と、任意の波線によって表現するものだった(89)。

一見単純なように見えるが、残念ながらこの種類の土器は、実用的評価が不可欠である。上記に加えて、著者は貨幣の発見物についての記述を示す。「肖像付銀貨と何組もの貨幣鋳型、クシャトラパ達に帰せられるものである。このほか、二枚の丸銅貨、一つはヴァーカータカ王朝に、もう一つはインドーササン系の王達に帰せられるものも出土した(90)」。仏僧達の居住地と考えられ、僧院遺跡とはなんら関係ない彫刻群について、興味深い観察がなされている。その批評のなかで、同著者は詳細な図像学的諸特徴への言及なしに、これらについて概説する。それらの特徴とは、「張出《ポーチ》玄関と祠の諸階層には、数々の彫刻物があった。これらのうちで特筆すべきものに含まれるのは、ウマー・マヘーシュヴァラ、ラッジャガウリー、および足跡踏台《パーダピータ》その他の吉祥文を描いた飾り板《プラーク》である。このほか相当数の、神々や悪鬼達の顔、亀そして鋳造された頭蓋骨を含めた粘土小立像が蒐集された」。同著者がリストに入れた他の古遺物に含まれるは、「数珠玉の形をした装飾品、首飾り、耳飾りとその鋲型のもの、銀、銅の小装身具、素焼陶器《テラコッタ》と石英質製品、硝子と巻貝である。他の物よりも数のうえで勝る鉄製品は、釘、継ぎ目板、鎖、篦《へら》、針、柄、鎹《かすがい》、鍬、斧、棒、山形鉄《アングル》、尖頭器《ポイント》、鑿、鉤《かぎ》、金環《フェルール》等々である」。そして最後に、結論して曰く、「貨幣学的データに基づいて、同遺跡は紀元三〇〇年から六五〇年の間の時代に帰すると仮説できるかもしれぬ(91)」。

この一九九四―一九九五年発掘報告書を考慮に入れれば、発掘前には、予測の遺跡は僧院と考えられていたようである。発掘は構造物遺跡群の活動の三段階を示した。

第一段階　中核部《コアエリア》は、塚の自然の高さを利用して、これにかぶさるように……建てられた。繰形《モールディング》を施された基壇《アディシュターナ》西側の高まり、数組の階段《ソーパーナ》、繞道《プラダクシナパタ》、および……入り口がある。片側で、基壇へと導く、側面の階段は、一四段から成っている。繞道は平行な壁で境界づけされ、その通路は石灰岩の混ざった、煉瓦・石灰溶物から成る床を帯びている。複合構造物《コンプレックス》全体は、西壁の角に低い手すりつきの入り口をもった、囲い壁《プラーカーラ》で囲まれていたようである。

第二段階　中核部の元の基本計画に障りなく、基壇が拡大されたらしい。基壇の西側外部は、諸の段壁《デーヴァコーシュタカ》と柱形の繰形《モールディング》とで飾られている。

第三段階　細心の注意のもと、標準的な壁々をそれら自身を跨ぐように持ち上げ―最終的には煉瓦片で埋め―ることによって、基壇階へと導く階段が発見された。基壇の上には、その北と東の一画に、張出玄関《ポーチ》と付随的な諸の祠《ほこら》の部分が現れた。張出玄関の床には、施設崩壊の合理的理由の一つを示唆する、厚い焼けた堆積物があった。そのままの場所にあった、二つの焼けた木柱の遺物は、同遺跡の大規模な火災の証拠となるものである。

以下が同著者によって記述されたことの繰り返しになることはわかっているが、これはさらなる分析のためには不可欠であると考えられる。

他の遺跡に含まれるのは、

（a）「焼けた木柱」、「焼成（訳者註：あるいは焼けた）煉瓦の柱のある入り口」、「厚い焼けた堆積物があった」「張出玄関の床」

（b）「二、三の大型の、神々や門衛神《ドヴァーラパーラ》達のうなだれたような粘土立像」、「ウマー・マヘーシュヴァラ、ラッジャガウリー、および足跡踏台《パーダピータ》その他の吉祥文を描いた飾り板《プラーク》」、「相当数の、神々や悪鬼達の顔、亀そして鋳造された頭蓋骨を含めた粘土小立像」

（c）土器。「明確に斜め首の壺、張り出し外に曲がった縁の壺、球形胴と外に広がった縁の壺、面取りされた縁の壺、厚底で玉で縁を飾った貯蔵壺、短い垂直な首と外に曲がった縁のある竜骨状の甕、特徴のない縁の鉢、波型側面と外に曲がった時々両側に緑色の泥漿《スリップ》を帯びた縁の碗、平たく丸い把手と内に曲がった特徴のない縁の蓋、蓋付首のじょうろと壺、である。土器の異なる口の種類は……様々な形状を表現していた」。

（d）貨幣学。「肖像付銀貨と何組もの貨幣鋳型、クシャトラパ達に帰せられるものである。このほか、二枚の丸銅貨、一つはヴァーカータカ王朝に、もう一つはインドーササン系の王達に帰せられるものも出土した」。

上記の発掘遂行の意図もしくは目的について、なんらかの結論を引き出すのはとても難しい。多くの歴史的背景や、考古学的情報を利用することが可能であった。発掘開始以前に、同遺跡は僧院であると思われていた。残念なことに、発見物の中に、「神々……顔……を含めた」、「二、三の大型の、神々……の……粘土立像」が報告された。これについて多言を要せず。このことは、疑念と未回答の問題とを提起する。例えば、これらの神々は何（誰）だったのか？　なぜこれらの像の図像学的諸特徴について、全くなんの批評の試みが加えられなかったのか？

なぜ発掘が、完了されることなく中断されてしまったのかもわからない。この一九九四―九五年の発掘は、同遺跡についてのいくつもの疑問を―これに解答を与えるよりは―むしろ惹起した。しかし、同発掘は限定的で小規模ではあったが、同遺跡が王宮である、すなわちいずれかの王朝の居住地であるとは表明しなかった。

一九九四―九五年の発掘の後一九九七年まで、同遺跡は仏教文化の栄光ある過去の宝物を蔵していると認知され、政府からの無関心についても批評がなされた。「無関心が殺しつつあるラームテクの歴史的仏教遺跡」という見出しのもと、ヒターヴァーダ紙（一九九七年一二月八日）は専門家達の見解を表明した。

保護を宣言された場所全体が、たった一人の見張りによってしか守られていない。実質、彼一人で地元の住民達や同地への訪問者達による諸活動を見張っておくなどということは不可能である。……過去への多くの重要な鍵が、これらの遺跡の重要性に気付かない訪問者達によって破壊されている。……空っぽの場所は地元の住民達によって、今や埋葬地として使用されている。同地では、死者の追悼のために据えられた数々の墓穴や墓石が見られた。どうやらこの重要な遺跡はすぐにも墓地になってしまうようで、これらの記念の石をそこから取り除くことは難しくなる。さらなる破壊からこれらの遺跡を保護する緊急の行動が取られるべきであり、そうすればこの、同地域の歴史に分け入るための重要な宝物を保存することができよう。

マンセル・ラームテクにおける龍樹に関連する古代仏教遺跡群についての知識をもって、インド政府下の考古局の許可を得た、高名な仏僧である、ナグプールの龍樹菩薩記念協会会長アーリヤ・ナーガールジュナ・シューレイ・ササイ（佐々井秀嶺）上人が、マンセルにおける発掘とそれと同時並行しての保存に資金を提供した。かように、短い空白の後に再び探査と発掘が始まって、マンセル遺跡は大変幸運であるようだ。

マンセル発掘：一九九七―一九九八年(92)

現在ＭＮＳ－３と称される、地元ではヒディンバー山《テークディー》として知られる地域における、チームによる補助を受けたジャガト・パティ・ジョーシおよびＡ・Ｋ・シャルマの監督する発掘は、この小山が基本的に花崗岩の溶岩流から成り、アショーカ時代以降の多くの古代仏教遺跡が現れたことを教える。

発掘の一番最初に、先史時代の遺跡群発見の言及があることが、同報告書から明らかである。石器時代について報告書が触れるところでは、

> 同地での探査が、石器時代前期開始直後から同後期までの、石器時代の道具類をもたらした。玄武岩層の諸の割れ目から見つかった、珪岩質砂岩および結晶質石英から形作られた石器時代前期の道具類は、手斧、包丁、斧、石箆《へら》等で構成され、ほとんどが後アシュール時代に属する。石器時代中期の道具一式は、小さ目の手斧、尖頭器《ポイント》、包丁、石箆等で構成され、ほとんどが石英質の物体によるものである。これらの時代の道具類の大部分は、掘るためか切るための道具であり、マンセルの原人は狩猟よりも、むしろ菜食に依存する方が支配的であったことを示している。石器時代後期の道具類は、幾何学的なものと非幾何学的なものの両方から構成され、石英、チャート、玉髄《カルセドニー》、および瑪瑙のような結晶質の素材から形作られている。これらは三角形のもの、尖頭器、不等辺四角形のもの、三日月状石器、穿孔器《ボアラー》、鑿状《ビュラン》石器等で構成される。諸の小山にはマンセルの原人に利用されていた二、三の岩の庵と洞窟群がある。また現在のマンセル湖畔に沿って二、三の巨石文化の環状石塚群が示されている。[93]

最小限の整地と表面部の諸掘削で、有史以前の石器時代遺跡群が発見されたということで、同報告書のこの部分はとても興味深く、またそれとほとんど同時にアショーカ時代の歴史遺跡群の発見があった。さらに、非菜食の狩猟民と考えられている、世界の先史時代集団の例に反して、同時代のマンセルの原人は極めて異例な諸特性を有し、なかんずく、菜食民であった、とする試みが加えられている。

報告書はさらなる情報を提供する。

MNS－3の東縁部および中心部での掘削は、歴史時代早期の同地の開拓者達が、小山の自然の輪郭にしたがって、仏塔を建立しようと決心した証拠を示している。中心部で見つかった早期の仏塔は、四八センチ×二五センチ×一四センチの煉瓦でできた、四から五の横並びの層を有していた。その上部構造について多くのことは言えない、なぜならその三方の側面には、取り除き不可能な後代の大量な構造物が載っているからである。後にこの仏塔は、四二センチ×二二センチ×七センチ寸法の煉瓦を使って拡大された。これは、土と小岩でいっぱいにされた、諸の煉瓦房を作ることで増大されており、この仏塔建築手法の例はパウニでも出土している。このように、現在の測定可能な到達高度は、仏塔の房の周縁部で二メートル、中心部で三・六メートルであった。この周囲には繞　道《プラダクシナパタ》があり、その東側には長方形の突出部も確認できる。同仏塔はその東側で、大岩の八から九の横並びの層をもつ、石片からできた防壁によって支持されている。蓋の破片を伴った、石鹸石の舎利容器の破片がこの仏塔の周縁部から出土している。その北側にはいたく損傷した、別の煉瓦構造物がある。中心部の北側では、北面に台座、西面に入口を有する、二段階にわたって建てられた、楕円形の祠堂《チャイトヤ》が掘り出された。これは南北の長さ八メートル、東西の幅五・五〇メートルのものである(94)。

アショーカ時代の仏塔の存在を指摘する、同探査のこの部分は、全く以て評価に値するものだ。なぜなら、これはいわゆるヒディンバー山《テークディー》の遺跡にある仏教遺跡群について指摘していた、彼ら以前の研究者達が疑っていたところと合致するからだ。アショーカ時代には多数の仏塔が建立され、今扱う仏塔はそのうちの一つなので、この歴史時代早期の開拓者達も明らかに仏教徒であるということになりそうである。

非暴力（不殺生《アヒンサー》）によって認められるアショーカ時代とその後の諸時代との間には、広い隔たりがあるようだ。それら後代の遺跡群は、社会的および宗教的な振舞いにおける、極端かつ唐突な変化を示唆している。これら後代について、報告書はさらに付記する。

サータヴァーハナ朝期の終りとヴァーカータカ朝期の始まりに、一・二五メートルの堆積物が集積した後に煉瓦で作られた、二つの供犠祭壇―一つは鷹積壇《シュイェーナ・チティ》、もう一つは亀積壇《クールマ・チティ》の形をしたもの―が掘り出された。北側にある鷹積壇は、一階部分を形成するもその時までに使われなくなっていた、早期の仏塔諸房の横壁粉砕後に作られた。この鷹積壇の中で、石灰で作られた生贄男《プルシャ》の像が、頭を砕かれ犠牲にされた状態で見つかった。像の頭は西向きに置かれ、一方その両脚は東へ伸びるように置かれている。胸の部分には、その上に棒《ヤシュティ》を固定するための穴のある祭壇《ヴェーディ》が作られてあり、燭《ランプ》が一つ側にあったまま見つかった。また、二つの甕が像の右側、その膝の部分の近くにあり、その左の爪先近くに一匹の、人物像の方を見つめる鉄の蛇を伴っていた。この人身供犠《プルシャメーダ》と同時代に属するのが、塚山の西側にある、張出玄関《マンダパ》と聖所《ガルバグリハ》を伴った簡素な石造寺院である。南側の亀積壇に加え、小さな火孔水溜《ハヴァナクンダ》、石灰窯、および煉瓦造りの四角い祠へと続く、八段から成る石段がある。排水のための穴もあるので、これらは明らかにシヴァ寺院の祠であったようだ。地層学的には、この供犠はサータヴァーハナ朝期の終りとヴァーカータカ朝期の始まりになされたらしい。白味がかった層が供犠祭壇と、その他関連構造物を塞いでいる[95]。

このマンセルの文化活動における唐突な、建設を伴う変化は、おそらくインド古代史中に矛盾を来すものである。諸の古代史上の出来事に鑑みて、アショーカ時代開始直後から一〇世紀に至るまで、仏教が王達の庇護を受けていたことは明らかである。またアショーカ時代は、仏教にとっての黄金時代とみなされている。それゆえ、サータヴァーハナ朝期の終りとヴァーカータカ朝期の始まりという短い期間に、アショーカの仏塔のあったマンセルにおいて、象徴的な人身供犠にまでおよぶ、そのような文化上の破壊的変化が起こったなどということは、意外に思われる。

この（サータヴァーハナ王朝の）時代（とヴァーカータカ王朝時代）に、塚の東側頂上にヴァーカータカ王朝によって、装飾された砂岩塊の柱礎と煉瓦の上部構造を伴う豪壮な寺院が建立された。二段階に建設されたこの寺院は、印象的な髪の飾り方をもち、装身具類で飾《かざ》られた、多くの断片的彫刻をもたらした。これらはヴァーカータカ芸術の、最高の伝統のものである[96]。

この時代は、マンセルにおける反仏教運動類の始まりであるようだ。だが、この時代はまたアジャンターの仏教絵画群の伝統とも、相関連していることを思い出す必要がある。ヴァーカータカ王朝のルドラセーナ王の貨幣にある祠堂《チャイトヤ》は、彼の仏教への親近感を示している。

発掘報告書はさらに付記する。「加えて、表にスワーミー・ルドラセーナ三世の半身像を、裏に『大クシャトラパ、スワーミー・ルドラダーマンの息子、大クシャトラ、スワーミー・ルドラセーナ王、二二サカ年』（紀元三四八―三七八年）と読める碑銘を伴った祠堂を示す、西クシャトラパ王の貨幣が発見された[97]」。

仏塔と諸の祠のみならず、いくつかの他の発見物も報告されている。例えば、「掘削から、白石、粗いざらざらした砂岩、良質で粒状の薔薇色砂岩上の彫刻と、建築断片も出土した[98]」。アショーカ時代の唯一の遺跡は仏塔であるが、後代また諸の彫刻遺物が加わり、また続くヴァーカータカ時代に、再びマンセル遺跡における仏教文化の発展をみた。それについて報告書は付記する。

ヴァーカータカ王朝の諸活動が止んだ後のこの時代に、この丘に号令を出す適所を大いに視野に入れて、遂に仏教徒達は、全て瓦礫と石とで満ちた中央房と、二四の煉瓦造りの房をもつ仏塔を建立した。これは一八メートルの直径で、東側に階段がある。この大仏塔は頂上に建立され、紀元七世紀の終りまで存在し続けていた。この仏塔はまた南東にある、より早い祠堂の上に建てられた楕円形の祠堂と関連していた。はたまた東側では、諸の構造物への道のりに、異なる時代に建てられた、長くて印象的な階段が掘り出され、その長さと高さは数世紀を通じて嵩増しされていた。この階段はまた、最後の仏塔の時代、階段自体の改装と増築の時に、寺院の材料が転用されていた証拠を示している。このようにマンセルのヒディンバー山《テークディー》は、紀元前二〇〇年頃から紀元七〇〇年頃までの連続した文化を示す。この時代はヴィシュヌクンディン王朝の銅貨をもたらし、紀元五世紀のマヘーンドラ・ヴァルマン王に属す[99]。

ヴィシュヌクンディン朝期には、僧院の修繕と再建が着手され、おそらくアショーカ仏塔もまた、瓦礫を取り除いて修復されている。このように、報告書に表明された見解に鑑みて、マンセル山の仏塔は、仏教時代からヴェーダ文化期を挟んで、再び仏教復興の時代を経ていたのである。ここで再び例の疑問が出来する。すなわち、いつ、誰によってヴェーダ文化が導入されたというのか。事実はおそらく、これらはいわゆる供犠祭場などではなく、仏教の崇拝の場かあるいは炉場であったのだ。真の破壊的反仏教運動は、ヤーダヴァ朝期に幕を開ける。

一九九七―九八年のマンセル発掘の発見成果を要約すると、まず同遺跡の歴史的時代は、年代的に石器時代まで延長されることが明らかになった。しかし、諸の発見物は同遺跡がむしろ仏塔開基者達（マウリヤ王朝）、サータヴァーハナ王朝、ヴァーカータカ王朝といった歴史時代のものであることを裏付けている。

マンセル発掘：一九九八―一九九九年[100]

この二番目の報告書から、以下のようにさらに詳細な情報が加えられる。「MNS－3遺跡の北西方面、南西方面、および西側斜面への延長的掘削。今期の作業終了までに、東ヴァーカータカ王朝に属する、かなり大きな寺院複合構造物《コンプレックス》が掘り出された。これまでに発掘された諸のシヴァ寺院の祠が二段階の時期に属することは明白である。仕上げ加工が施されたりそうでなかったりする石塊で建てられた、がっしりした擁壁群を利用して、明らかに小山の上に平らな壇を設けるべく、四六センチ×二七センチ×七センチ寸法の煉瓦が、寺院とそれから後に仏塔を建立するために高く積まれた。第一段階の寺院の周囲には諸の祠が、主として二つの自然洞窟のある北側に建設された。洞窟の一つは、床に煉瓦を積み、それに石灰漆喰を塗って、その後この上から代赭石の塗料を塗ることでやはり祠に転用され、もう一方の洞窟は窪んだ煉瓦壁の入り口を建てることで瞑想房として利用され、その壁は頂点で終極して閉じていた。諸の祠は、八角形を形成する鋭角を伴う、縦溝を彫られた基壇の上に建てられ、飾り気のない数々の長方形の祠が起こされ、それぞれが特定の神のための北面する壁龕を有し、また西か東からの入り口を有していた。その八角形の基壇下部の正にその場所から、真っ直ぐな階段が諸の祠の外側へ、その後、洞窟の祠へと続いていた。この階段の最下部には、煉瓦造りの半円形をした月石《チャンドラシラー》があり、一方、二本の短い階段が、明らかに信者達の一方通行の流れを維持するために、洞窟の祠へと続いている。これらの階段の屋根を閉じるために、諸の三角形と逆三角形が、建築の中に用いられている。壁々と階段群とは石灰漆喰でよく塗られ、段の表面もこれを利用していた。主にシヴァ派に属する赤砂岩の彫刻片が、これらの祠から出土している」(101)。探査の二年目に、寺院複合構造物その他の、構造物遺跡群の発見があったのだ。

報告書はこのように、ヴァーカータカ朝期の寺院複合構造物と、二段階の時期のシヴァ寺院の祠の数々について教える。実際のところ、建築的諸特徴についてのこの詳細な描写は、古代の建築論《ヴァーストゥ・シャーストラ》の特別な種類に光を当てていて、独特なものであるようだ。

西側と南側から、一列になった煉瓦造りのシヴァ寺院の祠が掘り出された。三つの土壇に建てられたこれらの祠は、ひと連なりの階段に近接している。これまでのところ、三列の階段が露わになっている。計一六の祠のうち、掘り出された六つにリンガがあり、一つ一つが北側に水路《プラナーラ》をもった四角い煉瓦の台座の上に置かれている。一方、いくつかただ台座のみの場合もある。これらの台座は、鑿で彫られた煉瓦から造られている。どのシヴァリンガも、いかなる女性器台座《ヨーニピータ》も伴っていない。しかし、最も興味深いことに、祠のうちの一つは、それ自体が女性器台座の形に建てられ、祠の中心、煉瓦の台座の上にリンガを伴っていた。[102]

数々の祠についての情報とともに、報告書はヴェーダ文化の諸の供犠の要素について付記する。

垂直に、全ての祠が、諸の三角形と逆三角形（正三角形）を採用して、蓮の蕾の形に建てられた。最終的に指向する端に向かって収束し、尖塔《シカラ》の閉じた屋根を作っている花弁を掲げるための数々の手法が採用された。この複合構造物全体が石灰漆喰で塗られた、明白な証拠がある。これらの祠の基壇の、一つの階段の南の角で、焼けた木の竿《ユーパ》が見つかったが、明らかに神々に諸の供犠を捧げるためのものである。かの数々の三角形、ことに一列の祠の脚《ジャンガー》部のものは、人の顔をしている。各祠の大部分に、東か西からの入り口があり、いくつかには小張出玄関《マンダパ》と、階段の近くに貯水のための小さな半円か三角形の水溜《クンダ》がある。祠の一つでは、傾いた自然石直下の、四角い煉瓦台座の上に、リンガが保たれている。[103]

発掘についてのこの部分で最も重要な観察は、リンガあるいは男根像崇拝であるようだ。ヴァーカータカ王朝が、いくつもの祠を建設したというのは興味深い。発掘報告書中では、この男根像あるいはリンガ崇拝と、ヴァーカータカ王朝とを相関連づけるべく試みられている。ここまでずっと明らかであることは、ヴィダルバにおけるリンガあるいは男根崇拝は、ヴァーカータカ王朝以前でさえ存在し、龍《ナーガ》達が同遺跡の早い時期の住人であった、ということである。そして男根あるいはリンガ崇拝間の関係は、正確には龍達《ナーガ》と相関づけられる。このことは、ヴァーカータカ時代についての権威とみなされている、ハンス・バッカーの陳述によっても支持される。曰く、「ヴァーカータカ王国の考古学は、これらの王がリンガ崇拝者ではなかったことを証明する」[104]。このように、ヴァーカータカ王朝は正当な理由なくリンガ崇拝者にされ、また諸のリンガのための祠建設の巻き添えにされてしまったのである。

上に議論した諸構造物の他に、同遺跡にある同じ位重要な遺物が、報告書中で誠実に列挙され、その技巧ゆえに賞賛されている。例えば、「これらの祠を塞ぐ瓦礫の中から、主に赤砂岩でできた、おびただしい断片的彫刻群や、諸寺院の建築構材類が出土している。この彫刻群は、顔と肉体のおよび装飾類の諸特徴の描写において、見事な技巧を示している」[105]。報告書に描かれた他の遺物は、以下を含む。「底に一一の穴のあるじょうろ類と広口瓶、主として良質の赤色泥漿《スリップ》入り土器、銅および鉄製品（釘、合釘《だぼ》、および鑿）、土製燭《ランプ》等が出土した」[106]。

底に一一の穴をもつ広口瓶が私の興味を惹起した。かかる広口瓶が家事の用に供することができただろうなどと信じることは、想像の範疇を越えてしまうようだ。考古学界は、タクシラの外科器具類や、ナーランダー発掘のIAとよばれる遺跡が調剤の場所ではないかと疑われていることに気付いている。その光の下では、この広口瓶ははっきりと、薬剤調合のために記述される種々の器具《ヤントラ》の一覧のなかに立てられる。そして強い確信とともに、これは「錬金術論書《ラサヤーナシャーストラ》」で用いられる、いくつかの器具の一部だ、ということができる。龍樹の『ラサラトナカーラ』および『カチプタ』は、薬剤調合に用いられる複数の斯かる器具を含んでおり、その詳細は補遺の一に示した。そして今や、われわれはマンセル・ラームテクの連峰の一つに隠された、龍樹の工房からそう遠くにはいないと、私が確信していることはもうおわかりだろう。

古代史に関連する考古学的視点から、最も重要な発見の数々は、報告書が以下に示すような発掘である。すなわち、北の祠の列のちょうど基壇の所にある、北東隅の粘土印製作所である。諸の焼かれた粘土印は四角頭のブラーフミー文字で書かれた銘を帯び、明らかに、パンドゥラーナ出土の有名な銅板碑文にでてくる、「プラヴァレーシュヴァラ寺院《デーヴァクラスターナ》」を指す「*Pravaresvarasya*」と読める。この最も主要な神殿は明らかに寺院である。すなわち、プラヴァラセーナ二世によって、その偉大な祖父プラヴァラセーナ一世を記念して造られた、ヴァーカータカの王朝寺院である。時に、このパンドゥラーナ銅板碑文は、今、マンセル（古代のプラヴァラプーラ）から出土した、プラヴァレーシュヴァラ寺院から、それ自身が発行されていることに言及している。「*Pravaresvarasya*（プラヴァレーシュヴァラに属する）」と「*Sri Jayavarddhi*（吉祥なる勝利の弥栄）」銘を帯びた数々の刻印以外には、象を描いた刻印がいくつかあり、どうやらこの動物は東ヴァーカータカ王朝にとって大いに重要性を有していたようである[107]。

全ての発見物が、ヴァーカータカ朝期の文字が、四角頭のブラーフミー文字のものであったことを示している。同じことがプラヴァラセーナ二世の王朝下で、異なる土地土地から発行された、彼の銅板碑文の数々にも当てはまる。古代のマンセルは、粘土製印章製造所がある土地であった。「*Pravaresvarasya*（プラヴァレーシュヴァラに属する）」と特定された粘土製印章は、プラヴァラプーラとしての同地、および主としてプラヴァラセーナ二世にとって、祖神プラヴァレーシュヴァラがプラヴァラセーナと相関わっている寺院と関係する、さらなる評価が必要である。

詳細に描写された蓮の蕾の模様は、建築の時宜《ヴァーストゥカーラ》の好例をもつものとして賞賛されている。「マンセルで発見された蓮の蕾の模様は、建築の時宜の好例と、また頂上の花弁群の端が結合して、諸の祠の尖塔《シカラ》を形成しているので、いかなる標準的で平たい、あるいはドーム式の屋根ももたない祠の建築の、見事な例とを示している[108]」。

二〇〇二年にシャルマ、A・K[109]は、自身発見物の再検討をしたマンセル発掘報告書を出版している。同報告書に拠れば、マンセルでの発見物は以下の通り、三段階に分類できる。

第一期　紀元前二〇〇年から紀元二五〇年……………四五〇年間
第二期　紀元二五〇年から紀元五〇〇年……………二五〇年間
第三期　紀元五〇〇年から紀元七〇〇年……………二〇〇年間

第一期は明らかに最も長く、ここに記された全体の半分近くにおよんでいる。アショーカの歴史時代から始まるこの期間全体にわたって、数にして一ダースは下らない、ヴィダルバを治めた諸王朝がいる。ただアショーカ、サータヴァーハナ王朝、ヴァーカータカ王朝、およびヴィシュヌクンディン王朝期の考古学的遺跡群があるわけだが、多くの時代の詳細は未だ闇のなかである。第一期のはじめの頃は、遺跡群より明らかな仏教文化が支配的であった。同著者は告げる。

ＭＮＳ－３東縁部と中心部の掘削は、早期の開拓者達が、小山の自然の輪郭に従って、仏塔を建立しようと決心した証拠を示している。やはり中心部で見つかった早期の仏塔は、四八センチ×二五センチ×一四センチの煉瓦でできた、四から五の横並びの層を有しており、その直径は一四メートルである。その上部構造について多くのことは言えない、なぜならその三方の側面には、取り除き不可能な後代の大量な構造物が載っているからである。……後にこの仏塔は、四二センチ×二二センチ×七センチ寸法の煉瓦を使って拡大された。これは、土と小岩でいっぱいにされた、諸の煉瓦房を作ることで増大されており、この仏塔建築手法の例はパウニでも見つかっている。現在の測定可能な高度は、仏塔の房の周縁部で二メートル、中心部で三・六メートルであった。（註109文献一二〇頁、一行目）……これには煉瓦の繞道《プラダクシナパタ》があり、その東側には長方形の突出部を伴っている。同仏塔はその東側で、大岩の八から九の横並びの層をもつ、石片からできた防壁によって支持されている。蓋の破片を伴った、石鹸石の舎利容器の破片もこの仏塔の周縁部から出土している。中心部の北東では、北面に台座、西面に入口を有する、二段階にわたって建てられた、楕円形の祠堂《チャイトヤ》が掘り出された。これは南北の長さ八メートル、東西の幅五・五〇メートルのものである。(110)

サータヴァーハナ朝期の終りとヴァーカータカ朝期の始まりの間の時期のものである、他方、ヴェーダ文化に属する発見物はほとんどない。報告書の指摘するところでは、この両王朝の継ぎ目の時期に供犠がなされたという。

第二期(111)の二五〇年は、指摘にあった仏塔遺跡の寺院群の建築に依拠して、ヴァーカータカ王朝の時期だと記された。最重要の物は、プラヴァラセーナ二世によって建てられた寺院である。その独特な彫刻と相関連させて、報告書はさらに加えて言う。

これはおそらく、自身の輝かしい曾祖父のプラヴァラセーナ一世を称え、マンセルの寺院《デーヴァクラスターナ》を（ママ）プラヴァラプーラと、また同寺院をプラヴァレーシュヴァラ寺院と宣した、プラヴァラセーナ二世によって筆頭寺院に据えて置かれた。この像を彫らせつつ、プラヴァラセーナ二世はおそらく、その曾祖父を神の地位まで高めんと欲し、それゆえ同寺院を「*Pravaresvarasya*（プラヴァレーシュヴァラ〔に属する〕）」と名付けたのであろう。(112)

今ここで例の質問が立てられる。もしヴァーカータカ王朝がリンガ崇拝者達でなかったのなら、では一体誰がリンガ崇拝者でいくつものリンガの祠を建てたのであろうか。ここで思い出されねばならないのが、ヴァーカータカ朝期にはその名を成したプラヴァラセーナ二世の他に、その母后、ヴァーカータカ王朝のプラバーヴァティー・グプターが屹立している、ということである。その、布施をなした時の銅板碑文のなかで、彼女は大いなる尊敬をもって、自身の父方のグプタの血統と、母方の龍《ナーガ》の血統とに言及している。それでも疑問は未解消のままである。どうして、ヴァーカータカ王朝の誰も、マンセルか現在のラームテクに、巨大なシヴァ記念寺院を建てることに、興味をもたなかったのであろうか。

五〇〇年頃に始まる第三期は、同著者が以下のように批評する仏教文化に関わっていた。

ヴァーカータカ王朝の諸活動が止んだ後に、遂に仏教徒達は、全て瓦礫と石とで満ちた中央房と、二四の煉瓦造りの房をもつ仏塔を建立した。これは一八メートルの直径で、東側に階段がある。この大仏塔は建立された後、紀元七世紀の終りまで存在し続けていた。この仏塔はまた南東にある、楕円形の祠堂《チャイトヤ》と関連していた。一番上の仏塔の大石の基盤を掘り出していた時に、南東の角一・〇〇メートルの深さで、焦げた人骨二片を伴った土製舎利容器の破片類が出土した。この舎利容器は、胎土自体に雲母が含まれ、さらに外表面に雲母が上塗りされている。一四世紀のバフマニー王の銅貨も、頂上から見つかった[113]。

この完全版の報告書は—真実と取るなら—ヴァーカータカ王朝の時代とみなされた第二期に顕著に光を当てるもので、同報告書に拠れば、記述された遺跡群はヴァーカータカ朝期とヴェーダ文化の支配を示しているというが、どうか。長期にわたって続いた仏教文化の時代は、さほど注意を向けられていない。

ズルフェクエル・アリ（二〇〇二）氏[114]は、マンセルの鉄製品についての情報を補足する。まずはじめに、彼はマンセルの名称の起源を見出さんと試みる。彼に拠れば、「『宝珠湖村《マンセル》』はその名を、同地近くの湖—のおそらく元々仏教的な名前—『宝珠湖《マニサロワール》』もしくは『文殊支利湖《マンジュシュリー》』か、あるいはヒンドゥー神話の聖マナサロワール湖に負っている[115]」。このように、同発掘における同僚でさえ、マンセルという名前は仏教の歴史的人物に由来していると述べていたのだが、また

―その人物の他方面に依拠した意見表明を示唆して―ヒンドゥー神話から来ているのかもしれないと疑われてもいる。彼はこの文化的蓄積を、三期に分類している(116)。

1A期　直接、岩盤の上に仏塔が築かれた時期（紀元前二世紀から紀元二世紀）

1B期　同仏塔が用いられなくなる。その遺跡の上で人身供犠祭祀《プルシャメーダヤジュニャ》が執り行われる（紀元二世紀）

2期　1A・1B両期の堆積物上の塚山の中心に、寺院ができる（紀元四世紀―六世紀）

3期　仏塔建立のために2期の寺院が、房状の構造区画と共に広げられた時期。

次にZ・アリは、自身が見つけた発掘上の重要な発見物、すなわち鉄製品について記述した。彼に拠ればこれら鉄製品は、最も興味深く特筆に値するものである。釘について評して曰く、「最も多くの釘が、1B期由来である。それらのほとんどが見つかった場所は、鷹積壇《シュイェーナ・チティ》の肢部、床上、および生贄男《プルシャ》の石灰像の周囲である。完全で真っ直ぐな釘類とその考古学的文脈とは、特別な儀式上の目的を指し示している(117)」。いわゆる人身供犠の場の付近で、釘その他の物が見つかったということは、むしろ意外なことである。さらに針金と細い棒について付記される。

細くて丸い断面をもつ、長い断片の八五の実例は、針金と細い棒と記録されている。この八五の断片のうち、四〇は八センチから一五センチ、四五は三センチから七センチの長さである。その厚さはおおよそ〇・二センチから〇・三センチである。これらの物体は、1B期にのみ限定されている。針金あるいは棒のいくつかは、生贄男の一部から出土した。これらは生贄男像を補強するために、用いられていたようである(118)。

いわゆる人身供犠《プルシャメーダ》近くで発見された、第三の興味深い鉄製品として述べられたのが件の蛇で、同著者曰く、「約二五センチ、くねらせた体と擡げた傘をもつ鉄の蛇が、生贄男《プルシャ》石灰像の両足近くに置かれているのが見つかった。これは、人身供犠祭祀《ヤジュニャ》のための、儀式の対象の一部を成している[119]」。

このように、はじめの名前の起源についての部分以外、サータヴァーハナ朝期の終りとヴァーカータカ王朝の始まりの時期に遂行が試みられたとされる供犠以外の、他のなんらかの目的とこれらの物体とを相関連づける、いかなる試みも加えられていない。しかもこの供犠なるものについては、何も知られていないのである。大多数の釘に囲まれた生贄男石灰像、針金と棒と、それに付け加えられた体をくねらせた長い蛇といった全てが、儀式的な相関をもつものだと想像されてしまっている。

J・P・ジョーシとシャルマ、A・K[120]は、六年近くにおよぶ発掘について、「プラヴァラプーラの発見」という報告書を出版し、一九九八年から二〇〇四年までの発掘発見物に注意を払っている。

同論文の最初には、マンセルで観察された自然科学的諸特徴、地質、地質年代順序についての情報がある。

> 地形の大部分は典型的に、頂上が平らで台地状になった諸特性、低い突出した側面と孤立した塚山群を有する、デカン白亜紀玄武岩質溶岩《トラップ》である。同地域は諸の森林地および耕作のための開拓地と交互に現れる、数々の開けた林間の空地を有して緑豊かである[121]。

重要な地質学的諸特徴のさらなる詳細も、以下の通り記述されている[122]。

マンセルという名称の起源について、同著者は評する。

シンドル山《ギリ》（シンドゥル山）の重要性についての記述に、マニカル池《クンダ》への言及がある。水浴をした後に、ヒディンバーへの礼拝に訪れねばならない、といわれている。当然の順序として、「マニカル池」が「マニカルサラム」へと変わりそれから「マニサラハ」、それが現在の名前「マンセル」へと繋がった。マンセルはヒディンバー聖所《ティールタ》として知られている。チャクラダラスワーミー卿がマンセルを訪れた時には、その名称は「マンシラ」であった[123]（『シンドゥルギリ・マーハートムヤ』二・六）。

このように同批評より、これらの著者達がマンセルという名前の由来について、『シンドゥルギリ・マーハートムヤ』と、ラームテクのラクシュマナ寺院にあるヤーダヴァ朝期の碑文に、大変印象を受けていることが明らかである。これについては、私自身の意見を添えて、様々な見解を他の場所に示そう。

これらの著者達が提供した、石器時代についての詳細な情報と、マンセル遺跡と石器時代とを相関連づけようとする彼らの試みは、とても印象的である。

マンセルで観察される地質年代順序

岩層名		年代
デカン玄武岩流（白亜紀玄武岩質溶岩）		始新世前期から白亜紀後期
白亜紀玄武岩質溶岩間堆積物	ラメタ地層群	白亜紀
ゴンドワナ層群	カマティ階	二畳紀《ペルム》
	バラカル階	石炭紀
	タルチル階	
縞の入った花崗岩層群	片麻岩	始生代

この関連でいうと、これらの著者達のみが、以下に要約されるような石器時代の種々の道具について記述したようである――

一　石器時代前期[124]。手斧、包丁、尖頭器《ポイント》、鶴嘴、掻器《スクレイパー》、鉈、斧、円盤状物質《ディスコイド》、石核、および剥片を含む。

二　石器時代中期[125]。蒐集物は、尖頭器、穿孔器《ボアラー》、掻器、石刃、小型手斧、そして時々円盤状物質、から構成される。

三　石器時代後期[126]。道具類は、石核、尖頭器、穿孔器、石刃、石錐《オール》、三角形のもの、不等辺四角形のもの、掻器、石核掻器《コアスクレイパー》、凹面で刻み目のある石核掻器、側削器、鑿状石器《ビュラン》等で構成される。石刃上の尖頭器類が、大多数である。

石器時代について印象づける関心事は、以下のさらなる記述より明らかである。「根菜や塊茎類を掘ることや、皮の掻剥等に用いられた道具類が圧倒的多数を占めることは、マンセルの原人が主として菜食に頼り、それらがふんだんに入手できたことを明白に示す。原人はそれをもって、動物狩猟への依存に替えたのである。私見では、これはインドの他の地域にもまた当てはまる。原人はそのほとんどが動物狩猟に依存し、主に肉食であったという誤った観念は、これらの道具の実用的側面が完全に検討される暁に、一掃されることだろう。年間通して豊富な植物性食糧が手に入るインドのような熱帯の国では、原人は自身の生命を愚かにも危険に晒したりはしないのである。彼は狩猟採集民となる代わりに、採集狩猟生活者となった。同様のことが、今日の部族的インドの地にもみられる」[127]。このように、いわゆる石器時代の石器類から成る発見物から、同著者らはインドの先史時代人、特にマンセルの人類が菜食民であったとみなさんと試みた。のみならず、古代の熱帯インドの原人は菜食民であった、とも主張されている。これはここ以外の世界各地の石器時代人が、学問的諸研究から狩猟民であったと認められていることと、対照的である。

かくして同著者達は、「石器時代」の影響下この機を捉えて、石器時代に属する旧石器時代の神なるものにまで、想像を膨らませている。

このいわゆる旧石器時代の神なるものについて、同著者達は以下の通り描写して言う。

　同原人は、食糧の狩猟と採集の能力を得た直後から、「超自然力」を崇拝していた。まずはじめに原人は、この力を形なき形に具象化し、やがてその姿は自分達のうちの一人に似たものだと想像したのかもしれない。この具象化が、「偶像」崇拝へと繋がった。マンセルの原人はその「超自然力」という概念を変容させるために、自身がまず道具類を作るために拾い上げたのと同じ、「石」という素材を選び取った。彼は、大まかに人の姿によく似た巨石を選択した。彼はヒディンバー山《テークディー》の頂で、あちこちに一、二のV字型の刻み目を作ってから、このおよそ三角形状をした花崗岩塊を据えた。[128]

ここには、石器時代の擬人化された像についての、非常に興味深い情報がある。著者達に拠れば、

　この大まかに擬人化された像は、礎石上にある大き目のもので、上の方ほど次第に細くなっており、人造の諸の巨石壇の上に据え置かれている。この台座は、周囲四・五〇メートルである。台座下部の低層には、岩々の半円形の露出を利用して、一種の円形劇場が作られている。この開けた空間は南北の長さ七・五〇メートル、東西の幅二・七〇メートルであり、おそらく特別な機会に集会場として用いられたのであろう。件の神はその後ろで、花崗岩の巨石の大規模露出が、頭部の背後に光輪の印象を与えるようなかたちで置かれている。南方向の平らかな谷に腹這ったように見えるこの印象的な像は、高さ三・一〇メートル、幅二・一〇メートル、大きさはその最も広い所

で八・四〇メートルの寸法である。四〇センチ幅の額の直下に、鼻の形を示すためにＶ字が刻まれており、鼻部の下では第二のＶ字が口になっている。鼻の両側には、片側に一つずつ、細い水平な石英脈の層があり、これらが明らかに、輝いた眼の印象を与えている。この像の前に立ってこれを眺めれば、彼が自分に語りかけようとしているように感じる。これは錯覚ではない。石器時代前期開始直後から、石器時代後期に至るまでの石器類の多数が、円形劇場の一帯と、また台座の一帯から収集されているように、この旧石器時代の像がマンセルの原人によって、明らかに崇拝のために据えられたことに、疑いの余地はない。[129]

この擬人化された像と石器時代の神崇拝について、著者らはさらに付記する。

> 巨石塊群を選んで、これらを擬人化された像に象る伝統は、巨石時代の間、崇敬と崇拝の対象として続けられた。この伝統は今なおインドにおいて、人々が今でもこの彼らの祖先たちの習慣を固守する、という形で続いている。マンセルの旧石器時代の神はインドの原人による、最も早い最初の崇拝対象である。こうした着想と概念とは、他のどこからもこの国に来てはいない。これは固有のものである。[130]

有史以前の石器時代についての冗長な議論に続き、それから同著者達はアショーカ時代以降の歴史時代へと方向を転ずるが、われわれにはヴィダルバ、そしてマンセルにおいてさえ、複数の龍《ナーガ》達の証跡をもっている。

マウリヤ－シュンガ時代（紀元前二〇〇年―紀元二〇〇年）（第一期）について、同著者達は同遺跡の歴史が、マウリヤ朝期以降のものであるということを証明する三つの証拠を認めている。まず、デオテクの岩刻碑文について、以下の通り述べる。

ヴィダルバは、アショーカの王国に含まれていた。この趣旨の証拠を、われわれはマハーラーシュトラ州、チャンドラプール地区デオテクにある、アショーカの宗務大臣《ダルママハーマートラ》発行にかかる岩刻碑文中に見出す。これはアショーカの、統治第一四年に発行された。宗務大臣等はアショーカによって、彼の王国の異なる地域に、動物達の捕獲と殺生とを防止するために任命された。(131)

マンセルの仏塔について評して曰く、

マンセルはヒディンバー山《テークディー》における諸発掘中、深さ三・九〇メートル、岩盤の直上に建てられた、直径八・〇メートルの煉瓦造りの仏塔があった。煉瓦の寸法は、四六センチ×二二センチ×七センチである。東側には、元の小山の傾斜した線上に、階段が作られた。波打つ地面を望みつつ、仏塔へと近付くために、地面は一・五五メートルの高さまで打ち固め上げられ、三八の横並びの層の広がりをもつ壁が起こされた。ある特定の仕方で落下した瓦礫の証跡が、この仏塔が地震で破壊されたことを示している。この第一仏塔の崩壊直後、1B期に、この時小岩、煉瓦片、土でいっぱいにされた長方形の諸房を作ることで、別の仏塔が建立された。房の寸法は二・五〇メートル×一・五〇メートルから、二・五〇メートル×一・一〇メートルの多岐に亘る。これらの一つで、四二センチ×二二センチ×八センチ寸法の煉瓦の、三四の横並びの層が掘り出された。この仏塔の場所から、石灰岩の舎利容器の底部と把手とが出土した。この仏塔が使用されなくなった後、厚さ一・二五メートルの文化的堆積物がその上に積み重なった。(132)

マウリヤーシュンガ時代の仏塔群について、同著者らはさらに追加して言う。「明らかに、これら二基の仏塔は、マウリヤ朝後期とシュンガ朝前期の間に建立された。この時代についてはまた、ヒディンバー山《テークディー》の南東角に、長さ八メートル（南北）、幅五・五〇メートル（東西）の楕円形の祠堂《チャイトヤ》が掘り出されている。この北側に偶像のための、長い、〇・八〇メートル幅の台座があり、一方、入り口は西にある」(133)。

同書で最も考慮に値するのは、同遺跡で発見された擂粉木、乳棒、砥石、および注ぎ口のある器とじょうろであった。これらのほとんどが興味を掻き立てる。なぜなら、これらのいずれも器具《ヤントラ》と称される、古代の医療器械に属するからだ。

彫刻遺物という点からみて、歴史時代（マウリヤ朝期）の仏塔であると評された独特な構造物に、いかなる仏教の彫刻遺物もなかった、ということはさほど驚くには当たらないが、しかるに、ヒンドゥー教の万神殿《パンテオン》の二、三の彫刻については、はっきり説明されている。これは、仏教初期には仏陀は象徴的に表現され、菩提樹、法輪《チャクラ》、祠堂等の姿で崇拝されたからかもしれない。しかし、いかにしてヒンドゥー教の神々が、かくも古い仏塔にその位置を占めることになったか、ということは非常に驚くべきことである。そして、それらは明らかに元の遺跡に外から持ち込まれたもので、より後代に現れたという鞏固な可能性があり、その理由もとても明白に残っている。ヘンリー・クーゼン（一九〇五）は、同遺跡の三つの仏教の像について評述する。「ダムの東端の上方、しかし諸の絶壁の下、小山の側面上、煉瓦に覆われた場所の上に―ひどく損なわれてはいるものの―ヒンドゥー教の神というよりは仏教の女神によりよく似た、女性像の三つの断片がある」(134)。これら全てはどこのことか？　これも同遺跡の古代仏教文化を根絶やしにせんとする企てなのだろうか？　という疑問が生ずる。

ミラシ、V・V（一九五七）はデオテク碑文について詳細に記述した。彼に拠れば、

この石刻碑文は縦に一フィート一〇インチの空間を占めて書かれてあり、一フィート六インチが空いている。文字はブラーフミーで、書かれた文字のほとんどは、プラークリット語のギルナール碑文に似ている。少なくとも最

初の三行は、その石の右の縁から彫り上げられている。断続的に二、三の文字が見える。これらの文字は、後代刻まれたものとは何の相関もない。早期碑文の最初の二行が保たれているが、その判別は不可能である。碑文の右側は破損している。(135)

彼はさらに加えて言う。

いくつかの季節あるいは年間を通しての、第五柱碑文のような最初の碑文の目的は、動物達の殺生が禁じられ、当該行為は罰せらるべし、ということである。王（スワーミー）のこの命令はチカンブリーにて表示されている。スワーミーの名前は、同碑文中には見られない。しかし碑文の第四行に、彼は「王《ラージャ》」として言及されている。第三行は、王命執行に責任の有ったあるアマーティヤの名前を含む。最終行は第一四年に言及する。同碑文はおそらく、アショーカの戴冠第一四年の折のものであったろう。これはおそらく、ヴィダルバの宗務大臣《ダルマハーマートラ》によって刻まれたものである。同宗務大臣は、たった一年前に任命されている。チカバマラ村は現存しており、古代における重要な場所であったに相違ない。(136)

ミラシに拠れば、

ルドラセーナは、王位に就かされた時、同地に一寺を建立し、自身の寺院建立について宣するため、おそらく同碑文を刻したのである。碑文の近くに小寺あり。その正面には、おそらく張出玄関《マンダパ》があった。同寺は簡素である。装飾のための彫刻は皆無である。二つの四角い石に、ベンガル枳殻《ベルパッティ》が彫られている。現在はガネーシャ神殿があるが、後世のもののようである。同寺は元々シヴァに属するものであったが、近くにシヴァのピンディはない。しかるに、同遺跡付近の石から、これは約一三インチという大変大きな直径であったに相違ないと推測される。かかる種類の諸のシヴァリンガが、マンセル・ラームテク近郊にも見られる。そこにはやはり、その祠がとても古いことを示唆する、崩壊したナンディの彫刻がある。現在の祠は、明確にヴァーカータカ朝期由来のものではない(137)。

今、早期のアショーカ碑文が彫り取られていることは明らかである。ヴァーカータカ朝期にヴェーダ文化と、同文化の重要な儀式となっていた供犠とが復活し、動物達の殺生を禁じそれを罰せらるべき行為とまでしていたアショーカ碑文はこれと矛盾するものであった。このように、人々に新文化と諸供犠の許可について印象づけるべく、寺院建立の折に、アショーカ碑文を彫り取ったうえで、ルドラセーナ碑文が刻まれたのである。

仏教の衰退期には、古代仏教遺跡群の外観が損なわれた、もっと多くの類例がある。

同著者らの議論する二番目の時代は、第一期と名付けられたサータヴァーハナ朝期（紀元前二〇〇年―紀元二五〇年）である。

サータヴァーハナ朝期の手短な歴史と遺跡群とについて著者らは評する。

マウリヤ王朝滅亡後少し後に、シュンガ王朝が同領域の支配権を掌握した。その後支配権は彼らから、サータヴァーハナ王朝の手に移った。マンセルでは、王宮と大寺《マハーヴィハーラ》との場所から出土した、同時期の多数の構造物遺跡群、土器、銅製品と鉄製品、およびサータヴァーハナ王朝の貨幣鋳型が、ヴィダルバにおけるサータヴァーハナの治世に、マンセルが事実上の首都か副首都という、非常に重要な場所となったことを示している。プラーナ文献ではアーンドラ王朝とよばれるサータヴァーハナ王朝は、大体紀元前二〇〇年から紀元二五〇年頃までの四世紀半、ヴィダルバを支配した。サカ属のサトラップ達によって西マハーラーシュトラから放逐される紀元一世紀終盤までの間に、彼らはヴィダルバに難を避ける場所を見出した。ナーシク碑文の一つで、ガウタミープトラ・シャータカルニ王は、ベーナカタカ・スワーミーとよばれている。ベーナもしくはベンナとは、現代のワインガンガーである。ヴァーカータカ王プラヴァラセーナ二世のティローディ銅板碑文には、ベンナ両岸上の領土から構成されていたに違いない、ベルマカタの一村の下付証が記録されている。(138)

この情報は、古代インド史に関連する、ほとんどの文献に見出されるところである。同報告書で真に議論の的となる考えの数々は、サータヴァーハナ王朝がマンセルに、居住用の王宮を建設したことについて示唆している。この王宮について同著者らは、以下の通り述べる。

> 西からの入り口を備えた巨大な王宮複合構造物《コンプレックス》が、この時期に建設された。五一メートル（東西）と四四メートル（南北）寸法の硬い煉瓦の基壇《アディシュターナ》上に、この王宮は立っていた。王宮は自身の内外の主壁間の、五メートル幅の廊下《ロビー》（回廊《コリドー》）で囲まれた、膨大な数の大小の部屋から構成されている。同王宮へは西側より、三から四連なりの広い階段で近付くのであった。基壇は岩盤直上に起こされた。それは四四センチ×二五センチ×八センチ寸法の、よく焼かれた良質の煉瓦でできている。接着剤として使用されたモルタルはとても薄く、ほとんど見えないほどである。王宮外側の壁々と基壇壁とは、交互に紅白に色付けされた石灰漆喰で塗られた、柱形の繰形《モールディング》で装飾されている。各壁龕は、それぞれの側面でひとまとまりの二一センチ幅の煉瓦柱を有し、窪んだ場所では二五センチ幅である。これらは高さ六五センチ。蛇腹《カポータ》の高さでは、一定間隔の煉瓦の摩竭魚《マカラ》で装飾されている。基壇の高さは最大四・一〇インチである。(139)

サータヴァーハナ王朝の王宮複合構造物《コンプレックス》について、同著者らは付記する。

「住居入構《グリハ・プラヴェーシャ》」時の王宮完成の後に、「建築祭式《ヴァーストゥ・プージャー》」が執り行われ、その証拠は、王宮北西隅の円形（内）と四角形（外）の火孔水溜《ハヴァナクンダ》というかたちで発見されている。水溜《クンダ》は灰でいっぱいで、そこから素焼きの男の人形と、焦げた数々の種が出土した。(140)

サータヴァーハナ王朝の王宮複合構造物として描写される僧院遺跡を考慮に入れつつ、同著者らは同構造物の傍証として、他の遺跡群についての他の情報をも集めている。最重要のものは防壁（防御施設）であり、それについて彼らは記す。

王宮は四方全て、がっしりとした一・三〇メートル幅の、煉瓦造りの防壁で要塞化された。東側に露出したこの壁の高さは、最大五・〇インチである。使われている煉瓦は四四センチ×二二（二二）センチ×七センチ寸法である。東と南では、この防壁を越えた先に濠がある一方、北と西では、堤防の築かれた大きな湖に囲まれていた。内部では、一帯は一二四・〇メートル（東西）×一一〇・〇〇メートル（南北）の範囲に亘る防壁で取り巻かれていた。防壁と王宮基壇《アディシュターナ》との間の箇所は、ほぼ一様に三〇メートル幅である。基壇壁の周囲四方全体、均一の九・三〇メートル幅寸法の開放的な宮廷が残されている。同空間に、二・四〇メートル幅の縁側《ベランダ》が続き、その中に諸房が口を開けている。この縁側の正面壁は、厚さ〇・七〇メートルである。東側、これまでに発掘された範囲では、中央房が三・五〇メートル×二・三五メートルで、両側に五・七〇メートル×二・三五メートル寸法のより大きな房を配し、さらに側面それぞれに一〇センチ×二・三五メートルの大きさの二房が続く。これら諸房の連なりの後方は、別な長さ五・八〇メートル四方の大広間であり、四方に行き亘っている。この大広間の外側、大広間と主防壁との間に、五・五〇メートル四方の空間があり、そこには大きさの異なる数々の房が、二・七五メートル均一の幅だけ保って露出していた。これら諸房の連なりは、二・二〇メートル幅寸法の共通の回廊の中で開かれている。全ての房の戸口は、ほぼ均一の大きさ、すなわち一・一〇メートル幅をしている。戸口の近くからは、砂岩の敷居が出土し、その上ではかつて垂れ幕一つのような簡素な戸が動いていたのだ[14]。

同著者達は、サータヴァーハナ王朝の王宮複合構造物とみなした遺跡の詳細を提示した。驚くべきことに、記述の後半部で、サータヴァーハナ王宮複合構造物の側にある、数々の僧房の存在もまた描写されており、それはサータヴァーハナ王宮複合構造物と関連した、驚異的な構造物であるようだ。王宮の描写に続いて、著者らは柱のある様々な複合構造物について記述している。

この王宮の西に、サータヴァーハナ朝期の四二の柱のある張出玄関《マンダパ》が出土している。各煉瓦柱の寸法は、一・三〇メートル×一・三〇メートルである。二本の柱の間の距離は二・二〇メートル。この張出玄関は南北、長さ二三メートル、東西、幅一九・五〇メートルである。通路の幅は、三・一〇メートルである。張出玄関は、一・二〇メートル幅で二九メートル×二九メートル寸法の囲い壁で取り囲まれている。塚の東南角に、同じ寸法で等距離に据えられた四本の柱があり、まさしく西の張出玄関の数々の柱がこれまでに発掘された同部分から出土していると、上に言及された通りである。これが南の張出玄関の、東端に当たるようだ。ここに地層配列は明確に、建築活動上の三時期（サータヴァーハナ、ヴァーカータカ、そして大寺《マハーヴィハーラ》期）を示している。この一帯では、サータヴァーハナ朝期の柱の数々が岩盤と未開墾地の上に置かれ、それらの柱の上にヴァーカータカ朝期の壁が横たわり、その高さで柱は切り落とされている。ヴァーカータカ朝期の壁々の上には、突貫工事による大寺期の諸の壁が走っている。煉瓦の大きさ、その肌理と煉瓦細工までもが、差異を表している。柱の煉瓦は、四二センチ×二六センチ×八センチの大きさである。ヴァーカータカ朝期には、四六センチ×二四センチ×八センチ寸法の壁の煉瓦が用いられている一方、ヴァーカータカ朝期の壁の上に乗っている壁の煉瓦は、三六センチ×二三センチ×七センチの大きさである。最後の時期の目地材はとても厚く、その上には砂利が入り、粗悪石灰石《カンカル》の混ざったモルタルが使われている。煉瓦の配置も均一ではない。柱の間の空間はラテライト性の赤土《マラム》で埋まり、王宮複合構造物《コンプレックス》占領の前に、ヴァーカータカ王朝がその辺全体を赤土で埋めて盛り上げたことを明らかに示している。なぜなら、この埋め立ては同複合構造物の他の場所でも見つかっているからである。諸の瓦の出土は、王宮と他の居住用複合構造物の両方が、瓦屋根であったという事実を示すものである。[142]

同著者らに拠れば、南の張出玄関《マンダパ》の東端に、サータヴァーハナ朝期、ヴァーカータカ朝期、ヴィシュヌクンディン朝期という地層配列上の三時期のはっきりとした特徴がみられ、これら王朝が張出玄関付複合構造物の建築もしくは修築に、貢献が有ったことを示している。サータヴァーハナ朝期の例証として、著者らは同期の諸房について以下の通り記述する。すなわちそこから、

良質のよく浮揚され（ママ）またよく焼かれた（訳者註：あるいは焼成）煉瓦でできた、丸い貨幣の（裏表両面の）打ち型の数々が出土している。これら貨幣の打ち型は、ゴータミープトラ・シャータカルニに属するものである。同打ち型は表側に、ウッジャイニーの象徴たる三つの丘とその下を流れる川、および紀元二世紀のブラーフミー文字で書かれた銘を描く。サカ族をヴィダルバから放逐したガウタミープトラ・シャータカルニは、多数の甕に入っ

た貨幣を発行したことで知られており、その貯蔵物がアコラ地区のタルハラで見つかり、それらのうちの五七五枚がガウタミープトラのものであった(143)。

この断片状で発見された重要な諸の彫刻遺物について、著者らは評する。

この諸の彫刻断片に関しては王宮正面、張出玄関から、独顔《エーカムカ》リンガ、ガルーダ鳥に乗ったナラシンハ像と、孔雀に乗ったカールティケーヤ像が出土している。カールティケーヤは「スカンダ」あるいは「クマーラ」としても知られている(144)」。同著者達は、これらヒディンバー山《テークディー》における遺物のいくつかについての詳細を提供しており、それについて以下の通り記す。「ヒディンバー山（ＭＮＳ－３）では、南東部、力呑供犠祭祀《ヴァージャペーヤジュニャ》の諸水溜《クンダ》の近く、サータヴァーハナ朝期の層から、ラッジャガウリー、クベーラ、ナンディの小像が出土した。良質な粒の赤砂岩から彫れているヴァーカータカ朝期の彫刻には似ず、これらの彫刻は全て、粗い粒の灰色砂岩か石灰質頁岩上に彫られ、それゆえより脆く、しかし細工しやすいというものである(145)」。

これらの彫刻遺物はざっと二組に分類できる。まず良質な粒の赤砂岩から作られ、はっきりした特徴をもったヴァーカータカ朝期彫刻群、そして特定の時期に属さない粗い粒の灰色砂岩か石灰質頁岩上に彫られ、それゆえより脆く、しかし細工しやすいものである。

ヴァーカータカ朝期（紀元二七五年―五五〇年）について記述するにあたって、同著者らは彼ら自身、描述のために第三期とみなした同期の歴史的および地理的資料の詳細を提示している。その歴史資料中で批評して曰く、紀元二五〇年頃のサータヴァーハナ王朝没落後、ヴァーカータカ王朝はヴィダルバにおける権力の座に登った。この王朝はヴィンディヤシャクティ一世という婆羅門によって開創され、彼についてはプラーナ文献およびナーシクの第一六窟碑文中で言及されている。プラーナ文献はヴィディシャの支配者として、ヴィンディヤシャクティに触れる。ヴィンディヤシャクティの息子で、「プローヴィラ」とよばれるプラヴァラセーナ一世は、デカンの広範囲に亘って統治した。プラーナ文献に拠れば、彼はリクシャヴァトあるいはサトプダの麓に位置するプリカに自身の首都を構えた。アルテカル(146)は、古代の地理学者に拠ると、プリカはヴィダルバおよびアシュマカと隣接していた、と言及する。プリカ国は『マルカンデーヤ・プラーナ』中、ヴィダルバおよびアシュマカとともに言及されている。プラーナ文献からの最初の歴史的な情報とともに、著者らはさらにヴァーカータカ王朝の歴史資料について敷衍し付記する。

紀元三世紀最後の四半世紀から紀元五世紀まで、ヒマラヤ山脈とヴィンディヤ山脈の間の国土はグプタ王朝治下にあった一方、ヴィンディヤ山脈南の大部分はヴァーカータカ王朝の支配下にあった。これら二大勢力ははじめこそ仲違いしていたが、緊密な同盟関係を育み、特にプラバーヴァティー・グプターがプリティヴィーシェーナ一世の息子、ルドラセーナ二世に嫁いだ後の、紀元五世紀最初の四半世紀にはそれが顕著であった(147)。

ヴァーカータカ王国の様々な儀式的活動を証明せんと、同著者らは多大な骨折りをしている。種々の文献から引用をしたり、彼らの活動を構造物遺跡群、ことに過去にアショーカの仏塔が存在したヒディンバー山《テークディー》にあるものと相関連づけている様子ではある。これについての詳細は、彼ら自身の言葉では、以下の段落の通り与えられる。

プラヴァラセーナ一世は、四度の馬供犠《アシュヴァメーダ》を含む、複数のヴェーダ供犠を執り行ったことで知られている（馬供犠の証拠が王宮複合構造物《コンプレックス》の北側、マンガン鉱山地区から見つかり、おそらくそれらの一つであるかもしれない、ということにここで触れてもいいだろう）。ヒディンバー山の東側、ヴァーカータカ朝早期の層から、力呑供犠祭祀《ヴァージャペーヤヤジュニャ》の証拠がほとんど無傷のまま露れた。『シャタパタ・ブラーフマナ』に拠れば、内に生贄としての人々の虐殺を含むソーマ酒供犠の一種、人身供犠《プルシャメーダ》はバラモンかクシャトリアが執り行うことができる。第六偈は王かバラモンが執り行うべきであると言明する。人身供犠を含む諸供犠には、これらの執行によって獲得される政治的地位という見地に従った階層がある。かくして、王搾酒供犠《ラージャスーヤ》、力呑供犠、馬供犠、人身供犠、一切供犠《サルヴァメーダ》の執行によって、王《プラジャーパティ》はそれぞれ「王《ラージャ》」、「大王《サムラート》」、「克己王《スヴァラージャ》」、「支配者《ヴィラート》」、「一切王《サルヴァラート》」を獲得したと述べられている[148]。

いくつかの宗教的な手順について記述してから、同著者達はこれらの儀式が実行された遺跡を見出さんと、この機会を利用した。同報告書は付記する。

> 祭祀《ヤジュニャ》のための場所の準備のために、第二仏塔の深い二房が、求められる高さまで埋められた。この証拠は、両積壇《チティ》が房の中に作られたことを明白に示している。なぜなら、房の壁と積壇との間に何の連結もないからである。房の内南側の一つに、よく焼かれた四四センチ×二二センチ×七センチ寸法の煉瓦を用いて、三・四〇メートル×三・四〇メートルの亀積壇《クールマ・チティ》が作られた。「（陸）亀《クールマ》」を模した壇は、数々の三角形と逆三角形に支えられた形でできている。房の中、この積壇の北に、飛翔する鷹の形をした鷹積壇《シュイェーナ・チティ》が作られた。両積壇は東に面し、三段の広い階段で昇り得る広い門口を通って近付くことができる。階段の中央、煉瓦のなかに一つの石が、明らかに椰子の実か何か他の供物を割るために、埋め込まれている[149]。

ジョーシおよびシャルマ（二〇〇五）の研究と見解に拠れば、ヴァーカータカ王朝の最も重要で見事な遺跡は、人身供犠《プルシャメーダ》として記述される人間の虐殺あるいは人間の犠牲祭であったようだ。一九九七—一九九八年の発掘報告書と、二〇〇五年の再検討報告書にも、くだくだしく描写されている。これについて著者らは記す——

鷹の広げた双翼と嘴の有る、二・五〇メートル×一・八〇メートルの鷹積壇は、その右側に横たわり南を向いた、身長三・〇メートルで身を屈めた状態の、健康そうな男性像の石灰岩の模像を内蔵している。右脚が左脚の下に置かれた状態で、両脚とも折り曲げられている。同像の頭頂から爪先までの長さは、最大二・一〇メートルである。一方、幅は臀部で最大〇・九〇メートルである。胸部より上の部分は、儀式の間に粉砕された状態で見つかった。煉瓦の中から、切断された額部と、大きな両眼を示す頭部の諸断片が出土した。その胸部に、木の竿《ユーパ》を固定するための楕円形の穴を伴う、五〇センチ×五〇センチ寸法の、四角形の煉瓦祭壇《ヴェーディ》が見つかっている。腰部の上の部分には、馬蹄形をした数々の、一五センチ×一三センチ×一六センチ寸法のよく彫刻された煉瓦が積まれている。これらの煉瓦と両積壇の内側とは、石灰質のモルタルで漆喰塗りされている。両積壇は、石灰岩で漆喰塗りされた煉瓦床である。膝部直下に土製の甕が置かれたままであり、膝部の南東の方には、赤色土器の別の甕が横たわっている。人物像の周囲全体に、主として異なる大きさの釘、戸口の側柱、鎹《かすがい》等から成る多数の鉄製品が見つかっている。左足の直下、爪先の南東の方に、人物像の方を見つめ、傘を擡《もた》げた鉄の蛇が、黒色土器の破片の上に置かれたままである。人物像の南西角には、小さな軟体動物の貝殻で装飾された「輪《チャクラ》」の模刻が顕著であり、おそらく祭祀《ヤジュニャ》を執行した王の「転輪聖王《チャクラヴァルティン》」としての性格を示しているのだろう。人物像は流れるような獅子秘衣《カウピーナ》と、両の脚に足環を纏っている。内側に両積壇が作られた、二房の壁々の外面には、ヴァーカータカ王朝に典型的な建築法といえる三角形の意匠が付加されていた(150)。

このように同著者らに拠れば、人身供犠と、仏塔の破壊による諸寺の造営とは、おそらくサータヴァーハナ朝期の終りとヴァーカータカ朝期のはじめの間という、短期間に起こっているらしい。もしこれが両時代の合間に行われ、特にヴァーカータカ朝期の出来事であったなら、これはただ説明されぬままにされている、マンセルにおけるヴァーカータカ王朝の文化的残虐性が投影されたものなのであろう。

人身供犠遺跡の記述に加え、同著者らはヴァーカータカ王朝が行った他の儀式について指摘すべく付記する。

亀積壇《クールマ・チティ》の南に、装飾された粗い粒の砂岩でできた八段の一連なりの階段があり、全体で一・八〇メートルの高さがある。各段は、一・六〇メートル×〇・三〇メートル×〇・二八メートルの大きさである。階段直下、一・〇メートル×一・〇メートル寸法の四角い火孔水溜《ハヴァナクンダ》の中に、諸の三角形の煉瓦が置かれたままになっている。穴の充填物は、灰と焦げた球状の種とから成る。この火孔水溜の南方に、一・二五メートル×〇・四〇メートルの長方形の石灰岩の窯が露出した。明らかに、この窯の中で、「生贄男《プルシャ》」像のための石灰漆喰が準備されたのである。第一の火孔水溜の東方に、灰と焦げた種を内包する他の四角い火孔水溜が露出した。これには煉瓦の二つの横並びの層がある。この力呑供犠祭祀《ヴァージャペーヤヤジュニャ》はプラヴァラセーナ一世が、「大王《サムラート》」の地位を獲るために執り行った、というのも、彼はすでに馬供犠祭祀《アシュヴァメーダヤジュニャ》の執行によって「転輪聖王《チャクラヴァルティン》」の称号を得ていたからである、と諸の証拠が示している。プラヴァラセーナ一世は、ヴァーカータカ王朝の王達の中で唯一の「大王」である。(151)

同著者らはヴァーカータカ王統についてのさらなる情報を補足しつつ、同王国の広がりと、分派した他のヴァーカータカ王朝と彼らとの関係とを付記する。

プラヴァラセーナ一世には四人の息子がおり、彼の死後その間で彼の広大な王国は分けられた。長男は彼よりも先に死んだガウタミープトラであった。ガウタミープトラの息子、ルドラセーナ一世（紀元三三五年―三六〇年）は、ヴィダルバ北部を掌握し、マハーラーシュトラ州ナグプール地区はラームテク近郊のナンディーヴァルダナ（ナーガルダン―ナンダプリー）から統治を行った。彼はアショーカの宗務大臣《ダルママハーマートラ》のデオテク碑文のいくつかの部分を手に入れ、これを削り落とし、同じ場所に自身の記録を刻ませた。彼は、グワリオールに程近いパドマヴァティーで統治を行っていたバラシヴァ王朝のバヴァナーガ王の、協力な支援を受けていた。バラシヴァはルドラセーナ二世の母方の祖父であった。彼は狂信的なマハーバイラヴァ信者であった。彼のデオテク碑文は、その寺院《ダルマスターナ》（？）建設について記録している。マンセルのヒディンバー山《テークディー》で発見されたシヴァ寺院が、この寺院であろうか？

……ルドラセーナ一世の後にその子プリティヴィーシェーナ一世が続き、彼は長期に亘って（紀元三六〇年―三九五年）統治を行い、平和と繁栄をもたらした。彼の治下、この派のヴァーカータカ王朝は、有名な北インドのグプタ一族と結婚によって繋がった。チャンドラグプタ二世、すなわちヴィクラマーディトヤ（紀元三七〇年―四一五年）は、紀元三八八年頃、その娘プラバーヴァティー・グプターを結婚を通じて、プリティヴィーシェーナの息子、ルドラセーナ二世（紀元三九五年―四〇五年）に与えた。ルドラセーナ二世は即位後すぐに崩御し、二人の息子、ディヴァルカラセーナとダモーダラセーナを後に残した。彼らが幼かったため、プラバーヴァティー・グプターが長男ディヴァルカラセーナの摂政となって、少なくとも一四年の間（紀元四〇五年―四一九年）簾政を布いた。ディヴァルカラセーナもまた、とても夭逝であったようである。プラバーヴァティー・グプターの息子ダモーダラセーナは、即位に当たってその有名であった先祖の名を受け、長い治世（紀元四一九年―四五〇年）を誇り、その学識と寛容さをもって知られた。プラヴァラセーナ二世の碑文の六つで、彼は自身を「最大王《パラママヘーシュヴァラ》」と呼称し、それはシヴァの慈悲もて、円盤武器《チャクラ》の代わりに槍《スーラー》を携えた者なのである。[152]

先に出た彫刻群について再検討するために、同著者らは評する。

一九七二年に、ヒディンバー山上で、一体の素晴らしい彫刻が見つかった。それより以前マンセルからは、後に失われてしまったいくつかの石造彫刻がもたらされていた。現在、一九七二年に見つかったその彫刻は、ニューデリーの国立博物館の入口大広間を飾っている。諸の持物、すなわち数珠、頭蓋骨、三日月、もつれた髪等に則って、シヴァ・ラーマムルティ博士とクリシュナ・デーヴァは、この像を矮人侏儒《フラスヴァ・ヴァーマナ》あるいはシヴァ侏儒と特定した。この像の見つかった場所と彫刻の純然たる質の高さは、どちらも王家の庇護を示唆している。碑文学的な証拠は、プラヴァラセーナ二世の治世、彼の住居が未だナンディーヴァルダナにあった時に、プラヴァレーシュヴァラとして知られた一寺の存在したことを教えてくれる。この寺院こその諸の遺構を、ヒディンバー山頂でわれわれが発見しているものである。小山の北斜面の、東の外れのシヴァの祠のすぐ外から出た、紀元五世紀の四角頭のブラーフミー文字で「*Pravaresvarasya*（プラヴァレーシュヴァラに属する）」と刻まれ焼かれた、数々の粘土の刻印の発見は、この露出した寺院がプラヴァレーシュヴァラのものであり、この場所から一九七二年に見つかったシヴァ像が、プラヴァレーシュヴァラ寺院の偶像であったことの、決定的な証拠である。この寺院複合構造物《コンプレックス》の神は、一般的な慣習に従い、明らかにその開基に因んで「プラヴァラの王」（プラヴァレーシュヴァラ）と名付けられた。またその人は他の誰でもない、プラヴァラセーナ二世であった可能性がある。この彫刻について、バッカーは述べる、「この像は非対称的だが調和の取れたかたちで、二つの主要な、しかし背反した様相を結び付ける。すなわち生と死、現実肯定と厭世とである。これは例えば、四臂に握られた持物の珍しい組み合わせから来ている一方、その四臂自体もまた重要で、当時のヴィシュヌ像では標準的なことであるが、これらはグプタ－ヴァーカータカ朝期のシヴァ像には異例なことであるようだ（クレイゼル、一九八六）[153]」。

まず最初にジャンバラとよばれ（一九七二年）、それからシヴァ侏儒《ヴァーマナ》とよばれたこの彫刻について記述する一方、同著者らは情報と綿密な観察とを提供し、それについて付記する。

この神は大王楽座《マハーラージャ・リーラーサナ》というくつろいだ、穏やかな、それでいて君主たることを示す、王の姿―ラーマギリ（著者註：そして二〇〇三年の今では、マンセルの王宮複合構造物《コンプレックス》の地からも発見されている）の同時代のナラシンハ像からも知られる姿勢で座っている。ある種の作法で、この像のシヴァはすっかりこの土地に馴染まされている。彼の荒々しい諸特性、その数々の武器、第三の眼や、男根像の徴は故意に取り去られている。その肥満した四肢のそれぞれは、侏儒の姿をとったシヴァ神の精神的な支配力を強調すべく、巧みかつ微妙に形作られている。芸術家がこのシヴァ神の珍しい姿を表現するために、強大な王プラヴァラセーナ二世に生き写しの肖像を採用したのだとしても、あながち間違いでもなかろうし、この表現はインド美術中に独特のコンセプトを構成し、それは東南アジア美術の神王《デーヴァラージャ》派に三世紀以上も先駆けるものであった[154]。

この個性的な彫刻は明らかに、多数の独特な、そして最上の職人達の手に成るものである。これがシヴァ侏儒、そしてプラヴァラセーナ王であると示唆する試みが加えられているものの、著者達はその唯一性について言及する。「ジョアンナ・ウィリアムスの言葉を藉りれば、この独特な像には『図像学上、まさしく相当するものは』無い[155]（ウィリアムス、一九八三、二二七―二三二）」。

同著者らはヒディンバー山《テークディー》と僧院王宮複合構造物にある、ヴァーカータカ王朝によって建設された複数の寺院について記述していた。

最も重要なものは、様々な祠であるようだ。

北側では、数度の発掘が、現存する二メートルの高さの八角形を形成する鋭角を伴う、縦溝を彫られた基壇の上に建てられた諸の祠を掘り出した。これら五つの八角形の上に、建築活動が出来した。これらの八角形の中央に、一・四〇メートル幅の階段が作られた。一番下の煉瓦の月石《チャンドラシラー》を除くと、これは一三段である。この階段のてっぺんから、二本の細い階段が、主階段から分岐して、明らかに信者達の一方通行の流れを維持するために、洞窟の祠へと続いている。これらの階段の屋根を閉じるために、諸の煉瓦の三角形と逆三角形が、建築の中に用いられている。一番通路の右手と左手のそれぞれに、二つの小さな祠（二番と三番）がある。この通路の長さと幅は、六・〇メートル×〇・六五メートルで、ジグザグの漆喰で塗られた階段がある。この通路の西側の祠（二番祠）は、一・四〇メートル×一・四〇メートル寸法である。これには〇・九〇メートル×〇・七〇メートル寸法の壁龕が壁の上に、また煉瓦で覆われた床がある。現存する壁の高さは一・五〇メートルで、二二か三の煉瓦の横並びの層がある。[156]

他の祠について、著者らはさらに評する。

　通路の東側には、今は行方不明のリンガのための壇を伴う壁龕をもった、一・四〇メートル×一・四〇メートル寸法の祠（三番祠）がある。東側の二番通路には塞がれた壁龕をもち舗装された床を伴った、一・四〇メートル×一・四〇メートル寸法の祠（一番祠）があった。壁龕の大きさは、〇・九〇メートル×〇・七〇メートルである。通路の長さは六・〇メートルで、幅は〇・七五メートルから〇・九〇メートルである。これもまたジグザグで、幅〇・五〇メートルから〇・四〇メートルの、漆喰で塗られた階段がある。洞窟の入り口には、二・七〇メートル×一・三五メートル寸法で、東側、頂上ぴったりまである煉瓦壁を伴った張出玄関《マンダパ》がある。これには煉瓦造りで一・一〇メートル×〇・二〇メートル寸法の、戸口の敷居がある。両通路はシラーの中で出会い、むろん西側通路は西側から下りた後加わるのである。洞窟は四メートルの長さ侵入可能で、最大幅も四メートルである。洞窟の床は石灰質の漆喰で塗られ、黄土で上塗りされている。三番祠の西方に、西向きで一・四〇メートル×一・四〇メートル寸法の別な祠（四番祠）がある。東壁上には行方不明のリンガのための座《ピータ》がある。この祠へは西側からの、一連なりの階段で近付くことができる。諸の八角形の壇上と、これら四つの祠の外には、主階段の両側の上に、半円形の数々の壁龕が、北向きに作られている。これらはおそらく様々な神々を、安置するためだったのであろう。[157]

このように著者らに拠れば全側面からの、ヴァーカータカ朝期に建てられた諸寺があった。諸寺のみならず、リンガと他の神々を安置するための、複数の祠もあった。

発掘中に出土した、他の構造物遺跡群についても、印章を準備するための場所だとして、同著者らが議論をしている。「大部分灰の物質から成る、第四地層由来の半円形の稜堡近くの、最初の八角形の東側から、準備の様々な段階の、多数の半焼けの諸の刻印が出土した。これらの印には、五世紀に典型的な四角頭のブラーフミー文字で書かれた『*Pravaresvarasya*（プラヴァレーシュヴァラに属する）』、『*Sri Vatsa*（吉祥なるヴァトサグルマ王朝）』という碑文があり、いくつかには象のモチーフがある[158]」。

他の寺院遺跡群に続いて、さらに同著者らは西側の諸の祠とリンガとして表れたその顕著な特質を述べ、そのリンガについて評する。

入り口の北側に一・四〇メートル×一・四〇メートル寸法の祠（五番祠）がある。祠には、〇・六〇メートル×〇・六〇メートル寸法の四角い煉瓦の台座の上に、リンガがある。リンガの視認し得る高さは〇・四七メートルで、周囲は〇・三五メートルである。祠の基壇は半円状の型のものである。二つの半円形の突出部の有る入り口は、3

A期の間の実用的なもので、直接、洞窟の祠へと続く。入り口の二つの突出部には、その入り口を垂木で塞ぐ、この土地の典型的な施錠システムたる突き出した煉瓦の受け口が与えられ、一〇〜二〇年前にはわれわれの村の家、要砦、大住宅《ワーダ》でも用いられていたものである。この入り口は3B期、プラヴァラセーナ二世が一列の祠を建設した時に塞がれ、北の二組の階段の設置によって、この入り口は役に立たなくなってしまった。……意外なことに、この場所からはいかなる彫刻も出てきていない。[159]

同著者らは他にも縷々述べている。

適宜入れ替えられるリンガとシヴァリンガのものとレッテルを貼られた、諸の祠についての記述がある。驚くべきことに、自生した《スヴァヤンブー》、すなわち勝手に生えてきたものがあるのだという。「一二番祠は自生した寺院である。この祠には北壁から突き出した大きな花崗岩の巨石が、三側面上に煉瓦の枠でかたどられ、一方、岩の神の正面の床の上には、六角形の半分の祭壇《ヴェーディ》がこしらえられている[160]」。

プラヴァラセーナ二世がナンディーヴァルダナから、自身プラヴァラプーラを開創した地へと遷都したことを歴史は伝える。このプラヴァラプーラの在り処を求めて、何人もの学者が証拠を添えて自身の説を唱えている。ジョーシおよびシャルマ（二〇〇五）は、マンセルそれ自体がプラヴァラセーナ二世の開基したプラヴァラプーラであるという仮説を立てた。プラヴァラプーラとしてのマンセルを考慮するために、同著者らはその発見物に基づいて付記する。

地層配列からいえば、北、西、南側のシヴァの祠の列は、プラヴァラセーナ二世がナーガルダンからマンセルへと遷都し、その首都をプラヴァラプーラと名付けた後、彼の治世下で加えられたものである。[161]

さらに加えて言う。

プラヴァラセーナ二世の諸碑文もまた、彼が新しい居所たるプラヴァラプーラを建設することを決め、彼の治世の第一六年より前に、そこへ自身の宮廷を遷したことを伝える。（シャストリ、一九九二、一三二）。そして今やこの事実は、一般に大寺《マハーヴィハーラ》遺跡として知られる、ヒディンバー山《テークディー》東方にある、不規則に広がった彼の宮廷の選良のための諸の居住用複合構造物《コンプレックス》を伴う、よく要塞化された三層の王宮の発見によって証明されている。王宮の防御施設のなかからの、紀元五世紀の四角頭のブラーフミー文字で「*Pravaresvarasya*（プラヴァレーシュヴァラに属する）」と刻まれた石鹸石の印章の発見（ヒディンバー山上で見つかった諸の刻印に似る）とともに、今や以下のことが最終的に確定した。すなわち、王宮はプラヴァラセーナ二世のものであり、同地はプラヴァラセーナ二世がその新しい居所をプラヴァレーシュヴァラ寺院近傍に建設した、そのプラヴァラプーラであり、それから同寺院は、ラーマギリスターナがナンディーヴァルダナの国の聖所であったごとく、プラヴァラプーラにおける国の聖所としての地位と機能とを備えたのである。プラヴァラセーナ二世の治世第二九年に、プラヴァレーシュヴァラ寺院《デーヴァクラスターナ》から発行された証文は、プラヴァレーシュヴァラ寺院に国の聖所としての地位、「勝授法所《ヴァイジャイカ・ダルマスターナ》」が付与されたことを暗示しているようである。これは公的な機能が果たされる場所たる、王家の地所のことを言っているらしい。プラヴァラセーナ二世は、その土地施与の大部分を、自身の居住地たるプラヴァラプーラから為した。プラヴァレーシュヴァラ寺院は、諸の土地を所有していたようである。このことはプラヴァレーシュヴァラが、ヴァーカータカの二六番目の村に指定されていることから推測できるかもしれない(162)。

著者らは諸の彫刻遺物を手短に概観し、それらについて評する。

プラヴァレーシュヴァラの寺院と数々の祠の破壊の性質からみて、それらが故意に人間の手で粉砕され、破壊されたことは明らかである。筆頭寺院の瓦礫の中から、なんらかの像か建築断片はほとんど出土しなかった。壁々の間のその一帯は、土と煉瓦片とで埋まっていた。全て像、巨大建築の欠片、断片的な石の碑文、全て薔薇色の良質な粒の砂岩上に造作されたものは、北、西、南斜面にあり、主としてシヴァ信仰に属する数々の祠の内側の瓦礫から出土した。これらの彫刻群それ自体が、大部分、同時代の古典グプタ美術の最良の作品群に匹敵する、洗練された優美と表現力に裏打ちされたヴァーカータカ主王朝特有の美術上の一派を形成している。

同著者らに描写された彫刻群のうち、注目に値する作品は

吉祥天女《ラクシュミー》
抱擁神像《アーリンガナ・ムールティ》
シヴァ・パールヴァティ
シヴァ
夜叉《ヤクシャ》
毘沙門天《クベーラ》
ヴィドヤーダラ
緊那羅《キンナラ》
龍《ナーガ》
マヒシャースラ

装飾的キールティムカ
荷担《バーラヴァーハカ》（夜叉）　等

といったものである。

右の一覧は、仏教文化の夜叉、ヴィドヤーダラ、緊那羅、龍を含んでいる。古代のヴィダルバに仏教が存在し、マンセルの地もその例外ではなかったことは明らかである。ヴァーカータカ王朝はリンガ崇拝者ではなかったので、小乗、大乗以外にも、他の仏教諸派との混淆があったようである。マンセルにおいては、おそらく仏教と龍達がなお自身の固有性を保っていたか、仏教のリンガヤーナ派がリンガを崇拝したのだということは明白である。このことはその文化混淆から明らかで、それについて同著者らは評する。

以下のことを銘記しておくことも興味深い。すなわち、ヴァーカータカのヴァトサグルマ支派王朝が積極的に庇護したアジャンター美術はマンセルのそれと同時代に属し、それゆえ両者が、その投影された宗派的起源―前者は仏教徒で後者はシヴァ派―を全く異にしていながら、いくつか共通の様式上の特徴を共有していることも驚くには当たらない。しかし、あらゆる宗派に共通な夜叉、ヴィドヤーダラ、緊那羅のごとき神の従者あるいは半神の表現のなかにこそ、その様式上の嗜好が最も明瞭に表れている。かくして、マンセル出土の緊那羅は、アジャンター第一石窟内、有名な蓮華手菩薩《パドマパーニ》（A・ゴーシュ、『アジャンター壁画』、七七頁）の上に描かれたものと、アジャンター第一七石窟内に描かれた翼のある別の緊那羅（『アジャンター壁画』、図版六〇）とに酷似している。それらの嗜好は、その巨体や姿勢や、琵琶の形やそれが演奏のためにどう抱えられているかといったような詳細のうちにまで潜んでいる。ここでまた、マンセル・シヴァの頭の右真横にもたれている重たげな髪型は、実際、アジャンター祠堂《チャイトヤ》[163]（『アジャンター壁画』、図版Ｆ）上面の夜叉像の美しい髪型を連想させる。

このように、片やアジャンターは本生物語《ジャータカ》を絵に描くために選ばれ、片やマンセル美術は本生物語の英雄達を、彫刻の形で描くためのものであったようだ。

ジョーシとシャルマの見解では、プラヴァラセーナ二世はナンディーヴァルダナからプラヴァラプーラへと遷都し、現在のマンセルはその同じプラヴァラセーナ二世の首都で、僧院複合構造物《コンプレックス》は同著者らに拠れば、プラヴァラセーナ二世がサータヴァーハナ王朝の王宮遺跡群の上に建設した彼自身の王宮であったという。それについて、著者らは述べる。

> 彼は打ち棄てられた、サータヴァーハナ王朝の手頃な王宮複合構造物と防御施設を見出し、同地を占領した。サータヴァーハナ王宮の王宮基壇《アディシュターナ》と一階部分の上に増改築を加えることでさらに二層を追加したが、王宮の複合構造物全体とその周囲の建物の基本計画には手を加えなかった。このことは煉瓦の大きさ（四六センチ×二四センチ×八センチと四六センチ×二二センチ×七センチ）や、サータヴァーハナ王朝の接合材と較べるとさほど良くない同材などから明々白々である。基壇の幅と長さは一・三〇メートル割り増しされ、外側にある早期の諸特徴は模倣された[164]。

同著者らはいわゆるヴァーカータカ王朝の王宮複合構造物《コンプレックス》の、かくも多くの構造上の詳細について記述していた。ヴァーカータカ王宮複合構造物にさらに補足すべく、サータヴァーハナ朝期の王宮複合構造物の残存していた一階部分の上に、プラヴァラセーナ二世が居住用複合構造物として用いるため、さらに二階高くしたことを、同著者らは述べる。以下、著者らが追記する通り、地面に沢山の瓦礫があったことは明白である。

彼が一階部分を再利用したかどうか判断するのは難しい。なぜなら、ここもまた瓦礫に埋まり、それを取り除くのは危険だからである。参照可能な根拠からみて、少なくとも西側において、サータヴァーハナ朝期の元の階段が埋まっているのと同様、通路が瓦礫で一杯になっていることは明らかであり、またその頂上、四角い範囲には、壇か縁側《ベランダ》が作られた。このことはまた、以下の事実からも支持される。すなわち、ヴァーカータカ朝期の再占領中に、西側の階段の代わりに、それぞれ一三段で一・七〇メートル幅寸法の階段二組が作られ、どちらも二階部分の壇へと続き、それから他の二組の階段が、三階へと続いているのである。一階部分の階段は両方とも西に向かうようだが、二階部分の階段は北と南と東のそれぞれに向かっているようである。外側の王宮表面部には、それぞれ一・五五メートル幅寸法で、二本の〇・六〇メートル寸法の柱上に立っている、何か置かれたり窪んだままだったりする部分が交互に現れる。壁の表面全体は一連の壁龕と、それぞれ二五センチ幅と二一センチ幅の柱形で飾られている。これらの上には広い二重の壁龕があり、外側が八四センチ幅である一方、内側のものは五八センチ幅である[165]。

このように著者らの批評から要約すれば、以下の通りである。すなわち、サータヴァーハナ王朝の王宮遺跡を用いることで、またプラヴァラセーナ二世が古い構造物の複数の修繕に着手し、さらに二層をいわゆるサータヴァーハナ王宮複合構造物の上に建造したことで、数々の構造物が石灰質の漆喰で塗られ、また交互に紅白に塗られた。このように同じ複合構造物は、そのサータヴァーハナ王宮複合構造物修繕と改装後、使用できる状態になった。そして「住居入構《グリハ・プラヴェーシャ》」（居住地に入る前の儀式の手続き）の前に、彼は儀式的かつ宗教的手続きたる「建築祭式《ヴァーストゥ・プージャー》」に着手した。それについて、著者らは評する。「北東角に近く、基壇壁に隣接して、灰と煉瓦片でいっぱいになった四角い火孔水溜《ハヴァナクンダ》がある。灰だらけの堆積物から焦げた数々の種がもたらされ、現在調査中である。王宮に新たな二層を増築した後、王宮を占有する前に、『建築祭式』が執り行われたようである[166]」。

サータヴァーハナ王朝はその建築物の質の高さゆえに、それらがプラヴァラセーナ二世の時代（四一九年―四五〇年）まで残っていたということで、感謝されてしかるべきである。いわゆる王宮複合構造物の防備については、同著者らに拠れば、「選良と、王宮の警衛に従事する衛士達のための居住用複合構造物の見取り図は、三方すなわち王宮の東、北、南でほぼ同じである。実際の所、サータヴァーハナ朝期の元の計画が保たれていたのである[167]」。

プラヴァラセーナ二世の後、ヴァーカータカ王朝は徐々に衰退し、のみならず、後期ヴァーカータカ王朝は、仏教徒たるヴィシュヌクンディン王朝と姻戚関係に入った。ヴァーカータカ王朝の構造物遺跡群には、ラームテクにあるプラバーヴァティー・グプターのための寺院も含まれる。これについて著者らは記述する。

マハーラーシュトラ州、ナグプール地区、ラームテクのケーヴァラ・ナラシンハ寺院の碑文に拠れば、紀元四五六か七年に、プラヴァラセーナ二世からその息子ナレーンドラセーナが王位を継いだ。ラームテクはプラヴァラプーラ（マンセル）からたったの五キロメートルの距離である。同碑文は、後家となったガトートカチャ・グプターが、その父方の家へと帰り、自身の母プラバーヴァティー・グプターの利益を願って一寺を建立し、安置された女神像を彼女に因んで「プラバーヴァティー・スワーミン」と名付けたことを記録している。これはおそらく、内部で同碑文の見つかったナラシンハ寺院のことであろう[168]。

後期ヴァーカータカ王朝の歴史についてさらに補足して、同著者らは、ナレーンドラセーナからその息子プリティヴィーシェーナ二世が王位を継いだ（紀元四七五年頃）ことを記す。

紀元四七九年から四九二年の間に、プリティヴィーシェーナ二世はその独立した支配体制を確立し、ヴィシュヌ派信徒であることを公言して、ヴァーカータカの王権を今一度、神《バガヴァット》の慈悲深い加護の下に据え付けることで、自身の曽祖父と祖母の（ママ）宗教へと回帰した。第一に、彼のそのはじめの証文が、三五年以上を隔てて、ラーマギリ（ラームテク）から発行されている。第二に、プラヴァラプーラの王宮の真正面に、東向きの寺院遺跡群の証拠が出土し、ラーマギリのケーヴァラ・ナラシンハ寺院の大きなナラシンハ像の縮小模刻としての、「ガルーダ鳥」に乗ったナラシンハの石の小像（ナーガルダン（ナンディーヴァルダナ）で見つかったものに類似）がもたらされたことも、この事実を示唆している。このプリティヴィーシェーナ二世によって建てられた寺院は、王宮の西一四・〇メートルの地点に位置している。(169)

このように同報告書から、プリティヴィーシェーナ二世の時代に、ヒディンバー山《テークディー》のマンセル僧院にしてまた仏塔でもある複合構造物《コンプレックス》は、困難な時代を迎え、ヴァーカータカ王朝後期にプリティヴィーシェーナ二世はナラの王に攻撃されるが、ヴィシュヌクンディン王朝がプリティヴィーシェーナを助けにきた。プリティヴィーシェーナの主たる敵はナラであって、ヴァーカータカ王朝はプリティヴィーシェーナの王位を保たんために、ヴィシュヌクンディン王朝との姻戚関係を確立した。「プリティヴィーシェーナ二世がその王権を失った後、彼は南のヴィシュヌクンディンの王朝との間に関係樹立を模索した。彼は自身の家の娘の一人と、ゴーヴィンダヴァルマ・ヴィクラマーシュラヤ大王の息子、マーダヴァヴァルマン二世・ジャナーシュラヤとの結婚を調えた(170)」。

このことは、ヴァーカータカ王朝と仏教徒たるヴィシュヌクンディン王朝とにはなんらの敵対心もないことを示しており、またヴァーカータカ朝期中の反仏教運動を示唆するものも何もない。

同報告書中では、僧院遺跡（いわゆる王宮）の破壊に帰結したというナラ達とプリティヴィーシェーナ二世の間の戦について指摘されている。しかし発掘においては、かくも多くの防護で守られた王宮が、ナラ達の軍勢に攻撃されたことを示す、人骨や骸骨の証跡はどこにもない。それはつまり、攻撃は平和的なもので、流血も人命が失われることもなかったということなのか？　遺跡群についての記述からは、あたかもそれは当時現存する僧院の地に対する、よく練り上げられた攻撃であって、住人達（おそらく僧）は逃散し、そして同著者らが記述した通り、慎重に選び取られた焼け跡からも明らかな、重要な数々の遺跡の破壊と焼き討ちが出来したのだ、とでも言いた気である。

同著者らに拠れば、ヴァーカータカ王朝に続いて、紀元四九五年から五一八年まで、ヴィシュヌクンディン王マーダヴァヴァルマン・ジャナーシュラヤがヴィダルバ全域を支配した時代に、マンセルはまた仏教文化の回帰をみた。ヴィシュヌクンディン王朝はこの地域から起ち、この時代は仏教が、アショーカの黄金時代の失われた日々を見出した時代でもあったのである。

ヴィシュヌクンディン王朝による仏教復興

アショーカ時代開始直後からヴァーカータカ朝期開始まで、そしてそれ以降ですら仏教はマンセル庶民の信仰であった。サータヴァーハナ朝期には、その人の洞窟が今なお往時を偲ばせる龍樹が大乗の哲学を宣布し、また化学および医科学にも興味を抱いた。龍樹は、サータヴァーハナ王が授かり、長年健康を保ったという生命の霊薬を調合したことで、古代インド医学界に記憶されている。彼は抽出と精錬との沢山の手続きを発見した。こうした龍樹の活動の全てが、その死後直ちに、突然、にわかに引き継がれず終わってしまったなどとは信じられない。仏教はヴァーカータカ王朝の将軍達の文化的活動からも明らかな、大衆の宗教として生き続けていた。これの明証は、仏教信仰と関連しているアジャンターの石窟壁画の数々を除いて他にない。仏教の直接・間接の大きな影響を示す、マンセルにおけるヴァーカータカ朝期の彫刻というのはわずかである。かかる状況においては、反仏教運動の主体として、ヴァーカータカ王朝を責めることは正当ではない。

ヴァーカータカ王朝の後には、（まずサータヴァーハナ王朝の、次にヴァーカータカ王朝の王宮複合構造物《コンプレックス》として記述される）同遺跡における僧院の生命を蘇らせたことで記憶されるヴィシュヌクンディン王朝の支配が続く。このヴィシュヌクンディン王朝の重要な時代を、同著者らは大寺《マハーヴィハーラ》期（第四期）と認定する。

同報告書からヴィシュヌクンディン王朝の起源や草創期に関するいかなる情報も得られないが、彼らが仏教の信奉者で、またその信仰を庇護していたことはたしかである。それは著者らが以下の通り評していることからも明らかである。「ゴーヴィンダヴァルマンとその妻、すなわちマーダヴァヴァルマンの両親は二人とも仏教徒で、インドラプーラの寺院《ヴィハーラ》を庇護していた[171]」。

これは仏教信仰であり、マンセル連山と僧院遺跡（いわゆる王宮複合構造物）でさえその反映がみられる通り、ヴィシュヌクンディン王朝がその王国で仏教を庇護したということは、なんら驚くには当たらない。後期ヴァーカータカ王朝とヴィシュヌクンディン王朝による姻戚関係の樹立は、ヴァーカータカ王朝が仏教に対してなんら敵対心を抱いていないことを示しており、このことはヴァーカータカ王朝が、今思い込まれているように反仏教的であったのではないことを間接的に証明しているだけではなく、それ以上のことだといえる。その最終局面で、彼らは仏教徒のヴィシュヌクンディン王との姻戚関係にまで入っていたのだ。

マンセルがヴィシュヌクンディン王朝治下に入っている時、アショーカ時代の仏塔の修繕中に、仏教信仰と全く無関係とみなされた同地の他の遺跡群がそこから移され、その他の不必要な瓦礫が一掃されたことも、なんら驚くようなことではない。最も意外で際立っていることは、件の時代の石灰で作られた、いわゆる人身供犠《プルシャメーダ》を示すという人形が、ヴィシュヌクンディン朝期の瓦礫一掃時に、いかにしてその注意を免れたかということである。そしてこのことは、いかなる生物考古学的な証拠もないので、同遺跡のこの石灰の男が、ずっと後代に人目に触れることがあったかどうか、という大きな疑念を増す。

このように同報告書で、ヴィシュヌクンディン朝期あるいは大寺期（第四期）の、考古学遺跡群について描写しつつ、同著者らは付け加える。

ヒディンバー山頂、プラヴァレーシュヴァラ寺院の瓦礫の真上に、仏塔の数々の遺跡が出土している。上述のように、同寺は人為的破壊を蒙っているようだ。同域を均らした後、そしてその土台まわりの高さを二・〇メートル増した後、そこを一八メートル×一六メートル寸法の、長方形壇へと転じている。二五の大きさの異なる長方形と四角形の房が、煉瓦で作られた。この壇は現存する高さで二・二〇メートル。同壇の一・一〇メートルまで高さがある北西と南西角は、装飾の有る砂岩塊を用いて建設された。この壇の上に、仏塔の覆鉢《アンダ》が盛り上がっていた模様である。この「覆鉢」の痕跡は見つかっていない。

用いられた煉瓦の大きさは、三二センチ×二〇センチ×七センチ、および二八センチ×二七センチ×七センチである。中央房の寸法は、二・〇メートル×一・八メートルである。仏塔へは東から近付くことができ、そのために、煉瓦造りの八つの横並びの層を加えて、〇・六〇メートルその幅と長さを増すことで、プラヴァレーシュヴァラ寺院の既存の階段が再利用された。拡張された階段では、蓮華の意匠を伴った赤砂岩の台座の数々や、月石《チャンドラシラー》等のような構造部分が再利用されている。(172)

仏教徒のものとなって、マンセルの小山の僧院と他の仏教遺跡群の修復と再建が始まったのみならず、またヴィシュヌクンディン王朝が、その他の遺跡群も手入れしていたことは明らかである。

真実は、サータヴァーハナ王朝によって建立された元の僧院も、ヴァーカータカ王朝が手入れし、のみならず、彼らはまた、新たな数々の僧房をも建立した。さらなる修復と新房の建立とには、ヴィシュヌクンディン王朝が着手した。

ヴィシュヌクンディン朝期に再び、この僧院は中央インドにおける、おそらくナーランダー大学とよく似た仏教の学修の中心地としてその姿を現すほどにまで、仏教の拠点となった。

サータヴァーハナ朝期とヴァーカータカ朝期の僧房の存在は、以下同著者らが明白に述べる通り、僧院複合構造物《コンプレックス》を囲む遺跡群から明らかである。「これらの房もまた、王宮の周囲のものと同様、二つの段階に属する。地層配列からみて、これらの房は大寺《マハーヴィハーラ》期に建立されているが、そのうちの二、三はサータヴァーハナ朝期とヴァーカータカ朝期にも属し、これらはいかなる改変も被らずに後代再利用されたのである」[173]。ヴィシュヌクンディン朝期に、損傷して修復の余地のない構造物は閉鎖され、残る複合構造物全体で修復に着手されて、元の構造物の部分的な修正に帰結した。古い建築はより良い利用のために修正され、のみならず、現在見られる構造物遺跡群から明らかな、新たに拡張された建築に取り掛かった。

ヴィシュヌクンディン王朝の努力によって、最終的な僧院複合構造物が、三層の巨大僧院複合構造物として姿を現し、その諸発見について著者らは評する。

> 現在の一階部分からして、仏塔残存部の高さの限界はおよそ一二・〇メートル。これは三階建ての複合構造物である。一階には煉瓦が五四列横並びになっている。一方、二階には四方それぞれに二房がある。三階は長方形の（四・七〇メートル×三・〇五メートル）の中央房から成り、その上に「覆鉢《アンダ》」が盛り上がっていた模様である。この房の周囲に、〇・九〇メートル幅の煉瓦で舗装された繞道《プラダクシナパタ》がある。これには、王宮諸房を埋めてから作られた西からの一連なりの階段で近付くことができた、南西角からの入り口がある。仏塔主壁に用いられた煉瓦の大きさは、四三センチ×二三センチ×九センチである。仏塔の周囲、南、東および北東の半分は、基壇《アディシュターナ》の後壁を利用し、また王宮の外壁が壊された後、崩壊した王宮からの煉瓦を用いて、三三の僧房が起こされた。南、東および北東の房

は全て、仏塔の方を向いている(174)。

僧院の僧達の高まる要望から、これらの僧房から地層配列的に見て明々白々な通り、まさにサータヴァーハナ朝期からヴァーカータカ朝期、そしてヴィシュヌクンディン朝期までの様々な時期に、改変と修正が取り掛かられたのである。同時期の、まさにサータヴァーハナ朝期からヴィシュヌクンディン朝期までの名建築について、同著者らは以下の通り、その見解を表明する――

諸の寺房は建築上の二段階に属する。元の諸房は三・三〇メートル×一・三五メートルの大きさである。これらの房の壁崩落の後、最も高い可能性としては地震の衝撃のために（この結果の証拠が、防壁東側の内門で出土している。そこでは壁全体が西の方へと危険な傾き方をし、震央がマンセル東方であったことを示している）二代目の諸房が前代の壁々の真上に起こされ、しかるにそれは紅土《ラテライト》の堆積によって、およそ〇・六〇メートルから〇・七〇メートル床の高さが上げられた後のことである。この二代目においては、房の幅は同じままにされたが、長さは二・七〇メートルまで減らされた。諸房の第一段階には、基壇の後壁が後背壁として利用される一方、第二段階の諸房のためには、別の後壁が建てられる必要があった。諸房には戸の代わりの単一の垂れ幕があった。諸房と隣接部から諸の瓦片が出土していることからみて、これらは瓦屋根であった。角の第一一房と第一二房とは、その大きさで他よりわずかに大きい。東側では――これまで発掘されているかぎりでは――主防壁の後背部に隣接して、一列になった二二の僧房が、全て西向きに作られた。南から北にかけての、二房すなわち第一二房と第一三房（ママ）以外の全ての房は、二・七〇メートル×二・七〇メートルの大きさである。これら二房は三・八〇メートル×二・七〇メートルの大きさである。諸房の戸口は一・〇メートル幅である。これらの房の前には、二・〇〇メートル幅の縁側《ベランダ》が走り、その中に諸房が口を開いている。これらの房もまた、王宮の周囲のものと同様、二つの段階に属する。地層配列からみて、これらの房は大寺《マハーヴィハーラ》期に建立されているが、そのうちの二、三はサータヴァーハナ朝期とヴァーカータカ朝期にも属し、これらはいかなる改変も被らずに後代再利用されたのである。(175)

マンセル発掘で最も称賛に値する発見は、かつて諸の僧房とともに、サータヴァーハナ王朝が建立した僧院があり、ヴァーカータカ王朝が損傷した寺院《ヴィハーラ》を修復し、また他の少数の僧房を建立し、そしてヴィシュヌクンディン王朝が、同僧院が仏教学修の中心地となるまでに、その栄光を輝かした正にその場所である。マンセルにおける仏教文化の存在について、同著者らは評する。

大寺期の特筆すべき発見物は、暗い黒色で、それぞれ半球に盛り上がった部分を中心にもつ丸い浮き出し模様で飾られた、二つの素焼き片である。一方の面には菩提樹（四・五センチ×三・六センチ）が浮き出しにされている。枝々は厚い円から突き出して、外まで伸びている様子が示されている。他の顕著な発見物には、舟形二つと、円一つの托鉢銅鉢、そして（可視部分に）装飾された傘蓋《チャトリ》を戴き、右手に玉成す数珠を握った象の鼻を掲げた、仏塔の半球状ドームを描いた石灰石の四角い飾り板が含まれる。(176)

このように、発掘の最も重要な発見は、この仏教遺跡がマンセルの地に存在し、仏陀が象徴的な姿で崇拝された時代たる、仏教早期の小乗仏教が支配的であったことを裏付ける、発掘された菩提樹である。加えて、仏教比丘達の托鉢用の鉢と、最後に──だが小さからぬ存在の──「（可視部分に）装飾された傘蓋を戴き、右手に玉成す数珠を握った象の鼻を掲げた、仏塔の半球状ドームを描いた石灰石の四角い飾り板」である。

同著者らが記録した他の発見物に含まれるものについては、

ヴァーカータカ朝期の層の、諸房の内側の赤味がかった床に詰め込まれた、煉瓦片の上に置かれたままだった、厚い赤色土器の数々の甕が出土している。このヴァーカータカ朝後期と大寺期の陶器類は、粗製赤色土器、雲母状赤色土器、黒色泥漿《スリップ》入土器から構成される。その形状は碗、坏、蓋、燭《ランプ》、首の長い土甕《ハンディ》等である。鉄製品には、様々な大きさと種類の釘、戸口の側柱、刈り鎌、指輪、ナイフ、剃刀等である。素焼き製品には、お弾き、石蹴りの石、小型の頂部装飾《フィニアル》の意匠、足首飾り《バングル》が含まれる。銅製品、貝の足首飾り《バングル》、擂粉木、砥石、杵、乳棒、そして手回しひき臼も、砂岩と花崗岩上に出土している。[177]

マンセル遺跡の歴史は、早期の仏教が主として小乗仏教であった、アショーカ時代に遡る。アショーカ時代後、サータヴァーハナ王朝が続き、大乗仏教が栄えはじめたこの時代に、龍樹はサータヴァーハナと同時代人であった。前述の通りマンセル遺跡は、同地を占有した初期仏教徒たる龍族《ナーガ》よりも遥かに古く、偶像崇拝はなく、仏陀は象徴的な姿で崇拝されていた。仏像の不在もまた、同遺跡の古さを物語っている。そして、この事実はいみじくも、同著者らによって報告されており、またこれについて彼らは正しく指摘する。

今のところ、マンセルから仏像は出土していないが、かつてのヴァーカータカ王朝の首都ナンディーヴァルダナ（ナーガルダン）で、三体の素晴らしい仏像が見つかったことを忘れてはならない。このことは、仏教の大乗派が、もっぱらヴァトサグルマ王朝の支配領域にのみとどまっていたのでなく、ナンディーヴァルダナ王朝、すなわちプラヴァラプーラ一派の支配域にも存在していたという事実を立証するものである。そしてこのことが、アジャンター美術にも影響をおよぼした。王達自身は仏教徒ではなかったが、彼らはその廷臣、商人、その他の者達が、自身の稼ぎの一部を仏教僧院の建立や装飾に費やすことをも認めた。アジャンター第一七石窟碑文が、この事実を指摘している。ヴァラーハデーヴァの場合がよい例であるように、仏教徒たる庇護者達は、ヴァーカータカ朝の宮廷と結び付くようになっていった(178)。

最後に、大寺《マハーヴィハーラ》末期もしくはマンセルの栄光ある僧院の最期について評しつつ、同著者らは述べる。「大寺がどの位の期間活動していたのかについて、明確に述べることは難しい。しかし、一つ確実なことは、紀元六世紀にプラヴァラプーラが、仏教学修の一大中心地となったということである(179)」。

これら全てが、仏教史からも明らかな通り、アショーカ時代から一二世紀まで、この地域で仏教文化が栄えたことを裏付けている。証拠のほとんどが人的あるいは自然活動の影響を被って、ごくわずかな足跡しか残されていないのは残念なことである。発掘中に出土したより深部の遺跡群は、おそらくその損壊の程度さえ語り得ぬほど、変貌させられてしまっている。

インド全土の仏教遺跡と同様に仏教が衰退してしまった後、マンセル僧院とアショーカ仏塔と、龍《ナーガ》達の遺物（リンガ）もまた損壊を被った。おそらく諸の遺跡のほとんどは、そこにいかなる遺物も認め得ぬほど崩壊して土に還り、このことは同遺跡群を地図上から拭い去るに十分だった。そのうちの一、二が辛うじて残ったが、自然がその作用で覆い尽くし、それらの構造物は眼で見て確認できぬほどになってしまった。探検家達がそれらを発見する道標を得られたのは、自身の観察を記録に残した異国の旅行家達のおかげである。

マンセルの遺跡群についての、同著者らの批評は特筆に値する。曰く、ヒディンバー山《テークディー》と王宮・大寺複合構造物《コンプレックス》の全体が放棄された後、それらの構造物は荒廃し、打ち棄てられ、自然と人間の予想できぬ変化の影響を被るがままにされた。一九〇六年時点では、いくつかの構造物遺跡はその表面部分を視認することができ、いつも煉瓦を略奪されていた。最後の構造遺跡群の上に、薄い腐植土層になった頂上部分の有る、崩壊した構造物の瓦礫の堆積があることから、仏塔・大寺期の後、同域が占有されぬままになっていたことは明らかであるが、歴史的時代の煉瓦を用いたいくつかの急拵えの構造物が裏付けるように、時として短期間、遊牧民達が僧院遺跡の周囲に宿営することがあった。王宮複合構造物外部の南北一帯の発掘が進行中で、東西でも類似の様式が姿を現しつつある。(180)

ヤーダヴァ王朝の時代が、おそらく同遺跡を終末へと至らしめたのだろう。この時代は、おそらくマンセルの仏教遺跡が完全に放棄され、のみならず、マンセルの博物館に展示された諸断片に明らかな通り、壮大な構造物が破壊され、彫刻群も粉々に壊された時代であったのだ。マンセルの小山はヒディンバー山となり、僧院遺跡は破壊の危機に晒された。構造物遺跡群のいくつか―マンセルの博物館に、それらの写真が巧く展示されている―は多大な情報を提供してくれる。

同博物館に、龍樹菩薩記念研究協会が展示した情報は、これらの歴史時代に多くの光を投げかけている。以下の通りに書かれる――

第一部　紀元前二世紀から紀元三世紀―

四つの仏塔―中央にある一つは一四メートルの直径があり、他の増築されたものには後代の諸房と、繞道《プラダクシナパタ》を伴う歩道壇《アーヤカ》がある―が見つかっている。この仏塔は修復され、東側に階段状の入り口があった。同入り口は、続く色々な時代に、ちょっとした修正と改変だけ受けて、利用され続けた。この仏塔から石鹸石の、舎利容器断片がもたらされた。

またこの時代、南東側に直径八メートルの小型仏塔も建立された。

一・二五メートルの堆積物が積もった後、上部に供養された白い物質でできた、鷹積壇《シュイェーナ・チティ》と生贄男《プルシャ》の像とともに、二つの供犠祭壇が見つかっている。生贄男の足下、諸の甕とともに、一匹の鉄の蛇が見つかった。

第二部　紀元四世紀から紀元五世紀―

この時代に二つの段階に属する、煉瓦を有する寺院が建立された。ここからヴィシュヌクンディン王朝の貨幣と、またグプターヴァーカータカ両王朝の伝統に則った、多くの彫刻がもたらされた。

第三部　紀元六世紀から紀元七世紀―

この時代に、早期の寺院遺跡の上に、二四（ママ）の横並びの房と中央房とをもつ仏塔が建立された。

発掘の発見物は歴史的な諸相を明らかにするより、むしろ混迷を深めた。第一期にはアショーカ仏塔の証拠があるが、対照的な供犠文化の時代とせんとの試みも加えられている。マンセル岩上の文字を刻んだのは、一体どういう人々であったのか？

実際に誰が、何のためにアショーカ仏塔を破壊したのか？

サータヴァーハナ朝期の終りとヴァーカータカ朝期のはじめの人々とは誰だったのか？

いわゆる「石灰の男」は正確には何年前のものなのか？　どうしてかくも多くの釘と針金が必要だったのか？

「石灰の男」の近くにいた鉄の蛇は、何を示唆しているのか？

なぜ、自身リンガ崇拝者でないヴァーカータカ王朝が、数々のリンガの祠の建設を許可したのか？そして、未解決なままの問題がまだまだ沢山ある。

マンセルの小山と大寺《マハーヴィハーラ》遺跡で遂行された発掘における、議論をよぶいくつもの発見物があるけれども、マンセル自体はとても幸運な遺跡であるようだ。なぜなら複数の情報源や、深く掘られ、一部のみ見ることができ、ぞっとしない名前を冠せられた諸構造物についての、相異なる解釈の存在にもかかわらず、ヴィダルバの古代仏教文化についての真実を世に問うたのであるから。ヴィダルバの仏教徒は、龍樹菩薩記念研究協会会長たるアーリヤ・ナーガールジュナ・シューレイ・ササイ（佐々井秀嶺）と、そのインド政府考古局長官監督下の発掘者チームに、この極めて重要な遺跡の探査における彼らの努力を感謝すべきだろう。このことは歴史の著述家と解説者達に、ヴィダルバの歴史を書き改めさせ、マンセルは近い将来巡礼者達のための重要な仏教遺跡をもう一つ世に追加することになる。さもなくば、この仕事をしおおせることは難しかったであろう。

龍樹とマンセル・ラームテクとの関係

古代の仏教の学修上の中心地

一九九四年より、マンセルにて遂行された諸発掘は、ヴィダルバの仏教文化に多くの知見を加えた。しかしまた、数々の疑問も増すことになった。以下はそのうちの二、三に、参照可能な文献典拠を添えて、答えんと試みるものである。記述の引用がここで再度繰り返される可能性がとても高いが、それは不可欠で避けては通れないことであった。

地質学、地球物理学および層位学的諸特徴

クリシュナン[181]（一九六〇）は、インドとビルマの地質学および、ナグプール＝チンドワーラ下の地質学について記述する一方、サウサル統に言及する。彼に拠れば、「この地域におけるマンガン産出は、一八二九年以降知られているところだが、地質省の注意が向けられたのはやっと一八七九年以降のことであった……」。さらにクリシュナンは、サウサル統下の特別な諸特徴について描写する。「マンガン鉱石とゴンダイト層位：マンセル階─白雲母《モスコバイト》と黒雲母《バイオタイト》の片岩、しばしば柘榴石《ざくろいし》を含んだ千枚岩《フィライト》。長石に変成した所では片麻岩質になる。概して高度に粘土質。片岩中に二、三のマンガン層位。同統中、最も広範囲におよぶ階である[182]」。

バンダーラ大陸塊《クラトン》下について、ナクヴィ氏とロジャースは記述する。「東ガーツ山脈、マハーナディー河断層およびゴーダーヴァリー河断層、ナルマダ＝ソン地溝帯による境界をもつ、インド楯状地中の長方形の部分は、バンダーラ大陸塊《クラトン》と称され、ドンガルガル、サコリ、サウサル（チルピガートとソナワニを含む）、ベンガル、スクマ、およびバイラディラ（鉄鉱石）の鉱物群《スイート》の、覆い尽くされた状態で横たわる被覆岩を伴う、花崗岩と片麻岩との広大な地域を内包する。これら昔の岩石は、その上に八つの未変成の原生代後期の堆積盆地が横たわり、主要なものとしてチャッティーシュガルとバステルの堆積盆地を含んでいる[183]」。このように、バンダーラ三角地帯の三つの主要な被覆層の鉱物群は、サコリ、ドンガルガル、およびサウサルである。

さらにサウサル層群について追記される。

サウサル層群と称される変成した被覆岩が、幅約三二キロ、長さ約二一〇キロの弓型の帯状地帯を形成する。このサウサル層群は主に砂質、頁岩質、そして石灰質の堆積物とマンガン鉱石から構成され、事実上火山岩が不在の

インドにおけるマンガンの主要産地となっている。石灰質累層（ロハンギとビチュア）が帯状地帯の北と西で、粘土質累層（マンセルとチョルバオリー）が同地帯の南と東でよりよく開発されている。諸の側面相は変化しているので、諸累層の順序と名称は場所によってわずかに異なる。露出地域（サトプラ山脈）北西部におけるサウサル層群の、高品位の変成の同等物間の諸関係である。(184)以下の通り述べられる。

サウサル層群の層位学的な専門用語は議論をよぶものである。二つの古い層位学用語（「チルピガート」と「ソナワニ」）は、かつてサウサル地域について用いられたものである。ナーラーヤナスワーミー他（一九六二）は、チルピガート統の千枚岩と絹雲母片岩は、サウサル層群のマンセルおよびシアタサオンギ累層の白雲母の片岩と相関連づけることができる、と提唱した。(185)

マンセル累層についてのサウサル層群の層位学の関連表（ナーラーヤナスワーミー他（一九六二）を修正したもの）のなかで、さらに以下の通り明らかにされる。「雲母状片岩と千枚岩。通常、柘榴石を伴う。サウサル層群中、最も広範囲におよぶ累層は、ゴンダイトを含むマンガン鉱石を内包する」。

インドの岩石は、火成岩、堆積岩、および変成岩の三つに分類することができる。マンセル累層は変成岩下に記述される。マハーパトラに拠れば、

サウサル統は九つの階に分類され、そのうちの五つがナグプールで、四つがチンドワーラ地域でよく開発されて

いる。サウサル統の岩石は概して、南および南東の方に断層がずれたものであって、層位学的な地層群は以下の通りである：サプゴタ階―シアタプル階―ビチュア階―ジュナワニ階―チョルバオリー階―マンセル階（ゴンダイトとマンガン鉱石）―ロハンギ階（大理石とマンガン鉱石）―ウテカラ階―カドビ・ケーラ階[186]。

先史、原史、および歴史時代

ここまで、ヴィダルバ州とナグプール州の原史および先史時代についての情報を点描してきた。前述の、ナグプールのいくつかの部分で発見された盃状模様と石器類は、先史時代の遺物を物語るものであるが、ほとんどの遺跡に、マンセル近郊では全く見られない埋葬地がある。「八万年から三万年前の時代に分布する、先史人類の石器類が発見されている。……ラームテク近郊のマンセルからのこれらの道具類の発見は、同地域に約八万年前の原人が住んでいて、そこが古代、マウリヤ朝期からヴァーカータカ朝期の間に、重要な仏教とバラモン教の中心地になったことを示している」。いくつかの石の発見物に基づいて、マンセルにおける先史時代について表明せんとする試みがなされている。これについては、ニューデリーのトゥルシーラーム博士（二〇〇〇）の発表を読めばわかる。彼に拠れば、

仏塔遺跡を囲むように散乱して見つかった、白大理石と他の石の様々な小破片が、石器時代の道具類であるということは周知のことである。石器時代は今から約二五万年前である。そして、地下数フィートそこらから、かくも古い構造物が見つかるとは意外なことである。このことは、この遺跡の古さを大昔の時代に押し戻し、ヴィダルバを含むインドにおける仏教の黄金時代が始まる、紀元前二〇〇年の諸構造物を隠匿せんとの試みに思える。この文脈においては、以下のように考えれば明らかになるかもしれない。すなわち、二五万年前の諸の遺物が仏塔遺跡で

かかる表面部分から発見されることはあり得ない。なぜならこれらの仏塔は、仏教信仰の崇拝の場となった同地をすっかり綺麗な状態にしてから建立されたのであるからである。第二に、上述のように、二五万年前の諸の古遺物が、五から六フィートの地下から得られること自体、むしろあり得ないことである。いわゆる石器時代の石の道具類が地下の同じ深さから発見されている。このことは考古学的諸法則の基準と矛盾している(187)。

メディアでも広く知られることになった発掘直後、それから本格的発掘の前ですら指摘されていた、石器時代についての諸批評、すなわちそれらがどうしてかかる表面部分に眠っていたか、については説明されぬままになっている。これについては、トゥルシーラーム博士の批評を参照されたし。議論のこの箇所については、当該分野の専門家たちの見解に任せようと思う。

マンセルにおける唯一の先史時代の遺物に含まれるのは、一九三三年にハンターが発見した岩石上の文字である。後にこれは巻貝状文字《シェルスクリプト》であると議論されたが、そのことは当初から明白であったにもかかわらず、解読することはできなかった。適切な保護がなされておらず、のっぺりとした石の状態になってしまっているが、あちこち分散した箇所でのみ、独立した部分部分を見ることができる。

歴史時代の始まりは、最近の発掘から明らかなように、マンセルの小山におけるアショーカ仏塔によって確認されている。アショーカ時代に、その広大な王国中に広まった八万四千の仏塔の建立への着手があった。マンセルの仏塔はおそらくそのうちの一つで、仏教徒たる当時の龍《ナーガ》達の手で建立された。後代、マンセルの小山のみならずその近くの遺跡群も含めた近傍に、複数の仏塔が建立され、それらのごくわずかなもののみ掘り出すことができた。さらに多くがなお、広範囲に亘る発掘によって日の目を見ることだろう。確認された二番目の歴史時代は、龍樹のために建立された僧院遺跡から明らかな、サータヴァーハナ朝期である。いくつもの発見物が、同遺跡がヴァーカータカ王朝、続いてヴィシュヌクンディン王朝の治下にあったことを実証している。歴史的な諸遺物にはバフマニー王のものまで含まれるのだが、彼の建築諸活動の跡は発見されていない。

マンセル：その名称の推定される起源の再検討

「マンセル」という名称について語られた説話のほとんどは主として、かなり後代のヤーダヴァ王朝に属する、ラームテクのラクシュマナ寺院の碑文と、さらに後代の『シンドゥルギリ・マーハートムヤ』に依拠する。『シンドゥルギリ・マーハートムヤ』[188]は、シヴァが同地についてパールヴァティーに問われた質問に答えて彼女の数々の疑問を氷解させようとする―というパールヴァティーとシヴァ間の対話なる『パドマ・プラーナ』の一部であると言われる。

『シンドゥルギリ・マーハートムヤ』については、アヤチット、S・M（一九八五）が校訂と英訳の素晴らしい仕事を為し、彼自身の注で補足している。劈頭一番、彼は同資料が「（マハーラーシュトラ州）ラームテクの神話的・地理的資料[189]」であることを明かす。『シンドゥルギリ・マーハートムヤ』は「マンセル」という名称の起源を考察するに当たってかなり重きを置かれているが、同書が「マンセル」という名称の起源の考察にとっての歴史資料でないことは明らかである。

幸い、この執筆中に英訳『シンドゥルギリ・マーハートムヤ』の写しが手に入ったので、同書中の関連箇所を詳細に議論する必要があると考えた次第である。

アヤチット、S・M（一九八五）は『シンドゥルギリ・マーハートムヤ』について評しつつ述べる。

同神格へのいかなる祈祷文も伴わない、同論書の変則的な冒頭について銘記されたし。このことは本小文献の『パドマ・プラーナ』の一部としての紛れない性格を示唆しているのだろうか？ それともこれは意識的にか無意識にか、同著作のその一部で、これが大昔に書かれたことにして、そうして挿入された偽作たることを糊塗せんとする企みなのだろうか？ いたるところにみえる挿入部分は、記録資料としての正当性を証明されていない。その著者は、これを全く叙事詩文学からの一節であるかのように見せかけている。彼はその自身の主題を、この神の夫婦の議論の中途で語り始めているようだ。叙事詩類の文学的特徴と呼応して、その言語は正確でなく、数々の文法的誤りをも示す。(190)

冒頭部はただ、同書が著者の所有する、何か主要な論書の一部であることを示唆するのみである。同著者は幾何かのサンスクリット語の知識もて、ラームテクが、あらゆる宗教上の地もしくは聖地極めて名高きにも匹敵し、実在するそのような土地より優れているとすら見定めて、ラームテクを讃えんと試みている。彼は寺院の司祭の長であるか、地元の王の庇護を受けていたかのどちらかであるようだ。

『シンドゥルギリ・マーハートムヤ』は、シンドゥルギリの位置についての混迷を深めている。訳者註に拠れば、「『カダリヴァン』というのは古代インドの地理中に見出しがたい。チャッティーシュガルの西のどこかであるようだ。文脈から言って必然的にシンドゥルギリはカダリヴァンの中心に位置し、*gupta*『隠れた』の語はこの部分が厚い森を含んでいることを示唆する。あるいは、単に神は、パールヴァティーがそれを描くように語ってくれと直接頼むまで、どうしてもこの主題に触れなかったというだけなのかもしれない(191)」。同著者がどのシンドゥルギリに言及しているのか、は不明なのだろうか？ 注釈者のその諸注でさえ、同著者が言及するシンドゥルギリについては、満足な情報を与えてはくれない。

アヤチットに拠れば、「最小の努力で、能うかぎり最高の果報を得ることへの言及はプラーナ文献固有の特徴である。これは多かれ少なかれ、読者への刺激を狙ったものと捉える必要がある。全記述中に沢山みられるかかる陳述は、これらの明確な価値を減ずるものである。歴史研究のためには、これらは『問題外』として脇にやってしまって差し支えない」。

——『シンドゥルギリ・マーハートムヤ』、注、第一章、第一三偈、五頁

『シンドゥルギリ・マーハートムヤ』、第二章、守護神達の崇拝

Tato vrajeta punardvaram kedaro yatra tishtati |
Manikale narah snatva hidimbamarchayet sudhi ‖6‖

六、それからまた汝等、ケーダーラが立つ（西）門へ行くべし。（人は）マニカラで沐浴をしてから、賢者はヒディンバーを崇拝せしむべし。

いくつかの意味論的な表現によって、*punardvāra* が「西門」だと暗示できるかもしれない。*Punarvraj* の意味は「戻る」で、文脈上「隠遁する」は示唆できないが、しかし逆に行く繰り返される動き、それは究極的に主たる東への方向とは逆向きに導くであろう。すなわち西へと！

——『シンドゥルギリ・マーハートムヤ』、注、第二章、第六偈、八頁

この表現はたしかに明瞭さと自然さとを欠き、これもまた別なプラーナ的な特色である。

——『シンドゥルギリ・マーハートムヤ』、注、第三章、第一〇偈ｃｄ、一一頁

『シンドゥルギリ・マーハートムヤ』の著者が龍達《ナーガ》と龍樹のことも知っていたかどうかという疑問が生ずる。幸い、

その答えは「然り」だ。

『シンドゥルギリ・マーハートムヤ』における龍達と龍樹

アヤチットが翻訳し校訂した版は、詩文がいくつか取り替えられているようだ。彼が知っていた元の詩文は彼自身によって、先立つ注の下に示してある。

第一〇章：*Isvara uvaca*（自在天（シヴァ）は言った）

Narayanakhyam yam pyahu shete yo hi payonindhau |
Sa jato-sti mahabhaga sanaga saha parvate ‖37‖

三七、彼らは彼を（また）、海上で横になる、ナーラーヤナの名でよぶ。おお、わが主人よ！
彼は自身の蛇シェーシャ（その他）とともに、山の上へ来るべきだ。

Survavanshamudbhuto ramo rajivalochanah |
Yena-hato dashfrivah saputrah saha rakshsaih ‖38‖

三八、ラーマのごとく、日種（太陽種族）に生まれ、蓮の（ように美しい）両目をもち、
彼は羅刹《ラークシャサ》達（無用の者共）とラーヴァナをその息子諸共殺した。

Rakshayishyatyasau papadavashyam tena shanshayah |
Sa yasyati Mahaviro dhirah sindhurparvatam ‖39‖

三九、彼は確実にこの悪から汝を守る。（このことについて）いかなる疑念も（抱くなかれ）。
かの偉大な戦士たる英雄は、シンドゥル山に至る予定なり。

『シンドゥルギリ・マーハートムヤ』一二二頁、第三八―三九偈に対する脚注

Nagarjunanidhanam ca kutra casti vada prabho | Brahmovaca |
Vindhyasya dakshine marge shungah tatraiva drshyate ‖38‖
(「主、説かれる方よ、龍樹の住居はいずこぞ。」婆羅門は言った。
「ヴィンディヤの南の道、ほかならぬそこに賢者(あるいは聴者 *shrunvan*)がみられる。」)
Nagarjuneti khyatastapastapati darunam |
Shrunudhvam pushkaram tvam hi papau ghanashinau ‖39‖
(「龍樹と云う名の者は、ひたぶるに苦行を修している。
汝等聴け、『実に汝(龍樹)はプシュカラ蛇(あるいは青蓮華? 湖?)なり。ガナとシナとは悪しきなり。』」)

『シンドゥルギリ・マーハートムヤ』の第三八偈と第三九偈より、マンセル・ラームテクに龍樹の伝承があったことはたしかである。この偈頌の、本文と脚注への二重記載には説明がないままである。これらの偈頌は原典テクストにはあったが、『シンドゥルギリ・マーハートムヤ』、第一〇章、第三七偈dの注において、表現でいえば、「龍樹山《ナーガールジュナパルヴァタ》」という形で理解しているアヤチットの諸注に明確に示されている通り、後に著者が隠匿したのだ。この一緒に一組になった二偈頌は、他のいかなる写本によっても裏付けられているところをみない。[192]

マンセル・ラームテクの丘陵地帯におそらく良い鉱物産地があったということには、歴史的そして科学的な証拠がある。インド学者達には、マンセル近傍のマンガン鉱石産地のことが閃くかもしれない。シンドゥルギリの元来の名は、硫化水銀《ヒングル》および水銀《パーラダ》の最良の産地たることから派生したギリ・シンドゥルであったろうか。なぜなら、龍樹は水銀を精錬する様々な化学的手続きに着手したことが知られているからである。そしてこのように、そのことがギリ・シンドゥ

ル（水銀）や、またサータヴァーハナと同時代の龍樹について、シンドゥルギリすなわち「シンドゥルの小山」というその名とともに説明してくれるからである。この説明はより合理的で受け入れられるものに思える。このように、同地が硫化水銀と水銀の名産地だったことが、再検討される必要がある。近郊にある連峰は、おそらくこれらの大産地であり、それゆえに同地がギリ・シンドゥルと比定されたのである。このことは、ヴィシュヌの化身たるナラシンハによるヒラニヤ・カシプ殺害と、それから彼の赤い血の飛沫がこの山を赤く染めたことによってシンドゥラギリとよばれるようになったという神話と対照的である。残念なことに、こちらの神話の方が多くの著作に繰り返し現れている。

「マンセル」という名称の起源について、再検討されべき別の名は「マナシラ」である。この語はチャクラダラスワーミーの著に言及される。ここで、チャクラダラスワーミーの著よりも早い諸の仏教書もまた、「マナシラ」に触れていることを明らかにしておこう。

ジョーティル・ミトラ（一九七四）に拠れば、「マナシラ：（鶏冠石）染色その他の目的のための粉末としてしばしば用いられ、その赤色は後期の芸術作品等に頻繁に見出される。マンシラはまた、特定の諸仏教書、すなわち『清浄道論《ヴィスッディ・マッガ》』第四八五頌、『ダンマパダ』の注釈書、『テーラガーター』第七〇頌、『スッタニパータ』の注釈書、『ヴィナヤヴァットゥ』第二八三偈への注釈等のなかでも言及される」[193]。

このように、ギリ・シンドゥルとマナシラはそれ自体仏教に関連している。おそらく、後に古代のギリ・シンドゥルがシンドゥルギリとなり、マンシラがマンセルへと変じたのであろう。

中央諸州、ナグプールおよびヴィダルバについての文化的・歴史的詳細を示す複数の学問的著作があり、今問題とする同地域における仏教と、大昔から同地に住んでいた龍達《ナーガ》に関連する古代史とを、このように示している。のみならず、仏塔建築の独特の型も「マンセル建築論《ヴァーストゥ・シャーストラ》」という光の下で、同等に注目される必要がある。これら全てを活かして、マンセルという名称の起源に迫るために、以下の諸の蓋然性が考慮されてしかるべきである。

ヴィダルバの龍達とマンセルとの関係

一、宝珠龍《マニナーガ》あるいは宝珠蛇《マニサルパ》とマンセル‥

マンセルはとても古く、アショーカ仏塔建立の時代には存在していた。ここには龍達が住んでいた。アヴァンティカ・プラサード・マルマット氏は、ヴィダルバにおける龍の文化について描写する傍ら、宝珠龍に言及していた。[194] マンセルという名称はおそらく、後代「マンセル湖」という近代名で認定される湖を同地に建設した「宝珠龍」に由来している。この龍はまた現地の言葉で蛇《サルパ》ともよばれる。同地はおそらくこの龍の名前によって「マニサルパ」と同定されたのだ。時が経つにつれて、「マニサルパ」という名前が「マニサル」に短縮され、やがて「マンセル」となったのである。これはおそらく、アショーカ時代にその土地の住人であった龍達によって仏塔が建立された小山の遺跡のことである。

コーサレー、H・L氏[195]とナヴァル・ヴィヨーギ博士[196]は龍に関する網羅的研究を行った。彼らの研究という典拠から引用を行うことは、本書の扱う範囲を越えてしまう。「歯の仏舎利と龍の地《ナーガブーミ》」という著作でヴィヨーギは以下の通り表明する。

> 考古学的証拠の数々から、ラーマ村の龍族《グラーマナーガ》、ヴァイシャーリーのリッチャヴィ族、カリンガの龍族と同様、ナグプールの地域、すなわち龍の地に属する、如来の信奉者たる龍族《ナーガ》もまた、歯の仏舎利を分け与えられる権利を主張し、一つを手に入れることに成功して、これをパウニに安置し防護のためにその上に大仏塔《マハーストゥーパ》を建立した、ということは火を見るよりも明らかである。[197]

さらに述べる。

龍達が龍の地にもたらされた歯の仏舎利の上に、大仏塔を建立したかもしれぬことは疑いない。元々かかる計一一の大仏塔のうち、遺灰上の八つと歯の仏舎利上の三つが建立された時、これら全てはマウリヤ朝期以前に属していた。ガンダーラおよびカリンガにおける、如来の舎利上に起こされた大仏塔についての情報が得られるが、龍の地については、そのようないかなる情報も見出されない。それゆえ、龍の地の所在を割り出すことが必要なのである。(198)」…

彼はさらに付記する。

しかし、二人の巡礼者達の記録に鑑みて、彼らの時代にあってさえ、ラーマ村《グラーマ》の舎利が、仏塔近くにある湖の龍《ナーガ》達によって守護されていると信じられていたということは、興味をそそるところである。(199)……

後代には、同地は多くの巡礼者が訪れる仏教の一大中心地となった。伝承は、使用後、湖の畔の場所に道具類を戻すことという条件で、巡礼者達のための調理用具の自由な供給が調えられたことを語る。これはおそらく長い間続いたのだろう。ある時、諸の器が持ち去られ、返されなかったという。誰がこんなことをしたのか？　同地が多くの仏教徒を惹き付け、有名な宗教聖地となり、反仏教運動を誘発したのだ、という可能性は排除できない。

歴史的にはマンセルは複数の王朝、正にすなわち龍王朝……マウリヤ王朝……シュンガ王朝……サータヴァーハナ王朝……ヴァーカータカ王朝……ヴィシュヌクンディン王朝……ヤーダヴァ王朝等を目撃した。より近くは、ナグプールのボンスレー王朝やさらに後には英国統治の時代が来るが、同地は古代よりマンセルという名前とともに続いてきたのである。

二、龍女神マンサとマンセル‥

同小山のヒディンバーの像の記述があるが、それより以降、いかなる文献からどんな図像学的な情報も得られない。この破損した像もまた、同遺跡から消え失せてしまったのだ。歴史はヴィダルバの古い住人たる龍達を目撃していた。蛇あるいは男根《リンガ》崇拝者であった龍達のトーテムが蛇であったことも明らかである。もしそうであるならば、ヒディンバーとして比定された像は、実はマンサの像であったのだろうか？　そして、マンセルという名称は「マンサ」と近接な関係と関連を有しているのである。マンサの概略は以下に示す通りである━

ウィルキンス（一八八二）が示したマンサについての手短な資料に拠れば、

マンサはヴァースキ龍王の妹に当たり、聖人の妻である。そしてこの龍蛇の女王は男達にとってこれらの爬虫類からの守護女神であるとみなされている。彼女が知られるところの別の名は「ヴィシャハラー」すなわち「毒を撃退する女」である。一般に、いかなる像も作られることなく供養がなされ、木の枝、水の張った窪地、土製の蛇等が彼女の代替物とされる。彼女の像が作られる場合は、蛇を身に纏い、蓮華上に座り、もしくは蛇達の上に立つ女性の像である。以下の説話に基づいて作られた歌は、この女神の崇拝をもって終る。チャンダという名の商人が、マンサを崇拝することを拒んだのみならず、最もひどい侮辱を彼女に投げつけた。やがて、彼の息子の六人が蛇に咬まれて死んだ。同じ運命から逃れるために、彼の長男のラキンクラは、鉄でできた家に住した。だが、マンサは狭い割れ目から蛇を入らせて、蛇は彼をその婚儀の日に咬み、彼の死をも引き起こした。しかし、彼の残された妻は逃げ、泣きながら義理の母親の許へ行き、母親は隣近所と語らって、その影響力を通じてかくも多大な災厄が家族にもたらされた女神を宥めるようチャンダを説得せんと徒に試みた。マンサ自身は彼の友人達に、彼女に対してかくも敵意を剝き出しにしないことを説得するよう促した。遂に彼は、彼女の像に左手で一輪の花を投げるようにという彼らの懇望を実践し、このことが彼女を大変喜ばせることになって、彼女は彼の息子達を蘇生させ、その時より、男達は彼女の力を思い知り、彼女への崇拝の祭が祝われるようになったのである。[200]

ウィルキンス（一八八二）はまた、『マハーバーラタ』に描かれる、あるマンサの資料を紹介している。

　叙事詩『マハーバーラタ』は彼女の結婚についての以下の詳細の数々を示す。彼女の夫ジャガタカルは名高き聖者で、大苦行を修し、あらゆる聖池にて沐浴し、結婚を避け、自身の苦行と断食とによって、乾いて萎びた身体をしていた。逍遥していた時、彼は底知れぬ深淵の上で頭を下に向けて木からぶら下がる何人もの男達の許へやってきた。そして彼らが支えられている縄は、鼠に齧られているのである。彼は、彼らがその子供達が死に、誰も（つまり宗教的儀式を執り行うことによって）解放してくれる者がないために、この悲惨に耐えることを運命づけられている、彼の祖先達であり、彼自身は、息子をもうけることで彼らを解放できるかもしれないのに、苦行生活に身を捧げ、結婚することを拒んでしまっている、と告げられた。彼らが苦しむ原因であるところの苦行を修しているのがジャガタカルその人だ、と語った時に、彼らは彼に妻を探し、自分達の救済を確実なものとしてくれろと嘆願した。彼は、自身が結婚する娘の後見人が、厭うことなく彼女をくれるならということを条件に、そうすることに合意した。このことを聞いたヴァースキが、その妹を聖人に差し出した。彼は彼女と結婚し、アシタという名の息子をもうけた。この息子がその祖先達の救済をおよぼし、またジャナメージャヤが蛇種族を鏖《みなごろし》にせんとの望みを抱いた時には、その破滅から彼らを救うという利益をもたらしたのである。

龍《ナーガ》達と関係があるマンサはベンガルで広く崇拝されているが、ヴィダルバでは古代より蛇崇拝が存在したことが銘記されねばならない。マンサはまたベンガルでは民間の女神として受容され、他の神々や女神達と彼女との関係についてはマーガレット・ステューテイ（一九八五）がこれを記述している。(201)

アナンタ龍王の妹にして、アスティカ聖者《ムニ》の母親たる民間の龍蛇の女神である。諸の蛇派の草創期には、蛇達が崇拝の対象であった一方、マンサ派のごときは、女神自身が指導者であり、蛇達を操る者であり、毒の撃退者であったので、彼女は蛇体で表現されることはないのである。彼女の騎乗物は蛇（か、時々ハンサ鳥）であり、また七つ頭の龍《ナーガ》が彼女の上に傘蓋を形成する。インド博物館のマンサ像は、蛇の傘蓋と、台座から現れた二匹のコブラを伴いその台座上に描かれた広口瓶を除いては、弁才天《サラスヴァティー》の通常の象徴を帯びている。彼女の二本の左手はそれぞれ書物と不死霊薬《アムリタ》の壺を抱え、右手の一本は数珠を持ち、もう一本は与願印《ヴァラダムドラー》を結んでいる。彼女の右にはリンガが描かれ、左にはガネーシャの小像がある。いくつかの像は両手に蛇を持ち、一人の子供を膝に乗せた彼女を描く。これらの像は、大乗仏教の鬼子母神《ハーリーティ》の像に相似している。(202)

上述の蛇派とは、仏教のリンガヤーナ派を指すものであろうか。

マーガレット・Sはさらに追記する。

バッターチャーリヤは、ナグマタあるいはマンサとよばれるサボテンからの抽出液は蛇咬傷を癒す、と述べている。また、ファヌマンサという植物種は、一群の膨らんだコブラの頭によく似ている。この蛇咬傷の療治に大変有益なインドの植物の発見がこの女神と、部分的にはその表現の起源であるようだ。弁才天もまた毒の撃退者であると言われ、また彼女は『アタルヴァ・ヴェーダ』でも、目的達成のために呼びかけられるのだ[203]。

インドにおける蛇崇拝、特に龍達によるそれの古代文化は、詳細に研究されている。彼らは反アーリヤであると考えられている。仏教を受け入れた後は、アーリヤ人との反目はおそらくもっと激しくなったであろう。彼らは生き延び、ただ戦士であったがためだけに、インド中を前進して行った。彼らの崇拝トーテムは様々な姿の龍（蛇）で、それは今日も広く見られる壁上の蛇像の絵のように単純なものから、龍の彫刻を経て、男根像やシヴァにまで至る。このことはバッターチャーリヤ・アストーシュ（一九六〇）が以下の通り概観している。「最高の位置を占める蛇の神という観念が幾何かの非アーリヤ人によって始まったのは、おそらく早くもヴェーダ時代以前のことであっただろう。続いて、アーリヤ人の影響力がこの国で強化された時、蛇種族の一種たる蛇の男神ヴァースキの至高性がアーリヤ人の神観念に従って拡大され、そしておそらくアーリヤ人の影響の初期の魅力への、非アーリヤ人の心酔の結果として、彼らの間で性力《シャクティ》女神派が相当程度落ち目となったのであろう。しかし、アーリヤ人の影響力がさほど振るわなかったそうした諸地域では、非アーリヤ人に信仰された女神が彼らへの支配力を確立しはじめることとなった[204]」。バッターチャーリヤはさらに付け加える。「東インドの大乗もしくはタントラ仏教派のうち、われわれは特定の女神の存在を闡明する。すなわち、ジャングリはとても古い女神である[205]」。

彼はさらに付記する。

ジャングリ女神派は広く分布していたようであるが、これは仏教の大乗派がすこぶる流布していた同地域で、より流行したようである。この大乗仏教の影響は脅威を受けることもなく、ベンガルのパーラ王の諸時代のほとんどを通じて続いた。パーラ王国の滅亡とともに、セーナ王達の手にかかるヒンドゥー教の復活があり、この国から多くの仏僧達が、仏教がなお非常に振るっていたネパールへと去った。しかしとどまった者達は、彼ら自身の仏教徒の友好関係へのあらゆる疑惑を避けるために、自身の神々や女神達に新たな名を冠して導入することを好んだ。どうやらこの時代に、蛇女神のためのジャングリという名前が落剝し、代わりにマンサという新たな名前が取られたようだ。(206)

ベンガルとデカンとのアーリヤ以前の民族学的要素の間には、ほとんどもしくは全く差異がないことが認められており、この事実によってデカンにそのようなムダマやマンチャンマといった女神達が存在することにも説明がつく。(207)

このように、初期の龍《ナーガ》崇拝は、徐々に、女神の性力を重視するのとさほど差異を認めることなく、その配偶者と、古代仏教に入って来た蛇女神達へと移って行った。蛇崇拝がアーリヤ人侵入のずっと以前にインドに存在していたことへの、複数の指摘がある。大乗仏教徒は蛇崇拝を特定の、または別様な形態で継続した。諸の証拠が示すように、彼らはほぼ確実に龍達であった。バッターチャーリヤに拠れば、「今日のインドの未開地域の人々の間では、蛇崇拝は中央インドの南方《オーストリック》語族の人々というよりは、むしろドラヴィダ的特徴の人々と共にある」。(208)

中央インドはヴィダルバの先住民たる龍達の歴史を考慮に入れると、龍崇拝とマンサとを相関づけることは容易になる。なぜなら、彼らは基本的に蛇崇拝者であったからである。

蛇崇拝は古代からヴィダルバに存在していた。残念ながら、それはただ龍達とのみならず、また非アーリヤ人達と共にも残っていた。ヴィダルバの龍達は戦士集団に属し、アーリヤ人達と不断に戦っていた。このことは古代史に、本来あるべき程度にまで反映されているわけではないが、諸の伝説や伝承が疑いなく証していることで、しかるにベンガルの蛇崇拝は魅力的な点を残しているといえる。ヴォーゲル（一九七二）に拠れば、

ベンガルでは龍崇拝（ナーガパンチャミー）が、シュラーヴァナ月（七月―八月）の最初の太陰日に祝われるが、諸儀式の行事はバードラパダ月（八月―九月）まで続く。これらの期間に、乳液を分泌する生垣用の植物（*Euphoria lingularum*）が、家の庭に盛り上げられた地面の腐植土に植えられ、この植物の姿のなかに、祭との繋がりでマンサ女神が崇拝されるが、同女神は隠遁者ジャラタカル（ママ）と結婚しアスティカの母親となった、ヴァースキ龍王の妹と同定され、そのアスティカは古代の英雄物語の、序章《アーディパルヴァン》の説くところに拠れば、ジャナメージャヤの蛇供犠で龍達が鏖《みなごろし》にされるところを救ったという。マンサは蛇咬傷からの保護を与えてくれると信じられ、それゆえヴィシャハリー（毒を撃退する女）とよばれる。彼女は睡蓮に座し、蛇達を身に纏った金色の女性として表現される[209]。

ナーガパンチャミーはヴィダルバで祝われる有名な祭であり、また他の場所で祝われているナーガパンチャミーとも相関連づけることができるものである。

いつ、どこでマンサが蛇崇拝者達もしくは龍達《ナーガ》によって崇拝されるようになったのかは、はっきりわからない。おそらく、彼女の女性的性格が、女性達の注意を惹いたのだろう。クナッパート（一九九五）はこれについて以下の通り説明しようと試みた。

マンサはカシュヤパとカドルーの娘であった。シェーシャ龍王は彼女の兄であったが、何人かの学者はマンサ派

シヴァの娘であると主張する。マンサは特に、彼女の蛇咬傷からの保護が祈られるベンガルで崇拝される女神である。彼女は自身の崇拝者達の帰依に関して非常に嫉妬深いため、チャンダという裕福な商人が彼女への崇拝を拒んだ時、彼女は長年彼を迫害した。チャンダは献身的にシヴァを崇拝したので、シヴァは彼に、魔法で植物と果実の生る木を生み出せる力を授けた。ある日、マンサは美しい娘になってチャンダを魅惑し、チャンダは彼女に一目惚れした。彼女はもし彼がその魔法の力を自分にくれるならという条件で結婚に同意したが、彼がその通りにするや否や、彼の素晴らしい果樹園を、今や彼が元通りにできないまでに台無しにしてしまった。マンサがその女神の姿でチャンダを魅惑しても、それでも彼は彼女を崇拝しようとしなかった。そこでマンサは自身の蛇の姿を取って、チャンダの六人の息子を咬んだので、彼らは死んでしまった。彼女は船を何隻も沈め、彼を異国の岸に置き去りにしてその事業を駄目にしたが、それでも彼は彼女を崇めなかった。多くの艱難を経てチャンダは帰郷し、ゆっくりとその人生を再建した。彼に新しい息子が生まれ、ラクシュミーンドラと名付けられた。彼は成人して、ベフラーという名の娘と婚約した。彼のために結婚前の慣わしとして相談を受けた占星術師は、ラクシュミーンドラはその結婚初夜に、蛇に咬まれて死ぬだろうと予言した。チャンダは自分の息子がその花嫁と安心して暮らせるように、即座に鉄の家を建てはじめた。しかし、マンサが脅したので、大工は壁に一つの穴を残し、そこを通って一ダースの蛇が這って来たが、ベフラーはそれぞれに牛乳入りの受け皿を捧げた。しかし、彼が遂に眠りに落ちると、さらにもう一匹の蛇が中に滑って来て、花婿を殺してしまった。ベフラーはマンサに祈り、蛇女神はもしベフラーがチャンダを改心させることができたなら、ラクシュミーンドラを蘇らせようと約した。遂にチャンダはマンサを崇拝し、彼の息子のラクシュミーンドラは女神の力で蘇生した。この神話の教訓は、何人もこの女神を崇拝することを拒んではならない、さもなくば彼女と戦うことになる、というものである[210]。

インドにおける蛇崇拝の発生について説明し立証するいくつもの証拠がある。初期はおそらくマンサであるかもしれず、彼女については複数の伝説と伝承がある。歴史家達と、そしてインドへの訪問者達までもが、ヴィダルバの伝統的な祭になっている蛇崇拝について言及していた。ほぼ確実に、ベンガル同様ヴィダルバでも、マンサは崇拝対象の女神であった。

「辞書でのマンサの定義は、『四大湖の一つ、その水は神々が口にする』である[211]（ガーネット、J、一八七二）」。このように辞書の意味もまた、「マンサ」の名前を聖なる湖のために指摘している。それゆえ、マンセルの小山に程近い湖は、「マンサ湖《サロワール》」という名前からの派生を示唆しているかもしれない。この聖湖はこうした地位を得ている傍ら、巡礼者達の為の料理に必要な道具類の無料の供給の伝説にも恵まれているのである。『シンドゥルギリ・マーハートムヤ』の校訂者までも、マンサに言及していることを銘記しておくことは興味深い。

パルマルティナ（マラーティー語）は、マナサ（マラーティー語）・ダルメンとともに解釈できる。どちらの場合も、「最高原理に捧げられた意識をもって（―への熟考をもって）」を意味する。テキストに対する上記の訳は、パルマルタ（マラーティ語）という異読に従う。その異読はほぼ等しい資料的裏付けと同じ意味を運ぶ趣旨とを有する。しかし正確な箇所の具格は、「心理的に、受け入れられている読みを推定することを強制するようだ[212]」（『シンドゥルギリ・マーハートムヤ』、注、第三章、第四偈、二〇頁）。

このように、ヴィダルバに関連する龍達《ナーガ》のマンサと、古代から龍崇拝が行われていたマンセルとを関連づけるかどうかは今や識者次第である。これら全てが、龍達、蛇女神マンサ、仏教とそして古代医科学問に深い相関があるということを、実証するに十分である。

『マンサラ建築論《ヴァーストゥ・シャーストラ》』とマンセル

マンセルの仏塔遺跡には多くの際立った特徴がある。彫刻群以外に、建築物もまた比類なき構造物を有しているようだ。特定の古代の建築論の例について思い出させてくれる、複数の特色がある。『マンサラ建築論』とよばれる古代の建築論について、多くの情報がある。このように、古代の建築論もまた、マンセルの構造物遺跡群の光に照らして、議論される必要がある。原典は浩瀚で、本書の扱う範囲を越えていることから、簡潔な議論が肝要である。『マンサラ建築論』は建築を三つの型に分類する。すなわちナーガラ、ヴェーサラとドラヴィダである。マンセルの小山の構造物遺跡群はナーガラ型の影響をも受けた、ドラヴィダの典型であるようだ。

アーチャーリヤ、Ｐ・Ｋ（一九四二）に拠れば、

『建築論』は、おそらく具体化のための古代非アーリヤ人の建築論書であり、その具体化については以下で十分である。このなかに書かれている言語は真に「非標準サンスクリット」であるとの烙印を押され、すなわち洗練されぬ、非文法的な言語だという意味である。元々文法、韻律、修辞学上の欠陥があるにもかかわらず、同書は権威づけのためにサンスクリット語の態を成している必要があった。……著者が誰であるかは謎のままだが、同論書は様々な個人名、建築に携わった聖者達の階級、そして語源的に「測量の真髄」を意味する「マンサラ」の題を冠した（より小品の）著作の下に帰せられている。(213)

上記の批評より、同書にはアーリヤ人の影響は見られず、また建築論が古代に大いに用いられていたことは明らかで

ある。同論書の作者は、さほど学こそ無けれ、きっと建築の名匠であったはずだ。

アーチャーリヤはさらに付け加える。

同書がある現役職人《シルピン》によって書かれたことは確実であるようだ。その正確なサンスクリット語の運用など期すべくもないが、自身の分野への熟達には遜色がないどころか、むしろ個性が光る。[214]

第一八章は主要三様式に言及する。すなわち、ナーガラ、ヴェーサラ、およびドラヴィダである。[215]

第六三章では、様式の考察のもと、地理的にさらに五つに区分される。すなわち、ナーガラ、ドラヴィダ、ヴェーサラ、アーンドラ、およびカリンガである。[216]

アーチャーリヤが指摘する通り、『マンサラ建築論』は建築のみならず、諸彫刻にも関連するものである。このことは後にシヴァ侏儒《ヴァーマナ》と改称されてしまった仏教徒にとっての毘沙門天《クベーラ》たるジャンバラの見事な像を含む、マンセルの彫刻群の独自性に光を投げかけるものである。

もし、アーチャーリヤ博士が示すドラヴィダ様式の詳細な記述と、マンセル仏塔とマンセルの小山の彫刻群とを比較するならば、これらは『マンサラ建築論《ヴァーストゥ・シャーストラ》』のドラヴィダ様式の見事な例となっているが、前述の通り、そこに添えられたナガラ様式の影響も看過し得ぬところである。

建築論の様式中のドラヴィダの詳細はまた、ピシャローティ、K・R（一九三七）も提供するところである。彼に拠れば、「ドラヴィダとデカン、別名南型は、基壇から（ドームの）頂点まで八角形か六角形をしており、その一変型では、前の部分が長方形でもよく、首の四辺形の下部とその頂上は前述の通りたるべし、と述べられている[217]」。

このように、マンセルという名称が『マンサラ建築論』に由来するということもあり得ぬことではない。龍王朝《ナーガ》について手に入る情報に基づいて、ジャヤスワル（一九三二）は記す。

「カルコタ・ナーガラ」といったような「ナーガラ」という語は、紛れもなく「龍」の語と結び付いており、地方語形の一つである。ちょうど「ナーガルダン」（＝ナーガル・ヴァルダナ）に見られるように、この語の派生形を示している。「ナーガラ様式」という建築用語は、「町《ナガラ》」という語との繋がりを想定してみても、説明がつかなかった。この様式名は、紀元二四三年頃すなわち龍朝期終焉以前にその歴史記録を終える『マツヤ・プラーナ』には知られていないが、グプタ朝期かそれ以降の作である『建築論』には知られている。「ナーガラ」の語をもって呼び習わされる同様式は、龍王達が流行させた様式であるようだ[218]。

かく結論しつつ、『シンドゥルギリ・マーハートムヤ』や、ラームテクのラクシュマナ寺院に刻まれた碑文といった記録のずっと以前に、マンセルという名称について探求するための古代史上の、そして伝統的な証拠類があるのだといえよう。マンセルという名前は、ヤーダヴァ王朝のずっと以前、そして『シンドゥルギリ・マーハートムヤ』よりもかなり前から存在した。マンセルは先史時代開始直後から現代まで、同地域における歴史的および文化的変遷を目撃した。マンセルの岩刻碑文が現在何も語れないのは残念なことである。それを巻貝状《シェル》文字《スクリプト》とよぶ以上の、いかなる注意喚起の試みも加えられていない。諸の岩刻文の現状はかくも悲惨であるので、それらはやがて完全に消失して、ただ平坦で滑らかな岩石として突っ立つだけになるのだろう。

マンセル・ラームテクの考古学遺跡群と、その仏教および古代インド医学との相関

マンセルに現れる仏教文化と古代医学の重要な遺跡群は、以下の一〇項目である。

一　諸仏塔
二　僧院と諸僧房
三　菩薩、緊那羅《キンナラ》、ヴィドヤーダラ、ジャンバラ、および龍王《ナーガラージャ》の像
四　祠堂《チャイトヤ》
五　焼けた舎利類を伴う舎利容器
六　菩提樹
七　法輪《ダンマチャクラ》
八　龍樹山
九　諸薬剤の調合に用いられた器具類
一〇　周辺地域の多くの薬草類

マンセルの仏塔群

マンセルの考古博物館に展示されている情報を見ると、龍樹菩薩記念研究協会は以下の通り書いている。

四つの仏塔―中央にある一つは一四メートルの直径があり、他の増築されたものには後代の諸房と、繞道《プラダクシナパタ》を伴

う歩道壇《アーヤカ》がある―が見つかっている。この仏塔は修復され、東側に階段状の入り口があった。同入り口は、続く色々な時代に、ちょっとした修正と改変だけ受けて、利用され続けた。この仏塔から石鹸石の、舎利容器断片がもたらされた。またこの時代、南東側に直径八メートルの小型仏塔も建立された。

このようにマンセルには四基の仏塔の証拠があり、最初の二つはマウリヤ朝期のもので、他の二つはおそらくサータヴァーハナ朝期とヴァーカータカ朝期のものである。

ヴィダルバの古代史は、龍達《ナーガ》がヴィダルバと同遺跡とも、深く関連していたことを明らかにする。龍達はアーリヤ人ではなく、事あるごとに両者の間で戦争があった。同地域にはこのことを裏付ける、分散した豊富な考古学遺跡が表面近くと地下深くにある。最近の発掘で、マンセルの早期の開拓者達がアショーカ時代に、宗務大臣《ダルママハーマートラ》の監督下マンセルの小山の上に、仏塔を建立したことが確認された。最初の仏塔は小さく、同地の早期の開拓者であった龍達によって建立され、この仏塔は後に拡大された。

東縁部および中心部での掘削は、歴史時代早期の同地の開拓者達が、小山の自然の輪郭にしたがって、仏塔を建立しようと決心した証拠を示している。中心部で見つかった早期の仏塔は、四八センチ×二五センチ×一四センチの煉瓦でできた、四から五の横並びの層を有していた。この最初期の仏塔は直径は一四メートルであった。これは、土と小岩でいっぱいにされた、諸の煉瓦房を作ることで増大されており、この仏塔建築手法の例はパウニでも出土している。(219)

さらなる発掘での発見物の報告のなかで、ジョーシおよびシャルマ（二〇〇五）は付記する。

マンセルはヒディンバー山《テークディー》における諸発掘中、深さ三・九〇メートル、岩盤の直上に建てられた、直径八・〇メートルの煉瓦造りの仏塔があった。煉瓦の寸法は、四六センチ×二二センチ×七センチである。東側には、元の小山の傾斜した線上に、階段が作られた。波打つ地面を望みつつ、仏塔へと近付くために、地面は一・五五メートルの高さまで打ち固め上げられ、三八の横並びの層の広がりをもつ壁が起こされた。ある特定の仕方で落下した瓦礫の証跡が、この仏塔が地震で破壊されたことを示している。この第一仏塔の崩壊直後、1B期に、この時小岩、煉瓦片、土でいっぱいにされた長方形の諸房を作ることで、別の仏塔が建立された。房の寸法は二・五〇メートル×一・五〇メートルから、二・五〇メートル×一・一〇メートルの多岐にわたる。これらの一つで、四二センチ×二二センチ×八センチ寸法の煉瓦の、三四の横並びの層が掘り出された。この仏塔の場所から、石灰岩の舎利容器の底部と把手とが出土した。この仏塔が使用されなくなった後、厚さ一・二五メートルの文化的堆積物がその上に積み重なった。(220)

同時代頃のマンセルの小山の仏塔遺跡群について、さらに以下の通り述べられる。

明らかに、これら二基の仏塔は、マウリヤ朝後期とシュンガ朝前期の間に建立された。この時代についてはまた、ヒディンバー山の南東角に、長さ八メートル（南北）、幅五・五〇メートル（東西）の楕円形の祠堂《チャイトヤ》が掘り出されている。この北側に偶像のための、長い、〇・八〇メートル幅の台座があり、一方、入り口は西にある。(221)

このように、アショーカ治下建立された、マウリヤ朝期の二基の仏塔の証拠がある。

マンセルの小山のアショーカ仏塔について記しつつ、デイリー・ロークマット紙のヴィダルバ版《ヴィシェーシャ》（マラーティー語、一九九八年三月二五日）は述べる。

アショーカ時代の仏塔がマンセルの小山で発見された。……発見された紀元前二世紀から紀元五世紀の仏塔は、バンダーラやサーンチーの仏塔よりも大きい。……大規模に発掘されれば、おそらくこれはナーランダーの仏塔よりも大きいだろう。同地は中央に位置し、北にはサーンチー、南に向かえばアマラーヴァティーがあり、東の方にはシルプール、そして有名なオリッサの仏教遺跡であるラトナギリとラリタギリの中心となる。……この仏塔はおそらく二世紀に自然災害によって破壊されたのだ。

発掘における仏塔と祠堂での発見物の数々は、この小山の古さがマンセルにおける仏教前期まで遡り、また仏陀が、小乗派が支配的であったことを示す象徴的な姿で崇拝されたアショーカ時代に関連していることを裏付ける。ヴィダルバがアショーカの広大な王国に含まれていたことは、歴史から明らかである。これについての証拠は、治世第一四年に発行された、マハーラーシュトラ州、チャンドラプール地区はデオテクのアショーカの宗務大臣《ダルママハーマートラ》が発行した岩刻碑文中に見出される。宗務大臣達はアショーカによって、彼の王国の異なる地域に、彼の臣民の法《ダンマ》を求め、動物達の捕獲と殺生とを防止するために任命された。

ほとんどの文献がヴィダルバの龍達《ナーガ》に言及し、そして龍達は仏教信徒であった。アショーカ時代以前でさえ、龍達と古代インドの様々な王朝との間には大いに関わりがあった。色々な土地や川の名前、人の固有名詞やその姓氏が、ヴィダルバ文化史上の龍達の強い影響を示している。このように、マンセルの考古学遺跡群は、その国教が仏教であったアショーカと、その治世の同時代人であった龍達にまで遡ることを裏付けて余りある。

アショーカに続くのがヒンドゥー教正統派で、仏教の息の根を止めるあらゆる試みを加えたシュンガ王朝の時代であった。このことは仏教比丘の首の献納に金貨一〇〇枚の報酬が支払われるとした王命から明らかである（*Yo mebhramama* (*sic*) *shiro dasyati tashyha dinar shatam dasyami* 余に沙門の首を与える者に、一〇〇ディナールを与えん）。おそらくこの時代に比丘達は、死の恐怖から仏塔と僧院遺跡を去り、あるいは法の護持のためにそこにとどまった者達は力づくで追放された。それゆえ、シュンガ朝前期に仏塔が破壊されたとするなら矛盾であるし、不可能なことなのだ。

同様に、自然災害によって仏塔が破壊されたとする話も仮説上、非論理的、想像上のものであるようだ。これについてトゥルシーラーム博士（二〇〇〇）は述べる、

地震によって仏塔が破壊されたという説明には根拠がなく、誤りである。かかる災害があれば仏塔内に複数の人骨を残したであろうが、そのようなものは出土していない。屋内からの人骨の発見がないことは疑問を生ずる。地震発生時に誰も仏塔内にいなかったのか。当時これらの遺跡に全く人がいなかったなどということはあり得ない。このことは間接的に、内部にとどまっていた仏教比丘達が力づくで追放され、この仏塔が破壊された後に寺院が建立されたということを証明する。このように、仏塔が反仏教運動によって破壊されていることを隠蔽するために、地震のような自然災害が仏塔を破壊したなどという話が構想されたのである。[222]

自然災害による仏塔破壊の話はまた、他の専門家達からも否定されている。紀元一八〇年の地震が、その上に寺院が建設されることになるアショーカ仏塔の崩壊の原因となったといわれているが、これはおそらくさなかに仏塔が引き倒された「宗教戦争」であったのだ。こう考える方がよほど合理的である。紀元前二〇〇年と紀元二〇〇―四〇〇年の間に、ここに二基の巨大仏塔が建立された。

シュンガ朝期の後には、サータヴァーハナ王朝が続く。同遺跡における、僧院と諸の僧房のような、貨幣と構造物と

両方の遺物との、王の関わりを示す証拠が沢山ある。シムカがサータヴァーハナ王朝の開祖で、仏教の発展に支援を惜しまず、仏教はサータヴァーハナ王国の彼の治世下の、最も重要な宗教の一つとなった。彼についてはカンハ・ラール（クリシュナ、紀元前三七―二七年頃）が記している。「彼は仏教の庇護者であった。彼は仏僧達の福利の世話をし、様々なかたちで僧伽《サンガ》を助けた。彼は、アショーカの治世の宗務大臣《ダルママハーマートラ》を連想させる、沙門達のための責任を負う特別な役人を任命した。このように、サータヴァーハナ王達は、ナーシクの仏僧達の諸の世話をその公務とする高官を任命することで、偉大なマウリヤ朝のアショーカ王の跡を履んだ。これは仏教が、自身の王国での弘教のためにその庇護を授けた王からの、好意的な扱いを受けたことを示している」[223]。このことは、龍樹がサータヴァーハナ王のために書いた手紙にも反映されており、のみならず、サータヴァーハナと龍樹に関連する説話がいくつもある。このことは、サータヴァーハナ王朝が仏教徒でこそなかったものの、彼らによって仏教が十全に庇護されていたことを実証している。

　サータヴァーハナ朝期の後、ヴァーカータカ王朝が続く。ヴァーカータカ朝学者のハンス・バッカー[224]（二〇〇二）は、表の形で、グプタ―ヴァーカータカ龍《ナーガ》各王朝およびリッチャヴィ族の系図を示し、これは明確にヴァーカータカ王朝、龍王朝、リッチャヴィ族、およびグプタ王朝間の相関を描いている。ヴィダルバ史上の龍達の貢献は疑いなく証明され、仏教は同地域に栄えた宗教であった。ヴィダルバには遺跡がいくつもあり、発掘され仏教のものであることも証されているが、マンセル遺跡や同地で進歩し発展した芸術や文化の庇護と、それらの遺跡との関連を探る試みは、残念ながら皆無である。アジャンター絵画中に龍達の影響の証拠がみられ、その内一部はヴァーカータカ王朝と同時代のものであったことも明らかである。それゆえ、ヴァーカータカ王朝が仏塔遺跡に寺院を建設するために、マンセルで仏塔破壊に着手した、あるいはそうすることを許可したなどということはあり得ない。

　このことはマンセル遺跡を訪れ、他の学者達と議論したトゥルシーラーム（二〇〇〇）の諸批評にも反映している。トゥルシーラーム博士（二〇〇〇）は、仏塔遺跡における寺院建設について聞かされた。それゆえ、自身の論文でこの大歴史家は、疑義を明らかにし批評する。

四世紀の仏塔倒壊より二〇〇年後に、その遺った煉瓦を用いて、仏塔からかなり内側の場所に寺院が建てられた、などというのは大変誤った陳述だ。もし本当にバラモンや彼らを庇護する王達によって寺院が建てられたのなら、それではなぜそれに二〇〇年もかかったというのか？　生じてくる第二の疑念は、なぜ特に僧院遺跡が寺院建設のために選ばれたというのか？　これらは答えの簡単な、諸の疑義のいくつかである。ヒンドゥー教寺院のほとんどは、紀元一〇〇年から一六〇〇年の間に建てられている。発見されたヒンドゥーの神々の構造物寺院群は、紀元八〇〇年より遡らない。シヴァ信徒たるミヒラクラは、諸仏塔の破壊に着手した時に、同遺跡群にシヴァリンガを立てた。シヴァと関連するシヴァリンガもいかなる遺物も発見できなかったということが、その破壊行為が四世紀よりもずっと後に起きたことを直接立証しているし、その原因は地震ではなくて、当時の好戦的バラモン教の指導者達だったのである。地震はこの崩壊になんら寄与していなかったが、反仏教運動家が、仏塔の聖所《ガルバグリハ》の内側に寺院を建設するため、意図的に仏塔を破壊したのである。(225)

ヒディンバー山《テークディー》

マンセル山はこのぞっとするような、ヒディンバー山の名に比定されている。諸伝承は寺院がヒディンバーかヘーマト・パントによって建立された、と主張している。ヒディンバーの説話は叙事詩『マハーバーラタ』に語られる。ヒディンバーは羅刹《ラークシャサ》ヒディンバの妹である。ヒディンバーはとても美しかったが、かたやヒディンバは非常に残忍かつ強大で、通りすがった人々が彼の餌食になっていた。ある時、叙事詩『マハーバーラタ』のパーンダヴァ五兄弟が、この森に入った。ヒディンバは妹に、彼らを殺しに行かせた。しかし、ヒディンバーはビーマに懸想し、兄に言い付けられた仕事を忘れてしまった。ビーマはヒディンバを攻撃し、彼を殺した。パーンダヴァ全員が無事にヒディンバの残酷な襲撃から免れたので、パーンダヴァ兄弟達はビーマにヒディンバーと結婚するよう要求し、夫婦にはガトートカチャが生まれた。これがおそらく、この小山がヒディンバー山とよばれている理由であろう。一八六八年発行のインド中央諸州地名辞典《ガゼッティヤー》に拠れば、

多くの古寺のうち、最古のものは丘の北側頂上付近にある寺のようだ。粗削りの石で建てられており、モルタルなしでもよくぴったり嵌まり合っている。その形状と構造とからみて、これはおそらくジャイナ教寺院であるが、地元の伝統はこれをあるヘーマド・パント（ママ）の作だとし、この者は一部からは婆羅門だと、他方面からは羅刹（半神）だといわれていて、バンダーラとナグプール地区の実に多くの建築遺跡が、その名前と結び付けられている。[226]

このように、この小山の古さは一八六八年の同地名辞典に明記されているが、これ以上の関心は寄せられておらず、発掘のためのさらなる評価も強調されていない。疑問は解決されぬままなのである。

ヘンリー・クーゼン（一八九八）もまた、マンセルにおける古代の伝統文化について描写した。曰く、

ナグプールの北東二四マイル。ヒディンバーの山と寺院。この山《パハド》には、数世紀前、魁偉な悪鬼女がいて、その名をヒディンバーといい、かつてこの山上の自ら建てた宮殿に棲んでいた、という伝承がある。現存する湖もまた、彼女が創造したものだといわれている。言い伝えに拠れば、約一世紀前、この地を偶々訪れた全ての旅人は、必要に応じ、あらゆる調理用具を湖の中から、自分で好きなだけ取り出すことができたという。唯一の条件は、旅人は

それらを使い終わったら、湖へと戻してくれというものであった。ある時、調理用具を使用した一人の旅人が、その貪欲からこれらを着服してしまった。この厳粛な条件が破られるが早いか、調理用具の供給は止んだ。その寺院は現存しない(227)。

ヘンリー・クーゼンはヒディンバー山に気付いたが、小山の上にいかなる寺院もみられなかった。塚の穴々から覗いていた僧院遺跡や、マンセルの岩々の上の珍しい筆跡、そして近郊の龍樹窟が丸々彼の注意から逸れたり、あるいは気付かれなかったということは意外である。

その一、二年後、西地区の考古局の進捗報告書中で、ヘンリー・クーゼンはマンセルについての詳細な報告を書いた。曰く、

カンプティーの一五マイル北、ナグプール－ジャバルプール道路《ロード》上にマンセル村がある。……村の東に東西から約一マイルに延びる大きな湖があるが、現在では西端に水を湛えるのみで、水生植物が茂ってこれを覆っている。これは人工的な一まとまりの水であって、部分的にはその南岸沿いに走る低い連峰で、また部分的には村外れの方まで続く盛り土のダムで形成されている。これら低連峰の斜面に沿った地面は、湖岸に近く、その南側に、煉瓦片が散らばっており、一方、あちこちに煉瓦壁の基壇が地表に出ている。……これは全く古く寂れた仏塔の基壇の様相を呈している(228)。

さらに付け加える。「この遺跡はおそらくもっと注意深く調査されるに値するだろう。私は副長官に、当面ここを保護し、これ以上の煉瓦掘削を食い止めるよう要求した(229)」。

仏塔を伴ったマンセルの小山がどんな場所であるかは、一九世紀の初頭に確認された。当時の指導にもかかわらず、非公式な煉瓦掘削が続けられ、同遺跡の古代仏教文化の甚大な損失に結び付いてしまった。

以下はマンセルの小山もしくはヒディンバー山《テークディー》、あるいはヘーマド・パントと関連するいくつかの興味深い説話である。なぜなら「ヘーマド・パント」という名称が、ヒディンバー山と関わっているからである。彼は一二世紀のラーマチャンドラ王の重要な大臣の一人であった。

ヤーダヴァ王ラーマチャンドラには多くの大臣、総督、将軍がいた。三人の大臣が特に注目に値した。すなわち、プルショーッタマ、ラーガヴァ、そしてヘーマードリである。ラーマチャンドラ王はラーガヴァへの信任すこぶる厚く、彼は王が宮廷を離れる時には代理に任命されていた。ラーマチャンドラのラームテク碑文は、王の「サーイヤ・パーラ」であったこのラーガヴァという人物に言及する。また、王国の繁栄に与る見目麗しい金持ちの女を王が彼に与え、自身もあらゆる技芸に習熟した淑女達の随伴を満喫したということが知られている。これはすなわち、王が自身の王国の統治をラーガヴァに任せ、後顧の憂いなく、快楽への耽溺に自己を埋没させたということだ。[230]

ヘーマド・パントについては、ヴェルマ、O・P（一九七〇）が記している。

三人の重要な大臣のうち、ヘーマードリ別名ヘーマド・パントはヤーダヴァ朝宮廷中の多芸の天才であった。彼自身学者であり、学ある者は彼のうちに、豊富な模範を見出した。いくつかの医学論書についての研究もまた、彼に帰せられている。彼は字を早く容易に書けるようにするために、デーヴァ・ナーガリー文字を改変し、モーディ文字を導入した。彼は象乗り達全員の監督者で、軍事遠征にも参加した。彼はまた、マハーラーシュトラ中で広く採用された、建築上の独特な様式を発展させることを知っていた。ヘーマドパンティ様式として一般に知られる本様式下で、家々や寺々はセメントやモルタルを使うことなく他の石の上に積み上げられた、荒削りの石をもって建設された。[231]

どうやら「ヘーマドパンティ」という用語は、ヤーダヴァ王達とその家臣達が世話をした寺々に、厳密でなく一様に適用されているようだ。時にヘーマド・パンティは、ヤーダヴァ王達の要求で施した特定の偉大な治療の見返りとして、三〇〇の寺院を建ててもらった医者として語られる。よく似た数々の説話が、インドの他の地域でも伝えられている。ヘーマド・パントの名前は、マンセル連峰とも関連している。ヘーマド・パントもといヘーマードリは、ヤーダヴァ・マハーデーヴァおよびラーマチャンドラの筆頭大臣であった（三四八頁）。ヘーマードリもしくはヘーマド・パントが何でもでき、その行政上および文芸上の激務に加えて、諸寺建設を造営するか資金援助するかの時間を捻出した人であったことは明らかである。……そしてそれらの寺院は重厚かつ釣り合いがとれていることで際立っており、興味深い建築上の処置が施されている。

メイジャー・ヒルは、ヘーマパンティ建築について批評しつつ記す。

これらはいかなる種類のセメントも用いずに建てられている。相異なる一つ一つが、最大限の精確さと、石塊に削り残されたほぞと切り込まれたほぞ穴とによる一部の固定によって、ぴったり嵌め合わされている。石同士が斜めにずれ合わないだけで、作品はより丈夫になるようなのである。それから、壁の内側は廃棄物で埋められる。バージェスに拠れば（『西インド考古局』、三、ビダールおよびオーランガバード、九三頁）、「ヘーマドパンティという語は、モルタル無しで多くの塑造を伴い、粗削りの石々で最も丈夫に建てられ、しばしばおびただしい神像を外壁上に伴う、紀元一三世紀頃に属する古寺の階級のためにあつらえられたものである（三四九―三五〇頁）」。平面図上ではヘーマドパンティ式寺院は、それ以前の例の一般的外形に従う。この寺院のほとんどは荒廃した状態にある。すなわち尖塔《シカラ》が崩落しているか、屋根付き張出玄関《マンダパ》がなくなっているのである。一般にヘーマドパンティ式寺院はカンデーシュ、ヴィダルバ、およびハイデラバードの領域に散らばっている。しかし多くの寺院は、単に様式が似ているだけで、この名を受けているのである。興味深い五つのヘーマドパンティ式寺院の一組が、ナグプールの二七マイル北のラームテクに位置する（『中央諸州およびベラール古代遺物一覧』、七―八頁）。これらはラーマ、シーター、ラクシュマナ、ハヌマーンに捧げられた諸寺と、エーカーダシー女神に捧げられた一寺から成る。(232)

以上から、マンセルの小山の構造物遺跡群はヘーマドパンティ様式ではなく、前述の異なる様式のものであることが明らかである。マンセルの構造物遺跡群は、描写のかぎりでは、ヘーマドパンティではないようだ。これらは基本的にマウリヤ朝期の仏塔で、その他の建築は多分『マンサラ建築論《ヴァーストゥ・シャーストラ》』の影響下にある。ラームテク山の構造物遺跡群のいくつかは、おそらくヤーダヴァ朝期のヘーマドパンティ様式に属す。

同様に、マンセルの小山にある、石灰とコンクリートでできたいわゆる「人身供犠《プルシャメーダ》」像についての興味深い情報がある。この像についての詳細は、議論した発掘報告書の箇所に示した。

トゥルシーラームに拠れば、「反仏教運動が頂点に達した八世紀には、旗を立て靡かせることで、仏教遺跡群の破壊という勝利を祝う伝統ができた(233)」。

マンセルでナグプール龍樹菩薩記念研究協会が、博物館に展示した情報に従ってみよう。

四つの仏塔—中央にある一つは一四メートルの直径があり、他の増築されたものには後代の諸房と、繞道《プラダクシナパタ》を伴う歩道壇《アーヤカ》がある—が見つかっている。この仏塔は修復され、東側に階段状の入り口があった。同入り口は、続く色々な時代に、ちょっとした修正と改変だけ受けて、利用され続けた。この仏塔から石鹸石の、舎利容器断片がもたらされた。またこの時代、南東側に直径八メートルの小型仏塔も建立された。

諸発掘報告書は、いわゆるヒディンバー山《テークディー》上にある、マウリヤ朝期に建立された仏塔があったことを認める。アショーカ法勅文の文字や、他の既知の文字と全く異なる象形文字がある（巻貝状《シェル》文字《スクリプト》だと表明されているが、全ての問題が解決しているわけではない）。同遺跡がアショーカと同時代か後代に、複数の非アーリヤ民族の居住地であったと信じられるだけの余地がある。前述のように、彼らはおそらく、仏教文化が存在し、有史以前および歴史時代のこの地域の同部分における最初の文化であったアーヤカであった。そしてマンセル遺跡のみに限らず、紀元前二〇〇年以前の同時代の近郊地域も同様であった。独立前期に出現していた仏教遺跡群の発見と諸報告書も、このことを裏付けている。

アショーカ自身仏教を受け入れ、その時代に仏教は国教となった。実際のところ、アショーカはその臣民の属するいかなる部派も故意に迫害することがなかった。むしろ、彼の諸法勅文は婆羅門達と沙門達に同様に示される尊敬と、自由と、配慮とを謳った。一番王勅はアショーカの不殺生《アヒンサー》の原則を宣言し、王家の厨房のための動物殺生を禁止するのみならず、また動物達が「供犠として捧げられる」ことを禁じ—どちらにおいても婆羅門達が重要な部分を果たしていたのだが—先にみた通りこの類の集会《サマージャ》の意気を挫いた。宗務大臣《ダルママハーマートラ》の任命（五番王勅）は、婆羅門達が長く謳歌して来た、人々の宗教への指導的立場を剝奪した。自身の臣民たる生類のための誠実かつ真摯な欲求によって命じられ、誰かの感情を害する狂信精神に染まったわけでもないアショーカの数々の規範は奏功し、これらの改革における、自分達が大事にする信仰と諸の宗教的権利への打撃を端的に認めざるを得なかった婆羅門達と、バラモン教信奉者達とは罪を犯していることになった。それでもヴェーダ文化の象徴とみなされていた供犠の名の下での動物達の虐殺は、アショーカの時代に徐々に、やがて完全に打ち棄てられ消滅した。サータヴァーハナ王朝とグプタ－ヴァーカータカ両王朝は仏教徒ではなかったが、姻戚関係を結ぶまでに同時代の仏教徒達と関係していた。彼らは仏教を庇護していて、このような状況では、広汎なバラモン教の供犠の諸儀式が突如として現れ、マウリヤ王朝後、そしてサータヴァーハナ王朝とヴァーカータカ王朝と重なる時代に、公然かつ自由に行われていたとする説は認めがたい。

これらの時代に、供犠儀式が人身供犠にまで及んでいたなどということは不可能である。発掘報告書は、いわゆる人身供犠《プルシャメーダ》（あるいは人身虐殺）の証拠が、仏塔の聖所に存在していたことを指摘する。人身供犠のためにどうしてこの場所を選ぶのか、は説明されぬままである。そして主たる疑問には答えぬままなのだ。これは本当に人身供犠という筋書きであったのか、それとも仏教徒たる大学者龍樹の最期の表現であったのか、ということである。

歴史は、サータヴァーハナ王朝が四五〇年近くも統治を行っていたことを伝える。同王朝はかなりの程度仏教を庇護し、それゆえサータヴァーハナ朝期の終りまでに、仏教文化は非常に栄えた。サータヴァーハナ王朝は仏教を庇護していたので、仏塔が同王朝期に人の手による破壊を被らないままであったことを証す、ことさらの説明も必要ない。

マンセルの石灰男

一九九八年以降の発掘は、石灰の男の像を「人身供犠」として明るみに出した。これは最も重要な考古学的発見と見定められ、プシュヤミトラ・シュンガによって執り行われた、アッラーバード近郊カウシャンビーにおける人身供犠の証拠との比較が試みられた。ここで本来、政治的および宗教的革新と改革における甚だしい差異が強調される必要がある。ダルマーナンダ・コーシャンビー（一九五七、一八八－一八九頁）に拠れば、アショーカ時代に供犠や他の類似した儀式は終焉した。最初の法勅で、アショーカはただ自身の目が黒い内はと動物供儀までも禁じ、動物虐殺と相容れぬその理念を刻印した。もし彼がなんらかのヴェーダ文化の神を受容していたなら、これは婆羅門達のために有益なものともなっていたであろう。だが、彼は仏陀のみを崇拝対象として受け入れた。仏教を受け入れることによって、彼は神の観念が誤っていることを証さんとした。しかし、彼は婆羅門達を苦しめることなく、反対に婆羅門達は自身のいる余地を彼の法勅に見出すことができた。のみならず、彼は婆羅門達への布施も行った。四番法勅では、アショーカは裁判訴訟および刑罰における平等性を課している。この王は全ての『裁判本集《ヴャヴァハーラ・サンヒター》』と『刑罰本集《ダンダ・サンヒター》』のための、総合的政策を導入した。彼は自身のラージュカ達が、平等と公平をもって臣民のための公正な行政を行うことを望んだ。四番法勅をもって彼は明らかにする。「臣民達が恐れなく、心静かに、毅然と、そして平安に己が義務に励めるよう、余は褒賞と刑罰の現場での統制のためにラージュカ達を置いた。しかし、裁判訴訟と刑罰における平等性あるべし、と余は欲する。」アショーカは、自身の赤子ともみなしていた臣民達のことを願っていた、真の改革者であった。このように臣民達を正道に導かんとのその熱誠もて、彼は無意識にかつ他意もなく、道徳的に婆羅門達は罪を犯している、とした。供犠その他の儀式が止んだ時、ヴェーダの神々はゆっくりと消えて行き、懇願の下、ただ婆羅門達が生き延びるための選択肢として残った。ただ家庭的な儀礼と儀式のみが、他のおまけの収入源であった。このため、プラーナ文献はアショーカをシュードラと非難するのである。これが婆羅門達のアショーカ憎悪の起こりである。

　将軍によるマウリヤ王ブラフマダッタ暗殺によってプシュヤミトラ・シュンガが登場してからは、彼はバラモン教的ヴェーダ文化を復活させんと試み、ある程度これに成功した。しかし仏教にとって幸いだったのは、彼の時代は短く、その支配域も、仏教徒アショーカの広大な王国を誇ったのに比べて、インドのごく小さな部分だけだったということである。プシュヤミトラは自身の王国下の仏教徒を苦しめたが、仏教は広範囲に広まっていたので、彼の試みは限定的なものにすぎなかった。その仏教に対する酷薄非情は、仏教比丘の首の献納に対する、金貨一〇〇枚という彼の褒賞からも明らかである。

プシュヤミトラ・シュンガの時代は、婆羅門の優越を根こそぎにし、供犠のような宗教儀式からの主要収入源を断った仏教に対する、ヒンドゥー教徒達の復讐の時代であった。これはおそらくアッラーバード近郊のカウシャンビーの人身供犠《プルシャメーダ》への着手を促進した、束の間の政治宗教的展開だったのだろう。ここで明らかにされねばならないのは、プシュヤミトラ退場後すぐに、仏教徒にとっての暗黒時代は幕を閉じ、仏教が再び打ち樹てられ、王家の庇護の下広まって行った、ということである。それでもなお、当時の王達と同時代の龍《ナーガ》達までのことについては、彼らの歴史が多く闇のなかであるので、未だ不明である。プシュヤミトラ後の時代には、いくつもの祠堂《チャイトヤ》や寺院《ヴィハーラ》の建立が見られ、一、二の僧院が大学としての地位を樹立した。仏教他派も、インドでの仏教の発展を示す、その足跡を残している。数々の状況証拠は、マンセルの石灰男が象徴的な人身供犠であるなどとは裏付けない。プシュヤミトラの時代に被った損失は大いに回復し、それが長年にわたって続いた。このような状況では、ヴァーカータカ朝期の人身供犠という話は再検討されねばならない。トゥルシーラーム博士（二〇〇〇）は自身告げられた人身供犠の筋書きに異議を唱えている。他の発掘遺物も、同遺跡での人身供犠のいかなる考古学的根拠の裏付けにもならない。彼の見解では、人身供犠の話は反仏教運動を示すものであり、供犠のヴェーダ文化ではないという。同像の詳細を記述しつつ彼は記す。

仏塔内には、その頂上から四角い中の広間が深い井戸のように見える、高められた壁がある。広間の中心にはセメントと石灰で作られ、一本の脚を膝関節で曲げた人間の像がはっきり見える。像の腰の上は完全に失われている。像の中に、平均的な竹の直径位の丸い穴を横たえている。像の中のこの穴は、おそらく旗を立てて靡かせるためであろう旗孔のように見える。この不完全な人物像は、あたかもハヌマーンが薬草の生えた山を片手に、武器《ガダ》を別の手に持って空を飛んでいるようだと上述したものである。[234]

にある諸建造物は、祭壇であるとは認められず、独特の形に積まれた煉瓦の五層（のみ）から成る祭壇ではたしかにない[237]」。

これら全てがマンセルの男性石灰像の再検討の必要を示唆している。

マンセルの仏塔遺跡の彫刻群

マンセル遺跡はおそらくインドで最も早く石の彫刻がはじまった場所である。その最初の試みは、現地の石々から、彫刻群を調えることであった。その最良の例が、ジョーシおよびシャルマ（二〇〇五）が以下の通り描写した巨大構造物である。

マンセルの原人はその「超自然力」という概念を変容させるために、自身がまず道具類を作るために拾い上げたのと同じ、「石」という素材を選び取った。彼は、大まかに人の姿によく似た巨石を選択した。彼はヒディンバー山《テークディー》の頂で、あちこちに一、二のV字型の刻み目を作ってから、このおおよそ三角形状をした花崗岩塊を据えた[238]。

粗い人型の像

その描写（ジョーシおよびシャルマ、二〇〇五）については、

像は、礎石上にある大き目のもので、上の方ほど次第に細くなっており、人造の諸の巨石壇の上に据え置かれている。この台座は、周囲四・五〇メートルである。台座下部の低層には、岩々の半円形の露出を利用して、一種の円形劇場が作られている。この開けた空間は南北の長さ七・五〇メートル、東西の幅二・七〇メートルであり、お

そらく特別な機会に集会場として用いられたのであろう。件の神はその後ろで、花崗岩の巨石の大規模露出が、頭部の背後に光輪の印象を与えるようなかたちで置かれている。南方向の平らかな谷に腹這ったように見えるこの印象的な像は、高さ三・一〇メートル、幅二・一〇メートル、大きさはその最も広い所で八・四〇メートルの寸法である。四〇センチ幅の額の直下に、鼻の形を示すためにV字が刻まれてあり、鼻部の下では第二のV字が口になっている。鼻の両側には、片側に一つずつ、細い水平な石英脈の層があり、これらが明らかに、輝いた眼の印象を与えている。(239)

ワルサー、J（二〇〇五）は「『ラトナーヴァリー』とデカン」という自身の龍樹についての論文で、この人型の像について記述した。曰く、

龍樹をサータヴァーハナ王朝と共に特定づける長い伝統がある。残念ながら、この情報自体には有用性はほとんどない（同王朝は数世紀におよび、デカン全体を範疇に収めていた）。にもかかわらず、もしこの王朝についての情報と『ラトナーヴァリー』に見出せる彫刻についての言及とを相関連づければ、龍樹が『ラトナーヴァリー』を二世紀の終りの三〇年の間に、アーンドラ地方はダーニャカタカ（今日のアムラオティ）の周辺で執筆したことが妥当であるとわかる。(240)

さらに付け加え、

ガンダーラとマトゥラー界隈では、人の姿をした仏陀の像は、早くも一世紀、そしてサータヴァーハナ王朝のほ

とんどの期間に広く出回っていたが、仏陀を人の姿で表すことはデカンにはみられなかった。[241]

ワルサーはさらに付記する。

これまで表明されて来た根拠はどれも信頼できないが、龍樹が紀元前一〇〇年前に生きていたか、もしくは紀元二六五年以降に生きていたという証拠もまたないのだ。紀元前一世紀と紀元三世紀の間の時代は、ほぼサータヴァーハナ王朝の時代に対応する（同王朝は三世紀前半のどこかで終焉する）。かくして、龍樹がサータヴァーハナ王朝の時代に生きたということが、現実味を帯びてくるのだ。[242]

ワルサーに拠れば、

龍樹の『ラトナーヴァリー』は王に、日に三度、仏像の前で決まった儀式の呪文を唱えることや、諸の蓮の上に置かれた仏像を造立することを教える。もし、龍樹の庇護者についての議論が妥当であるなら、『ラトナーヴァリー』が書かれたのは―

一　サータヴァーハナの王の治世下
二　蓮台上に座す仏陀の意匠が用いられていた時代と地域
三　仏像を離して置いて、崇拝と／もしくは贖罪の対象として用いていた時代と地域、そして
四　龍樹の二〇の偈頌の祈禱を誦えるために適切な仏像を入手できたかもしれぬ王に対してであるはずである。[243]

龍樹とサータヴァーハナとの関係を確証するためのワルサー（二〇〇五）の批評は、

それゆえ、われわれの仕事は、蓮台の意匠が初めて東デカンに現れたのがいつかを特定することである。東デカンということでは、最も完全といえる美術史の学術成果が二つの遺跡に焦点をあてている。すなわち、アマラーヴァティーとナーガールジュナコンダである。考古学に則ると、ナーガールジュナコンダと、龍樹がその『ラトナーヴァリー』を書いたアマラーヴァティーとを相関連づけることは難しいようである。(244)

彼は年表を確定するために、碑文調査の成果たる美術と考古学の三つの段階に言及した。その考えでは、

この美術上の（そしてそれゆえ仏像を入手できたであろう）二時期に、同地域に亘って支配を行ったかもしれぬサータヴァーハナ王達は、プルマヴィ一世、ヴァシシュティプトラ・シャータカルニ、シヴァ・シュリーとシヴァマカサダである。多分、ガウタミープトラ・シャータカルニはこの表に含むには遅すぎるが、彼の名称を帯びた碑文の全てが、彼を西デカンに位置づけるのである。……しかし、これらの王の誰かが、『ラトナーヴァリー』が語り掛ける王かというと、どうやら違うようだ。その理由は、この芸術上の時代には、デカン地域にかくも早く蓮華座《パドマピータ》が存在する証拠はないからである。(245)

マンセルは古代石造彫刻遺物の宝庫であり、その彫刻遺物のほとんどは仏教文化に属する。これについての最も早い記述はヘンリー・クーゼン（一九〇五）の記述に現れ、そのなかで彼は—ひどく損なわれてはいるが、ヒンドゥー女神よりは仏教の女神に見える女性像の三つの断片を特定した。龍王《ナーガ》朝期開始直後から、仏教文化に属する表現があったこ

とはもちろんである。それらは龍達、蛇達、他の蛇達、龍王達、リンガ、文殊、そして菩薩達の姿さえ取っており、また菩提樹や法輪、祠堂《チャイトヤ》のような初期仏教の象徴類、そして比丘達の托鉢用の碗等である。他の彫刻遺物のいくつかもまた、独立前期の訪問者や報告者達によって観察された。残念ながら彼らは詳細を示さず、ナグプール中央博物館で保護されているもの以外は、その足跡を辿ることが難しい。ヒンドゥー教徒と仏教徒の間で神々の交換が起こった段階を、仏教徒が経たことがまた明らかにされねばならず、このことは彫刻にも反映されている。そして歴史家はこの時代を、中道の哲学者たる龍樹の時代と認知しているのだ。

これまでの諸発掘報告書は、地中に眠っていたのをワルサーが気付いた、マンセルにおける蓮華の意匠を明らかにしている。

ジョーシおよびシャルマ（二〇〇五）は正当に仏教文化の遺物について指摘した。ヒディンバー山《テークディー》にあるのは—

蓮華手菩薩《パドマパーニ》
文殊菩薩
祠堂《チャイトヤ》
龍王
複数の骨を中に含んだ骨壺《アスティ・カラシャ》

大寺遺跡にあるのは、

菩提樹を描いた素焼きの断片（枝々は厚い円から突き出して、外まで伸びている）

比丘達の托鉢用の碗

他の彫刻のいくつかについて、同著者達は批評する。

良質な粒の赤砂岩から彫られているヴァーカータカ朝期の彫刻には似ず、これらの彫刻は全て、粗い粒の灰色砂岩か石灰質頁岩上に彫られ、それゆえより脆く、しかし細工しやすいというものである[246]。

類似の彫刻群の発見をナータもまた報告しており、これらの珍しい彫刻について記す。

二、三の大型の、神々や門衛神《ドヴァーラパーラ》達のうなだれたような粘土立像が、滅茶苦茶になった場所から見つかった。また、大破壊を免れた二、三の彫刻片は、同構造物の宗教的関係の大部分を決定するうえで、大きな図像学的価値を有するものであった[247]。

マンセルとその僧院遺跡にある石造遺物は恣意的に三つに分けられる。

一　仏教文化の菩薩、ジャンバラ、毘沙門天《クベーラ》、夜叉《ヤクシャ》、ヴィドヤーダラ、緊那羅《キンナラ》、龍王のような主として非アーリヤ人に属すると認定されている像等。

二　彫刻された蓮華の意匠に満ちた、大きな何本もの柱の一部たる石片類と、全て赤砂岩に彫られた蛇のような数々の像まである（一、二のものが、マンセルにある博物館構内に展示されている）。

三　赤砂岩から作られたのでない像がいくつかある。これらには、おそらくずっと後代に属しているのであろう、さほど巧みでないはっきりした多くの特徴がある。

早い時期と、反仏教運動が頂点に達した仏教受難時代の間の、同地における仏教文化の優越を考慮に入れると、おそらくヒンドゥー教の神々と女神達の彫刻のほとんどは、後代に造立されたものである。この活動順序は、インド中の複数の古代仏教遺跡で顕著にみられる。

ジョーシおよびシャルマ（二〇〇五）に拠れば、

これらの彫刻群それ自体が、大部分、同時代の古典グプタ美術の最良の作品群に匹敵する、洗練された優美と表現力に裏打ちされたヴァーカータカ主王朝特有の美術上の一派を形成している。……以下のことを銘記しておくことも興味深い。すなわち、ヴァーカータカのヴァトサグルマ支派王朝が積極的に庇護したアジャンター美術はマンセルのそれと同時代に属し、それゆえ両者が、その投影された宗派的起源―前者は仏教徒で後者はシヴァ派―を全く異にしていながら、いくつか共通の様式上の特徴を共有していることも驚くには当たらない。しかし、あらゆる宗派に共通な夜叉《ヤクシャ》、ヴィドヤーダラ、緊那羅《キンナラ》のごとき神の従者あるいは半神の表現のなかにこそ、その様式上の嗜好が最も明瞭に表れている。かくして、マンセル出土の緊那羅は、アジャンター第一石窟内、有名な蓮華手菩薩《パドマパーニ》（A・ゴーシュ、『アジャンター壁画』、七七頁）の上に描かれたものと、アジャンター第一七石窟内に描かれた翼のある別の緊那羅（『アジャンター壁画』、図版六〇）とに酷似している。それらの嗜好は、その巨体や姿勢や、琵琶の形やそれが演奏のためにどう抱えられているかといったような詳細のうちにまで潜んでいる。ここでまた、マンセル・シヴァの頭の右真横にもたれている重たげな髪型は、実際、アジャンター祠堂《チャイトヤ》（『アジャンター壁画』、図版F）

上面の夜叉像の美しい髪型を連想させる。マンセルの彫刻家も同様に、すらりとよく体軀の均整の取れた像の数々を形造ることに精通している。実際、毘沙門天《クベーラ》を除く上級神格の全てが、精妙に細身にされた姿態を示し、それは保存状態の良いラクシュミーの像に最もよく表れている(248)。

上述のようにマンセルは、龍王《ナーガ》朝期開始以降の、仏塔、リンガ、菩提樹や法輪、祠堂等の形状で表された仏教文化の遺跡である。それゆえ、発掘された早い時代層に仏像が見つかっていないということも、さほど驚くには当たらない。しかし、後代に現れた諸の像は、反仏教運動家に破壊されてはいるものの、仏教文化の見事な典型となっていた。マンセルの彫刻群は大いに変化に富み、その最も際立った特徴は装飾的な髪形である。この彫刻群の独自性はもまた、発掘者達によって各種報告書やメディアで描写されている。だが、これらの彫刻についてのむごい真実が、その表現のなかにある。つまり一、二のものを除いた彫刻のほとんどは、切られた首だけになった姿か、頭のない胴体、あるいは諸の体部の小断片なのである。発見されたものを含む、マンセルの三つの彫刻は、仏教のタントラ派の影響を示す人間の頭蓋骨が頭部に彫られている。マンセルの彫刻群が見事な技巧を有し、グプタ美術より遥かに優れた美術上の「マンセル派」と評されていたであろうことは疑いない。マンセルの彫刻遺物の最も肝腎な特徴は、破壊の種類を物語っている。切断と破壊は八世紀のイスラム教徒の襲撃の重要な特徴であるが、マンセルの彫刻群もまた、頭部から切断され、無慈悲に粉々に砕かれている。どうやら襲撃者達は、肉屋のように彫刻群を断片に切り刻まんと試みたようで、このことを手や足や指の断片が強く示している。この頭部切断の伝統はおそらく、その首を斬られて殺害された龍樹の暗殺の逸話に淵源しているだろう。そしてよく似た彫刻が、少し以前には龍樹山で観察されていたのだ。破壊者達のこの残忍な襲撃の所為で、彫刻の諸断片しか得られないわけだが、彫刻群のこの無慈悲な切断にもかかわらず、その残部は明確に素晴らしい技巧を示している。この美術一派はおそらくサータヴァーハナ朝期に始まり、さらにヴァーカータカ王朝が促進して、多くの面で個性を発揮するに至ったものである。彫刻遺物のみならず、おそらくは諸の仏塔の装飾のために用いられた、より大きな構造物の破片類も得られる。蓮華の彫刻群と蛇のような像の数々も、たしかに仏教文化を示している。

仏教の毘沙門天にあたるジャンバラ

マンセルに脚光を集めた最重要の彫刻は、一九七二年に発見された。考古局中央地区のシュリー・ラグビール・シンは、紀元五世紀に遡る四臂のジャンバラの彫刻を明るみに出した。アワレー・ディークシト氏がこのジャンバラ像の出現の詳細と発見の顛末を提供し、また後半部分で仏教史修正の試みの数々を批評している。曰く、

マンセルの歴史的な遺跡で、アバジー・ガイクワードが地面を掘っていた時に一体の像を見つけ、これは特別な彫刻だと考え、村人達の助けを借りて完全な像を掘り出し、森林調査官のジュムデーに知らせが行った。ジュムデー氏はマンセル村会《グラーマ・パンチャーヤト》に知らせた。有名な歴史家のコルテ、V・B博士とデオ、S・B博士が像を調べにやって来た。デオ博士は七月八日の地元紙でこれを発表した。「マンセルの小山で、美しく彫られたジャンバラ（毘沙門天《クベーラ》）の彫刻が出土した。この彫刻は美しく飾られ、そしてこれは仏教時代のジャンバラ（毘沙門天）の像である。仏教文化では、毘沙門天はジャンバラともよばれるのである。明白な特徴から、これがただ毘沙門天であることを疑う余地はない。この彫刻は座った姿勢をしている。左手には宝珠と蓮を持ち、右手には数珠《ルドラークシャ・マーラー》を持つ。左脚にマングースが巻いている[249]」。

どうやら語句の大きな置き違えがあったようだが、畢竟、デオが左脚に巻いているとしたマングース、それはこの目撃された像を実見した者には自明だが、実は蛇であった。

結局、この彫刻はニューデリーの国立博物館に至り、そこで意外にも「シヴァ侏儒《ヴァーマナ》」と説明書きされた。

プラディープ・メーシュラム博士（一九九三）は自著『ヴィダルバティル・ブッダダンマチャ・イティハース』（マラーティー語）のなかで、多かれ少なかれ類似した情報と、この彫刻についての自身の見解とを示していた。曰く、

> 一九七二年、ある人物がヒディンバー山《テークディー》で、家で使う石を探して掘っていたところ、明らかに像のような外見をした大きな石を見出した。このニュースが広まり、それからナグプール大学（副）学長であるV・B・コルテ博士が個人的に訪れ、これを目撃した。古代史・古代文化・考古学研究室主任であるデオ、S・B博士もまたこの彫刻を調べた。パウニの彫刻の装飾品の様式と比較しつつ、彼はこの彫刻は仏教のジャンバラであると述べた。このニュースも地元の新聞に載り、『インド考古学 一九七二―一九七三展望』（五九頁、図版四二B）に報告書が掲載された。現在、この彫刻はニューデリーの国立博物館にシヴァ侏儒としてみえる。後になって、デオ博士が考えを改め、この彫刻はシヴァ侏儒であると述べたのである。[250]

この彫刻の詳細について、メーシュラム博士はさらに付記する。

> これは赤砂岩から作られ、二フィート六インチ×二フィート九インチの壇上に喜悦して座し、長者《シェータジー》の風格でクッション上、後ろにもたれてくつろいでいる。右足を折り、左足をお腹の方へ曲げている。手が四つあり、上の二つには数珠《アクシャ・マーラー》と蓮華、下の手の一つに花々、他方の手は膝の上に置かれている。蛇が左の足首を巻いているのが

はっきり見える。首飾りと重い耳飾りと緩い聖紐《ムクタ・ヤジュニョーパヴィータ》がある。頭皮の中心には三日月があり、左側には人の頭蓋骨とターバンである。膨らんだお腹は腹帯《ウダラ・バンダ》で結んである(251)。

メーシュラム博士は毘沙門天の図像学的特徴についての網羅的調査を行い、デオ博士が表明した全ての疑義を解明して、この彫刻が仏教の毘沙門天すなわちジャンバラ以外の何者でもないことを確認した。

ジョーシおよびシャルマ（二〇〇五）は、この彫刻についての彼らの見解に基づいて議論を展開した。彼らに拠れば、この彫刻はプラヴァラセーナ二世のものであるという。さらに付け加えて曰く、

一九七二年に、ヒディンバー山上で、一体の素晴らしい彫刻が見つかった。それより以前マンセルからは、後に失われてしまったいくつかの石造彫刻がもたらされていた。内容、様式、および古文書学からみて、この彫刻はプラヴァラセーナ二世を監督者として示している。この像の見つかった場所と彫刻の純然たる質の高さは、どちらも王家の庇護を示唆している。（ママ）現在、一九七二年に見つかったその彫刻は、ニューデリーの国立博物館の入口大広間を飾っている。……諸の持物、すなわち数珠、頭蓋骨、三日月、もつれた髪等に則って、シヴァ・ラーマムルティ博士とクリシュナ・デーヴァは、この像を矮人侏儒《フラスヴァ・ヴァーマナ》あるいはシヴァ侏儒と特定した。この像の見つかった場所と彫刻の純然たる質の高さは、どちらも王家の庇護を示唆している。様式からみるとこの像は、マンダルのずんぐりした（侏儒矮人《ヴァーマナ・フラスヴァ》）シヴァ像と、アジャンターの夜叉《ヤクシャ》／菩薩達の複数の像との諸特性の融合物であり、この像の年代が五世紀の第二の四半期であったという結論を導いて、それゆえ、これをヴァーカータカ王プラヴァラセーナ二世と結び付ける（ハンス・バッカー「マンセルの考古学遺跡―インド史への図像学的アプローチ例証」）。碑文学的な証拠は、プラヴァラセーナ二世の治世、彼の住居が未だナンディーヴァルダナにあった時に、プラヴァレーシュ

ヴァラとして知られた一寺の存在したことを教えてくれる。この寺院こそその諸の遺構を、ヒディンバー山頂でわれわれが発見しているものである。小山の北斜面の、東の外れのシヴァの祠のすぐ外から出た、紀元五世紀の四角頭のブラーフミー文字で「*Pravaresvarasya*（プラヴァレーシュヴァラに属する）」と刻まれ焼かれた、数々の粘土の刻印の発見は、この露出した寺院がプラヴァレーシュヴァラのものであり、この場所から一九七二年に見つかったシヴァ像が、プラヴァレーシュヴァラ寺院の偶像であったことの、決定的な証拠である。この寺院複合構造物《コンプレックス》の神は、一般的な慣習に従い、明らかにその開基に因んで『プラヴァラの王』（プラヴァレーシュヴァラ）と名付けられた。またその人は他の誰でもない、プラヴァラセーナ二世であった可能性がある。この彫刻について、バッカーは述べる、「この像は非対称的だが調和の取れたかたちで、二つの主要な、しかし背反した様相を結び付ける。すなわち生と死、現実肯定と厭世とである。これは例えば、四臂に握られた持物の珍しい組み合わせから来ている一方、その四臂自体もまた重要で、当時のヴィシュヌ像では標準的なことであるが、これらはグプタ－ヴァーカータカ朝期のシヴァ像には異例なことであるようだ[252]（クレイゼル、一九八六、一六二頁）」。

ジョーシおよびシャルマ（二〇〇五）は、この彫刻固有の特徴について詳細に記述する。

この神は大王楽座《マハーラージャ・リーラーサナ》というくつろいだ、穏やかな、それでいて君主たることを示す、王の姿―ラーマギリ（著者註：そして二〇〇三年の今では、マンセルの王宮複合構造物の地からも発見されている）の同時代のナラシンハ像からも知られる姿勢で座っている。ある種の作法で、この像のシヴァはすっかりこの土地に馴染まされている。彼の荒々しい諸特性、その数々の武器、第三の眼や、男根像の徴は故意に取り去られている。その肥満した四肢のそれぞれは、侏儒《ヴァーマナ》の姿をとったシヴァ神の精神的な支配力を強調すべく、巧みかつ微妙に形作られている。芸術家がこのシヴァ神の珍しい姿を表現するために、強大な王プラヴァラセーナ二世に生き写しの肖像を採用したのだとしても、あながち間違いでもなかろうし、この表現はインド美術中に独特のコンセプトを構成し、それは東南アジア美術の神王《デーヴァラージャ》派に三世紀以上も先駆けるものであった。(253)

この彫刻についての論争は、これが独特で、ジョーシおよびシャルマ（二〇〇五）が以下に引用するはっきりした諸の図像学的な特徴があることから、解決できなかった。

この像とその図像的主題とをかくも独特にしているのは、まさしくこの混淆した性格である。これはどうやらプラヴァラセーナ二世王の大自在天《マヘーシュヴァラ》信仰よりも、バーガヴァタ派がなお支配的であったその影響の証拠となるようだ。ジョアンナ・ウィリアムスの言葉を藉りれば、この独特な像には「図像学上、まさしく相当するものは」無い(254)（ウィリアムス、一九八三、二二七―二三二）。

ジョーシおよびシャルマ（二〇〇五）はその諸著のなかで、この彫刻がほとんどプラヴァラセーナ二世に生き写しの肖像であると考えている。彼らはまたハンス・バッカーの似たような意見についても以下の通り批評した。

芸術家がこの珍しいシヴァの姿を表現するために、強大なプラヴァラセーナ二世王に生き写しの肖像を採用したということはなさそうだ、とするハンス・バッカーの推測とは、私は意見を異にする。なぜなら、ルドラセーナ一世のデオテク碑文は、彼の寺院《ダルマスターナ》建設について記録し、王は狂信的なマハーバイラヴァ信者であったからだ。同寺院遺跡から出土した矮人侏儒《フラスヴァ・ヴァーマナ》あるいはシヴァ侏儒《ヴァーマナ》の像が最高の位置を占める神であったことは疑いない。むしろ、どうやら同寺はルドラセーナ一世がナンディーヴァルダナから統治を行っていた時に彼によって建設され、ヒディンバー山《テークディー》はプラヴァレーシュヴァラ寺院《デーヴァクラスターナ》と宣言されたということのようである。そしてむしろ、件の神はルドラセーナ一世によって、その著名な祖父プラヴァラセーナ一世、すなわちヴァーカータカ王朝唯一の大王《サムラート》にして、デカンの広範な部分に亘って支配を行った人物に因んで、名付けられたということのようだ。プラヴァラセーナ二世がマンセルの寺院に遷都した時、彼はその首都を、すでにプラヴァレーシュヴァラ・マハーデーオが支配神であった場所という意味の、プラヴァラプーラと名付けた。(255)

コーマーラスワーミー（一九〇九）は財福の特質と考えられている毘沙門天《クベーラ》からジャンバラを考えた。彼の記述に示されたジャンバラの諸の図像学的特徴は以下の通りである。

　ジャンバラ：別名クベーラ。財福の神。菩薩のような高められた存在よりも、ずっと遠くなく、近寄り難くもなく、精神的ご利益よりも現世利益のために崇拝される。彼は自身の売店に座った太った商人が、客達を待っているまさにその図で表現されている。繁栄と商売の庇護者たる聖者は親しみやすい世俗的な人物なのである。……通常、右手に果実を握っていて、右足の近くにひっくり返った器が見出される。一般的に、この器から出てくると思われていた富は、ただのリボンのような紐だけで表され、蛇になるなんてことはほとんどないが、少なくとももし、一見蛇のようでもあるこれがリボンで、象の左手の下のマングースの口から第二の器の口まで伸びているそのようなリボンが、実は蛇を意図したものであるなら、なぜかくも腕のいい芸術家がこの像の作者として、その蛇をもっと迫真的に作らなかったのか理解に苦しむ。大英博物館のジャワ由来の沢山の類似の青銅製品がにおいて、その持物については、二つはただ金袋だけから、一つは保存された動物の首と明らかに皮製の金袋、一つは明らかにその口に金袋を銜《くわ》えたマングースに至るまで多岐にわたる。ここでまたフーシェが、マガダ由来の二例を解釈する（『仏教図像学』、図版 i、図二〇、二一）。これらのうち一つには、マングースが表現され、他方には動物の首と金袋である。さらに、（フーシェ、図版 ix、図二）は以下のような表現である―シンハラドヴィーパ・ジャンバラ、セイロン・ジャンバラ、そしてここでの持物はマングースで金袋はない。模造品は一一世紀か一二世紀の彩飾に則るもので、旧式を真似たものである。ここでまた、近年サヘートで出土したジャンバラの小砂岩像（マーシャル、『王立アジア協会雑誌』、一九〇八、一一〇四頁、および図版 v、図二）には八世紀か九世紀の碑文があり、ここでは持物は大きな金袋で、その壊れた部分は元々動物の首を表現していたのかもしれないが、それを示す何物ももはや残っていない。最後にカルカッタ美術館のネパールの贈答用の銅像を、ハヴェル氏が解釈する―この像は四本腕で、金袋もマングースも持っていない。これは写実的な処理を施された、他の全ての像と呼応する。(256)

ジャンバラの図像学的特徴についての短い資料を、バッターチャーリヤ、B（一九三〇）も提供する。曰く、

> ジャンバラ：仏教図像学は全仏教殿堂《パンテオン》を五方仏《ディヤーニーブッダ》の開展に従って分類する―阿弥陀《アミターバ》、阿閦《アクショービヤ》、宝生《ラトナサンバヴァ》、大日《ヴァイローチャナ》、そして不空成就《アモーガシッディ》である。相異なる方仏から開展している五柱の神は、自身の元の方仏を宝冠に示す必要がある。かくしてジャンバラ、ヴァスダーラ等は、宝生《ラトナサンバヴァ》その他自身の元の仏陀小像を、宝冠上に持するのである。(257)

その他の彫刻

仏教彫刻の最初の資料は、ヘンリー・クーゼン（一九〇五）の報告書中に現れ、そこで彼は記す。

この低い連峰の東端は、湖の南東角近くの高い地面の一部分で、その上には大きな塚、その低層部は少なくとも、硬い煉瓦積みで構成されているようだ。これは全く古く寂れた仏塔の基壇の様相を呈している。……ダムの東（ママ）の上方、しかし諸の絶壁の下、小山の側面上、煉瓦に覆われた場所の上に—ひどく損なわれてはいるものの—ヒンドゥー教の神というよりは仏教の女神によりよく似た、女性像の三つの断片がある。(258)

文殊支利《マンジュシュリー》—ジョーシおよびシャルマ（二〇〇五）の発掘報告書は、他になんら情報の与えられていない、マンセル山で発見された文殊支利菩薩の彫刻に言及していた。

トゥルシーラーム博士（二〇〇〇）もまた、文殊支利菩薩の彫刻に関心を引かれ、それを見て以下の通り批評した。

仏塔内における、発見された最も重要な彫刻は文殊支利菩薩のものであった。文殊支利は仏陀の同時代人であった。文殊支利菩薩に関連する、いくつもの伝承がある。舎利弗《シャーリプトラ》や目犍連《マウドガリヤーヤナ》のような有名な仏教比丘達は定期的に、密かに文殊支利菩薩に難題の解決のために相談していたといわれている。文殊支利菩薩は仏教徒の間で非常に高い境地を大いに成就したので、早くもその在世中から、彼の時代と成就とは伝説とみなされていた。彼は仏陀の般涅槃後の、崇拝されべき人物となった。大乗仏教の時代に彼の彫像が、仏像と共に仏塔と寺院の中に現れるようになった。文殊支利菩薩はその成就ゆえに、タントラヤーナとも関連していた。仏塔内での文殊支利菩薩像の発見は偶発的なことではなく、当時の同遺跡におけるタントラ仏教文化に光を投げ掛ける非常に重要な出来事であることを示唆している。これは紀元九世紀までこの仏塔構造が、元のままであったことの間接的証拠である。文殊支利菩薩像がチベット、ジャワ、朝鮮、日本およびビルマ等で見つかっているのは事実であるが、これらは全て紀元八世紀か九世紀に属する。文殊支利菩薩像の伝統が始まったのはかなり遅れてのことであった。なぜなら、文殊支利菩薩はタントラヤーナ仏教における神話的人物とみなされていたからである。このことを勘案すれば、インドで文殊像が仏塔か寺院内で見られることが一般的でなく、単体か、何かと二体一緒ということもほとんどないその理由は、タントラヤーナがその初期にインドではさほど栄えたことがないからである。それゆえ、文殊支利菩薩像は九世紀より後に、頻繁に現れることになったようだ。そしてそれゆえ、寺院建設時に仏塔が破壊された後も、文殊支利菩薩はタントラの伝統と関わっているので怖畏《おそれ》から、サータヴァーハナ朝期からヴァーカータカ朝期頃の文殊支利菩薩像が安全なままだったのである。[259]

文殊支利菩薩は大乗仏教の殿堂で、高い境地を誇っている。マンセルにおける文殊支利菩薩の発見は、昔同地にタントラヤーナの大きな影響がおよんだことを示している。

トゥルシーラーム（二〇〇〇）はその報告書で、内部で文殊支利菩薩が崇拝されていたタントラ派に言及した。彼はまた僧院複合建造物《コンプレックス》で、ただ一つの煉瓦の支えだけで下方に下がっている六角形の象徴についても描写した。この逆三角形の象徴は六方から見ることができる。

この象徴についての完全なシナリオ解明は実験用の問題箱のようにみえる。のみならず、これは現代のジャナム・クンダリにさえ見えたり、想像したりできる。この象徴がタントラ的象徴であることは大いにあり得る。これの性質を確かめることは難しいが、例えばチベット仏教にはタントラ的な鐘というものも存在している。[260]

同遺跡にあるタントラヤーナ仏教の証拠類をもってすれば、マンセル・ラームテク地域における諸のリンガの存在を説明することも、なんら困難ではない。このようにリンガヤーナ、真言乗《マントラヤーナ》、そしてタントラヤーナはほとんど互いに等しいものとして栄えたのである。おそらく彼らは皆、リンガかシヴァをその象徴的な姿で崇拝していたのだろう。

蓮華手菩薩《パドマパーニ》。これはマンセル遺跡で発見された、仏教文化に属するさらに別の最重要の彫像である。

骨壺《アスティ・カラシャ》と骨《アスティ》—二〇〇〇年一月二四日はおそらくマンセル・ラームテクとヴィダルバの仏教史における重要な事件となった日である。骨壺の独特な破片と二片の焼けた骨が出土したのである。骨壺は滑石《アブラカ》と混ぜた泥で調えられ、外の表面でも滑石を塗り付けてある。この骨壺が独特なのは、その骨が仏陀か、誰か偉大な仏僧のものであることを示唆しているからである。骨を保存することは仏陀の時代から、仏教特有の伝統として続いて来た。周知のように、当初仏陀の骨は八分されるだけで、それらの上に仏塔が建立された。後にアショーカが仏教を奉じた時、彼は早期の仏塔を掘り返し全ての骨を集め、諸の旧跡上に八万四千の仏塔を建立した。

仏教文化に受け容れられたこれらの仏塔には三種類がある。

一　舎利《シャーリーリカ》（塔）—仏陀の身舎利の上に建立されている

二　紀念《ウッデーシカ》（塔）—仏陀を記念して建立されている

三　由縁《パーリボーギカ》（塔）—仏陀に用いられた物品の上に建立されている。例えば比丘托鉢《ビクシュパートラ》や袈裟《サンガーティ》等。

マンセルのアショーカ仏塔は正確には何の仏塔なのであろうか？　曖昧なことはいえぬが、当時は小乗が支配的であったことを考慮すると、マンセルのアショーカ仏塔は一番の型式だと考えられる。アショーカ王はその王国に、八万四千の仏塔を建立した。マハーラーシュトラはアショーカの王国内にあった。マンセル仏塔がこれらのうちの一つであったということは想像に難くない。時として、マンセル仏塔をマウリヤーシュンガ時代のものとよんでいる、誤解を招く陳述が散見される。「マウリヤーシュンガ時代のものである仏塔」というマンセル仏塔についての陳述につられて、見誤ることのないようにしよう。なぜなら、前者の王朝は仏教徒で、後者の王朝は強く反仏教者であると理解されているからである。よく挙がる第二の質問は、骨は仏陀のものか、というものである。上述のように、マンセルはアショーカが仏塔を建立した八万四千の場所の一覧には入っていない。しかし、同遺跡を除外していいかというと、そう話は単純ではない。そして管見のかぎり誰かが、アショーカが仏塔を建立した八万四千の場所全ての一覧を有しているということを聞かない。そして仮にそれがあったとしたところで、わずかの例外を除いて、これらの場所のうち、いずれが古代名でいずれが近代名であるかもわからない。建立し破壊し、また建立しといったありふれた話が、多くの仏教遺跡とともに残っている。このことは主として王家の庇護と、断続的な反仏教運動とに依る。今、二基の仏塔の建立と発見された骨壺とを分析するなら、答えを出すことはより容易になる。すなわち、骨は仏陀か、菩薩の位を成就した龍樹のものである。この骨壺はアショーカ仏塔から遠く離れて発見されたので、それゆえアショーカ仏塔とは何の関わりもない、などと述べられている。ここで明らかにしておかねばならないことは、骨壺の破片が発見され、この骨壺までもが襲撃と破壊を被っていた、という証拠を提供しているということである。それゆえこうした破壊活動の間に、骨壺が元あった場所を失ったなどということはあり得ない。（ママ）アショーカ時代の後には仏教庇護者たるサータヴァーハナ王朝が続き、この時代に有名な人物が龍樹であった。同様に、ヴァーカータカ王朝も仏教を庇護し、仏塔を建立した。この仏塔は何の型式であったか？　ヴァーカータカ王朝は高位の仏僧の骨の上に仏塔を建立し、そう考えられる唯一の人物は龍樹だけなのではなかろうか。歴史と諸伝承とが裏付けるように、龍樹はヴィダルバで生まれて、サータヴァーハナ朝期に同地域で暗殺され、すると彼がそこで荼毘に付されたことをヴァーカータカ王朝が特定し、大いなる畏敬と称賛をもって、彼らがアショーカ仏塔の傍に仏塔を建立した—すなわち同遺跡で龍樹の骨の上にヴァーカータカ王朝が仏塔を建立したという可能性が残るのである。このように、ヴァーカータカ王朝が龍樹の骨の上に仏塔を建立したと考えるのが、最もあり得そうで正しそうである。驚くべきことに、この諸の骨と骨壺はメディアで、科学的な諸著作よりも多くの注目を集めていた。

マンセル・ラームテク近郊の他の仏教彫刻群

プラディープ・メーシュラム博士[261]（一九九三）はその著書『ヴィダルバティル・ブッダダンマチャ・イティハース』（マラーティー語、一九九三年）のなかで、自身知るようになったラームテク・マンセル遺跡にて発掘された、仏教文化の古代遺物のいくつかについて記述していた。それらとの関連で彼が語った諸の話は興味深いもので、以下の通り概略される。

鬼子母神《ハーリーティ》の像―

一九八二年五月二四日、ラームテクの五キロ南、ハマルプリーの村で、ラッチラムジー・ダムレー氏の農場での水路掘削中に、およそ六フィートの深さから、大きな金属の甕が出土し、その割れ目から仏像三体、子供を胸に抱いた婦人像、香水壺が現れた。最後の像はすぐ失われてしまったので、これについては何も追跡することができない。この像はおそらく仏教文化の鬼子母神であったろう。彼女には五〇〇人の子供がいたといわれている。仏教文学は、彼女は前世、街の子供達を食べていたと記述する。人々は彼女の振舞いを抑えることができず、最終的に仏陀に彼女のこの悪業をやめさせるよう懇願した。仏陀は彼女の五〇〇人の子供達のうちの一人を隠すよう示唆した。鬼子母神は行方不明になった子を探したが見つからず、到頭仏陀の許へ行った。仏陀は彼女に「本当に子供達を愛しているのか?」と問うた。鬼子母神はそれにはいと答えた。仏陀は彼女に不殺生《アヒンサー》を保つよう告げ、子供達を愛するよう頼んだ。その時より、鬼子母神は子供の健康を保つ女神として崇拝されている。鬼子母神像はカウシャンビー、マトゥラー、そしてアマラーヴァティーといった複数の仏教遺跡に見られる。今言う像は、この型式のものであった。この像は一五から二〇キロの重さがあり、金でできていたと伝わる。金というよりは、むしろ合金《クシャヤ》のものであったと考えられる。……もはやこの像が失われて一〇年近くなり、将来帰って来るとは考えづらい。この像は仏教徒のためには、重要な文化的価値を帯びている。

仏陀の像―

残りの三体の像は仏陀のもので、その高さは一定でない。一番大きな像は足跡踏台《パーダピータ》を含め高さ約六一センチ寸法で、足跡踏台は四辺形をしていて、施無畏印《アバヤムドラー》を結んだ仏陀を伴う。身体は袈裟《サンガーティ》で蔽われている。右手は胸まで上げられ、施無畏印を結ぶ。像の指は二本折れている。袈裟の端は手の下にとても明瞭である。袈裟の他の端は左手の中にある。髪は螺髪で肉髻《ウシュニーシャ》を伴う。仏陀は前方を見、耳は長く、諸の繊細な体飾りが線と一緒に見えている。入手された断片から見て、この像には頭から両脚まで直径約二六センチ寸法の、丸い光輪《プラバーマンダラ》があったことがいえる。この型式はガンダーラ美術の特徴である。よく似た彫像が、ロンドンのヴィクトリア・アルバート美術館と、ニューヨークのメトロポリタン美術館に展示されている。

他の二体の彫刻は高さ約四〇・五センチ。像の足跡踏台は前のものと同様である。一体の頭部は体と分かれてしまっている。もう一体は足跡踏台の上に立ち、その両足は獅子の足のようであるが、二本とも壊れている。これら二体の像もまた、施無畏印を結んでおり、その顔には光沢あり、髪は螺髪で肉髻を伴う。像の右肩は肌を見せ、左肩は袈裟で蔽われている。身体の衣服の曲線は素晴らしい技巧で彫られている。体上の濡れたような衣服の型はグプタ様式のものである。これらの像の時代は、紀元四世紀のグプタ朝期に比定できる。これらの彫刻は全て長い間地中にとどまっており、それゆえ錆が来ている。これらの像はナグプール中央博物館に展示されている。

仏陀の像について以外に、メーシュラム博士はまた他の興味深い発見物についても記している。重要なのは香水壺で、それについて以下の通り記す。

香水壺―像と一緒に、およそ直径三三センチ寸法の香水壺と、また曲がった支え棒も出土した。この横断する棒は六角形で、壺の適正な底は円形で、直径約八・九センチ寸法である。香水《ドゥーパ》を中に入れるために四つの花弁型の蓋がある。類似の香水壺が、発掘中に他の場所からも出土した。これが礼拝の間に用いられたことは明らかである。(262)

ラームテクのヴァーカータカ王朝に光を投げ掛けつつ、メーシュラム博士はさらに付記する。

プラバーヴァティー・グプターは、チャンドラグプタ二世と龍種《ナーガ》族の王女クベーラ・ナーガーの娘である。彼女は母方の龍王朝に対して大いに敬意を抱いており、そのことは彼女の布施時の銅板碑文に反映している。ルドラセーナ二世がプラバーヴァティーと結婚した。紀元四〇五年頃、ルドラセーナ二世は死んだ。彼の死の時点で、その二人の息子ディヴァーカラセーナとダモーダラセーナ（プラヴァラセーナ二世）が幼かったので、かくしてプラバーヴァティー・グプターが王国の面倒をみはじめた。リッダプール銅板碑文で、プラヴァラセーナ二世即位第一九年にプラバーヴァティー・グプターは、「*Jit*（*tam*）*Bhagwat*―*Ramagiri Swaminah Padmulat*―」すなわち「仏世尊ラーマギリスワーミーの足下より」と言及する。「*Jit*」と「*Jin*」が同義語で、「*Jin*」（勝利者《ジナ》）は仏陀との関連で用いられることを明らかにしておこう。『アマラコーシャ』もまた仏陀との関連で「*Jin*」（勝利者）と「*Bhagwan*」（世尊《バガヴァーン》）に言及する。のみならず、後期グプタ朝期に向かう頃の人ヴァラーハミヒラもまた「スワーミー」と言って仏陀に言及している。ミラシがこの意味を「ラーマチャンドラの足下」と誤訳したことは残念である。実際、

「スワーミン」はヴィシュヌとの関連で用いられもするが、それなら「ヴィシュヌの足下」とする代わりに、どうして彼が「ラーマチャンドラの足下」と解釈したのか、実に驚くべきことである。さらに、バンダルカル博士に拠れば、ラーマ崇拝は一一世紀に始まったという。これら全てが、ラームテクがアショーカ時代開始直後からヴァーカータカ朝期まで、有名な仏教の中心地であったことを裏付けている。(263)

プラバーヴァティー・グプターは父親同様ヴィシュヌの崇拝者であったが、またブッダにも敬意を抱いていた。このことは彼女の両方の銅板碑文から明らかである。プーナ銅板碑文として調えられた最初の銅板碑文は、自身龍《ナーガ》族の出自であることに触れ、また自らの父方の系図を以下の通り示すものである。

七、八行目「*Maharajadhiraja Chandar Guptsya duhita dharanagotra nagakulasambhutayam shri Mahadevyam Kubera Nagayamutpnnobhaya kulalankar bhuta tyanta bhagvatbhakta Vakatakanam Maharaj shri Rudrasenasya-gramahishi yuvraj shri divakarsen Janani shri Prabhavati Gupta supratishthaharer*」

（王中の大王チャンドラグプタの女にして—龍の家に産まれし吉祥なるクベーラナーガー大后《マハーデーヴィー》より産まれたる—ダーラナ姓《ゴートラ》の吉祥なるプラバーヴァティー・グプターは、熱心なヴィシュヌ尊崇拝者であり、両つの家の華。ヴァーカータカの吉祥なるルドラセーナ大王の第一の后にして、吉祥なる継嗣ディヴァーカラセーナの母……スプラティシュタのアハラの……）

リッダプール銅板碑文でも同様に、彼女自身の父方と母方の系譜について同じことを繰り返す。この銅板碑文は、プラヴァラセーナ二世が一九歳の時に発行された。（ママ）プーナ銅板碑文同様、この銅板碑文も彼女自身の父方の系譜に対してのみならず、龍《ナーガ》種族に連なることに対する敬意をも表明している。

六～九行目「*Prthviyam pratiratha parambhgavato mahadevyam data devyamutpanno Maharajadhiraja shri*

Chandra Guptsya duhita dhararanagotra Nagakulotpannayam Kubera naga Vakatakanam Maharaja shri Damodarsena Pravarasena janani」

（大地における戦車上の敵対者たる最高のヴィシュヌ尊の布施者デーヴィー大后《マハーデーヴィー》より産まれた、吉祥なる王中の大王チャンドラグプタの女にして―龍の家に産まれしクベーラナーガー〔より産まれたる〕―ダーラナ姓《ゴートラ》〔の吉祥なるプラバーヴァティー・グプター〕は、ヴァーカータカの吉祥なるダモーダラセーナ大王とプラヴァラセーナの母……）

プラバーヴァティー・グプターの母方への愛着は、ジャヤスワル（一九三三）が以下批評するようにも、彼女の銅板碑文に活写されている。

パドマヴァティーの王達のうち、確実な歴史情報はバヴァナーガについてのみ手に入り、彼は紀元三〇五年頃から三四〇年頃統治を行った。紀元三〇〇年頃、彼の娘はヴァーカータカ王朝の皇太子ガウタミープトラと結婚した。ヴァーカータカ王朝の記録は、バヴァナーガがルドラセーナ一世の母方の祖父であったことを一度も書き漏らしはしなかった。グプタ王朝は龍一族をことごとく力づくで根絶やしにしたと主張するが、諸の旧家の一員である何人かがその後も、グプタ王朝の滅亡に至るまで同王朝の家臣や役人とさえなって生き延びていた。サムドラグプタ自身が、紀元三七〇年頃、その息子チャンドラグプタ二世を龍族の首長の娘と結婚させ、またサルヴァナーガはおよそ一世紀の後、グプタ王朝のドアーブ総督だったのである。[264]

古代、マンセル・ラームテクには大勢の比丘達―はじめのうちは小乗仏教徒の者達が、それから龍樹の時代には大乗の者達―が住んでいた。

ジョーシおよびシャルマ（二〇〇五）もまた、以下の彼らの批評に明らかな通り、周辺地域における仏教文化の広がりを指摘しつつ、ラームテク近郊の仏教の遺跡群について言及した。

かつてのヴァーカータカ王朝の首都ナンディーヴァルダナ（ナーガルダン）で、三体の素晴らしい仏教のブロンズ製品（ママ）が見つかったことを忘れてはならない。このことは、仏教の大乗派がもっぱらヴァトサグルマ王朝の支配領域にのみとどまっていたのでなく、ナンディーヴァルダナ王朝、すなわちプラヴァラプーラ一派の支配域にも存在していたという事実を立証するものである。そしてこのことが、アジャンター美術にも影響を及ぼした。王達自身は仏教徒ではなかったが、彼らはその廷臣、商人、その他の者達が、自身の稼ぎの一部を仏教僧院の建立や装飾に費やすことをも認めた。アジャンター第一七石窟碑文が、この事実を指摘している。ヴァラーハデーヴァの場合がよい例であるように、仏教徒たる庇護者達は、ヴァーカータカ朝の宮廷と結び付くようになっていった。(265)

マンセル遺跡はプラヴァラプーラか？

プラヴァラセーナ二世が開創した首都プラヴァラプーラ発見のためにいくつもの試みがなされた。プラヴァラプーラだと考えられた様々な場所には、パウナル、パウニ、ヴァトサグルマ、そしてキンシー湖近郊の場所さえ含まれている。マンセルはプラヴァラセーナ二世以前でさえ、仏教徒の定住地として存在していた。ここでまた、歴史が裏付ける通り、プラヴァラセーナ二世は二本の河の間にある地を選択した。マンセルには後に湖になった一本の河だけがあった。プラヴァラセーナ二世による新都プラヴァラプーラの開創に関連して、様々な学者の見解が以下に議論される―ラオ・バハードゥル・ディークシト、K・Nは、グプタ朝期の考古学遺跡群を再検討しつつ、プラヴァラセーナ二世

によってプラヴァラプーラが創建された可能性が高い場所として、パウナルを提示した。彼に拠れば、

中央諸州およびベラールでは、その大部分が強大なヴァーカータカ王朝支配下にあり、かかるアジャンターの世界的に有名な開鑿石窟のごとき記念物等のみが、現存する唯一の遺物であるが、重要な舎利類が今なお地中に横たわっているのだ。ラームテク、すなわち古代のラーマギリと、隣接する、グプタ朝期の僧院的住居および地続きの丘陵上にある巻貝《シェル》状文字を伴うマンセル（もしくはマナス湖《サロワール》）とは、適切に探査されるだけの価値がある。二本の河川の間の高地上に絵のように美しく位置するワルダ地区のパウナル（古代のプラヴァラプーラ、すなわち同王朝の首都の一つ）は、未だ発掘されていない。(266)

ディークシトが指摘する通り、もしプラヴァラプーラが二河川間の高地上に創建されたなら、明白にマンセルは考慮に入れるべき土地ではない。そのような場所ならイギリス統治時代にダムが建設されたラームテクに程近いキンシー近郊にある。古代遺物としてのいかなる構造物遺跡もなかったに相違なく、さもなくば技術者達が気付いて、これらを安全な場所に移したか、どこか博物館に保存したのであろう。仮にここがプラヴァラセーナ二世が開創したプラヴァラプーラでありさえすれば、同地は荒廃した建物類を伴う不毛な土地として認知されていたに違いない。ラーマギリとマンセルは古代遺跡であるとも言及されている。彼は「グプタ朝期の僧院的住居および地続きの丘陵上にある巻貝状文字」の土地として、マンセルに触れていた。彼は、その都市は二河川間の高地上に創建された、と歴史が述べるように、パウナルを古代都市とみなした。このようにラオ・バハードゥル・ディークシトに拠れば、プラヴァラセーナ二世が創建したプラヴァラプーラはパウナルであったと言う。

デオ、S・BおよびジョーシJ・P・ダヴァリカルは、パウニ発掘報告書で以下の通り言及する。

　ヴィダルバの戦略上重要な位置は、パータリプトラのグプタ国王達に、ヴァーカータカ王朝との友好関係を維持するよう促したかもしれない。チャンドラグプタ二世が自身の娘プラバーヴァティー・グプターを、プリティヴィーシェーナ一世の息子、ヴァーカータカ王朝の王子ルドラセーナ二世に嫁がせることで、ヴィダルバのヴァーカータカ王家との婚姻を通じた同盟に入ったのも、このためだったのかもしれない。後者の治世下、ヴァーカータカ王朝の首都はナグプールから約二〇マイル、ラームテク近郊のナンディーヴァルダナ（別名ナーガルダン）に位置していた。その先祖達に似ず、ルドラセーナ二世はヴィシュヌの狂信的信者であった。このヴァーカータカ王の宗教信条の変化は、ヴァイシュナヴァ信仰の筋金入りの狂信者であった彼の妃プラバーヴァティー・グプターの影響に帰せられる。彼女はラームテクと比定されているラーマギリ連山上のシュリー・ラーマチャンドラの足（下）跡《パーダムーラ》に大いに帰依したといわれていて、ラームテクはナグプール近郊の巡礼の有名な中心地であった。後にヴァーカータカ王朝は、ワルダ地区にあるパウナルと比定されているプラヴァラプーラへと遷都した。ヴァーカータカ王朝支配の終末期には、その首都はバンダーラ地区はアムガオン近郊のパダンプールに位置していたようだ(267)。

このデオおよびダヴァリカルの見解もまた、マンセルがプラヴァラプーラであるとは支持しない。パウニ＝プラヴァラプーラ説について、デオおよびジョーシはさらに付け加える。

　名高き中国人旅行家の玄奘は、紀元六三九年に大憍薩羅《マハーコーサラ》国を訪ねた。彼はその時代のインドの歴史と地理についての完全な資料を提供している。彼は、憍薩羅王国を周囲六千里もしくは一〇〇〇マイルと描写し、その広がりを唯一含め得るのは、ヴァーカータカ王朝領土の包含範囲だけである。彼は以下の通り記す。「王は刹帝利《クシャトリヤ》である。仏の教えを尊敬し、仁慈の心は深く、かつ遠くにおよぶ。伽藍は百余ヵ所、僧徒は一万人足らず、みな大乗の教えを学習している。天祠は七十余ヵ所、異道の人々が雑居している。」（水谷真成訳『大唐西域記』）残念ながら玄奘は王の名にも、憍薩羅国の首都の名にも触れていない。百の僧院と一万の僧がある都市が小さく、あるいは重要でない場所であったことはあり得ない。広大な仏教遺跡群と諸の洞窟を有つバンダクこそ、この中国人旅行家が記述した場所に相違ない。当時、シルプールはそれ程重要な場所ではあり得なかったであろう。(268)

バンダク、シルプールのような土地土地が、この中国人旅行家が訪れた場所として評価されている。マンセルのような遺跡は、とても重要な土地と解釈されることはあっても、多くの学者に考慮されることはできなかった。その単純な理由は、此処が地中に埋まっていたということである。しかし、同地はヒンドゥー教の神々《デーヴァ》の寺院をも伴う、とても豊かな仏教遺跡であり、それゆえ同等に評価される必要があったのだ。

アルテカル（一九六七）に拠れば、

もし発掘や探査が同地におけるヴァーカータカ王朝のなんらかの古代遺物発見へと導くなら、この仮説も一般に認められるようになるかもしれない。プラヴァラセーナの治世第一八年以降のある時点で（四三〇年頃）、本拠地は新しい首都へと移転した。……プラヴァラセーナ王の数々の性格から見て、地名が提供する証拠はアムラオティ、ワルダ、ベトゥル、チンダワラ、ナグプール、バンダーラ、そしてバラガートといった地区が、ヴァーカータカ主王朝の施政下にあったことを明らかにする。おそらく中央諸州の残る部分、カンデーシュ、南ベラール、北西ハイデラバード、そして南マハーラーシュトラも同様に、ヴァーカータカ王家のバシムの支派の王達の施政下にあった。実に奇妙にも、プラヴァラセーナ二世のバシムの同時代人は、自派でまた「プラヴァラセーナ二世」として同じ名称を帯びた王であった。(269)

マンセルにおける発掘の間、仏塔遺跡の一つで、「*Pravaresvarasya*（プラヴァレーシュヴァラに属する）」という碑文のある刻印が発見され、それについてさらに以下の通り評する。「大部分灰の物質から成る、第四地層由来の半円形の稜堡近くの、最初の八角形の東側から、準備の様々な段階の、多数の半焼けの諸の刻印が出土した。これらの印には、五世紀に典型的な四角頭のブラーフミー文字で書かれた「*Pravaresvarasya*（プラヴァレーシュヴァラに属する）」……という碑文があ[270]」る。実際ここが、プラヴァラプーラの用に供するために「*Pravaresvarasya*（プラヴァレーシュヴァラに属する）」の諸刻印が準備された、その場所（小工房）であったかもしれない。

もしプラヴァラプーラがマンセルかそのとても近くであったら、『シンドゥルギリ・マーハートムヤ』の作者は、少なくともそのどこかで、プラヴァラプーラに言及していただろう。『シンドゥルギリ・マーハートムヤ』は、その書のどの部分でも、プラヴァラプーラに光を当てていない。仏教はヴィダルバの信奉者達を得ていたようである。名僧龍樹（紀元一世紀頃）は南憍薩羅と関連をもち、そこを現代のヴィダルバに比定する人達もいる。玄奘が残した記録には、龍樹の伝説的記述が保存されている。この記述に拠れば、龍樹は―ある典拠に拠れば彼の出生地であったと言う―憍薩羅国（南憍薩羅国。それゆえカニンガムは現代のベラール地方に比定した）に住んでいた。玄奘は、この国を治め龍樹と親しかった王を「引正《サータヴァーハナ》（娑多婆訶）」と言及している。同伝承は首都近郊のアショーカ仏塔と、サータヴァーハナ王が友のために切り出させた僧院の記憶を今に伝えている。

ヴィダルバの古代史と文化の権威として称えられているミラシは、プラヴァラプーラについて全く異なる見解をもっている。彼の見解は主にプラヴァラセーナ二世の銅板碑文の証拠と、他の考古学的遺物に基づいている。

ミラシに拠れば、

チャンマク銅板碑文が、プラヴァラプーラの名に初めて言及する。この都市はおそらくプラヴァラセーナ二世が開創し、彼が自身の名前をこの街に付与したのだろう。その治世第一一年まで、彼はその首都の所在を示していたナンディーヴァルダナから銅板碑文を発行した。その後、彼はプラヴァラプーラを創建し、そこに遷都した。このプラヴァラプーラは長いこと発見されぬままであった。しかし一、二年前、ダム河の畔のワルダから六マイル離れた、プラヴァラプーラだと考えられるパウナルでの発掘で、多くのグプタ朝期の彫刻類が出土した。

自身の見解を補強するため、彼はさらに付け加える。

ラームテク同様、プラヴァラプーラにもラーマチャンドラ寺院がある。発掘中、寺院の装飾のために用いられた石像群が、パウナルにあるヴィノーバジー・バーヴェーの道場《アーシュラム》近くで発見された。これらにはラーマの誕生、密林での彼の移動、バラタとの会見、バリの殺害等が含まれ、同様に『ラーマーヤナ』の場面を示す多くの石像彫刻がある。このことは、ここがラーマ寺院であったことを示すに十分な証拠である。(27)

同寺について、ミラシはさらに記す。

ダム河畔のパウナルの、現在ヴィノーバジー・バーヴェーの道場がある所に、もう一つのラーマチャンドラ寺院がある。同寺は『ラーマーヤナ』の種々の出来事に基づいた石造彫刻群で飾られていた。発掘中にこれらの彫刻の一部が発見され、ここから持ち出された。上述のようにパウナルは、プラヴァラセーナ二世がプラヴァラプーラを創建し、そこに遷都したという場所である可能性が最も高い。プラヴァラセーナ二世は自身の母プラバーヴァティー・グプターのために、このプラヴァラプーラの寺院を建てた。母后プラバーヴァティー・グプターがラーマの狂信的信者だったことはすでに見た。ヴァーカータカ王朝の首都がラーマギリにあった時には彼女も、自身の神であるラーマチャンドラの足跡《パードゥカ》を訪ねるため、三マイルを歩くのも苦ではなかった。だが、プラヴァラプーラに遷都して、彼女も息子もともに新たな地へと移った。彼女の息子としては、ラーマ寺院を建てる必要があったのだ。したがってプラヴァラセーナ二世はラーマチャンドラの巨大寺院を建て、これを石造彫刻群もて飾った。これらの石像彫刻は、ヴィノーバジー・バーヴェーの道場が、ダム河畔の人工的な丘の上に建てられている場所で発見され、同地が同寺の遺跡であると結論づけられる[272]。

このようにミラシは、ワルダ地区のパウナルがプラヴァラセーナ二世の首都たるプラヴァラプーラであるとする説に賛成し、混同を避けるために諸の碑文学的証拠を裏付けとして提示した。『マハーラーシュトラ州地名辞典《ガゼッティヤー》二〇〇二』もまた、パウナルをプラヴァラセーナ二世が創建したとする説を受け入れ、以下の通り述べる。「プラヴァラセーナ二世はその治世第二年から第一一年まで、ナンディーヴァルダナから証文を発行した。この後彼は、学者達がワルダ地区のパウナルであると考えるプラヴァラプーラへと遷都した[273]」。この陳述を補足するために、同地名辞典《ガゼッティヤー》はさらに付記する。

> 最近、プリティヴィーシェーナの珍しい貨幣がパウナルから出土した。彼はプリティヴィーシェーナ二世に違いない。その貨幣の片面には、四角型の文字で「吉祥なる大王《シュリーマハーラージャ》プリティヴィーシェーナ」とある。表面には玉なす細工が彫られ、中央には折り畳まれた紙の意匠があしらわれている。プリティヴィーシェーナはヴァーカータカ王として知られる最後の人物である[274]。

ミラシはプラヴァラプーラ（パウナル）のラーマ寺院建築の功をプラヴァラセーナ二世に認める。彼は『ラーマーヤナ』の物語と関係する、外観を損なった多くの石像彫刻遺物を発見した（『インド学研究 第二部』、二七二―二八四頁）。これについて表明された諸見解は一定ではない。ある人々に拠れば、これらの石像建築群はクリシュナとバララーマのものだという。それについての諸の説話は、バーガヴァタのものから他のサンヒターにまで亘る（グプタ、C・パワル、『ヴァーカータカ王朝下でーヴァーカータカ王朝の時代』、一四六頁）。この石造彫刻群はヴィシュヌ信仰に基づく諸説話を描写する。アシュワッタケータカ（現代のマッディヤ・プラデーシュ州、バイトゥル地区、パッタン）には、ヴィシュヌ神の別の寺院がある。此処には崇拝のために保たれた、神の諸の足跡がある。プラヴァラセーナ二世は無料の食事のための中央施設（アンナチャトラ）を開設していた[275]。

トーサル、H・S[276]（二〇〇四）は他の学者達とは異なる意見表明をする。彼に拠れば、プラヴァラセーナ二世の六つの証文は、ヴィダルバ地区のパウナルだと比定されていた、プラヴァラプーラから発行された。そしてプラヴァラプーラはナンディーヴァルダナ以外の第二の首都と王（の名）であると捉えられている（ヒラーラール、ミラシ、そして他の学者達にも認められている）。しかし、彼はさらに付記する。

だが、この特定に反対する学者が数人いる。著者も以下の根拠のうえにこの議論に挑戦していたのである。すなわち「音声学上、『パウナル』を『プラヴァラプーラ』の派生形と取ることはできない。パウナルが問題の古代都市であるということにかけては、誰もこれを否定することはできない。なぜなら、同地での発掘はかかる品々をもたらし、それに基づいてパウナルの古代文化はサータヴァーハナ朝期にまで遡れるからである。問題は、上記のプラヴァラセーナ二世の証文の『プラヴァラプーラ』の名を表しているのかどうかである。著者は『パウナル』は『パドマナガラ』というサンスクリット名の派生形で、それゆえ、これを『プラヴァラプーラ』と同定することはできないと考える。著者はこの問題について、自身の調査報告書を通して議論しており、その最後に、『プラヴァラプーラ』とはナンディーヴァルダナか、ラームテク山上における地名であったと考えた（S・B・デオ、同様の碑文は第三番と第七番）。著者が一連の流れで議論した通りにパウナルと比定しているパダマナガラは、ラシュトラクータ王朝のナンナラージャ・ユッダースラ（戦の阿修羅）のサングルード証文から知られている（二八一―ミラシ、V・V、第五巻、第二章、第一一碑文）。」……同王によるヴァトサグルマ領の占領と、一ダースを越える証文に基づく諸の地名の再特定より見たナンディーヴァルダナとに鑑みて、西領土を監督する便のために、プラヴァラセーナ二世はおそらく同地域に第二の首都を開創しており、これに自身の名前を付けたのだと著者は思う。すでにヴァトサグルマが西支派の首都であったので、プラヴァラセーナ二世は同地をプラヴァラプーラと改名して、同地に自身の第二の首都を経営したのかもしれない。ヴァトサグルマが古代の名称で、プラヴァラセーナによるヴァトサグルマ占領がナレーンドラセーナの統治とともに終りを告げたように、実際にはこの古名が残って用いられ続け、新しい名前は王家の記録のみにその姿を留めているのだ。「ヴァトサグルマ」の「プラヴァラプーラ」への変更は、「カンニャクブジャ」名の「マホーダヤ」への変更と、軌を一にしていたようだ。「マホーダヤ」が、「カンニャクブジャ」名のその錆び置く古さゆえに流布できなかったのと同様に、「プラヴァラプーラ」もプラヴァラセーナ二世の死とともに流行らなくなったのだ。このように「プラヴァラプーラ」がプラヴァラセーナ二世によってヴァトサグルマに与えられた名称であることはたしかである。もし新たな都市があったならば、後代の王達の他の記録類に言及されているはずで、プラヴァラプーラはプラヴァラセーナ二世治下に淵源し、彼の死後流行しなくなったのだ。

このように少なくとも四つの土地が、プラヴァラセーナ二世の開創にかかるプラヴァラプーラとして記述され、議論されていることは明らかである。すなわち、ラームテク近郊のキンシー、パウニ、パウナル、そしてヴァトサグルマである。学者達は各々の裏付けのために十分な根拠を提示している。上記に加えて、今やマンセルがプラヴァラセーナ二世の首都プラヴァラプーラとして、その一覧上にある。もし、（プラヴァラセーナ二世の元の首都たる）ナンディーヴァルダナからラームテクまでの距離と、マンセルからラームテクまでの距離とを勘案するなら、ラームテクはマンセルの方から随分近いようである。しかし、件の母后は前代の王（サータヴァーハナ）の遺跡上に建てられた王宮に留まることを潔しとしなかったのだろう。かくして、今提示された証拠類に基づいて、マンセルをプラヴァラセーナ二世の創建したプラヴァラプーラであると認めることが、早期の学者達が表明した諸見解の光に照らして再検討されているようだ。早期の学者達が夢想だにしなかったことが、単純な一仮説となる日も近いであろう。

サータヴァーハナ王朝の僧院

王宮は崩れ、橋は落ち、そして最も高貴な構造物も侵蝕する時の顎《あぎと》に道を譲らねばならない。一方でエローラの彫琢された寺々は、峻厳なる孤独、去にし日々の栄光、そして未だ来ぬ時代への讃仰のうちに、その霜置く不壊の頭を擡《もた》げる。(277)

——シーリー大尉（『エローラの驚異』）

独立前期のほとんどの見解は、マンセルの僧院遺跡を裏付ける。この側面からみて、以下の通り述べるジョーシおよびシャルマ(278)の諸批評は特筆に値する。

東側では——これまで発掘されているかぎりでは——主防壁の後背部に隣接して、一列になった二二の僧房が、全て西向きに作られた。南から北にかけての、二房すなわち第一二房と第一三房（ママ）以外の全ての房は、二・七〇メートル×二・七〇メートルの大きさである。これら二房は三・八〇メートル×二・七〇メートルの大きさである。諸房の戸口は一・〇メートル幅である。これらの房の前には、二・〇〇メートル幅の縁側《ベランダ》が走り、そのなかに諸房が口を開いている。これらの房もまた、王宮の周囲のものと同様、二つの段階に属する。地層配列からみて、これらの房は大寺《マハーヴィハーラ》期に建立されているが、そのうちの二、三はサータヴァーハナ朝期とヴァーカータカ朝期にも属し、これらはいかなる改変も被らずに後代再利用されたのである。(279)

同遺跡はナーランダー僧院もしくはナーランダー大寺に匹敵する、大寺あるいは僧院のあらゆる特徴を備えている。サータヴァーハナ朝期、ヴァーカータカ朝期、そしてヴィシュヌクンディン朝期の僧房の発見がこれを裏付ける。

僧院と僧房建立へのヴァーカータカ王朝の貢献

この古代僧院遺跡は、諸発掘報告書中理由もなく――ヴァーカータカ王朝の注意も惹いた――サータヴァーハナ王朝の王宮複合構造物《コンプレックス》とみなされている。その主張からみると、プラヴァラセーナ二世が同地を訪れた時、彼はマンセルのサータヴァーハナ王朝の王宮複合構造物《コンプレックス》の荒れ果てた構造物遺跡群を見て、これを自身の居住複合構造物の用に供するため、同遺跡を修繕・再建せんと決めた、ということのようだ。のみならず、彼はまた付近に僧房も建立した。これについて、ジョーシおよびシャルマ(280)（二〇〇五）は評する。

彼（プラヴァラセーナ二世）は打ち棄てられた、サータヴァーハナ王朝の手頃な王宮複合構造物と防御施設を見出し、同地を占領した。サータヴァーハナ王宮の王宮基壇《アディシュターナ》と一階部分の上に増改築を加えることでさらに二層を追加したが、王宮の複合構造物全体とその周囲の建物の基本計画には手を加えなかった。このことは煉瓦の大きさ（四六センチ×二四センチ×八センチと四六センチ×二二センチ×七センチ）や、サータヴァーハナ王朝の接合材と較べるとさほど良くない同材などから明々白々である。基壇の幅と長さは一・三〇メートル割り増しされ、外側にある早期の諸特徴は模倣された。……サータヴァーハナ朝期の基壇の西側中央に、基壇の両側に六・五〇メートルの空間を残して、幅六・二五メートル、長さ三一・〇〇メートルの突出部が作られた。この突出部は明らかに、サータヴァーハナ朝期の階段を隠したものである。それゆえ、ヴァーカータカ朝期の王宮の二階に上がるために二組の階段が、この突出した壇の外の隅から一〇・五〇メートルという等距離に作られた。(281)

また、同遺跡の構造物遺跡群についてさらに付記する。

ジョーシおよびシャルマ(282)（二〇〇五）には、いわゆるヴァーカータカ王宮複合構造物の詳細な記述を提示する。

基壇の内側に、四三・八五メートル×二九・一〇メートル寸法の王宮がある。王宮の主壁には狭くて広く、高い壁龕があり、おそらく装飾のためにほとんど壁の高さすれすれに至るまで走っている。外壁と内壁の間には、全体に亘って三・二〇メートル幅の廊下《ロビー》がある。外壁の外側には、三・六〇メートル幅の開けた空間がある。控えの間の東に行くと、堂々たる謁見大広間《ダルバル》である。謁見大広間《ダルバル》の周囲は、三方すなわち北、南、それから東にかつて数々の部屋があり、それぞれ繋がっていた。三階では部屋部屋の中央に、それらを空冷に保つ速い風の流れを生むための、二本の細い水路が走っている。(283)

古代のマンセルの小山にはサータヴァーハナ王朝以前に、すでにアショーカ仏塔が存在していた。このように、サータヴァーハナ王朝がマンセルの開けた土地に王宮を建て、その上でまた僧房も建立したという筋書きは合理的でないようだ。いわゆるサータヴァーハナ王朝の王宮複合構造物遺跡は、実際にはサータヴァーハナ王朝が仏教を庇護していたので建立された僧院であった、というのが最も受け入れることのできる結論である。

一方、「ヴァーカータカ王宮の歴史的出来事」について引き出された最も驚嘆すべき結論が以下なのである。すなわち、「彼（プラヴァラセーナ二世）は打ち棄てられた、サータヴァーハナ王朝の手頃な王宮複合構造物と防御施設を見出し、同地を占領した。サータヴァーハナ王宮の王宮基壇と一階部分の上に増改築を加えることでさらに二層を追加したが、王宮の複合構造物全体とその周囲の建物の基本計画には手を加えなかった」(284)。

このように以上の記述より、プラヴァラセーナ二世がサータヴァーハナ王宮複合構造物の遺構の上に自身の王宮を建設したのだということは、いくつもの疑問を招くことだと明確に示されている。なぜ、同王が既存のサータヴァーハナ王朝の居住用複合構造物の古い構造物遺跡群の上に、自身の王宮を立てるというのか？

そして仮に彼が実際にそうしたとして、以下に述べる質問は一つも満足に回答され得ない。

一　プラヴァラセーナ二世の念頭にはサータヴァーハナ王朝とのなんらかの祖先の関係があり、サータヴァーハナ王朝への愛情と愛着ゆえに、すでにいわゆるサータヴァーハナ古王宮のあった場所を選択したというのか？

二　ヴィダルバはマンセル近郊地域が、彼自身の王宮を建てる土地を探さねばならないほど人で溢れていたのは、プラヴァラセーナ二世の時代であったのか？

三　プラヴァラセーナ二世は新たな土地に新しい王宮を建設する、その別な新しい土地もないほど困窮し、それゆえサータヴァーハナ王朝の打ち棄てられた王宮基壇上にそれを建設したのか？

四　何か新たな居住地をもたねばならぬ急が彼にあったのか？

これらの質問が一つも満足に答えられないものであることは事実である。これら全ての疑問に対する唯一の答えは、「否」の一言である。それゆえ、僧院遺跡がサータヴァーハナ王朝とヴァーカータカ王朝の王宮と混同されるのは、仮説上のみであるようだ。

現在、中流階級の男は自身の経済的地位次第で、小さな家を建てようとするだろう。古い家の遺構の上に再建を施したうえでそこに住むために、そういう放棄されている家を選ぶということは、選択肢としては後に回るだろう。それゆえ、プラヴァラセーナ二世が使用するために、それも彼の母親が政治勢力の指導者である時に、サータヴァーハナ王朝の居住用複合構造物《コンプレックス》の再建と修繕が行われた、というのもやはり仮説上のみのものであるようだ。

サータヴァーハナ王朝史は、龍樹が長い間サータヴァーハナの同時代人で、サータヴァーハナが彼のために寺院《ヴィハーラ》を建立したことを述べる。ヴィダルバには龍樹の名で通っている場所はほかにない。王宮のような外観をもった巨大複合構造物の発見は、ここがサータヴァーハナによって建立された歴史的な龍樹の大　寺《マハーヴィハーラ》であることを示している。サータヴァーハナ王朝の後、この僧院遺跡はおそらく反仏教運動家に襲撃されたのだろう。寺院複合構造物が破壊された状態で見つかったので、ヴァーカータカ王朝あるいはその地方の住人達がこれらの僧院の修復と再建に着手し、のみならず、新しい僧房もまた建立されたのだ。建立、破壊、また建立、そして利用と再利用とはインドにおける重要な一連の出来事であり、仏教遺跡群と関連していることもまたしかりである。かかる変遷のその最も良い例はナーランダー僧院が経て来たものである。

読者の便宜のために、玄奘が提供する南憍薩羅《コーサラ》国の記述を示そう。

玄奘が記述する南憍薩羅国と僧院―（ワッターズ、二八三頁）[285]

巡礼僧の記述は次に以下のことを述べるべく進む。すなわちカリンガから「西北に山林の中を行くこと千八百余里で、憍薩羅国（原註：中印度の境）に至る。憍薩羅国は周囲六千余里ある。山岳が境域をとり巻き、林・藪《ジャングル》がひき続いている。国の大都城は周囲四〇余里ある。土地は肥沃で、産物は多い。村里は互いに望み見得るほど密集し、人家は稠密《ちゅうみつ》している。その体格は大きく、色は黒い。風俗は猛《たけだけ》しく、性質は勇敢である。邪教も正法もともに信仰し、学芸は盛んである。王は刹帝利《クシャトリヤ》である。仏の教えを尊敬し、仁慈の心は深く、かつ遠くにおよぶ。伽藍は百余ヵ所、僧徒は一万人足らず、みな大乗の教えを学習している。天祠は七十余ヵ所、異道の人々が雑居している。城（ワッターズ：これは明らかに首都である）の南、遠からざる所に古い伽藍がある。傍に窣堵波がある。無憂王が建てたものである。昔、如来がここで大神通力を現して、外道を説伏されたことがある。後に竜猛《りゅうみょう》菩薩（竜樹のこと。後略）がこの伽藍に止住された。当時、この国王は娑多婆訶《サータヴァーハナ》（原註：唐に引正という）と号する人であったが、竜猛を尊崇してその住む廬《いおり》の門を警護させていた」（水谷真成訳『大唐西域記』）。それから記録は以下のことを伝える。すなわちこの僧院に「提婆《デーヴァ》菩薩は執師子国（僧伽羅《シンガラ》国）よりやってきて論議することを願い、門番に、『どうか通してお会わせください』と言ったところ、門番は直ちに入り申し上げた。竜猛は以前から提婆の名を知っており、鉢に水を満たして弟子に、『汝はこの水を持って行き、かの提婆に見せなさい』と言いつけた。提婆は水を見て、黙って針を投げ入れた。弟子は鉢を手にし訝《いぶか》しく思いながら返った。竜猛は、『どう言いましたか』と尋ねると、『黙って何も言わず、ただ針を水に投げ入れただけです』と答えた。竜猛は、『この人はまことに智者である。わずかな兆《きざ》しを見抜くこと神のごとく、微細なことをも洞察すること聖人につぐ人である。このようにりっぱな人徳をもつ人は、どうか早速に入ってもらってください』と言うと、『どういうことなのでしょうか。無言の妙弁と言うことがありますが、これがそれなのでしょうか』と言った。竜猛は、『……鉢いっぱいにして提婆に示したのは、私の学芸の智識が周密であることをなぞらえたのである。ところがかれは針を投げ入れて、その極底を窮めようとしました。これは常人ではありません。直ちにお入れしなさい。』と言った。ところで竜猛の風采は凛々《りり》しく厳かな人であって、対談する人はみなうつむいて首を垂れたものである。提婆はもとより竜猛のりっぱな声誉を聞き、長い間入門したいと願っていたのである。今や教えを受けようとするにあたり、まず機微神妙の才をほしいままにしようとしたが、やはり威厳をはばかり堂に登って隅に遠く坐り、玄奥な話を日ねもす談じ、言辞議論ともにりっぱであった。竜猛は、『後学のあなたは実に世に冠たる方であり、その雄弁は前学たる私の目前をも照らすほどです。私は年老いてこのような俊才に遇いました。瓶《かめ》から瀉《そそ》ぎ移すようにそっくり寄託するならば、仏法の伝燈は絶えないでしょう。仏教の弘揚《ぐよう》はあなたにこそ頼みましょう。どうかもっと席を進めて教義の蘊奥《うんのう》を語ってください』と言った。提婆はこの言葉を聞き心に自惚《うぬぼ》れを生じ、まさに蓄積せる教義を開陳せんとするに当たりまず弁論を思いのままにしようとし、言葉の糸口を準備し竜猛の質問を仰ぎ覗《うかが》った。するとたちまち威厳ある顔を目にし、言うべき言葉も忘れ口を閉ざしてしまった」（水谷真成訳『大唐西域記』）。彼は自身が弟子であることを宣した。「竜猛は、『……仏の真実の教えを伝えましょう』と言った」（水谷真成訳『大唐西域記』）。龍樹は長寿の秘鑰を知っており、「年寿数百歳であったが、気力容貌ともに衰えなかった。引正王も妙薬をかれから得ていたので、その年寿も数百であった」（水谷真成訳『大唐西域記』）。王の最年少の息子は後を継ぐのが待ち切れなくなり、また母親から父親の長寿の秘密を教わって、彼女の教唆で大菩薩の許を訪ねた。そして若き王子のために死するのが彼の義務であると言って説得した。龍樹は従容として乾いた草の葉身で己が首を斬り落とし、そして彼の死のその直後に、老王の死が続いた。

「国の西南へ三百余里で跋邏末羅耆釐《ブラーマラギリ》山（原註：唐に黒蜂と言う）に至る。高く聳え、峯や巌石は嶮峻であり、崖や谷がないので、さながら全部石でできているようである。引正王は竜猛菩薩のためにこの山を掘って伽藍を建立した。山を去る一〇数里にわたり大きな通路を掘開し、その山の下で上向けに掘り石を削った。その内部は長廊・歩廊・高台・重閣になっている。閣は五層で、各層に四院がある。みな精舎を建て、それぞれ金像を鋳て安置する。大きさは仏の身体と等量で、彫刻の妙を窮めている。その他の荘厳はただ金銀宝珠のみで飾っている。山の高い峯から水を引き泉とし、重閣の間を巡り流れ廊下や建物の周囲を繞《めぐ》っている。僧房には外へ窻《まど》穴をあけ、光線を部屋の中へ引いている」（水谷真成訳『大唐西域記』）。この施設の建造で、王の国庫はすぐ底を尽いてしまった。そこで龍樹が岩々を金へと変えることで、ふんだんな供給をした。「竜猛菩薩は釈迦仏が宣べられた教法、および諸菩薩が述べられた論書をよせ集め分類してその中に収蔵した。こういうわけで、最上階の第一層はただ仏像と諸経論を安置するだけで、最下の第五層は在俗の浄人や資産什物を入れた。中間の三層には僧徒を住まわした。先達の話によると次のようである。引正王の建造作業が完了して、職人たちが食べた塩の値段を計算すると九拘胝《コーティ》（原註：拘胝は唐に億と言う）……の金銭を費消したことになる。その後僧徒たちが争いを起こし、王に判定をしてもらった。その時、浄人たちはこもごも、『僧徒に争いが起こるのは、言っていることに矛盾があるからだ』と言いあった。悪人が隙をうかがい伽藍を破壊しようとした。そこで重閣に防いで僧徒を退けた。これより以後は二度と僧衆の居るものはなくなった。遠くより山の巌石を眺めても、入って行く道も分からなかった。時おり、医方をよくするものを引き入れて病気を治療させたが、顔を覆って出入りさせたので、その通路も分からなかった、と言うことである」（水谷真成訳『大唐西域記』）。

この南憍薩羅《コーサラ》国を求めて森と山を通って北西方向へ「千八百余里」すなわち約五〇〇キロの距離を行くと―複数の見解に従えば―マハーラーシュトラ州はチャンドラプール地区のバンダクに至る、というこの伝統は、残念ながら数世紀の間存続して来た。ラームテクの伝統的かつ歴史的な龍樹山と巨大な僧院複合構造物《コンプレックス》が、同遺構が龍樹のためにサータヴァーハナが建立したのと同じものであることを示している。他の左程重要でない巨視的な遺跡群も、この文脈で正当に評価される必要がある。

仏教へのヴァーカータカ王朝の庇護について批評されている。

王達自身は仏教徒ではなかったが、彼らはその廷臣、商人、その他の者達が、自身の稼ぎの一部を仏教僧院の建立や装飾に費やすことをも認めた。アジャンター第一七石窟碑文が、この事実を指摘している。ヴァラーハデーヴァの場合がよい例であるように、仏教徒たる庇護者達は、ヴァーカータカ朝の宮廷と結び付くようになっていった。(286)

同批評のなかでさらに追記される。

以下のことを銘記しておくことも興味深い。すなわち、ヴァーカータカのヴァトサグルマ支派王朝が積極的に庇護したアジャンター美術はマンセルのそれと同時代に属し、それゆえ両者が、その投影された宗派的起源―前者は仏教徒で後者はシヴァ派―を全く異にしていながら、いくつか共通の様式上の特徴を共有していることも驚くには当たらない。しかし、あらゆる宗派に共通な夜叉《ヤクシャ》、ヴィドヤーダラ、緊那羅《キンナラ》のごとき神の従者あるいは半神の表現のなかにこそ、その様式上の嗜好が最も明瞭に表れている。かくして、マンセル出土の緊那羅は、アジャンター第一石窟内、有名な蓮華手菩薩《パドマパーニ》（A・ゴーシュ、『アジャンター壁画』、七七頁）の上に描かれたものと、アジャンター第一七石窟内に描かれた翼のある別の緊那羅（『アジャンター壁画』、図版六〇）とに酷似している。それらの嗜好は、その巨体や姿勢や、琵琶の形やそれが演奏のためにどう抱えられているかといったような詳細のうちにまで潜んでいる。ここでまた、マンセル・シヴァの頭の右真横にもたれている重たげな髪型は、実際、アジャンター祠堂《チャイトヤ》（『アジャンター壁画』、図版F）上面の夜叉像の美しい髪型を連想させる。(287)

以上より、ヴァーカータカ朝期に反仏教運動がまったくなかったことは明らかである。このことはヴァーカータカ王朝が、すでにアショーカが建立した仏塔が存在していたヒディンバー山《テークディー》での寺院建設に、着手してもいなければそれを支援してもいなかったことを、間接的に示している。ミラシに拠れば（『ヴァーカータカ・ヌルパティ・ヴァ・ティヤンチャ・カル』〔マラーティー語〕、ナグプール大学、一九五七年、一〇二頁）、

ヴァーカータカ王朝の開祖は仏教徒であった。彼がアーンドラ国《デーシャ》はグントゥル地区のアムラオティに行った時、自身と、二人の妻と、親族達や友人達の長寿のために布施をなしている。このことはそこにある仏塔の柱にある碑文より明らかである（『インド碑文学』、第一五巻、二五八）。この布施は仏教比丘ボーディクの助言に従ったものであった。同碑文はさらに付記する。開祖の後、早期のヴァーカータカ王朝はシヴァ派に、そして後にヴィシュヌ派に改宗し、婆羅門達の指導の下複数の儀式に手を染めており、彼らにたっぷり、時には莫大な布施をなし、そのことはプラヴァラセーナ二世のジャンブ銅板碑文より明らかであり、『インド碑文学』（第一五巻、一五八頁）がこれについての詳細を提供する。のみならず、彼は時として必要以上の利益のために莫迦みたいになってしまっており、このことはプラヴァラセーナ二世のベッローラ銅板碑文に記録されている(288)（『インド碑文学』、第二四巻、二六〇―二六七）。

サータヴァーハナ朝期とヴァーカータカ朝期における、このとても仏教的な背景のもと、大寺《マハーヴィハーラ》が栄え、そして有名

な仏教学修の中心地となり、その開建は龍樹に帰することができるものなのである。これら両王朝から仏教が庇護を受けていたということは驚くには当たらない。大寺が大学としての地位を獲得するほど、ヴィシュヌクンディン王朝はさらに誠心誠意、現存するサータヴァーハナ朝期とヴァーカータカ朝期の僧院を支援した。もし龍樹の実在を考慮するなら、龍樹の時代から寺院《ヴィハーラ》、仏塔その他の仏教の土地のための布施が度を増したことも理解しやすくなるし、彼の医科学への貢献を考慮に入れるなら、ここはおそらく大学としての地位に値する諸活動が行われていた、最初の僧院であったと言って差し支えない。このことについてはジョーシおよびシャルマ（二〇〇五）でさえも認める。「しかし、一つ確実なことは、紀元六世紀にプラヴァラプーラが、仏教学修の一大中心地となったということである」[289]。

仏教比丘達にとっての雨安居《ヴァルシャーヴァーサ》のための土地であった諸寺院が、学修の中心地ともなったことは歴史から明らかである。ヴェーダ時代同様、教育といえば一人の聖仙《リシ》がその生徒達を教導した師宅制度《グルクラ》であった。しかし徐々に教育は、選ばれたカーストと高位の人物のみに許されたものとなっていった。これと対照的に、仏教学修の中心地はあらゆる身分の学生達が宗教と他の諸学芸を学ぶことを認め、しかもこれは集会形式によるものだった。インドでは集会形式による教育は、仏教の時代にのみ初めて導入された。ナーランダーの寺院遺跡では、教授科目に八科目以上が含まれていた。医方明《チキッツァーヴィドヤー》（医科学）は諸寺院のほとんどで科目の一つに入っていた。今、入手可能な仏教文献、古代インド医学と歴史の典拠に基づき、マンセル大寺という学修の中心地が、インド化学の父龍樹が導入し普及した錬金術書《ラサシャーストラ》のために有名だったのかどうか、確認する必要がある。

アルテカル（一九六七）でさえ、教育の中心地の一つとしてプラヴァラプーラを加えた、古代の学修の中心地一覧を示していた。

「パータリプトラおよびヴァラビーという首都のものは、教育の有名な中心地であったことがはっきりと知られており、ウッジャイニー、パドマヴァティー、プラヴァラプーラ、およびヴァトサグルマ（バシム）の場合も同様であったに相違ない。」……アルテカルはさらに付記する。

ベラールあるいは中央諸州西のどこかに位置していたプリカは、プラーナ文献に言及されているとおり、ヴァーカータカ王朝最初の首都である。後にナンディーヴァルダナへと遷都し、最も可能性の高い場所としては、ナグプールの北約一三マイル、ラームテク近郊のナーガルダン（ナンダルダンとも綴る）である〔同都市はまた、ナグプールの北三四マイルのナンドプールにも比定される〔『ベンガルアジア協会雑誌』新シリーズ、第二九巻、一五九頁〕〕。しかし、プラヴァラセーナは新たな首都を創建し、自身に因んでプラヴァラプーラと名付けることを決めた。この都市は未だ満足には特定されていない。ここは川を見渡す砦のある、ワルダ地区のパヴァナルかもしれないと指摘されている[290]〔『ベンガルアジア協会雑誌』新シリーズ、第二九巻、一五九頁〕。

近接するアショーカ仏塔ゆえに、マンセル大寺はその独自性を保有している。そしてプラヴァラプーラの学修の中心地は、おそらくアルテカルが指摘する通り、その中天の日輪であったのだろう。

独立前期の諸報告書は、ラームテクの寺院群と、マンセル遺跡の仏塔塚と思しき諸の塚に触れるのみならず、寺院《ヴィハーラ》にも頻繁に言及する。今の報告書の発見物のなかには、サータヴァーハナ王朝とヴァーカータカ王朝の交代期に帰せられる、マンセルの小山の一、二の寺院も含まれる。

サータヴァーハナとヴァーカータカ両王朝による仏教庇護を考慮に入れるなら、これらの時期に、マウリヤ朝期の仏塔を破壊することによって、寺院建設に着手されたということはあり得ないようだ。いつこのことが実際に起こったかは、生物考古学者達への難問である。現在ある証拠はずっと後の時代のものであることを示唆している。

リンガ群

発掘報告書（ジョーシおよびシャルマ、二〇〇五）は付記する。「地層配列からいえば、北、西、南側のシヴァの祠の列は、プラヴァラセーナ二世……の治世下で加えられたものである」[291]。回答されべきとても単純な質問は、もし土地が十分にあったのなら、プラヴァラセーナ二世は王で、シヴァ派で、シヴァの崇拝者であったのに、それではなぜ彼は複数の小さな祠を立てるより、巨大なシヴァ寺院を建設することができなかったのか、ということである。

ウェルステッド（一九三二）の報告書を再検討すれば、リンガはマンセルだけでなく、マンセルより遠方に亘って広がる周辺地域でも発見されていたことが明瞭となる。マンセルのリンガについてウェルステッドは記す。

マンセルでは六つ以上発見され、いくつかは今なお明らかに、それらが元々立てられていた地面を占めている。キンシーには、今では外側に支え上げられた別の小さな祠が、灌漑用堤防の近くにある。これは明らかに、今は湖水に沈んでいる付近の集落から来たものである。ナンドプールでも一つ見つかっている。これら八つのリンガはとてもよく似ており高さ約五フィートで、直接四角い中心と結合している、丸みを帯びた一フィートから一と二分の一フィートの上部を伴う[292]。

ウェルステッド（一九三二）はその論文に多様な写真を収載しており、図版五の図二「マンセルで発見された土器類とリンガ群」は、背後に一列に並ぶ四つのリンガを明示している。わからないままなのは、これらは写真のためにどこから集められ、続いてどこに行ったのか？　ということである。ここで、ウェルステッドはこれらを「シヴァリンガ」

とは呼ばず、「リンガ」とのみ呼んでいたことも明らかにしておく必要がある。

ミラシはアショーカ時代のデオテク碑文について記述した。彼に拠れば、
ルドラセーナ一世は同地への寺院の建設を宣言するために、おそらく以前のものを削り取って新たに書き直させた。

この寺院についてミラシは評する。

房に据えられた巨大なガナパティ像があるが、後代のものであるようだ。同寺は元々、シヴァに捧げられていた。今ではリンガは消え失せているが、傍に横たわる崇拝対象物《アルガ》にある古い穴の寸法から見て、大きなものは直径約一三インチであったらしい。このような諸のリンガは、疑いなく少なくともヴァーカータカ王朝の時代にまで遡る古代聖地であった、ラームテク近郊のマンセル周辺で見つかっている。現在の寺院はヴァーカータカ朝期のものではないようだ。(293)

このことについて、デオテク碑文からさらなる情報が得られる。それはルドラセーナ一世による、チチャンブリーでの寺院建設と関連したものであった。

この碑文の意図は、ルドラセーナ王が同地に寺院を建設したと宣するためであった。ここには小さな寂れた寺院がある。この寺院はとても簡素である。……ルドラセーナは、王位に就かされた時、同地に一寺を建立し、自身の

寺院建立について宣するため、おそらく同碑文を刻したのである。碑文の近くに小寺あり。その正面には、おそらく張出玄関《マンダパ》があった。同寺は簡素である。装飾のための彫刻は皆無である。二つの四角い石に、ベンガル枳殻《ベルパッティ》が彫られている。現在はガネーシャ神殿があるが、後世のもののようである。同寺は元々シヴァに属するものであったが、近くにシヴァのピンディはない。しかるに、同遺跡付近の石から、これは約一三インチという大変大きな直径であったに相違ないと推測される。かかる種類の諸のシヴァリンガが、マンセル・ラームテク近郊にも見られる。そこにはやはり、その祠がとても古いことを示唆する、崩壊したナンディの彫刻がある。現在の祠は、明確にヴァーカータカ朝期由来のものではない(294)。

『マハーラーシュトラ州地名辞典《ガゼッティヤー》 ナグプール地区 二〇〇五』（著者によるマラーティー語版の意訳）がマンセル遺跡についての詳細な情報を提供していた。ナグプールの街について、その見解はナグプールの街が龍種族《ナーガ》の王達によって創建されたとする考えに賛同している。同見解は龍河に基づくものである。パウニで発見された石刻碑文は、クシャナ王朝の後に、龍族の王バラシヴァ・ナーガがブンデルカンドの王となったことを明かした。一世紀の終りまで、龍達は同地の住人であった。ナグプールから二二キロの場所にあるナグドヴァルとよばれる他の巡礼地や、その他ナーガルダンやナンディーヴァルダナのごとき土地が、ナグプールへの影響を示唆している(295)。

以前の地名辞典と較べて、今回は諸のマンセル発掘について出版された報告書があったことから、マンセルにより多くの紙幅が割かれ、議論も展開された。

巻貝状文字《シェル》、マンセルという名称の起源、そしてヴァーカータカ朝期の最も重要かつ有名な彫像についてもまた、詳細に議論されている。

マンセルにおける文化的な諸変化は、ヴァーカータカ王朝の掉尾を飾る者達が、仏教徒であったヴィシュヌクンディン王朝と姻戚関係に入ったヴァーカータカ朝後期に起こった。この時代はいわゆる王宮複合構造物《コンプレックス》が大寺《マハーヴィハーラ》へと改装された、仏教復興の時代として最も重要である。

仏塔—王宮の諸の遺構は六世紀に、仏陀の大寺と仏塔に改装された。おそらく仏塔建立時に、基壇《アディシュターナ》の遺構が用いられている。仏塔は三段高さを増すべく建立された。九〇センチの繞道《プラダクシナパタ》もまた保たれた。仏塔建立のために、四三センチ×二三センチ×九センチの大きさの煉瓦が用いられた。繞道の周囲に仏塔を囲むように一六の小房（三・一〇メートル×一・五五メートル）が建立された。これらのために必要な、主複合構造物内の数々の変更が施された。発掘者達は菩提樹《ボーディ・ヴリクシャ》と法輪《ダンマチャクラ》の浮き出し模様を発見した。(296)……

最も重要なのは、赤砂岩に彫られたグプタ–ヴァーカータカ両王朝期の複数の彫刻遺物の発見である。有名かつ独特な彫刻で、その図像の主題が今なお議論の的となっているのは、当初ジャンバラと認定され、しかしのちに侏儒《ヴァーマナ》の矮人の姿だと変えられてしまった像である。ある彫刻は博物館に展示された状態で、またあるものは屋外の庭にある。地名辞典中の、他の構造遺跡群についての諸批評は以下の通りである。

マンセルの彫刻群—発掘中、サータヴァーハナ王朝、後期サータヴァーハナ王朝、そして特にヴァーカータカ王朝の品々と石造彫刻群が発見された。赤砂岩の彫刻群は主としてヴァーカータカ朝期のもので、ヒディンバー山《テークディー》と近郊の土地で見つかった。バトゥカ・バイラヴァは個性的な彫像である。同地から一覧に収められた彫刻群がもたらされた。アジャンターのものに似た緊那羅《キンナラ》は格別である。これらの彫刻群は、ラームテクの石像彫刻群よりも格段に優る。(297)

伝承は今なお、龍樹自身の名に因んだ名の洞窟とともに生き延びた龍樹その人が、マンセル・ラームテクの出自だということを受け入れているようだ。文献には複数の龍樹が描写されているけれども、マンセル・ラームテクの龍樹は中観哲学の開祖、インド化学の父、およびサータヴァーハナの同時代人として賞賛されている最初の龍樹であったということは真実である。地名辞典《ガゼッティヤー》中には、龍樹、龍樹山《ナーガールジュナ・テークディー》、シヴァ寺院《マンディル》、そしてとあるナーガールジュナ・スワーミーについての情報が混ざり合っているのが見られ、そのことが同地の仏教とヒンドゥー教の文化の混同に拍車をかけている。

龍樹窟とシヴァ寺院―龍樹山は海抜五〇二メートルである。ラーマギリの東方三〇〇メートルにあり、同地は龍樹窟として有名である。その名前は仏陀の賢者《パンディト》龍樹に関連している。同地は龍樹山とよばれる。龍樹は成就《シッダ》した瑜伽行者《ヨーギ》で、またシヴァの崇拝者であったといわれる。山の頂上にシヴァ寺院あり、同寺の下の方に瑜伽行者の洞窟と、ナーガールジュナ・スワーミーの墓《サマーディ》がある。(298)

龍樹のために用いられた頭字語《アクロニム》（ママ）、すなわち賢者《パンディト》とスワーミーは、仏教徒たる龍樹のマンセルとの関係を隠蔽せんとする試みに思える。賢者とスワーミーは、ヒンドゥー教文化に関連するものである。

上記のように描写された、マンセルあるいはラームテクと関係のあるナーガールジュナ・スワーミーについては何の出典もない。ナーガールジュナ・スワーミーという名称はまた、カヴィター・グプタの諸著にもみえる。二部から成り、西暦二〇〇五年に改訂最新版が出た『マハーラーシュトラ州《ラージュヤ》地名辞典、ナグプール地区』の準備のためになされた研究は素晴らしい。学者達によって着手された骨の折れる研究は感謝されてしかるべきである。本書は龍樹に関するものであるので、この節では関連研究のみ詳細に再検討する（マラーティー語版しか入手できなかったので、本書執筆の最終段階に臨んでは、英語への意訳だけが残る唯一の選択肢であり、もしこれが逐語訳を逸脱していれば、著者は非常に面目なき次第である）。

どうやら、本文に示されたマンセルと龍樹についてのくだくだしい情報は、歴史的、伝説的、そして神話的でさえある背景に基づいているようだ。諸の考古学的根拠の主な出典は、『プラーラトナ』、第二巻、ジャガト・パティ・ジョーシ祝賀記念巻、二〇〇二年、アガム・カーラ・プラカーシャン、デリーからのものである。

議論される最も重要な論点は、龍達《ナーガ》とナグプールとの関わりである。文章自体は短いが、これは将来学者達が研究を企図するのに、十分かつ本質的な証明である。ナグプールの龍達と周辺地域への彼らの影響について古代の文献にある直接的かつ詳細な情報についても、また、同地名辞典が実証している。

地名辞典に描写された通り、菩提樹と法輪の発見が、同遺跡が仏教遺跡であることを確認している。印章工房の発見は、プラヴァラプーラのために用いるこれらの印章が、ここで製作されたことを示す（ちょうど、われわれが一所で製造された貨幣を、どこででも使えるように）。印章の製作は小山の遺跡にある一室で着手された。と言うのも同所が機密的な秘密保持のために比較的隔離されていたからであろう。プラヴァラセーナ二世が開創したプラヴァラプーラの都市として、学者達が値踏みし、考慮に入れられている少なくとも四ヶ所の遺跡がある。今、マンセルの遺跡はサータヴァーハナが龍樹のために寺院《ヴィハーラ》を建立した場所であったという結論を下すことができる。プラヴァラセーナ二世が同遺跡を訪ねた時、そこは崩壊局面に入っていた。諸の銅板碑文は彼が大の布施者で、それを受けていた者のほとんどは婆羅門達であったことを証す。彼はクシャトリアに属さず、しかるべき折々にはたっぷりの布施を支払って婆羅門達を買収し、彼らが執り行ういくつもの儀式を受けていた。ヴァーカータカ王朝によるマンセル寺院のための布施は証明できていないが、マンセル鉱山遺跡から失われた銅板碑文がある疑いが濃厚である。

ヴィダルバの龍達《ナーガ》と男根像（リンガもしくは蛇）崇拝

もしヴィダルバの古代史とその同時代の龍族の王達を見逃さなければ、龍達は蛇かリンガの崇拝者で、しかもこの地域全体にわたって統治を行ったことが明らかになる。彼らのトーテムはまさしく龍（蛇）であった。龍達は仏陀および仏教と、大いに関連を有していた。龍達と龍樹との関連は、歴史と諸伝承とから実証されている。龍達はまた、古代のヴィダルバその他の地域の政治において、主要な役割を果たした。いくつもの仏教石窟寺院での龍の彫刻群の存在感が、当時の社会で彼らが高い地位を誇っていたことを示している。

以下は龍達と男根像崇拝についての手短な資料である。ハンス・バッカー（二〇〇二）もまた、ヴァーカータカ龍同盟について記している。ヴァーカータカ王朝の有名な女性登場人物であるプラバーヴァティー・グプターは龍族の家系の出であった。もし適切に再検討するなら、彼女の銅板碑文は、彼女が龍族の祖先達からの出自であることへの、大きな敬意を抱いていたことの見直しにつながるだろう。

龍達が純粋に地を匍《は》う蛇だと考えられ、龍達の歴史のほとんどが非アーリヤ人とヒンドゥー教の正統派によって葬られて来たというのは、むしろ残念なことである。

『シヴァ・プラーナ』は龍達やシェーシャ龍を含む非アーリヤ人による、男根像崇拝についての詳細を提供する。以下は『シヴァ・プラーナ』からの、男根像崇拝についての引用の抜粋である。

一　男根の姿のシヴァはどのように据え置かれるべきなのか？　何かその姿固有の特徴があるのか？　どのように崇拝されるべきなのか？　崇拝に相応しい時間と場所は？　彼はどのような執行者であらねばならないのか？(299)
これらの質問に答えつつ、男根姿のシヴァの座についてスータは言った。

二―六　座はその形、丸、四角、あるいは三角でもよい。中央が軽寝台架《カート》のような形になっているものは、中の効験なり。[300]

「ヴィドイェーシュヴァラ・サンヒター」、第一九章（土製のシヴァの男根像崇拝の賛美）

六　神々、阿修羅《アスラ》達、人間、乾闥婆《ガンダルヴァ》達、龍達、羅刹《ラークシャサ》達、そして他の多くがこれを崇拝した後に高貴さを得る。[301]

「ヴィドイェーシュヴァラ・サンヒター」、第二一章（欲望成就のための崇拝に用いられるシヴァの男根像の数）

三六―三八　ハリ、ブラフマー、および他の神々、聖仙達、夜叉《ヤクシャ》達、羅刹達、乾闥婆達、チャーラナ達、成就者《シッダ》達、ダイトヤ達、ダーナヴァ達、シェーシャと他の龍達、ガルーダ鳥と他の鳥達、全てのマヌ達、プラジャーパティ、緊那羅《キンナラ》達、人間等は富をもたらす男根像を大帰依もて崇拝し、自身の心の底の底より込み上がるその諸の欲望を成就している。[302]

以上、これら『シヴァ・プラーナ』からの引用は、男根《リンガ》崇拝が神々、阿修羅達、ふつうの人間、乾闥婆達、蛇達もしくは（おそらく）龍達、羅刹達もしくは悪鬼達その他の間で一般に行われていたことを示唆している。

さらに崇拝の利益は、宝石、金、水銀、水晶あるいは黄玉《プシュパラーガ》のいずれかでできた、単体の安定した像を崇拝することによってのみ得られる、と追記される。

『シヴァ・プラーナ』、「ヴィドイェーシュヴァラ・サンヒター」、第一九章、第二八偈―第三〇偈[303]

二片から成る男根像を崇拝することは、シヴァ派ではありふれたことである。

三一　台座は大いなる幻《マーヤー》である。男根像はシヴァ神である。これゆえ、固定した像として二片に建造されたものが推奨されるのだ。

二二　このことはシヴァ派の諸原理を知る者達が言及したこと。すなわち、不動の男根像が二片に作られるべきである。
二三　無知によって欺かれた者達のみが、二片の動かせる男根像を作ってしまう。シヴァ派を知る聖仙達は、シヴァの聖文をよく誦し、これを命じない。単一な不動の男根像と動かせる一片を作ってしまう者達は愚か者である。彼らが崇拝の利益を受けることはない。

このようにプラーナ資料は、男根《リンガ》崇拝がアーリヤ人と、それから非アーリヤ人の間でも一般に行われていたことを示している。

ナグプール諸州における男根崇拝

ここではヴィダルバにおける龍《ナーガ》達の居住について先に提示したいくつかの根拠を取り上げる。他の場所にも述べるように、彼ら龍達は龍（蛇）という自分達のトーテムをもっており、そしてヴィダルバにおける蛇崇拝は複数の著作に報告されている。
リヴェット・カルナック[304]（一八七九）はナグプールを訪れ、リンガ（蛇）崇拝を目撃した。彼は自身のナグプール訪問の記録を以下の通り示した。

後で私は、ガンジス河畔に所在し、また王家やその主たる召使達のベナレス訪問が度々重ねられたボンスレー王朝の輝かしい日々が築いた、ナグプールの王のベナレス宮を訪ねた。諸の建築物の内側の神殿で、私はコブラとして表現されたマハーデーオを見つけ、そのとぐろは少なからぬ骨折りの下調整がなされた精妙な模写を成さんがために精巧に絡み合っていた。ここでこの龍はたしかにマハーデーオあるいは男根像として崇拝されている。このベナレスのボンスレー王朝の宮殿が私をナグプールに向かわせ、ずっと以前にそこで私は—少しの成功しか見なかったが—蛇崇拝について何本かの雑な手記をまとめはじめた。いくつかの古いスケッチを見ていて、私はナグプールで最も古い寺々のマハーデーオの上に、あのベナレスの龍が乗っているのを見つけた。そして、ナグプール—もしくは龍かコブラの都—の王宮近くの古寺には、精巧にとぐろを巻いた五つ頭の龍がある。ボンスレー王朝は明らかに、多くのとぐろを巻いた龍をベナレスへ帯同して行ったのだ。よく似た龍の作例が、ナグプールのイトワラ門近く寺院で見つかっている。ここでもまた龍あるいはコブラがマハーデーオもしくは男根像としてたしかに崇拝され、またすでに指摘した通り、一定数—特に下層階級の人々の間に—シヴァ、別名「龍達を飾りに帯びる男《ナーガブーシャナ》」の信奉者達がいる。多くの点が昂奮した時のコブラの装いをした姿勢と結びついており、ことに、この蛇でなくてはならぬ理由を示唆する傘の膨らみが、男根像やシヴァの象徴の表現として採用されている。……蛇崇拝は古ナグプール州でとてもふつうに行われ、そこではどうやら同都市がその名を、今でもそこに見える龍寺院から取っているということのようで、そしておそらく龍河がその名を同市か寺院に因んでおり、複数の見解通り、その逆はしからず。クンビーすなわち農耕階層の人々は蛇を—それもただ蛇のみを崇拝しており、この崇拝は、全てのヒンドゥー教徒が蛇と一緒に見出すところの、平凡で迷信的な畏怖心以上の何物かであることはたしかである。私は自身の手記から、古い時代、自分がまだナグプール地区の駐留地で入植地官であった頃、質問した相手のあるクンビーが自身蛇の粘土像を崇拝していること、そして生きたものを捕まえる蛇捕りに支払うだけの余裕がある時は、生きた蛇を崇拝することを語った。そしてもし彼が路上で龍を見ればこれを崇拝するし、いやしくもヒンドゥー教徒であれば、龍と知って、その龍かコブラを殺す者はないと信ずる、という話だった。それから彼は私に以下の、彼が金銭的余裕のある時に蛇崇拝に用いる品々の一覧をくれたので、これを貰ったが、この一覧は通常のシヴァ崇拝で用いられるものと似ていた。（一覧には全部で二〇の品々が含まれる）……私の情報提供者が保証したこれら全ての品々は規則正しく連続して、次々に蛇に捧げられ、その間崇拝を行う者は決まった諸の咒《マントラ》か呪文を繰り返している。これら全ての供物を捧げた後、崇拝者は蛇の前に平伏し、もしこれに対して罪を犯したことがあれば赦しを乞い、蛇が彼に恩恵を垂れ続け、あらゆる危険から守護してくれるよう懇願する。

リヴェット・カルナック氏（一八七九）はさらに付記する。

私が宿営した村にはタンダー、すなわち蒟醬《キンマ》栽培のゴザ囲いがふんだんにあった。蒟醬匍匐植物《クリーパー》、もしくは通称ナグバッリ又はコブラ匍匐植物を栽培するバリ達は同地の出身で、龍匍匐植物との不断の接触は、蛇神《デオタ》と仲が良く、その影響を受けたものと思しい。上記の咒以外に、バリ達が用いる治療法は、事故の報せをもたらした人物の口を、上からピシャリと叩く、というものだといわれた。これらのバリは通例蛇崇拝者で、また蛇は涼しく、よく水をやられ、覆いをされた囲いで見つかり、そこで優美な匍匐植物が生育するので、この神ととても前向きに友好であり続けようという欲求も合点が行くのである。（中略）「ナーガ・パンチャミー」もしくは、シュラーヴァナ月の月齢四の日には、ナグプールの市内で大規模な祭があり、間の一日には普段以上の放縦も大目に見られる。あらゆる形や姿勢をした粗雑な蛇の絵が売られたり配られたりして、時には聖ヴァレンタインの祭日と同様になる。今、これらの奇妙なスケッチの模写を見出すことができず、ほんのわずかでもこれを再現する才があればと嘆くばかりである。現在のナグプール弁務官で事務長官のＪ・Ｗ・ネイル氏が、親切にも同階級からの素晴らしいヴァレンタインプレゼントとして取り計らってくれ、私は今彼らに社会調査の申請するところである。いくつかにはデザインあるいは出来栄えの面で美点がないこともないこれらの絵に人間の図が一点も描かれていないことがわかるだろう。これまでに私が見て来たもののなかでは、蛇と交わる女性の体位の図が最も淫らな描写であり、今までにこれらのスケッチに表現されてきた着想からみるかぎり、コブラが男根とみなされていることに疑問の余地はなかった(305)。

これら全ての根拠がリンガ、蛇もしくは男根像崇拝が、長年ナグプール州に存在していたことを裏付けている。

リンガ（男根像）崇拝とリンガヤーナ

中央インドを含むインドの先住民たる龍達《ナーガ》には諸の医科学の知識があり、彼らは蛇毒の毒消しを知っていた。彼らの医学的貢献について、ラトナーカル・シャストリ（一九七七）は記す。「龍達は水銀《パーラダ》の発見に重要な役割を果したが、日常的用途のためにその高度に精錬された形態を得るということはできなかった。残念ながら、これと関連する龍達についての文献のほとんどはチベットにある。龍族の王達は、分散しながらではあるが、インド中に広がった(306)」。

龍達は偉大な戦士達であり、アーリヤ人達とおびただしい回数戦った。「龍達の一部は仏教を奉じ、他の者達はアーリヤ文化内に留まったが、それ以前に彼らは、神々が（乳）海攪拌によって得た不死霊薬《アムリタ》に等しい『不死霊薬《スダー》』の医学的調合にもよく通じていた(307)」。

ラトナーカル・シャストリは、古代インド医学史をその文化における変化との関連下に再検討し、純粋な薬草学から薬草・鉱物主義へ、そして水銀のごとき純粋な諸鉱物へと移った変遷について印象づけた。医学のみならず、奨励された医薬を用いぬ治療法についてもその諸体系に基づいて扱った。仏教比丘達は、医者として活動するほど有能であった。カウティルヤの時代には、一般の目には一種異様なあらゆる医者集団ができた。時間的請求から、無害な治療法としての咒およびタントラが伝授され、好まれた。リンガヤーナ、真言乗《マントラヤーナ》、金剛乗《ヴァジュラヤーナ》は、涅槃を成就するのに単純で行じやすい諸手段を斟酌したものであった。

カシプラサード・ジャヤスワルが自著『アンダカリユギン・バラト』（五八頁）に示す龍王朝についての詳細

龍王達	年代	根拠	統治期間
ナヴァ・ナーガ	紀元一四〇—一七〇	参照可能な貨幣類	二七年間
ヴィラセーナ・ナーガ	紀元一七〇—二一〇	貨幣類および碑文	三四年間
ハヤ・ナーガ	紀元二一〇—二四五	貨幣類	三〇年間
トラヤ・ナーガ	紀元二四五—二五〇	貨幣類	—
バヒル・ナーガ	紀元二五〇—二六〇	貨幣類	七年間
チャラグ・ナーガ	紀元二六〇—二九〇	貨幣類	三〇年間
バヴァ・ナーガ	紀元二九〇—三一五	石刻碑文	

サータヴァーハナ王達とその時代の比較一覧表

ヴァーユ	マツヤ	サータヴァーハナ王	ヴァーユ	マツヤ	通用	ヤズダーニ情報	ゴーパラチャリー情報
一	一	シュリームク	二三	二三	二三	前二七一—二四八	前二三五—二一二
二	二	クルシュナ	一八	一八	一八	前二四八—二三〇	前二一二—一九五
	三	シャータカルニ一世		一〇	一〇	前二三〇—二二〇	前一九四—一八五
	四	プルノートサング		一八	一八	前二二〇—二〇二	
	五	スカンダスタンビ		一八	一八	前二〇二—一八四	
三	六	シャータカルニ二世	五六	五六	五六	前一八四—一二八	前一六六—一一一
	七	ランボーダル		一八	一八	前一二八—一一〇	
四	八	アピラク	一二	一二	一二	前一一〇—九八	
	九	メーガスワーティ		一八	一八	前九八—八〇	
	一〇	スワーティ		一八	一八	前八〇—六二	

	一一	スカンダスワーティ		七	七	前六二―五五	
	一二	ムルゲーンドラ		三	三	前五五―五二	
	一三	クンタルスワーティ		八	八	前五二―四四	
	一四	スワーティカルナ		一	一	前四四―四三	
五	一五	プルマヴィ一世	二四	二六	二四	前四三―一九	
六	一六	ガウルクルシュナ	二五	二五	二五	前一九―後六	
七	一七	ハル（ハラ）	一	五	一	六―七	二〇―二四
八	一八	マンダラク	五	五	五	七―一二	
九	一九	プリンドラセーナ	二一	五	二一	一二―三三	
一〇	二〇	スンデルサティカルナ	一	一	一	三三―三四	
一一	二一	チャクールサティカルナ	一／二	一／二	一／二	三四―三四	
一二	二二	シヴァスワーティ	二八	二八	二八	三四―六二	
一三	二三	ガウタミープトラ					
		シャータカルニ	二一	二一	二四	六二―八六	九二―九五
	二四	プルマヴィ二世		二八	二八	八六―一一四	九六―一一九
	二五	シヴァシュリー・シャータカルニ		七	七	一一四―一二一	一二〇―一四九
		（プルマヴィ三世）					
	二六	シヴァスカンダ		七	七	一二一―一二八	一五〇―一五六
一四	二七	ヤジュニャシュリー	二九	二九	二九	一二八―一五七	一六〇―一八六
一五	二八	ヴィジャヤ	六	六	六	一五七―一六三	サータヴァーハナ
一六	二九	チャンドラシュリー	三	一〇	三	一六三―一六六	王朝衰退
一七	三〇	プルマヴィ四世	七	一	八	一六六―一七四	

インドから仏教を滅ぼそうとの心をもった全ての試みに象徴されるシュンガ朝期から時代は変わった。医療制度に関与する主体であった仏教比丘達は、新しい形態での水銀の発見の方へと惹き寄せられた。リンガヤーナの徒と真言乗《マントラヤーナ》の徒は、リンガ崇拝者になった。そしてサハジャヤーナの徒は、男根像の姿の水銀崇拝に関心をもった。

残念ながら、インド古代史と仏教における医学の情報と龍達《ナーガ》との関係の大部分は、翻訳を俟つチベット語文献中にある。龍達、リンガ（男根像）崇拝、そしてヴィダルバとの間には大いに相互関係があり、これについてオルダム、C・F（一八九二）は記す。「龍族の人々は比較的近年まで多かれ少なかれ独立した自身の種族の首長達の統治下にあった。彼らはイスラム教への改宗を免れていた。そしてイスラム教徒、偶像破壊者達の破壊の熱情と、ほとんど同じ位破壊的な正統な婆羅門の迷陋とから、自分達の諸の寺院と偶像を守っていた[308]」。

シェーシャ、ヴァースキ、バサデーオもしくはバーサク、タクシャもしくはタカト・ナーグその他の龍達の名声。その姿の崇拝や諸寺の建築はこれらの当時から、受けたとしてもおそらくその変化はほとんどない。また蛇神達は危険な爬虫類としてでも、諸の象徴としてでもなく、部族のしるしが龍であった強勢な人々を統べる神格された王達として、疑いなく当時も今と同様に崇拝されていた。しかしその諸寺は蛇にではなく、同種族の古代の王達であるところの龍王《ナーガラージャ》達に捧げられていた[309]。これらの諸寺のいくつかの外には、リンガとマハーデーオの雄牛とが見られるべきとされたが、これらは崇敬に関連したものであった[310]。

蛇崇拝者達は最早自身のことを龍とはよばない。おそらくそのようにしたことなど一度もなかっただろう。その名前は他の人々によって、彼らに適用されているのかもしれない。龍達は太陽種族の出であると主張している[311]。

龍王達はヒマラヤと、北および中央インドの大部分、インダス河流域と同河口近くの国とを支配した。プラーナ文献にみえるパタラは明らかにインダス河流域であり、ここここそが阿修羅《アスラ》の諸都市の内のパタラ、すなわち太陽種族の最も早い開拓地の一つにして、龍王達の首都である。[312]

シュンガ王朝滅亡後、サータヴァーハナ王朝が中央インドでの支配を確立する。

カシプラサード・ジャイスワルは龍王朝を恣意的に以下の三つに分類する（七四頁―七五頁）。

パドマヴァティー	カンティプリー	マトゥラー
（タク種族）	（バラシヴァ種族）	（ヤドゥ種族）
ビーマ・ナーガ	ハヤ・ナーガ	不詳
（二一〇―二三〇）	（二一〇―二四五）	
	貨幣上の第三十年	
スカンダ・ナーガ	トラヤ・ナーガ	不詳
（二三〇―二五〇）	（二四五―二五〇）	
ブリハスパティ・ナーガ	バルヒン・ナーガ	不詳
（二五〇―二六〇）	（二五〇―二六〇）	
	貨幣上の第七年	

紀元二七四年にヴァーカータカ王朝がその堅固な王国を樹立する。ヴァーカータカ王朝と同時代の龍は以下の通りである―

ヴァーグラ・ナーガ　チャラグ・ナーガ　キールティシェーン
（二七〇—二九〇）　（二六〇—二九〇）　（三一五—三四〇）
貨幣上の第三十年
デーヴァ・ナーガ　バヴァ・ナーガ　ナーグセーン
（二九〇—三一〇）　（二九〇—三一五）　（三四〇—三四四）
ガンパティ・ナーガ　プリカのルドラセーン
（三一〇—三四四）

総督として統治していた龍達《ナーガ》

アヒチャットラ種族　アンタルヴェーディ種族　シュルグナ種族　チャンパワティー種族
アチュトヤト・ナンディ　マティル　ナーグダッタ　名称不詳
（三二四—三四四）　（三二八—三四八）　（三二八—三四八）　大自在《マヘーシュヴァラ》大王《マハーラージャ》
（三四八—三六八）

アティマ・ヴァジパイ（一九八二）の異なる六期に分けられた龍種族《ナーガヴァンシ》時代　一、金石併用時代紀元前二〇〇〇年—紀元前七〇〇年　二、紀元前七〇〇年—紀元一〇〇年　三、シュンガ-サータヴァーハナ両王朝期　四、龍—クシャナ両王朝期　五、グプタ—ヴァーカータカ両王朝期　六、中世。これら全てがインドにおける龍達の古さを示す。

龍族は阿修羅《アスラ》の部族の一つであった。元素におよぼす魔術と慰めは、しばしば龍達その他の阿修羅族に帰せられる。[313]

スラ、神《デーヴァ》、阿修羅、ダイトヤ、ダーナヴァ、あるいは龍等とよばれる全ての部族は、共通の祖から出たその家系に遡る。しかし、彼らはしばしば互いに戦争に従事し、またその戦争は時として宗教的論争から発していた。しかし、阿修羅族が時にはインドラと神族に味方して、また時には彼らと敵対して戦っていたように、同じ部族は常に同じ側に立っていたというわけではないようだ。[314]

これらの人々も皆、太陽崇拝者である。彼らの主たる諸都市は長く太陽崇拝の一大中心地であり続け、太陽種族の大首長達の首都であった。神族と阿修羅族との差異なるものは正統派的慣行の一つにすぎない。[315]

オルダムは龍族とその文化、および中央インドにおける諸王朝についての数々の実証的根拠に裏付けられていた。彼らの太陽やリンガ崇拝は、彼らが同一の古代インド文化に属していたことを示す。仏教遺跡における龍王の彫像や龍にまつわる品々との関わりは、彼らの仏教における信仰を裏付ける。

マハーデーヴ・シャストリ・ジョーシ（二〇〇三）は、蛇崇拝について描写しつつ評する。

仏教とジャイナ教において、龍達は高い地位を獲得した。仏教は龍達に、多大な敬意を払っていた。伝承はナンダとウパナンダという名の龍達が、生まれたばかりの仏陀に産湯を使わせたという。ムチリンダ龍は、仏陀が正覚をさとっていた時に、彼のことを保護した。ブッダガヤやバールフットといった土地には、仏像とともに龍像がある。[316]

インド文献群より、インドに龍《ナーガ》崇拝が広まっていたことは明白である。
ジャヤスワル、K・P[317]（一九三三）は、インド史全体の最暗黒時代とみなされていた、紀元一五〇年—紀元二八四年に亘る長い期間が、その実、龍王朝と関連していたことを明らかにした。

　クシャナ王朝支配の終りは、アシュヴァメーディン・バラシヴァの隆盛と時を同じくしている。彼らはクシャナ王朝に続いて権力の座に登った。バラシヴァと名付けられた人物の一人のヴァーカータカ王朝碑文があり、その名前から、彼が（バラシヴァ王朝の）龍王、シュリー・バヴァナーガ大王《マハーラージャ》であったことがわかっている。[318]
ジャヤスワル（一九三三）はさらに付記する。「龍達が南街道《ダクシナーパタ》の住人であった証拠がある」。彼に拠れば、プラーナ文献は龍王達を、クシャナ王朝の前後で分けているという。ジャヤスワル（一九三三）が述べているプラーナ文献に記述される古代の龍達の系譜は以下の通りである—

シュンガ王朝以前の龍達

シェーシャ（紀元前一一〇—九〇）
—
ボーギン（シェーシャの息子　紀元前九〇—八〇）
—
ラーマチャンドラ（シェーシャの孫　紀元前八〇—五〇）
—

ナカヴァン（ナカパナもしくはナハパナ……プラーナで省略される）

｜

ダナ、ダルマ・ヴァルマン（『ヴィシュヌ・プラーナ』に拠ればダルマ）（おそらくシェーシャから三代後の子孫　紀元前五〇―四〇）

｜

ヴァンガラ（おそらくシェーシャから四代後の子孫　紀元前四〇―三一）

シュンガ王朝以後の龍達

ブータ・ナンディもしくはブーティ・ナンディ（紀元前二〇―一〇頃）

｜

シシュ・ナンディ（紀元前一〇―紀元後二五）

｜

ヤショー・ナンディ（シシュ・ナンディの弟　紀元二五―紀元三〇頃）

他の王達の名は示されない

紀元一世紀のシュンガ王朝以後の龍達の存在が肯定的に確認されている。しかるに、龍王達がヴィディシャで統治を行い、初代の王シェーシャがその敵の首都を征服した者であった、というプラーナのデータもある。ブラーフマナ文献が征服された街の記述としてスラプーラを示すという事実から見て、彼が現在のブーランド・シャへ地区にあるインドラプーラを取ったという推測のもとに、われわれの説が認められよう。同地はこれらの早期の龍達の数々の貨幣が見つかっている、当時の重要な街である。シヴァ・ナンディの支配は、パドマヴァティにまで広がっていることが見出される。いずれの場合も、ヴィディシャとのマトゥラーの政治的結び付きはとても古くなっていて、このこともまた後代の龍族《ナーガ》の歴史でしっかりと確立された。

ヤショー・ナンディに続いて、碑文と貨幣類より以下の通り、五王が知られる。彼らは紀元前一一〇年頃から紀元七八年までの約二〇〇年におよんでいる。

プルシャダト
―
ウッタマダト
―
カーマダト
―
バヴァダト
―
シヴァ・ナンディもしくはシヴァ・ダタ

これらの龍達は三つの首都、すなわちパドマヴァティー、マトゥラー、そしてカーンティプラから統治を行った。
龍達はクシャナ王朝の明白な圧力のもと、パドマヴァティーを去った。プラーナ文献に、ヴィシュヴァスパーニがパドマヴァティーで統治を行い、マガダに至るまでを支配したというはっきりとした記述がある。それゆえ、紀元八〇—一〇〇年頃に龍王朝が、マトゥラーとヴィディシャ間の本道から、中央諸州の人を寄せつけない諸の密林へと難を避けているととれるかもしれない。[319]

ナンディー龍達は、紀元八〇年頃、クシャナ朝期にパドマヴァティーとヴィディシャから去った時に、山の隠し砦の守りの中およそ半世紀に亘って暮らし、統治を行うことになる中央諸州へと移住している。彼らの（中央諸州）ナグプール地区の占領についてのはっきりした証拠の一片がある。中央諸州の現代の首都ナグプールから二、三マイルの範囲で見つかった、サカ暦八五二年（紀元九四〇—四一年）まで遡る、ラシュトラクータ王クリシュナラージャ二世のデオリ銅板碑文（『インド碑文学』、第五巻、一八八頁）は、『ナーグプラーナンディーヴァルダナ』の地区にある贈与された地所について描写している。さて、これらの名前は両方ともナンディー龍と結び付いている。ナンディーヴァルダナの名は、バラシヴァ龍達の直後の後継者であるヴァーカータカ王朝の時代に遡るこの碑文よりも、さらにずっと以前にも見出される。『インド碑文学』第一五巻、四一頁でパタクとディークシトが指摘するように、このナンディーヴァルダナはライ・バハードゥル・ヒラーラールによって、ナグプールから二〇マイルのナーガルダンと同定されている。ナンディーヴァルダナの名は、「ナンディー」の号が落っこちて、バラシヴァ王朝興起以前の状態へ戻ってしまうことになったヴァーカータカ朝期やバラシヴァ朝期には、存在しなくなってしまった可能性がある[320]……約半世紀に亘るナンディー龍時代は、中央諸州はヴィンディヤ山脈の他の側にある同国を、クシャナ王朝の手の届かぬ彼らの避難場所、自由な安息の地となした。このアーリヤ国《ヴラタ》にあった王朝の、中央諸州中心部への移住は、バラシヴァ王朝とその後継者たるヴァーカータカ王朝の治世にアーリヤ国をアーリヤ国と繋ぐことになる後続の歴史に、莫大な影響があった。紀元一〇〇年から紀元五五〇年までに、中央諸州はその内部、そしてヴィンディヤーアーリヤ国すなわち—統一され今日まで続いて来た—ブンデルカンドと完全に結合された。

……一方にはナグプールからプリカ（ホシャンガーバード）、他方ではセオニとジャバラプールを通じて、彼らは東マルワ（そこから彼らは追放されていた）とバゲルカンド（レワ）のそれぞれと接触が保たれ、そこを通じて最終的にガンジス河へと至るのであった。この新たな郷里は、グプタ朝期のヴァーカータカ王朝にとっての第二の、そして次の故国となってアジャンターの豊穣を出来するが、このことはバラシヴァ王朝とヴァーカータカ王朝に直接所有される影響下に、その主要な歴史全体を通じてみられるのである。主たるアジャンター美術は、同時にナガラ（バラシヴァ）美術とヴァーカータカ美術でもある。アジャンターは紀元二五〇年―二七五年頃、サータヴァーハナ王朝の手から、バラシヴァ―ヴァーカータカ両王朝の手へと渡った。(321)

ジャヤスワル（一九三二）は以下のこともさらに付け加える。

クシャナ王朝の権力への一番の打撃は龍王《ナーガ》達がもたらしたものだが、これらの大共和国が謳歌していた連合統権のために、龍達はその遠征において、これらの共和国集団に援助されていたに違いないということは、ほぼ確実である。龍族の王国は、今日われわれが言うところの民主的王国であった。龍達はその勢力を中央諸州の中へと広げたが、事実、続くヴァーカータカ時代とナーガヴァルダナやナンディーヴァルダナ、そしてナーグプラといった地名が生まれることになったのである。彼らはマルワへの入口として、ヴィンディヤ山脈の中心にあるプリカに首都を構えた。大まかに言って、バラシヴァの王国にはビハール、アグラ・ウード連合州、ブンデルカンド、中央諸州、マルワ、ラージプータナ、そして東パンジャーブはマドラの諸共和国が含まれていたと考えてよいだろう。(322)

これら全てが古代インドの様々な王朝間の相互関係を証しているが、その地理は変化し続けていた。王達はその間で反目したが、援軍にもまた駆け付けた。政治的な相互関係であったのみならず、これらの関係は複数の証拠から明らかなように、さらに諸の姻戚関係によっても固められていた。ハンス・バッカー（二〇〇二）は、古代の諸王朝についての素晴らしい生き生きした表現と、サータヴァーハナ王朝、龍王朝、ヴァーカータカ王朝、リッチャヴィ族、そしてヴィシュヌクンディン王朝等の相互関係とを示していた。

インドにおける龍《ナーガ》達の歴史の調査は、古代すなわち紀元前二世紀から紀元四世紀、そして紀元八世紀や一二世紀にまで至る時代の同国の異なる地域で、彼らが強勢で影響力のある王達であったことを示している。彼らはインドの自分達の治めた部分に、その存在の足跡をいくつも残している。

「蛇崇拝もまた神々、なかんずく、シヴァ（マハーデーヴァ）と関連しながら継続した。マハーデーヴァ神は彼の髪、丸い首、手首、腰、両腕と両脚の中とおよび諸の指輪とに結びつけられた蛇で最もふんだんに飾られ、蛇達は彼の常侍者であった」（リヴェット・カルナック、J・H、一八七九年、一七頁以降）。しかし、いかに蛇達がシヴァとかくも密接して結びつくようになったのかを説明することは容易ではない。諸のシヴァ崇拝の形態の一つは、男根像のものである。男根像崇拝は神秘的で哲学的な意味合いを纏い、新たなバラモン教社会の不可分な一部として認知されるようになった。リンガもまた宇宙創造とその永続とみなされた。リンガと蛇とはこの同じ観念もしくは原理を象徴し、かくしてこれらの間に差異はなく、このことは例えばラーヴァナが常に自身とともにリンガを担いでいた一方、彼の息子がその旗印として黄金の蛇を担いでいたこと等によって増強されている。これゆえ、蛇はリンガと密接に結びつき、多くのシヴァ像がその上に、沢山の蛇のとぐろを置くということも、特段驚くには当たらないのかもしれない。(323)

「仏陀とヴァルダマーナ・マハーヴィーラは彼らの時代、人気のある宗教指導者であり、同地域の龍族の人々は大勢が、この新たな信仰に加わったようである。仏陀の龍族《ナーガ》の信奉者のうち、菩提樹下で仏陀を保護したムチリンダ龍王と、仏陀の開悟《さとり》を予言したカーラ龍王とが言及されてもいいかもしれない。ウルヴィーラの龍は、初転法輪の後改宗した。龍達はガンジス河を越えて、王舎城《ラージャグリハ》と舎衛城《シュラーヴァスティー》との間に、政治上の架け橋と一つの文化とを築いた」[324]（ビール、第二巻、一六七頁）。

『マハーバーラタ』の校訂版の不足ゆえに、リス・デイヴィズ教授のような著名な学者が、諸の古い仏教記録中のリンガの形状について以下のように述べている。「男根像崇拝は、全くもって当然ながら、『マハーバーラタ』でしばしば言及される」（『インド仏教学』、一六五頁）。『マハーバーラタ・サンヒター』の時代がいつであろうと、シヴァの一形態としてのリンガは、この偉大な叙事詩では認識されていないことが、ほぼ完全に証明されている。マズンダル（『王立アジア協会雑誌』、一九〇七、三三七―三三九頁）は、『マハーバーラタ』時代のリンガ崇拝を捜して、『マハーバーラタ』全章を再検討したが、結局以下の通りに総括した。「リンガ派について説かれている内容の諸章をこのように取りまとめて、その起源がその土地固有のものであろうとなかろうと、そしてこの宗教の時代がいつであろうと、男根像崇拝は『マハーバーラタ・サンヒター』の編纂者には知られていなかったと、問題なく結論できる」[325]。

リンガ崇拝についてレイ、P・Cは述べる。「実際、男根像崇拝はさらにインダス文明の時代にまで辿れるかもしれず、それは多分時間とともにいわゆるダスユ達もしくはドラヴィダ人達からアーリヤ人達に受け入れられるようになったのだ」[326]。

バッターチャーリヤ（一九六〇）に拠れば、龍崇拝はアーリヤ人侵入以前にさえ存在したという。

最高の位置を占める蛇の神という観念が幾何かの非アーリヤ人によって始まったのは、おそらく早くもヴェーダ時代以前のことであっただろう。続いて、アーリヤ人の影響力がこの国で強化された時、蛇種族の一種たる蛇の男神ヴァースキの至高性がアーリヤ人の神観念にしたがって拡大され、そしておそらくアーリヤ人の影響の初期の魅力への、非アーリヤ人の心酔の結果として、彼らの間で性力《シャクティ》女神派が相当程度落ち目となったのであろう。しかし、アーリヤ人の影響力がさほど振るわなかったそうした諸地域では、非アーリヤ人に信仰された女神が彼らへの支配力を確立しはじめることとなった(327)。

バッターチャーリヤ（一九六〇）はさらに付け加える──

東インドの大乗もしくはタントラ仏教派のうち、われわれは特定の女神の存在を闡明する。すなわち、ジャングリはとても古い女神である(328)。

記述されている諸伝承のなかに、ジャングリについての情報が沢山ある。ジャングリについて、バッターチャーリヤはさらに付記する。

ジャングリ女神派は広く分布していたようであるが、これは仏教の大乗派がすこぶる流布していた同地域で、より流行したようである。この大乗仏教の影響は脅威を受けることもなく、ベンガルのパーラ王の諸時代のほとんどを通じて続いた。パーラ王国の滅亡とともに、セーナ王達の手にかかるヒンドゥー教の復活があり、この国から多くの仏僧達が、仏教がなお非常に振るっていたネパールへと去った。しかしとどまった者達は、彼ら自身の仏教徒の友好関係へのあらゆる疑惑を避けるために、自身の神々や女神達に新たな名を冠して導入することを好んだ。どうやらこの時代に、蛇女神のためのジャングリという名前が落剝し、代わりにマンサという新たな名前が取られたようだ。[329]

ベンガルとデカンとのアーリヤ以前の民族学的要素の間には、ほとんどもしくは全く差異がないことが認められており、この事実によってデカンにそのようなムダマやマンチャンマといった女神達が存在することにも説明がつく。[330]

この蛇派は、インドの様々な部分に存在していたが、特定の諸地域で、蛇神か蛇女神の崇拝が支配的であったかどうか、何か結論に到達するためのいかなる歴史的根拠もない。

バッターチャーリヤは次のことを指摘した。「今日のインドの未開地域の人々の間では、蛇崇拝は中央インドの南方《オーストリック》語族の人々というよりは、むしろドラヴィダ的特徴の人々とともにある」[331]。

蛇崇拝の古さは非アーリヤ人に淵源し、後に様々な部派と宗教にも採用されたということを、複数の典拠が示す。古代の諸王朝の相互関係についてのオルダム（一八九一）の諸見解もまた、上述の意見を支持する。彼は以下のように評する。「パンジャーブは、龍王達の諸伝承が豊かである。これらのうちの一つに拠れば、ヴィクラマーディトヤの征服者たる『サーリヴァーハナ』は、バーサク龍《ナーガ》の息子であった。サーリヴァーハナはヴァースキの時代のずっと後に生きたのだが、おそらく彼の子孫の一人だったのだろう。実際トッド大佐は、彼はタクシャカの血統の者であった、と述べている」[332]。

オルダム（一八九一）の「インドにおける蛇崇拝」の論文は、以下の通り結論する――

一　龍達はそのトーテムが龍か傘のある蛇であった、太陽を崇拝し、サンスクリット語を話す人々であった。

二　彼らはインド史の最初期にまで遡れ、偉大な太陽種族の一部を形成していた。

三　これらの人々の子孫の一部の間では、龍崇拝がその原始的な形態でなお残っていた。

マハーデーヴ・シャストリ・ジョーシ(333)もまた、プラーナ文献に則って龍の系譜を示していた（バールティーヤ・サンスクルティ・コーシャ、第四部、マハーデーヴ・シャストリ・ジョーシ編、『バールティーヤ・サンスクルティ・コーシャ・マンダル』（マラーティー語）、プネー、二〇〇三年再版、七四七頁）。それは以下の通りである。

ヴィディシャ支配支派
　紀元前一一〇
—シェーシャ龍（『ブラフマーンダ・プラーナ』に拠ればスルプル）
—ボーギン
—ラーマチャンドラ（『ヴィシュヌ・プラーナ』に拠ればチャンドラシュ）
—

パドマヴァティー支配支派
　紀元前三〇—二〇
—ブート・ナンディ
—シシュ・ナンディ
—ヤショー・ナンディ

ナカワン（ナカパン『ヴィシュヌ・プラーナ』には示されず）

｜

ダルマヴァルマ（『ヴィシュヌ・プラーナ』）

｜

ワンガル

（『ヴァーユ・プラーナ』、『ブラフマーンダ・プラーナ』には名称を示さず）

サカ族の攻撃を受けてからは、彼らはその王朝を失い、そして長い間捲土重来を期して、密林に留まっていた。紀元二世紀以降、彼らは自身の諸王朝を異なる場所に樹立しはじめた。これらの龍達《ナーガ》は「ナヴァナーガ」の名で特定されていた。彼らは後に自分達を「バラシヴァ」とよんだ。その王国はテーランガナ、カルナータカ、そしてマハーラーシュトラ地域に広がっていた。サータヴァーハナ王朝の出のサータヴァーハナ・シャータカルニは、カーラーラヤ龍王の娘ナーガニカーと結婚した。カーラーラヤ王は、シャータカルニ王配下の総督《マーンダリカ》であった。彼はサータヴァーハナ達がその王朝を拡大するのを助けた。ナーガニカーとは、龍族《ナーガ》の先祖をもつという意味である。

仏陀の時代から、龍達は仏教の流布に大いに貢献して来た。彼らはヴェーダ文化の信奉者達と不和であった。彼らは仏教を受け入れ、促進し、そして弘通した。初期には、彼らは仏陀の教えの保持に功績があったとされる。彼らは未だ発見されていないのであろうパタラという特定の土地をその居住地にしていた。龍達の最も賞賛に値する貢献は、『十万頌般若波羅蜜多経《シャタサーハスリカー・プラジュニャー・パーラミター・スートラ》』である。

ラマ・チンパ（一九七一）は龍達、龍国土《ナーガローカ》、龍樹の間の相互関係や、『十万頌般若波羅蜜多経』と諸の陀羅尼《ダーラニー》といった彼の貢献について批評しつつ、また龍樹について付記した。龍樹は龍達から論書を拝借してなどおらず、自身でこれらを書き上げたのだという。彼に拠れば、「龍樹は龍の国（パタラ）へ赴き、『十万頌般若波羅蜜多経』を発見した。この説話は奇跡として描かれている」。

現代の学者には龍樹は歴史的人物なのであり、彼が海の底に位置するといわれる龍の国に行ったことがあるなどということがどうして真実であり得よう？　そしてまた、その経典類《スートラ》は本当に龍達によってもたらされたのか、と問うことを禁じ得ない。彼らにとっては、大乗経典は一つも仏説ではない、という小乗の徒からの非難は受け入れられなかったのかもしれぬようだ。ターラナータの『インド仏教史』（THB）からの一節が、この点について描写している。「それでは、いつ他の多くの陀羅尼が龍樹によってもたらされたのであろうか。声聞達《シュラーヴァカ》はこれらは龍樹自身によって書かれたのだと言った」[334]（THB、一〇八頁）。

龍の国は龍王の王朝下のインドにおける、地上の特定の地域であるに相違ない。これについて、シャストリ、V・V・K（二〇〇三）の見解は直接に知識を提供してくれる。

アーンドラあるいはそこと隣接する海中に、独立した龍の国があったことなど、これまでのどの時点にも一度もありはしない。一―二世紀のグントゥル地域でバサヴァ龍のような王が統治し、龍という後置詞をもつ名前の地域のいくつかが、おそらく龍の国なのであろう。

ヴィダルバ、マンセル、龍樹、仏教徒および様々な王朝の相関

ヴィダルバが龍王達の支配下にあったという十分な証拠がある。サータヴァーハナ王朝もまたヴィダルバで統治を行い、龍樹は同王朝の同時代人であって、マンセル・ラームテク遺跡は龍樹が生まれ、そしてその生涯のほとんどを過ごした場所なのである。この相互連関は様々な研究者達によって証明されている。

ヴァーカータカ王朝と龍《ナーガ》達との関連について記述しつつ、ジャヤスワル（一九三三）は評する。

紀元三世紀と四世紀の間、龍族の二王家がウッタル・プラデーシュ州西部とグワリオール州――片方の首都はマトゥラーで、他方の首都はパドマヴァティー――とを統治していた。パドマヴァティーは、現在はグワリオール州のパドマ・パワヤという小村に表れており、マトゥラーの一二五マイル南にある。これらの場所を統治していた龍族の二王家が互いに関係していた可能性はあるが、この点についてはっきりした証拠はない。龍族の二王家のうち、パドマヴァティーで統治を行っていた方はより重要であったらしく、その王達はバラシヴァ王朝としても知られている者達であると思しい。バラシヴァ達が、常にシヴァリンガをその肩に担いでいる点でいかに独特であったか、はよく知られている。パドマヴァティーの龍達は、その貨幣上で、シヴァの象徴たる三叉戟《トリスーラ》と騎乗物たるナンディとに、際立った地位を付与している。唯一知られるバラシヴァ王個人たるバヴァナーガ龍王が四世紀前半に栄えたに違いないということを示す。その龍の家系を示している。彼らの古文書は、バヴァナーガは龍で終る名前をもち、そヴァーカータカ王朝史もまた、バラシヴァ王バヴァナーガが、まさにその同じ時期に栄えたに相違ないことを示している。(335)

ジャヤスワル（一九三三）はさらに付記する。

> パドマヴァティーの王達のうち、確実な歴史情報はバヴァナーガについてのみ手に入り、彼は紀元三〇五年頃から三四〇年頃統治を行った。紀元三〇〇年頃、彼の娘はヴァーカータカ王朝の皇太子ガウタミープトラと結婚した。ヴァーカータカ王朝の記録は、バヴァナーガがルドラセーナ一世の母方の祖父であったことを一度も書き漏らしはしなかった。……グプタ王朝は龍一族をことごとく力づくで根絶やしにしたと主張するが、諸の旧家の一員である何人かがその後も、グプタ王朝の滅亡に至るまで同王朝の家臣や役人となって生き延びていた。サムドラグプタ自身が、紀元三七〇年頃、その息子チャンドラグプタ二世を龍族の首長の娘と結婚させ、またサルヴァナーガはおよそ一世紀の後、グプタ王朝のドアーブ総督だったのである。[336]

ソホーニ、S・Vもまた龍樹が龍の国《ナーガローカ》に行ったと述べる原典だけでなく、龍樹とサータヴァーハナの間の関連についての歴史記録をも相関させようと試みた。彼に拠れば、現在のセイロンのジャフナ半島に龍の島《ナーガドヴィーパ》があるという。曰く、

> ハラ・サータヴァーハナが、大乗派の大仏教僧たる龍樹の同時代人であるというこの点について入手可能な関連する根拠に関しては、事実上、完全に合意が得られている。ハラと龍樹とが同時代人であるということは、バナバッタの『ハルシャ・チャリタ』でも、彼自身さえもが述べている。龍樹は医科学あるいは生化学的な医薬品類の調合への興味を有していたということも、同様によく知られている。彼は合理的に証明できないことは全き真実ではあり得ないという価値観に忠実な、現在われわれがよぶところの合理主義者であった。龍樹はおそらく紀元一五〇年と紀元二〇〇年の間のどこかで影響力をもつようになったのだと示唆する一定の証拠がある。ハラと龍樹が同

時代人であったことについての根拠の重要な典拠は『勧誡王頌《スフルルレーカ》』もしくは『よく願う者から送られた手紙』である。この手紙の送り主は龍樹であり、受け取り手はハラである。これらの状況からして、ハラと龍樹とは同時代人であったと考えて間違いないだろう。

ソホーニはさらに付け加える。

　ここでハラの時代、すなわち彼が龍樹と同時代人であること以外についての全ての根拠を横目で見つつ、龍樹の時代についてなんらかの証拠があるかどうか確認してみよう。龍樹についての斯かる証拠はたしかに、また無視できない形をとって存在している。一般に、聖天《アーリヤデーヴァ》は龍樹の直弟子だったということが認められている。[337]

ソホーニはさらに記す。

　ハラが同時代の龍樹とともに行ったと考えられている場所はセイロンであった。……パーダリプタの詩はサータヴァーハナが龍の島《ナーガドヴィーパ》に行ったということと、パタラ地域の住人達は慣習的に龍族《ナーガ》の者達とみなされているということとを述べる。セイロン島のジャフナ半島が、龍の島とよばれていたと証す十分な証拠がある。このように、ハラと龍樹と道連れのパタラの土地《ローカ》への訪問は、実際にはそのセイロンへの旅を意味していたのだと問題なく結論づけられる。[338]

ムルティ・サッチダーナンドは龍樹の弟子達と貢献とについて評しつつ、以下のように記す。

聖天が龍樹筆頭の直弟子であることについて疑うのは合理的ではない。紀元三五〇年頃の弥勒《マイトレーヤ》と無著《アサンガ》が龍樹の諸著について批評しているので、これらは当時までに確立された権威となっていたに相違ない。鳩摩羅什《クマーラジーヴァ》は龍樹の最高作《マグヌス・オプス》その他の著作を紀元四〇九年に、また龍樹の真作かも知れぬ『大　智　度　論《マハー・プラジュニャー・パーラミター・シャーストラ》』を紀元四〇五年に漢語に翻訳した。彼の直下の弟子達で両者とも重要な学者たる僧叡と僧肇、および彼と文通をしていた慧観は、龍樹と聖天は仏陀の般涅槃後に活躍したと述べた。彼らが仏陀の般涅槃時と捉えていた年代からみて、これは紀元三世紀のはじめ頃ということになる。[339]

S・ヴェンカテースワルルは、龍樹について記す。

　生誕地、活動の場、そして龍樹がその後半生を送った土地についての種々の典拠は、諸の伝説と歴史的研究のみこれを裏付けることができる。このことは様々な見解を含むことになると考えられていた。

この点について、彼はさらに付記する。

　チベットには、この名高き賢者たる龍樹がその後半生をその名をもつ南天竺の僧院で過ごしたとする、保存された伝承がある。広大な峡谷のどこにもそんな名前の僧院はなく、イクシュヴァーク王朝碑文にも、かかる僧院への言及はない。さらにヴォーゲル博士は、チューラ・ダルマギリ寺院《ヴィハーラ》を、そこで龍樹がその後半生を過ごしたという僧院と関連づけている。ボーディギン（ママ）の碑文には以下の通り書いてある。「*Sri parvate vijayapuriya pur-vadisa Lbrhage*（*sic*）*chula Dharmagiriyam*」このように（一）一般に吉祥山《シュリーパルヴァタ》はヴィジャヤプリーの東方に横たわる土地の名である。(二) チューラ・ダルマギリは吉祥山《シュリーパルヴァタ》自体ではなく、その一部のことである。龍樹が住んでいたのがナーガールジュナコンダであるかどうか追究されるべきであり、その場所は明白にチューラ・ダルマギリ寺院《ヴィハーラ》ではなくて、谷の東方の大寺《マハーヴィハーラ》である。だが、大寺が吉祥山に所在していたことに言及する碑文はない。しかるに吉祥山はチューラ・ダルマギリ上でのその他諸の建築以外に大寺における円柱《マンダラ》の建立を記録しているボーディシュリーの碑文から見て、同碑文にある大寺とは明確に谷の東方にあるそれへの言及であって、つまり二つの碑文に書かれた吉祥山に所在するもののことである、と推測することは不合理ではない。このように、仏教の側でのこの谷の元来の名前は、吉祥山と特定できる。一度かかる特定が可能であるとわかれば、賢者龍樹がその後半生をこの吉祥山で過ごしたというチベットに保存された伝承には、あり得なさそうな箇所はどこにもなく、またチベット伝に言及された同僧院はその同一の場所、すなわち、元来吉祥山として知られている紀元後早い数世紀の間の、ボーディシュリー碑文に見える大寺自体のことなのである。この仏教徒の谷はやがて、いわばこの著名人自身の名前であるところの龍樹山《ナーガールジュナコンダ》とよばれるようになって定着したようだ。この谷の北方の塚上の中世の要砦までもが一一世紀の碑文で「ナーガールジュナコタ」(コタとは要砦を意味する)と言及され、これは明らかにこの時代の頃にカクティーヤの将軍ガンガーヤ・サヒニによって建てられたものであった(グントゥル地区、パルナド・タルク、ドゥルギー出土碑文)。だが、吉祥山という名前はそこには一度も出てこない。この塚上の要砦が龍樹あるいはこの谷における仏教と何等関係がないということは、同塚上にいかなる仏教寺院も構造物の痕跡も存在しないという事実から明らかである。同地はボーディシュリー碑文に言及されるヴィジャヤプリーの街と同定されて今に残る。[340]

S・ヴェンカテースワルルはさらに付記する。

龍樹が後半生を吉祥山で送ったと述べるチベットの伝承と、ずっと後に同賢者が、アマラーヴァティーの大仏塔に外欄楯《プラーカーラ》を建立したとするターラナータの記述とから判断して、後期サータヴァーハナ時代の龍樹が、同地での滞在時にシュリーパルヴァタの大寺建立に大きな役割を果たし、彼がまたアマラーヴァティーで、はじめの自身の手にかかる大塔完成の後に、おそらく同様の欄楯を世話しただろうということが証明できる。この線からいって、大寺以外に、同地に龍樹がその開基であると正当にいえる、いかなる構造物もないということは銘記すべきである。実際、伝承中で龍樹と彼に帰せられるあらゆる出来事を記録した、いかなる碑文の証拠もないというのは残念なことである。だがやはり、その後シュリーパルヴァタが、龍樹とのゆかりで知られるようになったというほかならぬその事実が、イクシュヴァーク期より以前もしくは後期サータヴァーハナ時代に、大寺が彼によって建立されたというわれわれの論述の正当性を補強している。[341]

アルテカル、Ａ・Ｓ（一九五二）は手短にサータヴァーハナの歴史的資料について議論しつつ評する。

　このように、利用可能な批評的議論は、サータヴァーハナ王朝がアショーカの死後すぐの紀元前三世紀の最後の四半世紀に権力の座に登ったことを示す。もし、シムカでの即位を紀元前二〇〇年頃と取れば、同時代の歴史について知られた全ての事実が満足に説明できる。それゆえ、この同王朝興起の年代は基礎的な仮説として受け入れられている。[342]……もしサータヴァーハナ王朝がおよそ四五〇年に亘って統治を行った約三〇人の王達から成るなら、どうしてプラーナ文献の一節が、およそ三〇〇年しか統治していない、同王家の約一八か一九人の王達しかいないように述べる伝承を記録することになったのだろうか、という疑問が湧いてしかるべきである。これに答えることは容易ではない。[343]……近年の貨幣学的発見は、プラーナ文献に知られていない四人のサータヴァーハナ王達の存在を証した―すなわち、クンバ・シャータカルニ、カルナ・シャータカルニ、サカ・シャータカルニ、そしてコシキプトラ・シャータカルニである。[344] ……しかし、どうやらこのプラーナの伝承は、カーンヴァ王朝滅亡以後のサータヴァーハナ王朝の期間に言及している可能性がとても高いようだ。[345] ……それゆえ、短期間の北方のサータヴァーハナ王朝の支配と、その王達の一覧の詳細全部は、プラーナの伝統の擁護者全員には知られていなかったのだ。いくつかのプラーナはこの一覧全体を認め、同王朝の期間として四五七年を示している。[346]

プラーナの諸伝承はサータヴァーハナ王朝に言及し、意外なことにこれらに示される王達の総数は一定でない。この異なる諸見解についての疑問は、答えられない性質のものである。おそらく編者が違っていたか、編纂が別々の時代に行われているのであろう。しかし、プラーナ文献は少なくとも何人かのサータヴァーハナ王達の名前は保持することができ、含まれていない他の者達は、おそらくヴェーダの伝統の信奉者でなかったか、仏教を強く庇護していたので、それゆえプラーナは彼らについて沈黙を保ったのであろう。

インドの龍王達について最も素晴らしくまた網羅的な研究はヴィヨーギによってなされ、最近出版された。これについてハリヤナ州首相閣下は以下のように評する。「ヴィヨーギ博士は歴史家、作家や学者達がこれまで無視してきた龍《ナーガ》達の歴史のかかる側面を強調せんと試みている。これらの王達は『先住民』のレッテルを貼られてきた。それと言うのも年来、歴史家達が彼らのかかる貢献を認めてこなかったからである。」サータヴァーハナ王朝のヴィダルバとの関係の貨幣学的な証拠については、以下のように述べられている。

サータヴァーハナ王朝支配の最初の開祖はサーリヴァーハナとよばれる人物であり、彼はまたヴィダルバの君主でもあった。ヴィダルバは、サータヴァーハナ王達の王国の最初から最後まで、マハーラーシュトラの連邦州であったのだろう。このことはヴィダルバ地域出土の膨大なサータヴァーハナ王朝貨幣の発見が証明している。一八八三年にブラフマプリー遺跡からチャンドラプール地区までにおいて、一四三枚の貨幣が出土した。一九三九年にはアコラ地区のタンハラの村から一六〇〇枚の貨幣が見出された。チャンドラプール地区から出土したこれらの貨幣は、ハーンリ博士がこれを研究した。この蓄積からは、五一枚の貨幣がシャータカルニのもの、二四枚がシュリー・プルマイ、四二枚がシュリーヤジュニャ・シャータカルニの貨幣で、他の複数の王達が出土している。タンハラ（タルハラ）出土貨幣はミラシ、V・Vがこれを研究し、以上の蓄積からは、五七三枚のシュリー・シャータカルニ（三世）ガウタミープトラの貨幣、一七四枚のシュリー・プルマイ（二世）のもの、三三五枚のシュリー・シャータカルニ（四世）のもの、三三二枚のシュリー・プルマイ（三世）のもの、二三三枚のシュリー・シャータカルニのもの、二四八枚のシュリーヤジュニャ・シャータカルニのもの、四枚のシュリーヴィジャヤ・シャータカルニのもの、五六枚のシュリークンバ・シャータカルニのもの、七枚のシュリーカルナ・シャータカルニのもの、四枚のシュリーサカ・シャータカルニのもの、そして四枚のシュリー・プルマイの貨幣が出土している。他の貨幣は、王達の名前への言及がないか、読めなくなってしまっている。[347]

ヴィヨーギは、ヴァーカータカ王朝はタカ龍の出自であると表明した。

私は、ほぼ確実に、この時代の、シシュナーガ王朝、ナンダ王朝、マウリヤ王朝、サータヴァーハナ王朝、龍王朝、ナヴァナーガ王朝もしくはバラシヴァ王朝、グプタ王朝、チュットゥ王朝、カダンバ王朝、チャールキヤ王朝等の全ての王家がその土地の起源であるという、確固たる見解を有するものである。同様にヴァーカータカ王家もまた、この土地の起源であった。ことに、ブンデルカンドとして知られる中央諸州と、その南と西の地域の領土は、龍《ナーガ》達の最大の中心地であり、そこはジャヤスワルに拠れば、同王家が生まれた地である。これらの北東にいたのはグプタ王朝、非アーリヤ人のカラスカル（『ヴァーユ・プラーナ』）、ヴラトヤ・リッチャヴィ族の血族達である。また北にいたのはカンティプリーのバラシヴァ龍達、北西にいたのは強力なパドマヴァティーのタカ族、南西にいたのは龍王朝、ヴィディシャとエーランのナヴァナーガ王朝、タカの一族、マッディヤ・プラデーシュ州西部のマルワ達、南の王者たるサータヴァーハナ王朝がいた。これらの状況下においては、最も早い時代から、代々この土地固有の非アーリヤ人たる龍達の不倶戴天の敵であった、勇敢でないアーリヤ人の婆羅門の家系が権力を握ったと考えることは不可能であるようだ（『実利論《アルタシャーストラ》』第一二章、「サンガ・ヴラタ・アディカラナ」）。

ディークシト・アワデーはチャンドラナーグ・ナルナワレー氏の研究の再検討を行い、また自身の諸見解を表明した。彼に拠れば、ヴィダルバにおける仏教文化についての自覚は、一九五六年にアンベードカル博士が仏教に帰依したという出来事以降、関心を集めた。仏教文化の名残への配慮と注意深い観察についての革命的変化が起こり、人を誤らせる諸の反仏教運動は常に監視されている。彼はマンセル・ラームテクと近郊の複数の、仏教文化の遺跡群について描写した。彼はまた半仏教運動家達が、同地の龍達と仏教文化の歴史を隠蔽せんがために、修正し、誤って解釈し、誤認を加えようと試みていることを説明した。彼は龍樹の仏教遺跡の保護のために行われている試みについても記述した。彼はこれについての重要な貢献は─その文章の簡潔さはとても印象深く、またその見解は彼が生きていた頃の当該分野の学者達にとってさえも挑戦であり続けた─チャンドラナーグ・ナルナワレー氏の努力のお蔭だと考える。龍樹による首布施の発生の説話について彼は詳細に語った。彼は注意深い観察者であり、ラームテク、マンセルおよび龍樹の古代史についての、何冊もの著作を出版した。また、同遺跡近辺に散在する仏教文化の彫刻遺物をいくつも観察し、これらについて権威達や一般人達に知らしめたが、残念ながらさほど支持を集めることはできず、やがて奇妙千万にも、これらの彫像のほとんどは消え失せてしまったのである。……早期の研究者達が語った龍樹による首（頭）布施の発生については、チャンドラナーグ・ナルナワレー氏が問題提起した。彼に拠れば、龍樹の斬首による暗殺とは、解明が必要な当時の反仏教運動のよく計画された陰謀であったと思しい。龍樹の著作は極めて偉大で、インドのみならず世界中の人々に感銘を与えた。王子がかくも荘厳な人物にその首もしくは命を所望するなどということは、むしろ認めがたい。仮に人が龍樹のごときかかる天才に悪意を持って近付けば、ふつうならすぐさま意気消沈してしまうはずだ。似たような物語が仏陀についても語られていて、それはアングリマーラが仏陀を害せんと近付いた時に、彼は仏陀の振舞いに感銘を受け、自分を害せんなどという考えを去るよう諭され、遂に自身、仏陀の比丘となったというものである。『*Charakka Bhikkave Charikam Bahujan Hitaya Bahujan Sukhaya Lokanu Kampaya*』（来れ、比丘よ。多くの利益と多くの幸いをなすために、世間を慈しめよ）とは、仏教の基本的原則である。それゆえ王子が龍樹に首の布施を依頼したということの説話は正しくなく、誤ったもののようである。これはむしろよく練られた活動の態をした、斬首による龍樹菩薩の暗殺であった。マンセル山《テークディー》でみられる石灰像と、ナルナワレー氏が龍樹山で観察した石像とには、これらを注意深く観察すれば多くの類似点がある。像は寝たような姿をしていて、これはおそらく龍樹がぐっすり眠っている時に暗殺されたことを示唆している。どちらの例も、この龍樹の最期の出来事と関連がある。ナルナワレー氏に拠れば、王と王子についての言及がある。仏教の信奉者であった王に関しては、彼の死の話はよくできている。これは主に、龍樹暗殺に関与した人々を守るためであった。実際、玄奘によって記述されたこの事件は、歴史データに照らして明らかにできる。紀元前一八五年に、プシュヤミトラ・シュンガによるブリハドラタ暗殺が起きた後、『マヌ法典《スムリティ》』が編纂されている。多数の仏教比丘達が暗殺されていた。紀元六世紀に玄奘がインドを訪ねた時には、低カーストの人々がシュードラの地位に指定され、不可触民制度が始まっていた。玄奘は同遺跡を訪ねた時に、龍樹暗殺の説話について聞いている。彼に語られた事件とは、あたかも仏教徒たるサータヴァーハナ王の息子が龍樹を殺したかのようなものであった。マンセル山における石灰男（人身供犠《プルシャメーダ》）の発見と、龍樹山《テークディー》の龍樹の首の破壊を示唆する像とは、多くの構造的な類似点をもち、当時の同地域における数々の反仏教運動を示唆するものである。スカンダグプタは龍《ナーガ》達の叛乱に厳しく対処したと記述されるように、スカンダグプタの治世まで複数の龍族の家臣達がいた。チャンドラグプタ二世は龍族のクベーラ・ナーガー姫を娶り、彼女は大后《マハーデーヴィー》にしてプラバーヴァティー・グプターの母親であった。そして―もしドルヴァ・デーヴィーと同一人物でなければ―おそらくチャンドラグプタの第二夫人であった。コータやラージプータナにある領地の龍の家系が、中世にも見出される。ライ・バハードゥル・ヒラーラールが出版したバステル碑文に見られる龍種族《ナーガヴァンシ》の諸の一族は、どうやらナグプールやナーガル（ヴァル）ダナなどと名付けられた土地にその名を記念して残している、中央諸州の龍達から出ているものらしく、そしておそらくバラシヴァ王朝の占領の名残であるようだ。

ナヴァナーガ王朝とグプタ王朝の興起以前のパドマヴァティーおよびマガダの完全な歴史のうえに、プラーナ文献はヴァナシュパーラ―プラーナの表記ではヴィシュヴァパータ（カ）、ヴィシュヴァパーニ、そしてヴィシュヴァスパーティー―の歴史を挿入する。……二つのサールナート碑文（『インド碑文学』、第八巻、一七三頁）から、カニシカ王の治世第三年に、ヴァナスパーラがベナレスの所在する州の総督として統治を行ったことが知られる。ヴァナシュパーラ（ヴァナスパーラ）は当時唯の総督《クシャトラパ》であり、一方彼の首長たるカラパッラナは太守《マハークシャトラパ》であった。ヴァナシュパーラは後に太守となっただろう。それゆえ、彼は長い治世を誇ったようでもあり、その時代を紀元九〇年から紀元一二〇年頃と考えてよいだろう。これはヴィディシャ・ナーガ王朝が落魄して、安全な場所を追い求めていた時代である。

「このヴァナスパーラは極めて重要で、彼の子孫たるブンデルカンドのバナパール達はチャンデルの時代に至るまで軍事的名声を保った。彼らの出自は低くみなされ、ラージプート一族達と結婚することは難しく、その地位は今日なお低いままである。プラーナ文献は、彼はすこぶる勇敢で、諸の首都すなわちパドマヴァティーからビハールまでを征服した、戦場では彼は強勢なることヴィシュヌのごとく、それでいて宦官のような姿をしていたと記録している。彼は実際に婆羅門の人口比率を低くした。階層が上のヒンドゥー教徒を下落させ、低カーストの男達や異国人達を高位に取り立てた。クシャトリアを廃止し、新たな支配カーストを創出した。自身の家臣達は婆羅門でない者にした。同様の方針は—これより以降、どちらも政治的衝動に駆り立てられた、社会的専制政治や宗教的狂信がみられつつも—後代のクシャナ王朝にも引き継がれた。ヴァナスパーラはカイヴァルタ達（先住民農家の低カースト、今日はケーワトとよばれ五階層《パンチャカ》外、つまりシュードラ以下のカーストである不可触民達である）を引き立てて新たな支配階級あるいは官職階級を作った。カシミールでは、彼らは広く行われていた龍崇拝をやめ、仏教を押し付けた。仏教は異国人たるサカ族がそれによって、排他的で民族的な諸の血統に基づいて組織された古く、正当で、誇りかな社会との対等を主張することのできる、唯一の宗教であった。これらの異国人《ムレーッチャ》王達は、バラモン教の社会制度が彼らの上に自動的に押し付けてくる卑賤を感じ、自分達を排除したこの社会制度を破壊せんと様々な手段を試みた。ヒンドゥスタンにも似たような話があり、その理解抜きに、バラシヴァ王朝下の『国民運動』を理解することはできない」。

ヴィダルバにおける仏教流布についてヴィヨーギは評する。

仏教が北インドで起こったにもかかわらず、まず最初、仏陀の生前にヴィダルバの人々の宗教となり、それからアショーカの治世に広汎に流布したということはとても興味深い。

仏舎利は四分され、一つは天界《スヴァルガ》に、二番目はガンダーラに、三番目はカリンガに、そして四番目は龍の地《ナーガブーミ》に配与された。……龍達もまた、龍の地にもたらされた歯の仏舎利の上に大仏塔《マハーストゥーパ》を建立したであろうことに疑いの余地はない。……如来の歯の舎利の上に建立されたガンダーラとカリンガの大仏塔については情報が得られるが、龍の地についての同様のいかなる情報も見出されない。かくして、龍の地の所在を究明する必要がある。
龍樹は龍達《ナーガ》から大乗の諸の教義を把受していたといわれているが、その龍達はパタラの深所にこれらを秘蔵しており、ヴィシュヌは、阿修羅《アスラ》か龍達によって奪われていた諸ヴェーダを、この同じ深所から持ち出してきたのだといわれる。

ワルサー（二〇〇五）に拠れば、龍樹の施主《ダーナパティ》はサータヴァーハナ王である。

　まず龍樹の施主にして後援者であったのがサータヴァーハナであったことを示す証拠を検討することによって、龍樹の年代確定に取り掛かることができる。この見解の裏付けとして強調したい要素が二つある。第一に、龍樹の年代候補の最初と最後は奇遇にも、サータヴァーハナ王朝の年代範囲とほぼ一致するということである。第二に、初期の翻訳者達と注釈者達が、龍樹の施主はサータヴァーハナであったと皆指摘していることである。

イアン・マベットに拠れば、

　漢訳とチベット語訳で知られる『楞伽経《ランカーヴァターラ・スートラ》』の年代は五世紀以降になる。おそらくそれぞれ求那跋陀羅《グナバドラ》と菩提流支《ボーディルチ》の翻訳年である紀元四四三年と五一三年との間に、同経に第一〇章が追加された。これには以下のごとく説かれる、不確かな仏陀の授記が含まれる。「*Daksinapatha-vedalyam bhikshu sriman mahayasaskah Nagahvayah sa namma tu sadasatpaksadarakah*」
南域《ダクシナーパタ》のヴェーダリー（ヴィダルバ？）に、実際、龍という名を帯び（あるいは龍叫《ナーガーフヴァヤ》という名の？）、高名と名声を馳せる比丘が現れ、彼は有と無との両見解を破するであろう。

マンセル・ラームテクではヴァーカータカ王朝の後、四世紀後半からヴィシュヌクンディン王朝が続いた。ヴィシュヌクンディン朝期に仏塔の建立と修繕とが開始された。のみならず、ヴィシュヌクンディン王朝の創始とともに、ヴィダルバに仏教文化が復興された。そして同遺跡に、先の諸王朝の王宮複合《コンプレックス》建造物と混同される大寺《マハーヴィハーラ》が改築・再建された。早期二段階（サータヴァーハナ朝期とヴァーカータカ朝期）の諸の僧房が利用に供するために修繕された。マンセル遺跡は仏教学修の中心地としての地位を得るまでに栄えた、言うまでもなく明らかに、これら仏教徒の王達もまた小山の上のマウリヤ朝期の仏塔の面倒を見、瓦礫その他の遺物の撤去に着手したに相違ない。先にトゥルシーラームが表明した、仏塔における石灰男あるいはいわゆる人身供犠像《プルシャメーダ》の存在は、おそらくヴィシュヌクンディン王朝の時代にもまだありはせず、ずっと後に現れたはずだ。

仏教衰退とともに、仏塔複マハーヴィハーラと寺院《ヴィハーラ》遺跡の両方とも落ち目になり、打ち棄てられ、数世紀の間そのままにされた。大地が同遺跡を覆うその作用《はたらき》をなし、諸の植物が生い茂ってこの遺跡が人の眼に、部分的にしか見えないようにしてしまった。最近の発掘を含む他の典拠は今検討中の地域が有名な仏教学修の中心地であったことを裏付けている。もしそうであるならば、同地がヴィシュヌクンディン王朝の短期間に、学修の中心地として発展するなどということは不可能である。事実は、マウリヤ朝期の開始直後から続いて来ていたということなのだ。マンセルは有名な仏教の土地として残っていた。後に続く諸王朝はこの仏教徒の宗教聖地を煩わしたりはしていなかった。なぜなら、彼らのほとんどが直接、あるいは間接に仏教を庇護していたからである。トゥルシーラーム博士が指摘した通り、仏塔と僧院の破壊は九世紀より後に起こったのである。

トゥルシーラーム博士に拠れば、最も驚くべきはガウタマ・ブッダの彫刻や像が一体もないことであり、このことは仏塔内への寺院建立よりも前に、同地が仏教遺跡であったという証拠や印を残すまいとする、あらゆる試みが加えられたことを明白に示している。仏塔内にあるものは皆容赦なく扱われ、粉々に砕かれて、そして湖へと投げ込まれた。一、二の場所でのみ、遺物が瓦礫の下で難を免れ、姿をとどめたのである。博物館の遺物を見ると、彫刻群が被った破壊という無慈悲な行為について幾何か想像がつく。

龍《ナーガ》達、アショーカ、サータヴァーハナ王朝とヴァーカータカ王朝の関係を確証するだけの、十分な歴史的根拠や考古学的遺跡までもがある。もし全てが理解されたなら、インド化学の父たる龍樹の若い頃や活動の場と、マンセル・ラームテクとの関連を実証することは容易になる。要は真っ当に理解し、解釈するということなのだ。

私の考えでは、分野の専門家の手による、同遺跡と諸の遺物の再評価が必要である。私は、複数の仏教遺跡で、外科手術用の器具が発見されていることに気付いている。その最も好い例が、子宮から死んだ胎児を取り除くのに用いられる、洗練された器具が発見されたタクシラの遺跡である。他の複数の発掘でバードリルのような穴を開けるための器具が発見されている。諸の考古学遺跡の古遺物として処理してしまう前に、あらゆる光に照らして、これらを現代のカタログ上の外科手術用器具と比較してみてもいいだろう。珍しく見える陶器片があれば、レッテルが貼られてしまう前に、異なった角度、疑念を抱いた眼、そしてその道の専門家の諸見解が向けられるべきなのだ。これはささやかな提案である。

註

（1）Srikantamurthy, K.R.: Nagarjuna in *Luminaries of Indian Medicine*. Chaukhambha Orientalia, Varanasi, 1987; pp.43-44.

（2）Kuraishi, Maulvi Muhammad Hamid. Barbar, List of Ancient Monuments, Protected Under Act VII of 1904 in the Province of Bihar and Orissa. *Archaeological Survey of India, New Imperial Series*, Vol. LI, 1931, pp.33-43.

(3) Wouchop, S.R. Nagarjuni Cave. *The Buddhist Temples of India*. Cosmo Publication, New Delhi, 1933, Reprint, 1981, p.21.
(4) Ibid: p.21.
(5) Ibid: p.23.
(6) Majumdar and Dutta, 1977, p.146.
(7) Dutta, S. *Buddhist Monks and Monasteries*. George Allen and Unwin Ltd., London, 1996, p.127.
(8) Rao, R.R. *Early History of Andhra Country*, Nilkantha Shastri, Madras University Historical Series 16, 1941, p.117.
(9) S. Vyankateshvarlu, M. Sri-prvata in the Pre-Iksvaku period. Journal of Andhra Historical research Society, Vol. 20, 1949–1950, p.9.
(10) Pathi, L. Nagarjuna, *Text Book of Ayurveda. Historical Background*. 2nd ed. Vol. I, p.93.
(11) Rivett, J.H-Carnac. The Prehistoric Remains in Central India, *Journal of Asiatic Society of Bengal*, No. 1, 1879, p.1.
(12) Ibid: p.1.
(13) Ibid: p.2.
(14) Ibid: p.8.
(15) Ibid: p.12.
(16) Ibid: p.12.
(17) Ibid: p.16.
(18) Hiralal, Rai Bahadur. *Descriptive List of Inscriptions in Central Provinces and Berar*, 1916, p. x.
(19) Ibid: pp. ii–iii.
(20) Ibid: p. iii.
(21) Ibid: p. vi.
(22) Ibid: pp. vii–viii.
(23) Ibid: pp. viii–ix.

(24) *The Gazetteer of Central Provinces of India*, Ed. 1, Nagpur, 1868, Publ. Chief Commissioner C. Bernard, p.290.

(25) Ibid: pp.294-295.

(26) Ibid: pp.320-323.

(27) Beglar, J.D. Report of a Tour in Bundelkhand and Malva, 1871-72 and Central Provinces, 1873-1874, *Arch. Survey of India*, Vol. VII, 1878, p.113.

(28) Ibid: p.113.

(29) Ibid: p.112.

(30) Henry Cousen, List of Antiquarian Remains in Central Provinces. *Arch. Survey of India*. 1897, p.230.

(31) Ibid: p.6.

(32) Ibid: pp.7-8.

(33) Ibid: p.6.

(34) Ibid: p.8.

(35) Unknown.

(36) *The Impeial Gazetteer of Central Provinces Nagpur Division 1906 Nagpur District*, p.24.

(37) Ibid: pp.45-46.

(38) Hiralal, Rai Bahadur. Visit to Ramtek. *The Indian Antiquary*. Col. XXXVII, 1908, p.202.

(39) Ibid: p.203.

(40) Ibid: pp.204-205.

(41) Ibid: p.206.

(42) Ibid: p.206.

(43) Ibid: pp.207-208.

(44) Ibid: p.208.

(45) Hunter, G.R. Unknown Pictographic Script near Ramtek. *Journal of Orissa and Bihar Research Society*. Vol. XX, 1933, p.9.
(46) Ibid: p.9.
(47) Ibid: pp.10–11.
(48) Ibid: Editorial, pp.10–11.
(49) Mukerjee, B.N. The So Called Shell Script in *The Studies of Shell Script*. Agam Kala Prakashan, Delhi, 1990, p.30.
(50) Ibid: p.41.
(51) Pandey, S.K. Shell Inscriptions in the rock Shelters of M. P. in *The Studies of Shell Script*. Agam Kala Prakashan, Delhi, 1990, pp.127–129.
(52) Amita, Kar. The Story of Unravelling of Secrets of Shell Script in *The Studies of Shell Script*. Agam Kala Prakashan, Delhi, 1990, p.81.
(53) Sharma, R.K. Locations of Shell Inscriptions in Central India in *The Studies of Shell Script*. Agam Kala Prakashan, Delhi, 1990, p.106.
(54) Gupta, C.S. Shell Inscriptions from Vidarbha and South India in *The Studies of Shell Script*. Agam Kala Prakashan, Delhi, 1990, p.134.
(55) Ibid: pp.136–137.
(56) Ibid: p.137.
(57) Wakankar, V.S. Shell Inscriptions in Central India in *The Studies of Shell Script*. Agam Kala Prakashan, Delhi, 1990, p.145.
(58) Wellsted, T.A. Notes on the Vakataka of Central Provinces and Berar, and Their Country, 4th to 8th century A.D. *Journal of Royal Society of Bengal, New Series*, XXIX, 1933, p.160.
(59) Ibid: p.161.
(60) Ibid: p.162.
(61) Ibid: p.162.

(62) Ibid: pp.162–163.

(63) Ibid: p.164.

(64) Ibid: p.164.

(65) Ibid: p.165.

(66) Deshpande, Y.K. Buddhist Remains in Berar and Ancient Vidarbha. *Proceedings and Transactions of 7th All India Oriental Confeernce*. Baroda, 1933, p.728.

(67) John Princep. Bengal *Asiatic Society Journal*, 1838, p.227.

(68) Ambedkar, B.R. *Dr. Ambedkar Writings and Speeches*. Govt. of Maharashta Publication, Vol. 18, Part III, pp.514–515.

(69) Yazdani, Gulam. *The Early History of Deccan Part I*. Oxford University Press, London, Bombay, 1960, pp.146–147.

(70) Ibid: p.155.

(71) Ibid: p.155.

(72) *Maharashtra State Gazetteer Nagpur Division*, Revised, Ed. 1960, p.3.

(73) Ibid: p.3.

(74) Ibid: p.3.

(75) Ibid: pp.724–725.

(76) Ibid: pp.763–766.

(77) Ibid: p.766.

(78) Ibid: p.724.

(79) Ibid: p.724.

(80) Mirashi, V.V. New Light on Deotek Inscription. *Studies of Indology*, Vol. I, 1968, p.17.

(81) *Indian Archaeology, A Review*, 1972–73, p.50.

(82) Excavation at Mansar, Dist. Nagpur. *Indian Archaeology, A review*, 1994–1995, pp.55–57.

（83）Ibid: p.55.
（84）Ibid: p.55.
（85）Ibid: p.55.
（86）Ibid: p.56.
（87）Ibid: p.56.
（88）Ibid: p.57.
（89）Ibid: p.57.
（90）Ibid: p.57.
（91）Ibid: p.57.
（92）Excavation at Mansar, Dist. Nagpur. *Indian Archaeology, A review*, 1997–1998, pp.129–130.
（93）Ibid: p.129.
（94）Ibid: p.129 and 131.
（95）Ibid: p.131.
（96）Ibid: p.131.
（97）Ibid: p.131.
（98）Ibid: p.131.
（99）Ibid: p.133.
（100）Excavation at Mansar, Dist. Nagpur. *Indian Archaeology, A review*, 1998–1999, pp.114–116.
（101）Ibid: p.114.
（102）Ibid: p.114.
（103）Ibid: p.114 and 116.（sic）
（104）Hans Bakker, *The Vakatakas*. Publ. Egbert Forsten- Groningen, Netherland, 1997, p.4.

(105) Excavation at Mansar, Dist. Nagpur. *Indian Archaeology, A review*, 1998-1999, p.116.
(106) Ibid: p.116.
(107) Ibid: p.116.
(108) Ibid: p.116.
(109) Sharma, A.K. Excavation at Mansar and Sirpurr-Flash. *Puraratna*, Vol. III, Ed. Margabandhu et al., Agam Kala Prakashan, Delhi, 2002, pp.801-809.
(110) Ibid: pp.801-802.
(111) Ibid: p.803.
(112) Ibid: p.803.
(113) Ibid: pp.804-805.
(114) Zulfequar, Ali. Iron objects at Mansar excavation: 1998, *Purraratna*, Vol. I, Ed. Margabandhu et al., Agam Kala Prakashan, Delhi, 2002, pp.287-290.
(115) Ibid: p.287.
(116) Ibid: p.287.
(117) Ibid: pp.287-288.
(118) Ibid: p.288.
(119) Ibid: p.289.
(120) Joshi, Jagat Pati and Sharma, A.K. Mansar Excavations 1998-2004: The Discovery of Pravarapur. *Puramanthana*, No. 3, Pravarapur Special Dattsons, Nagpur, 2005, pp.1-26.
(121) Ibid: p.1.
(122) Ibid: p.1.
(123) Ibid: p.4.

（124） Ibid: pp.4–5.
（125） Ibid: p.6.
（126） Ibid: p.6.
（127） Ibid: pp.6–7.
（128） Ibid: p.7.
（129） Ibid: p.7.
（130） Ibid: p.7.
（131） Ibid: p.7.
（132） Ibid: pp.7–8.
（133） Ibid: p.8.
（134） Henry Cousen. *Progerss Report of Archaeological Survey of India*, Western Circle, 1905, p.40.
（135） Mirashi, V.V. Yadavnrupati ramchandracha Ramtek Shilalekh（Marathi）, *Sanshodhan Muktavali III*（Marathi）, 1958, p.180.
（136） Ibid: p.182.
（137） Ibid: p.182.
（138） Joshi, Jagat Pati and Sharma, A.K. Mansar Excavations 1998–2004: The Discovery of Pravarapur. *Puramanthana*, No. 3, Pravarapur Special Dattsons, Nagpur, 2005, p.8.
（139） Ibid: pp.8–9.
（140） Ibid: p.9.
（141） Ibid: p.9.
（142） Ibid: pp.9–10.
（143） Ibid: p.10.
（144） Ibid: p.10.

（145） Ibid: p.10.
（146） Ibid: pp.10–11.
（147） Ibid: p.11.
（148） Ibid: p.11.
（149） Ibid: p.11.
（150） Ibid: pp.11–12.
（151） Ibid: p.12.
（152） Ibid: pp.12–13.
（153） Ibid: p.13.
（154） Ibid: p.14.
（155） Ibid: p.14.
（156） Ibid: p.15.
（157） Ibid: p.15.
（158） Ibid: pp.15–16.
（159） Ibid: p.16.
（160） Ibid: p.17.
（161） Ibid: p.18.
（162） Ibid: p.19.
（163） Ibid: pp.19–20.
（164） Ibid: p.21.
（165） Ibid: p.21.
（166） Ibid: p.21.

(167) Ibid: p.22.
(168) Ibid: p.22.
(169) Ibid: p.22.
(170) Ibid: p.23.
(171) Ibid: p.23.
(172) Ibid: p.23.
(173) Ibid: p.24.
(174) Ibid: p.24.
(175) Ibid: pp.24–25.
(176) Ibid: p.25.
(177) Ibid: p.25.
(178) Ibid: p.25.
(179) Ibid: p.25.
(180) Ibid: p.25.
(181) Krishnan, M.S. Nagpur-Chhindwara. *Geology of India and Burma.* Higginbothams Pvt. Ltd, Madras, 1960, p.129.
(182) Ibid: p.130.
(183) Naqvi, S.M. and Rogers, J.J.W., Bhandara Craton. *Precambrian Geology of India.* Oxford Monographs on Geologyand Geophysics, Oxford University Press, New York, 1987, pp.120–133.
(184) Ibid: p.120.
(185) Ibid: pp.124–125.
(186) Mahapatra, G.B. *Textbook of Geology.* CBS Publication, Delhi, 1987, p.305.
(187) Tulsiram. Buddha Ki Khoj Me Aaye Ak Japani Bhikkuse Mulakat (Hindi). *Akhil Bhartiya Dhammasena Bulletin.* Sept.

2000, pp.8–22.

(188) *Sindhurgirimahatmyam*. Ed. Ayachit, S.M., Nagpur University, 1985.

(189) Ibid: p.1.

(190) Ibid: Notes, Chapt. I, 1–2, p.1.

(191) Ibid: Notes, Chapt. I, 3, p.2.

(192) Ibid: Notes, p.23.

(193) Jyotir Mitrra. *History of Indian Medicine from Pre–Mauryan to Kusana Period*. Jyotirlok Prrakashan, Varanasi, 1974, p.133.

(194) Marmat, Avantika Prasad. *The Nagas*. Naga Smruti Prakashan, Ujjain, 1997, p.92.

(195) Kosare, H.L. *Prachin Bhartatil Nag*. Dhyan Pradip Prakashan (Marathi), Nagpur, 1989, p.20.

(196) Viyogi, Naval. *Nagas, the Ancient Rulers of India*. Originals, Delhi, 2002.

(197) Ibid: p.398.

(198) Ibid: p.390.

(199) Ibid: p.391.

(200) Wilkins, W.J. Mansa. *Hindu Mythology*. Thacker Spink and Co. London, 2nd Ed. 1882, p.474.

(201) Ibid: p.476.

(202) Margaret Stutay, *Illustrated Dictionary of Hindu Iconography*. Routledge and Kegan Paul, London, 1985, p.87.

(203) Ibid: p.87.

(204) Bhattacharya, Asutosh. An Anthropomorphic Serpent Goddess. *Folk Lore*, 1960, p.173.

(205) Ibid: p.174.

(206) Ibid: p.177.

(207) Ibid: p.177.

(208) Bhattacharya, Asutosh. Serpent Lore of West Bengal. *Folk Lore*, 1960, p.107.

(209) Vogel, J.P.H. *Indian Serpent Lore*, Prithvi Prakashan, Varanasi, 1972（Reprint).
(210) Knappert, J. *Indian Mythology*, Diamond Books, London, 1995, p.164.
(211) Garnett, J. *The Classical Dictionary of India*. Oriental Publishers, Delhi, 1871.
(212) *Sindhurgirimahatmyam*. Ed. Ayachit, S.M., Nagpur University, 1985, Notes, Chapt. III, 4, p.20.
(213) Acharya, P.K.（Manasara Vastushastra, Basic Text on Architecture and Sculpture. *ABORI*, XXIII, 1942.
(214) Ibid: p.2.
(215) Ibid: p.5.
(216) Ibid: p.9.
(217) Pisharoti, K.R. Manasara Divibheda. *Indian History Quartery*, 1937, p.360.
(218) Jayaswal, K.P. India under Naga Dynasty. *JBORS*, XIX, 1933, pp.3–61.
(219) Excavation Report Mansar. *Archaeology Review*.（1997–1998), p.129 and 131.
(220) Joshi, Jagat Pati and Sharma, A.K. Mansar Excavations 1998–2004: The Discovery of Pravarapur. *Puramanthana*, No. 3, Pravarapur Special Dattsons, Nagpur, 2005, pp.7–8.
(221) Ibid: p.8.
(222) Tulsiram. Buddha Ki Khoj Me Aaye Ak Japani Bhikkuse Mulakat（Hindi). *Akhil Bhartiya Dhammasena Bulletin*. Sept. 2000, p.17.
(223) Lal, Hazra Kanai. *Royal Patronage of Buddhism in Ancient India*. DK Publications, 1984, pp.170–171.
(224) Hans Bakker, Religion and Politics in Eastern Vakataka Kingdom. *South Asian Studies*, Vol. 18, 2002, p.18.
(225) Tulsiram. Buddha Ki Khoj Me Aaye Ak Japani Bhikkuse Mulakat（Hindi). *Akhil Bhartiya Dhammasena Bulletin*. Sept. 2000, p.18.
(226) Central Provinces Gazetteer, 1868.
(227) Henry Cousen, List of Antiquarian Remains in Central Provinces. *Arch. Survey of India*. 1897, p.2.

(228) Henry Cousen, *Progress Report of Archaeological Survey of India*, Western Circle, 1905, p.40.

(229) Ibid: p.40.

(230) Verma, O.P. *Yadava and Their Times*. Vidarbha Sandhodhan Mandal, Nagpur, 1970, p.186.

(231) Ibid: p.161.

(232) Major Hill, *Proceedings of the Asiatic Society of Bengal*, 1893, p.71.

(233) Tulsiram. Buddha Ki Khoj Me Aaye Ak Japani Bhikkuse Mulakat (Hindi). *Akhil Bhartiya Dhammasena Bulletin*. Sept. 2000, pp.a4–15.

(234) Ibid: pp.13–14.

(235) Ibid: p.14.

(236) Ibid: p.15.

(237) Hans Bakker, *The Vakatakas*. Publ. Egbert Forsten– Groningen, Netherland, 1997, p.15.

(238) Joshi, Jagat Pati and Sharma, A.K. Mansar Excavations 1998–2004: The Discovery of Pravarapur. *Puramanthana*, No. 3, Pravarapur Special Dattsons, Nagpur, 2005.

(239) Ibid: p.7.

(240) Walser, J. Nagarjuna, The Ratnavali and Deccan. *Deccan Studies*, Vol. I, 2005, p.92.

(241) Ibid: p.98.

(242) Ibid: p.94.

(243) Ibid: pp.97–98.

(244) Ibid: pp.101–102.

(245) Unknown.

(246) Joshi, Jagat Pati and Sharma, A.K. Mansar Excavations 1998–2004: The Discovery of Pravarapur. *Puramanthana*, No. 3, Pravarapur Special Dattsons, Nagpur, 2005, p.25.

(247) Excavation at Mansar, Dist. Nagpur. *Indian Archaeology*, A review, 1994–1995.

(248) Joshi, Jagat Pati and Sharma, A.K. Mansar Excavations 1998–2004: The Discovery of Pravarapur. *Puramanthana*, No. 3, Pravarapur Special Dattsons, Nagpur, 2005, pp.19–20.

(249) Awale, Dixit. *Itihas Tadnya Chandra Nag ani Bauddhstalach Shodh Va Bodh*（Marathi）, 2001, p.12.

(250) Pradeep Meshram, Vidarbhatil Bauddhadharmacha Itihas（Marathi）, Shilpa Prakashan, Nagpur, 1993, p.76.

(251) Ibid: p.77.

(252) Joshi, Jagat Pati and Sharma, A.K. Mansar Excavations 1998–2004: The Discovery of Pravarapur. *Puramanthana*, No. 3, Pravarapur Special Dattsons, Nagpur, 2005, p.13.

(253) Ibid: p.14.

(254) Ibid: p.14.

(255) Ibid: p.14.

(256) Coomaraswamy, A.K. Jambhala: Kuvera, *Mahayana Buddhist Images from Ceylon and Java*. 1909, pp.288–289.

(257) Bhattacharya, B. Buddhist Deities in Hindu Garb. *Proceedings and Transactions of the Fifth Indian Oriental Conferernce*. Pub. University of Punjab. Lahore, 1930, II, p.1284.

(258) Henry Cousen. *Progerss Report of Archaeological Survey of India*, Western Circle, 1905, p.40.

(259) Tulsiram. Buddha Ki Khoj Me Aaye Ak Japani Bhikkuse Mulakat（Hindi）. *Akhil Bhartiya Dhammasena Bulletin*. Sept. 2000, p.16.

(260) Ibid: p.19.

(261) Pradeep Meshram, Vidarbhatil Bauddhadharmacha Itihas（Marathi）, Shilpa Prakashan, Nagpur, 1993, p.77.

(262) Ibid: p.77.

(263) Ibid: p.48.

(264) Jayaswal, K.P. India under Naga Dynasty. *JBORS*, XIX, 1933, p.40.

(265) Joshi, Jagat Pati and Sharma, A.K. Mansar Excavations 1998-2004: The Discovery of Pravarapur. *Puramanthana*, No. 3, Pravarapur Special Dattsons, Nagpur, 2005, p.25.

(266) Rao, Bahadur Dixit, K.N. Archaeological Remains of Gupta Period, Chapt. XXI, Vakataka Gupta Age, Motilal Banarsidas, Delhi, Varranasi, Patna, 1967, pp.437-438.

(267) Deo, S.B. and Joshi, J.P. Report of Pauni Excavation Religious Background, p.16.

(268) Ibid: p.35.

(269) Altekar, V.S. Vakatakas. Chapt. V. *The Vakataka Gupta Age*. Motilal Banarsidas, Delhi, Varanasi, Patna, 1967, pp.114-115.

(270) Joshi, Jagat Pati and Sharma, A.K. Mansar Excavations 1998-2004: The Discovery of Pravarapur. *Puramanthana*, No. 3, Pravarapur Special Dattsons, Nagpur, 2005, p.15.

(271) Mirashi, V.V. New Light on Deotek Inscription. *Studies of Indology*, Vol. I, 1968, p.144.

(272) Ibid: p.125.

(273) *Maharashtra Gazetteer*, 2002, p.267.

(274) Ibid: p.271.

(275) Mirashi, V.V. Yadavanrurpati ramchandracha Ramtek Shilalekh (Marathi), *Sanshodhan Muktavali*, III, 1958, p.186.

(276) Thosar, H.S. Geography of Maharashtrra and Goa, Epigraphical Society of India, 2004, pp.115-116.

(277) Captain Seely, The Wonders of Elora, cited by Pathi T.V., *Ajanta, Ellora and Aurangabad Caves*. An Appreciation, 1991, p.84.

(278) Joshi, Jagat Pati and Sharma, A.K. Mansar Excavations 1998-2004: The Discovery of Pravarapur. *Puramanthana*, No. 3, Pravarapur Special Dattsons, Nagpur, 2005, p.8.

(279) Ibid: p.24.

(280) Ibid: p.23.

(281) Tulsiram. Buddha Ki Khoj Me Aaye Ak Japani Bhikkuse Mulakat (Hindi). *Akhil Bhartiya Dhammasena Bulletin*. Sept. 2000, p.21. (sic)

(282) Ibid: p.20. (sic)

(283) Ibid: p.21. (sic)

(284) Ibid: p.21. (sic)

(285) Watters. (sic)

(286) Joshi, Jagat Pati and Sharma, A.K. Mansar Excavations 1998–2004: The Discovery of Pravarapur. *Puramanthana*, No. 3, Pravarapur Special Dattsons, Nagpur, 2005, p.25.

(287) Ibid: pp.19–20.

(288) Mirashi, V.V. Vakataka Nrupati va Tyancha kal (Marathi), Nagpur University, 1957, p.102, (*Epigrraphia Indica*, 15, p.158, and *Epigrraphia Indica*, 24, p.262).

(289) Joshi, Jagat Pati and Sharma, A.K. Mansar Excavations 1998–2004: The Discovery of Pravarapur. *Puramanthana*, No. 3, Pravarapur Special Dattsons, Nagpur, 2005, p.25.

(290) Altekar, V.S. Vakatakas, *The Vakataka Gupta Age*. Manoharlal Banarsidas, Delhi, Vaaranasi and Patna, p.114.

(291) Joshi, Jagat Pati and Sharma, A.K. Mansar Excavations 1998–2004: The Discovery of Pravarapur. *Puramanthana*, No. 3, Pravarapur Special Dattsons, Nagpur, 2005, p.18.

(292) Wellsted, T.A. Notes on the Vakataka of Central Provinces and Berar, and Their Country, 4th to 8th century A.D. *Journal of Royal Society of Bengal, New Series*, XXIX, 1933, p.164.

(293) Mirashi, V.V. New Light on Deotek Inscription. *Studies of Indology*, Vol. I, 1968, p.132.

(294) Mirashi, V.V. Yadavanrurpati ramchandracha Ramtek Shilalekh (Marathi), *Sanshodhan Muktavali*, III, 1958, p.186.

(295) *Maharashtra Gazetteer Nagpur Division 2005* (Marathi), Part II, pp.261–262.

(296) Ibid: p.312.

(297) Ibid: p.312.

(298) Ibid: pp.336–337.

(299) Ibid: p.67.
(300) Ibid: p.68.
(301) Ibid: p.143.
(302) Ibid: p.145.
(303) Ibid: p.134.
(304) Rivett, J.H-Carnac. The Prehistoric Remains in Central India, *Journal of Asiatic Society of Bengal*, No. 1, 1879, p.24.
(305) Ibid: p.29.
(306) Ratnakar Shastri Uttar Kal, *Bharat Ke Pranacharya*, Atmaram and Sons, Delhi, 1977, p.228.
(307) Ibid: p.301.
(308) Oldham, C.F. Serpent Worship in India. *JRAS*, 22, 1891, p.361.
(309) Ibid: p.362.
(310) Ibid: p.363.
(311) Ibid: p.366.
(312) Ibid: p.367.
(313) Ibid: p.376.
(314) Ibid: p.371.
(315) Ibid: p.372.
(316) Mahadev Shastri Joshi, *Bhartiya Sanskrit Kosh*, Part 4, Bhartiya Sanskrit Kosh Mandal (Malathi), Pune, Reprint, 2003, p.747.
(317) Jayaswal, K.P. India under Naga Dynasty. *JBORS*, XIX, 1933, pp.3–41.
(318) Ibid: pp.7–9.
(319) Ibid: pp.15–16.
(320) Ibid: pp.40–41.

(321) Ibid: p.55.
(322) Jayaswal, K.P. India under Naga Dynasty. *JBORS*, XIX, 1933, p.7.
(323) Ibid: p.59.
(324) Beal, S. The Age and Writings of Nagarjuna. *Indian Antiquary*, XVI, 1887, p.355.
(325) Majumdar, JRAS, 1907, pp.337–339.
(326) Ray, P.C. *The History of Hindu Chemistry*. Publ. Indian Chemical Society, Calcutta, 1956, p.114.
(327) Bhattacharya, Asutosh. An Anthropomorphic Serpent Goddess. *Folk Lore*, 1960, p.173.
(328) Ibid: p.173.
(329) Ibid: p.174.
(330) Ibid: p.177.
(331) Bhattacharya, Asutosh. Serpent Lore of West Bengal. *Folk Lore*, 1960, p.107.
(332) Oldham, C.F. Serpent Worship in India. *JRAS*, 22, 1891, p.378.
(333) Mahadev Shastri Joshi, *Bhartiya Sanskrit Kosh*, Part 4, Bhartiya Sanskrit Kosh Mandal（Malathi）, Pune, Reprint, 2003, p.747.
(334) Lama Chimpa. Tibetan account of the activities of Nagarjuna in *Madhyamika Dialectic and the Philosophy of Nagarjuna*. Publ. Tibetan Institute Publication, Sarnath, 1971, p.160.
(335) Jayaswal, K.P. India under Naga Dynasty. *JBORS*, XIX, 1933, p.36.
(336) Ibid: p.40.
(337) Sohoni, S.V. Hala and Nagarjuna in *The Age of Satavahana*, Vol. I, Ed. Mitra, A.M. Aryan Book International, New Delhi, p.206.
(338) Ibid: p.207.
(339) Murty, Sacchidanand. *Nagarjuna*, National Book Trust, New Delhi.
(340) Ibid: p.13.

(341) Ibid: p.15.

(342) Altekar, V.S. When did the Satavahana dynasty begin to rule. *Indian History Congress*, Proceedings of the 5th session, Gwalior, 1952, p.44.

(343) Ibid: pp.44–45.

(344) Ibid: p.41.

(345) Ibid: p.45.

(346) Ibid: p.45.

(347) (sic) Viyogi, Naval. Nagas. *The Ancient Rulers of India Their Origin and History*. Originals, Delhi, 2002, p.197.

第四章　医学その他、科学への龍樹の貢献と古代インド医学

地球上における人類開闢以来の医科学の起源への知識が拡張・拡大されてきたであろうことは事実であるが、宗教および政治文化の発展と進歩を伴う宗教と関連する文化の一部にとどまっている、というところが実際である。古代医学は当時の宗教思想および哲学と切っても切り離せない。科学的にみて、古代インド医学の起源は神話的なものではなく、それは人類の必要に応じて進化・進歩してきたのだ、と謙虚に述べかつ認められるべきである。神に関する起源と科学的時代および人格との間に区分は存在しない。主たる進歩は人類の実験と経験によって起こった。人は動物からこれらを用いる術を学び、いくつもの例が医学史書と動物医学とから参照できる。おそらく薬草は原人の病気と健康からの治癒のために寄与した最初のものであったろう。

フィリオザ（一九六四）に拠れば、

古典インド医学の基礎にして最も古い文献はサンヒター、すなわちベーラ、チャラカ、スシュルタのものといわれる各『集成』である。その最初のものは単一の不完全な写本の形で見つかっている。他の二つはその元の形では手に入らない。なぜならこれらはより後代の著者達によって改訂されていることが知られているからである。これ

ら三文献のうちいずれも、医科学の体系的記述への最初の努力の痕を表してはいない。むしろ、これら三つともすでに確立していた伝統そのままであり、その基礎にこれらは貢献していない。単に自身を上述の伝統内での事実の集積と、それを教えることに限定してしまっている。この伝統はヴェーダとつながりがあることを主張している。これはアーユルヴェーダ、すなわち長寿の科学の伝統であり、時に『アタルヴァ・ヴェーダ』の「第二義的な部分《ウパーンガ》」、時に『リグ・ヴェーダ』の「第二の《ウパ》ヴェーダ」とみなされている[1]。

古代インドの医学体系は「生命の科学《アーユルヴェーダ》」と名付けられ、主として『アタルヴァ・ヴェーダ』から派生したといわれている。またナーラーヤナとラヴェーカルが論争を伝えており、彼らに拠れば、「『アタルヴァ・ヴェーダ』の典拠は、チャラカ、スシュルタ、ベーラ、ヴァーグバッタ等といった医学概論のみに限られず、他の文献にも拠っていた[2]」。アーユルヴェーダは『アタルヴァ・ヴェーダ』の「第二義的な部分」もしくは「第二のヴェーダ」だとされ、ダヌヴァンタリは医学の神とみなされているが、『アタルヴァ・ヴェーダ』中に「アーユルヴェーダ」の語、またはダヌヴァンタリという人物についての言及はない。ヴェーダ時代、そしてスムリティ時代でさえ、ソーマの売人に与えられた食べ物は汚れる《ヴィシュター》といわれ、医者には低い地位が与えられ、このことが医者は膿と血になると押し付けられたことは事実である。『マヌ・サンヒター』には、医者の手で調理された米を食べることを著者が禁ずるように、ヒンドゥー教医学の衰退の紛う方なき証明がみられる。また、医者は患者を誤って治療したと処罰されがちであった。

前述のように、「『アーユルヴェーダ』の語は、パーニニの文法書たる『アシュターディヤーイー』（紀元前七〇〇年頃）で言及されるにもかかわらず、ヴェーダ文献にも仏教聖典文献にも見えない[3]」。これについては大変まちまちで、色々なサンヒターにアーユルヴェーダの系譜が引用されている。異なる伝承が一緒に示されて、

ヒンドゥー教哲学の源泉に由来する、ヴェーダとよばれる四つの聖なる書物がある。これらの起源は古代の霧の中に失われてしまった。伝承はこれらの神に遡る起源を主張する。すなわち、創造者たる梵天《ブラフマー》がこれらのヴェーダを伴い来ったというのである。……とりわけ問題となるのは、梵天がその長子のアタルヴァンに伝えた知恵の具現化だといわれる『アタルヴァ・ヴェーダ』である。医者達は、『リグ・ヴェーダ』、『サーマ・ヴェーダ』、『ヤジュル・ヴェーダ』と『アタルヴァ・ヴェーダ』のうち、『アタルヴァ・ヴェーダ』への自分達の忠誠を宣するべきだ。なぜならアタルヴァンのヴェーダは医療に寄与するからである。

魔術宗教薬学的システムが、古代インド医学の草創期の多くの部分を支配した。ジャイナ教と仏教の興起とともに、薬草と鉱物の薬が栄えた。『カリヤーナカーラカ』というジャイナ教の医学概論ではさらに多くの薬草が受容され、仏教の律蔵《ヴィナヤピタカ》ではいくつもの薬草と鉱物の調合を奨励する。これら二つの宗教信仰が不殺生《アヒンサー》を宣揚していたため、主要な外科処置については制限と限定が設けられた。しかし、仏陀と同時代人であるジーヴァカの著作からも明らかな通り、外科手術自体は禁止されていなかった。

仏教は医科学に、多大な影響をおよぼした。仏陀の般涅槃後、仏教文献の聖典がパーリ語、マガダ語、その他の方言で編纂された。律蔵の『マハーヴァッガ』の「薬事」では、仏陀が僧達に与えた教示と指針とが列挙されている。仏陀の般涅槃に続いて、その信者達に軋轢が生じた。二回の仏典結集も仏陀その人の教えの地位を再び確立することはできず、新たな一連の諸宗派が生まれた。

カウティルヤの時代から、主たる変化が生じた。ラトナーカル・シャストリはその『バーラト・ケー・プラーナーチャーリヤ』という著書のなかで、新たな信仰の導入と繁栄についての記述を展開した。

カウティルヤの頭の中では、自身の目的の成就が、究極の達成であると考えられていた。彼は自身の政治制度のために医者集団を利用した。最も一般的に記述された「毒娘《ヴィシャ・カンニャー》」は、彼女らがカウティルヤの時代に隆盛する以前から存在したものと考えられていた。のみならず、彼はその政治に関する件で、医者《ヴァイドヤ》達と仏僧達を攻撃手段に含めた。それはこの人間集団が世の中で尊敬され、いかなる疑念も抱かれずに、誰にでも近づけたことを認識してのことである。カウティルヤは彼らに、諜報部員として活動するよう秘かに動かした。敵を殺害するため、密かにこれらの医者達によって、彼らに毒薬が投与された。彼らが自由に人に近づき得ることから、その情報収集の任務は秘かに活用された。こうした事態は長年続いたが、ことが露見したとき、医者達と仏僧達はまたその信用を失い、一般人達は彼らを疑うようになった。人々は医者達や仏僧達を歓迎し礼拝していたが、今や憎悪の対象となってしまった。彼らによる家々への自由な立ち入りは、家人達によって制限された。このことはまたその社会から、薬を処方する医者達や仏僧達の社会的イメージや尊敬が失われることに帰結した。それでもなお、複数の医者達や仏僧達が諜報部員として働くよう仕向けられたが、一般人達にはそれらを見破ることは不可能であったため、彼らは一般人達の憎悪の振る舞いによる害を被っていた。このことによって、諜報活動となんら関係していない本物の医者達や仏僧達が飢えに苦しんだ。医療活動への、職業上の逆風があった。このことが、いかなる薬物も用いない治療法の誕生につながった。というのも、何か毒が含まれていないかという疑念から、人々が薬は何でも服用することをおそれたからである。これによって、病気治療のために用いられたタントラと真言《マントラ》の体系の急速な普及をみた。人々は、全く無害であるこの種の治療法をいたく好んだ。当時のあらゆる宗教はこの治療法体系の影響下に入った。これは医者の務めをなしていた医療従事者達にとっては、造作もないことだった。信仰される古代神の名の下にあるタントラとマントラが用いられるようになった。それらは仏陀、あるいはシヴァ、またドゥルガーか文殊文利《マンジュシュリー》の名の下に用いられた。この体系は一般人を惹きつけたが、地位の高い者達には科学的体系が引き続き適用された。

仏教信者達も、この影響から免れることはできなかった。このことはおそらくアショーカ時代の間と、それ以降も続いたであろう。アショーカは再び仏陀その人の教えを確立せんと欲し、そのために「宗務大臣《ダルママハーマートラ》」達を任命し、彼らに課せられた務めの一つは、一般人の意識の中の疑念と迷信とを晴らすことであった。アショーカは一定程度成功したが、一般人の意識のなかに深く根づいたマントラとタントラについての迷信を根こそぎにすることはできなかった。プシュヤミトラは、彼についての歴史批評から明らかなように、強力な反仏教運動家であった。治療のためのタントラとマントラの信奉者達は、小乗仏教を修正し、広くタントラヤーナ、マントラヤーナ、そしてリンガヤーナとして認められる部派を形成した。なぜならこれらは一般にサハジャヤーナの名のもとに知られ、信仰が容易であったからである。後にマントラヤーナ信徒とタントラヤーナ信徒は、特定のマントラの文句とともに、古代の医薬調合を用いることを奨励した。一般人の間で、この治療法の体系がより人気を博した。[4]

仏教のタントラ文献とその医学との相互関係との関連で、以下のように評される。

> ここで仏教のタントラ文献と共に留意すべきことは、ただ文法学者のチャンドラ・ゴーミンに言及すれば足るということであり、彼はほぼ確実にベンガルの人である。だがチベットの伝統は彼と、テンギュル中の三六の種々雑多な文献をものしたとされるタントラのチャンドラ・ゴーミンとをはっきり区別しない。これらは、ターラーや文殊支利その他の、後期仏教の聖人伝の人物を讃えた神秘的な讃頌《ストートラ》が含むのみならず、タントラの咒《アビチャーラ》（例えばアビチャーラ・カルマン、チャムー・ドゥヴァンソーパーヤ、バヤトラーノーパーヤ、ヴィジュニャー・ニルヴァーサカ・プラマタノーパーヤ）や明らかに医学的性質をもついくつかの魔術の論文（例えば『ジュヴァラークシャ・ヴィディ』や『クシュタ・チキッツォーパーヤ』）をも扱っている！……ベンガルの仏教のタントラ賢人として言及されるプタッリ（もし

くはプッタリ）は、菩提心についての金剛乗の著作を書いた。しかし「ベンガルのシブセラ」として生まれたといわれる龍智《ナーガボーディ》（もしくはナーガブッディ?）は、（遅い方の）龍樹がプンドラヴァルダナで錬金術に勤しみ、現在テンギュルに保たれている一三の著作を残した時に、弟子として龍樹に仕えている。

マハーマユーリ（マチャチェンモ）女神とクルクッラー（クルクッレー）の上に三昧しつつ、彼は種々の成就《シッディ》、ことに化学（すなわち医学）における成就を得て、金剛《ヴァジュラ》成就（ドルジェ・ルードゥプ）という名になった。僧院で彼はバラバから変色のための錬金術の知識を授かったが、実地にはそれが起こせなかったので、彼はそれを再び酒売り（チェンツンマ）から学んだ。……龍樹はターラー女神のタントラを三蔵学者ハヤパーラの弟子たるハヤゴーシャから学んだ。

水銀のような金属との相関は、また神々とも関連づけられていた。ラトナーカル・シャストリは、水銀調合とその様々な部派への影響について議論しつつさらに記す。

龍《ナーガ》達は医学的用途の水銀調合について知っていたが、その精錬の処置はおそらく満足なものでなく、それゆえ効果は薄かったであろう。真の突破口は龍樹が水銀精錬の様々な手順を発見したときに起こった。水銀調合は極めて有効で、医薬処方書中に、とても高い地位を占めた。このことは、もってタントラヤーナ信徒、マントラヤーナ信徒、リンガヤーナ信徒達が栄えるための値千金の好機であった。水銀と神々との関係にはしばしば関心が向けられる。これらの説話はラサヤーナ、ラサシャーストラ、そして錬金術にまで及ぶ文献のほとんどに現れる。……神々《デーヴァ》とタルカ阿修羅《アスラ》とよばれる羅刹《ラークシャサ》達の間には熾烈な戦があり、そのために神々には自在天《マヘーシュヴァラ》の息子セーナーニーの援軍が必要となった。そのために神々はシヴァの許へ、その要望を表明しに行った。同時にシヴァの内に強い性衝動が湧き起こり、彼はパールヴァティーと性交した。この性行為は大変長い期間続いた（いくつかの典拠によれば数年）。神々の誰にもシヴァをこの行為から引き離す勇気はなかった。なぜなら多くの神々が戦闘で死んでいて、これ以上余計な時間をかけられなかったからである。そこで神々は、シヴァの性行為を中断させるためにアグニを遣わした。アグニは鳩の姿でその場を訪れ、シヴァはそれに気づいて恥入りセックスをやめた。それで終いにシヴァが射出した精液が、髪のねじれたふさ《ジャター》から流れていたガンガー河へと飛び込んだ。ガンガーは精液の高温に耐え切れず、彼女はすぐそれを地面へと投げた。その動きの速さゆえに、精液は地中深くへと入った。そして大地の異なる五つの場所へと落ち、五つの異なる形状で認識されるようになった。すなわち一、ラサ、二、ラセーンドラ、三、スタ、四、パーラダ、五、ミシュラカである。最初の形状は神々が、二つ目のは龍達が費消し、両者ともに不死となった。他の者による残りの悪用を防ぐため、これが地中深く潜り込んだ最初の二ヶ所は大地がこれを閉ざし、岩々でその場所が何だかわからないようにされた。精液は激しく大地に落ちた時に泥として溢れ出、この溢れ出た精液の泥が複数の金属や鉱物の産地となった。ある人々はこの泥を費消して、健康・長寿になった。このことを知った神々は怒り、その悪用を防ぐべく、七つの障碍《カンチュカ》をラサの残りの部分に加えた。この障碍ゆえに、精錬して費消に適したようにするには、ほぼ一八の手順が必要とされたのである。

水銀はいくつもの医学調合にとって、重要な構成要素となった。何百回もの馬供犠《アシュヴァメーダ》、数千万の村々や金貨の布施、そしてあらゆる有名な聖なる水場《ティールタ》での沐浴までもが、ただ水銀《パーラダ》を見る《ダルシャナ》ということと功徳が等しいと考えられた（パーラダと水銀は複数の文献では同義語として、いくつかでは別物として用いられている）。紀元二世紀と五世紀の間に、タントラヤーナ、マントラヤーナ、リンガヤーナ、そして金剛乗《ヴァジュラヤーナ》の信徒達はほぼインド全域や、チベット、スマトラ、中国、ネパールおよび日本といった国々に見られた。仏教信仰の哲学者達は、重要な三部派の特性を定義せんと試みた。

一　真言《マントラ》―仏教の高度な哲学思想（私は仏陀に帰依いたします《ブッダン・シャラナン・ガッチャーミ》。私は法に帰依いたします《ダンマン・シャラナン・ガッチャーミ》。私は僧伽に帰依いたします《サンガン・シャラナン・ガッチャーミ》）。
二　印《リンガ》―衣の簡素（三衣《トリチーヴァラ》等）
三　金剛―三藐三昧《サンミャクサマーディ》（仏式の精神集中法）

サハジャヤーナ信徒は、自分達の利を図り、自身の哲学について、以下の通りこの定義を修正した。

一　真言―魔術、妖術
二　リンガ―男性器、男根
三　金剛―女性器《ヨーニ》

サハジャヤーナ信徒は、その哲学を促進・宣揚するために、自身の概論を用意した。そして、これは一般人の注目を惹いたので、流行することになった(5)。

仏教はアショーカ時代と同程度の王家による庇護を受けることはできなかった。というのもそれ以降、彼のごとき強大な王はインドに出なかったからである。小乗の徒はある程度仏陀の教説に従い続けていたが、その後改変された小乗とともに変化した。だが、寺院《ヴィハーラ》や僧院で大乗の徒と共に起居し、意見を交換し合うということはなお、特筆すべき特徴であった。しかし後代になると、対立と、相手以上の優越の確立とが状況を悪化させ、サハジャヤーナ諸部派が徐々に明白な区別をもって分派した。リンガヤーナが、象徴的な形状をかたどって人気を博し、段々に創始された。これはシヴァや、医学の新体系の象徴としての龍《ナーガ》達の蛇を表現していた。……

リンガヤーナの徒について、ラトナーカル・シャストリはさらに記す。

リンガヤーナ―古代、「印《リンガ》」の語は衣《ヴェーシャ》について用いられた。道場《アーシュラマ》や寺院に滞在する時には、使用されるべき決まった種類の衣があった。これら特別な衣を纏った人々は、宗教思想の師匠とみなされ、「大法師《ダルママハーマートラ》」と称えられたが、誤用もまた多かった。それゆえ、『マヌ法典』に拠れば、「ダルマカーラはリンガにあらず」とあり、衣は必ずしも同宗教の師匠達の身分を示すものではなかった。このように、シヴァリンガもまた、シヴァの衣を用いる者達の持物であったが、この信徒等は三叉戟《トリシューラ》も用い、もつれた髪をしていた。インドの叙事詩は男根《リンガ》あるいは女性器という象徴の崇拝に触れてはいない。……

……前述の通り、ある時期に突然仏教への攻撃があり、ヴェーダ文化が支配を始めた。ヴェーダ文献が復活し、無論反対者の連行も伴いながら、叙事詩、『マヌ・サンヒター』、文法書や医学書のような文献が改訂に着手された。哲学的な表現は詳細に明示された。すなわち、短かったものは増広され、改訂の間、新版に改訂者自身の見解や哲学も加筆された。リンガについて、もう一つ説話がある。「ある時、ブラフマデーヴァがシャンカラを訪ね、宇宙を創造するよう注文した。しかるに、物質原料《ブータマートラ》が好ましくなく不完全であることを見出し、シャンカラは水中深く潜って、三昧に入った。同時に、ブラフマデーヴァはシャンカラを待たずに自身の意志に従って、宇宙創造に取り掛かった。シャンカラは三昧から起ち上がると、宇宙がすでに創造されているのを見た。彼はいたく怒り、その怒った状態で彼の男根を切り落したので、それが地面に落ちた。人々はこれを、シヴァの象徴的な姿として崇拝し始めた」。この説話は前にあったものとわずかに異なっているが、その大地と男根崇拝の由来との関連に光を当てるものである。

サハジャヤーナ信徒達にとって、リンガ崇拝と微妙に異なっているものの、錬金術書《ラサシャーストラ》とリンガ崇拝とは関係していると彼らは考えた。小乗の三つの文化が異なる三時期に栄えたが、不可避の重複もあった。

マントラヤーナ—紀元前四〇〇年から紀元一〇〇年
リンガヤーナ—紀元前一〇〇年から紀元四〇〇年
金剛乗《ヴァジュラヤーナ》—紀元四〇〇年から紀元一二〇〇年

もしはじめの二つが類似した哲学をもつ同じ範疇に含まれると考えられるのなら、リンガヤーナの時代は紀元七世紀まで、金剛乗は紀元七世紀から紀元一二世紀まで延長できたろう。(6)

医学体系における水銀の発見は、リンガヤーナの信徒達がほぼ全ての宗教信仰に亘る大衆を惹き付ける絶好の機会であり、革命であった。男根像崇拝は、一般人を惹き寄せるために、甚だ称賛された。

このようにリンガヤーナ信徒達は、水銀《パーラダ》から成る男根像《リンガ》か、石に彫られるか彫刻された男根像を崇拝し、のみならず、あるリンガヤーナ信徒達は、文字通りそしてその形のままでの人間の男根《リンガ》と女性器《ヨーニ》の崇拝を宣揚するまでになった。

リンガ崇拝の起源と、そのシヴァとの相関についての説話類は、ほとんどの錬金術書《ラサシャーストラ》や錬金術についての文献にしばしば称えられる。

Vidhya rasalingam yo bhakti yuktah samarpayeta |

Jagattritaya linganam puja phal mavapnauyat ||

ヴァーグバッタ、R・R、『集成《サムッチャヤ》』、一・二三

その重要性は「福徳《プンニャ》」を得ることにまで広く適用された。もし現世利益のためにリンガが崇拝されるべきであるのなら、なぜシヴァリンガのみを崇拝せねばならぬのか、どんなリンガを崇拝してもその功徳は等しく、解脱へと導くはずではないのか、という疑問が生ずる。もしラサ（水銀の第二の名前）が人を解脱へと導くものであるならば、ラサが男根像という象徴的な姿で崇拝されるということもあり得るはずではなかろうか。水銀は薬として有用になる前段階として、様々な手順を必要とし、その一つはもちろん炉に入れられ、水銀は甕に入れられたまま、あるまとまった時間、一定の温度で熱せられるというものであった。むろん、真言《マントラ》唱誦もこの手順の一部であった。このように高い境地を得るためには、シヴァと共にその配偶者たるパールヴァティーもまた必要とされた。そしてこれら全てのことが、説明によって一般大衆を惹き寄せるために、哲学的原理に基づいて説かれるべきだとされた。

かくして前述の通り、水銀はシヴァの精液であり、これを不死を獲得するための薬として有効にするためには結合が必須であり、そしてこの結合はパールヴァティーの女性特有の分泌物《ラジャス》としての、サルファ薬《ガンダカ》の媒介の下に始められるべきなのであった。このようなサルファ薬の重要性はさほど強調されてはいないが、リンガヤーナ信徒やマントラヤーナ信徒によって「ヨーニ・クンダ」（水銀の結合所）とよばれた炉の中での、水銀調合の手順における、パールヴァティーとの関連は保たれるべきなのであった。(7)

さらにラトナーカル・シャストリは、龍樹と医学的用途に寄与する水銀の発見への彼の貢献についての批評を含めている。「龍樹は紀元一世紀に『スシュルタ・サンヒター』を改訂した。彼は水銀精錬とその医薬としての使用のための、

様々な手続きを使いはじめた最初の人である。彼は自身の著作を当時の学者達に提示し、それは『錬金術書《ラサシャーストラ》』への新たな補足および革命的な一歩として受け容れられた。龍樹の時代『錬金術書《ラサシャーストラ》』は、洗練され、真の意味で評判の主題であった。これの使用ははっきりした兆候を伴うものだったので、そう頻繁には用いられず、それゆえ、龍樹は『スシュルタ・サンヒター』改訂時に注意を払って、おどろおどろしく言及した。サータヴァーハナ朝期当時、極めて影響力のある人物であった龍樹の数々の成果は、後世誤って解釈され、これらを誤用する者達の手に委ねられてしまったように感じられる。のみならず、後代の学者達は彼の名前を自由に用い、またそれのみか、当時の体系は成就者《シッダ》龍樹とよばれる、別な龍樹を生むに至った[8]」。

プレ、ジェラール・デュ（一九九三）に拠れば、「龍樹の難解さは、『心理学』とも評される彼の哲学がある特定の知識分野の研究に限られるのではなくて、時として知識それ自体についての言及があることによる。同様に、大乗哲学は特に仏教の哲学であるというのみにとどまらず、知識全般に関する哲学なのである[9]」。

プレ、ジェラール・デュはさらに付記する。「龍樹は、他の思想体系における別な絶対原理に異議を唱える方向にまで、さらに一歩踏み込んだ。彼は自身の―つまり単純に多くの見解中の一見地とよべる―科学的見地に立って議論をするということをしなかった。実際、彼は論理的討論を用いて、相手自身の言葉で説かれた、知られた限りのあらゆる宗教や形而上哲学の誤りの立証を表明した。これこそ龍樹の著作がかくも素晴らしく、しかし難解な哲学的分析で満ちている理由である[10]」。

龍樹が説く大乗における空性《シューンヤター》についてクリフォード（一九九四）は以下のように評する。

「空性」にぴったり当てはまる言葉は英語にはない。なぜなら「空《から》」（*emptiness*）とか「空《から》っぽさ」（*voidness*）は、どちらにも否定的な含意があるが、一方の「空性」は、肯定否定という基準を超えている、それでもどちらかといえば肯定的な「空」（*emptiness*）であるからである。二世紀のインド仏教哲学者たる聖人龍樹の論理的な中観哲学においては、空の教えが提起されている。龍樹は空性について、それは「空だ」とも「空でない」とも、その「両者である」とも「どちらでもない」ともいえないが、それを示すためにのみ「空」といわれる、と説いた。(11)

クリフォードはさらに記す。

大乗に一般的な医学に関連する類推として、慈悲は憎悪と瞋りを癒す薬である、というものがある。さらに高度な大乗になると、空性が究極の薬とされる。「空」（*emptiness*）はあらゆる毒と不浄との毒消しなのである。それゆえ、世間から毒を引き抜いて、これを癒す必要はないのである。実際、大乗の慈悲は、他の衆生を救うために、菩薩がこの苦世間にとどまることを要求する。薬師仏が最初に現れ、この医薬の王への崇拝が、最も流行し広まった敬虔な大乗部派の一つとなったのは、まさにその大乗中においてであった。薬師仏は、精神的、心理学的、および身体的な病を癒すことのできる霊的な薬の普及者として崇拝された。一二仏の中で薬師仏は、ただ彼の名を聞くか、彼のことを念ずるだけで病を癒す仏という位置を占めた者だと信じられている。紛う方なき彼の存在は、大乗における療治の重要性を強調するものである。(12)

龍樹の名前と声望は少なくとも、クリフォードが以下のように評するチベットに渡り、長年存続した。

ツァルの偉大な訳経僧たる護法《ダルマパーラ》は、チベットにおける文法学文献を体系化した者としてよく知られている。彼は紀元一四四一年から一五二八年まで生き、高名な龍樹の大いなる治療法の概論たる『根本宝蔵』を翻訳した。同書は神経および皮膚の不調、熱、眼病その他の病の療治のための、（真言《マントラ》を伴う）根本の処方書である。そしてまた、心身医学的治療についての尊き著作でもある。(13)

龍樹は多才な人物として紹介されているので、さらに多様性がある。彼にまつわる場所についての見解は分かれるが、その医科学への貢献はクリフォードが以下述べるように図抜けている。

龍樹は紀元一世紀に「ココヤシの国」（南天竺）に生まれた。仏教徒は彼が、仏陀の智の側面にして、実は子供だといって表現される文殊支利《マンジュシュリー》の化身であったと信じている。彼は魔術と医術を含む全てのヴェーダを究めたと記録されている。仏教への改宗後も医学研鑽を続けて『百処方』や、貴重なコレクションを含むその他多くの医書を書いた。われわれはただ、大いなる畏敬もて、龍樹のごとくタントラ行者、錬金達人、哲学者、詩人、伝統的かつ錬金術的医学の巨匠であることの深淵な偉大さと広範さとに、ただ驚くばかりである。慈悲に裏打ちされ、また瞑想と哲学の明晰さもて、彼は医学の研究に邁進した。このことは今一度、「医聖」とよばれる種の人物が理想的人格にして、全体観的治療の淵源であるということを思い起こさせる。この様な伝統は龍樹の系譜を受け継ぐものである。(14)

医科学および宗教への龍樹の貢献について、メダンカル、バダント・サワンギ（一九九七）は以下のように評する。

空観《シューンヤヴァーダ》の唱道者の一人たる龍樹師（紀元一七五年）もまた、カニシカ時代の傑出した人物であった。上述の通り、彼はヴィダルバ国（ベラール）の婆羅門の家に生まれた。彼の生涯と作品について研究するなら、彼はその幼少期、頭脳明晰な学生であったろうと推測できる。彼は孜々としてバラモン教聖典を学んだ。そしてその後、吉祥山《シュリーパルヴァタ》（現在のグントゥル地区、ナーガールジュナコンダ）へと移った。そこで得度した後は、同じくらい仏教聖典も孜々として学んだ。時が流れその名を馳せ、幾何かの霊力を得た。聖龍樹は医学と化学の第一人者と考えられている。彼の医学論書『アッターングルヒーダヤ』は、今日なおチベットで、医学についての標準書とみなされている。しかし、大学者であるラーフラ・サンクリトヤーヤナは次のように言う。「後代の（漢訳）仏教文献にみられる龍樹の霊的感得とタントラ的言説は、われらが哲学者龍樹とは何の関係もない。」尊敬すべきサンクリトヤーヤナにとっての龍樹の著作に含まれるのは一『中論頌』、二『六十頌如理論』、三『プラマーナ・ヴィバーシャー』、四『善巧方便《ウパーヤ・カウシャルヤ》』、五『廻諍論《ヴィグラハ・ヴィヤーヴァルタニー》』である。(15)

バグワン・ダーシュは古代インド医学と、医療法の様式における変遷への不殺生《アヒンサー》の影響とに光を当てんと試みた。

紀元前五世紀から以降、アーユルヴェーダの重要な一派、すなわちサルヤ・タントラは殺生《ヒンサー》もしくは暴力の一形態だとみられていた。不殺生もしくは非暴力は、当時流布していた仏教の基本原理であった。王達や同様の家臣達が採用した同宗教は、外科手術の実施を妨げ、ほとんど法的に禁止していた。このことが新たな問題を生んだ。いくつかの外科学的な病気は、疑いなく伝統的な治療法によって治癒可能であったが、そのほとんどは当時の実践に用いられた農作物によるものであった。嘔吐治療法（ヴァマナ・カルマ）、便通治療法（ヴィレーチャナ・カルマ）、薬用浣腸、吸入治療法を含むパンチャ・カルマのごときいくつかの治療法は、これらのしつこい外科学的病気の一部を治した。当時、医者や他の研究を生業とする者達は、これらの治りにくい外科学的病気や、さもなくば他の治療不可能な病気の治療のための薬の開発に責任ありと、自任していた。(16)

薬の調合については、当時はそれが外科学的病気に対してすら主流であった。そして水銀の発見に伴い、数多の病・病気に対する様々な調合上の徴候が考察された。バグワン・ダーシュはさらに付記する。

この冒険の第一線にいたのは仏僧達であった。一切衆生への慈悲が彼らの説法と実践の根本であった。医学的治療は仏教宣布のための、彼らの高評価な手段の一つであった。何よりも、サルヤ・タントラもしくは外科手術とパンチャ・カルマ治療法を禁ずるか妨げていたのは、仏教の唱道者や信者達だったのである。それゆえ、彼らはこれらのしつこい外科学的病気を治すための代替の治療法を見出さんと努力した。このことが錬金術書《ラサシャーストラ》もしくは、水銀その他の金属の治療用法を扱う技術を進歩させる原動力を与えた。その副産物として、処置を施された水銀の助けを借りて、卑金属の金等の貴金属への変成を扱う技術もまた勢いを得た。仏教哲学者にして仏教の中観派《マーディヤミカ》の唱道者たる龍樹が、これらの医者の中心にいた。龍樹が誰でいつの人物であるかについては論争があるが、紀元三世紀より前には金属が処置を施され、灰《バシュマ》の形で幅広く治療法として用いられたといって差し支えない。この技芸について龍樹が編纂した諸著はほとんど失われてしまった。龍樹の著作に帰せられる数冊は、どうやら後に編まれたもののようである。現在入手可能な、錬金術書についての説明の多い文献は、ほぼ紀元八世紀以降に編纂されたものであった(17)。

主要な外科手術がほとんど禁止されたこの時代に、効果を高め、命を保ち、外科学手術と同等に効果のある処置のための、重要な薬草・鉱物の調合が大変必要とされた。薬草の調合には限界があったので、さらに補強された効験のある金属使用の時代が始まった。それから、薬としての水銀から作られた不死の薬の調合が用いられ、かくして錬金術が現れたのである。マフディハッサン、S(一九七九)に拠ればこのように、「このことが新たな支派を生み、薬草と薬草・

鉱物の錬金術《ラサヤーナ》および水銀錬金術の全ては、錬金術について同一なものを指すようになったのである」[18]。

古代インド医学の発達のなかで、何人かの貢献者達が結果として広がりと新たな発見と処方、治療と診断との簡便な手法とを付加した。マーダヴァも病理学の知識に基づいて、治療学の方式を示唆した。

近年、メハタ[19]（二〇〇四）はマーダヴァについての短い論文のなかで彼のことを批評した。マーダヴァが編纂した『マーダヴァ・ニダーナ』は、病理学と治療学についての詳細な情報を提供する。彼の著作を引用しつつ、メハタ、B・S（二〇〇四、四八―五一頁）は古代の医学者達の系図を示している。マーダヴァ・カーラの系譜のなかで、龍樹が紀元七世紀の部分に記述され、マーダヴァが龍樹の同時代人であったことを示唆している。

アトリ、アトレーヤ、カーシュヤパ、スシュルタ
紀元前一〇世紀以前
仏陀、ジーヴァカ
紀元前五〇〇年頃
チャラカ
紀元一世紀
マーダヴァ、龍樹
紀元七世紀
ドリバラ、ダルハナおよびヴリンダ
紀元九世紀
チャクラパーニ

紀元一一世紀
ヴィヤイ・ラクシト、シュリーカント・ヴァーチャスパティ
紀元一四世紀
シャランガダル、バヴァ・ミシュラ

マーダヴァ・カーラの系譜のなかで、龍樹が紀元七世紀の部分に記述され、マーダヴァが龍樹の同時代人であったことを示唆している。（ママ）また、この人物は本研究で考察されている龍樹とは全く別人のナーガールジュナであったということも示している。

インドその他の仏教国におけるアーユルヴェーダの発達について、フローリー・ダヴィディン（一九九二）はその著『アーユルヴェーダ療法』のなかで以下のように評する。

アーユルヴェーダはその長い歴史で、いくつもの発達段階を経てきている。それはヴェーダ文化およびヒンドゥー教文化とともに遠くはインドネシアにまで広まり、西においては古代ギリシャに影響を与え、ギリシャ人達はよく似た医学の形式を発達させた。またそれは仏教徒達に用いられ、彼らはこれに新たな洞察を加え、自分達の宗教とともに長く存続したそれを、数多の国々に持って行った。かくして、アーユルヴェーダはチベット、スリランカ、ビルマその他の仏教国の治療伝統の基礎となり、中医学に影響をおよぼした。おそらく仏陀後の大乗の伝統中、最も重要な人物たる龍樹のごとき、多くの仏教の大賢者達はアーユルヴェーダの学者であり、古典アーユルヴェーダ文献の注釈書を著した。それゆえ、アーユルヴェーダは仏教が優位であったときと同時代の、インド医学の最良の時代なのである。古代の婆羅門達は、供犠における動物の腑分けから、解剖学の初歩を引き出していたか

もしれない。しかしインド医学の真の流派は公共の医院で起こり、多くの異なる時代、文化、そして気候に適用できる豊かな伝統を打ち樹てた。[20]

シュリーカンタムルティ（一九八七）はインド医学の権威達について描写しつつ、これらの人物を任意に三つに分類した。彼に拠れば、「これらの人物を以下の三種に区分するとわかりやすい。すなわち一、神話的人物、二、仏教以前や初期仏教時代に属する半歴史的人物、三、仏教時代以後、現代までの歴史的人物、である」[21]。これは医学の歴史時代が仏教時代とともに始まったことを明白に示している。

どうやら後代に、古代インド医学にまつわる文脈のなかで、神話的人物と歴史的人物の甚だしい混同があったようである。古代医学に関する考古学的な最も早期の言及は、アショーカの岩刻碑文から引用されるものである。薬草と簡易な外科手術の処置を、様々な病気の治療のために導入したのは仏教徒達である。仏教聖典である律蔵《ヴィナヤピタカ》には、僧達が用いるこの様な複数の調合が含まれている。仏教文献には医薬に関する記述がいくつもある。

セン、D・N[22]（一八九七）は古代インド医学を七段階に分類した。彼に拠れば、

最後の段階は改訂の時代を画し、それは奇遇にも仏教の進歩と軌を一にしている。同時代に属しチャラカ、スシュルタ、ブリダ、バグダッタに帰せられる近世のサンヒターは、ヒンドゥー教医学の古代における科学の上に立脚した全く数多の記念碑のごとき原典の改訂に費やされた、一連の非常な骨折りに由来する自然な産物であった。……インドの大地に、仏教徒達によってその緒についた一連の宗教復興と手を携えあって、東洋科学と芸術の急速の進歩がみられた。

センＤ・Ｎはさらに付記する。

仏教の進歩が、アーユルヴェーダに新たな生命を吹き込んだ。長い休眠期間の後、それはインド人指導層の意識上に、長きにわたるほとんど世界的な影響力を振るうようになるべき、一新された活動力もて発出した。長年失われているスシュルタの元の著作は、龍樹による改訂版に見出せるごとき、とても詳細で選び抜かれた論題や、大変的確な主題分類を元来含んではいなかった。彼は博識と高い知性を閃かせて、同科学研究に、生き生きした興味を掻き立てるような素晴らしい方法で、自身の著作を実に体系的に部や章に分立し、われわれへと伝えてくれている。しかるに、なかんずく、彼の独立した思想に負うている一事は、「ウッタラ・タントラ」という名を帯びた部分を追加したことである。この版には、類似した性質の他のいかなる著作とも異なる、彼の論書に特有の美点が見られる。同論書は、ちぐはぐな断片の継ぎはぎなどとは程遠く、それ自体で一つの調和した総体となっている。改訂版はこのようなものであった。その著者はスシュルタの元の著作を読み、それを新たな形式に改訂した龍樹であった。同書は人の手から手へと広まり、あたかも嚠喨たるトランペットのごとく機能した。龍樹が仏陀の時代よりも後世に活躍し、仏門に入るか、あるいは自身の尊ぶべき父祖達の神聖な宗教を放棄するほど、その昇る朝日のごとき仏教の輝きにいたく惹かれたのだ、という強い証拠がある。もし、仏陀の宗教がインドでその優越性を確立する以前に、彼が何かごく当然に至高とされる神を否定し、ヒンドゥー教の教義と対立する教理を受け容れていたならば、きっと誰もが安全に距離を置くべき凶々しいものとして、憎悪の対象となっていたことだろう。(二)（ママ）非アーリヤ人たるシュードラ達は、ほかならぬヒンドゥー教社会の掟によって、いかなる社会的あるいは政治的活動のいかなる部分に加わることも禁じられ、また諸ヴェーダの聖なる教えは彼らに開かれていなかったにもかかわらず、それでもなお龍樹はいかなる制限も設けず、真心から彼らシュードラをアーユルヴェーダ科学の学習へと慫慂した。

ヒンドゥー教保守派の基盤を揺るがすべく意図されたこの原理の公開は、龍樹がその傾注する仏教を学んでいたからとすることによってのみ説明がつく。(二)(ママ)それだけではない。言うまでもなく低い境地の畜生とされる低位の動物達への思いやりが、彼の生涯を導く信条であった[23]。

今日なお続く論争について、セン、D・Nはさらに述べる。

龍樹の存在を否定し、上記の著作をダヌヴァンタリに帰する人達もいる。同書の後半部分に書かれた内容と矛盾することに鑑みて、われわれとしてはその見解を支持することはできない。最も妥当と思われる線は、ダヌヴァンタリが書いたのはその著の序文の、外科手術の技術について説く相応の長さの部分のみで、ちょっとした運命のいたずらで彼はそれ以上執筆することができなかった、というものである。それゆえ、この著作の執筆は龍樹の手に委ねられ、彼はある程度までダヌヴァンタリの後を継いで、同主題の道理を尽くした。こういう結論に至る数ある理由のなかには、同著が仏教の新時代の文献との酷似を呈する言語と様式上の根拠がある[24]。

錬金術の起源にまつわる科学は特定の時代に確定することはできなかったが、しかるにこの科学が続いた秘訣はその発達を見た。

インド錬金術についてアルベルーニは評する。「この技芸の達人は、自身に属さぬ者達との交流の場からは、それを秘匿し取り下げた。それゆえ、私はヒンドゥー教徒から、彼らが主として用いる鉱物か動物か植物性による手法を習うことはできていない。ただ彼らが昇華、焼鉱法、分析、彼らの言葉でターラカとよばれる滑石の蠟引きについて語るのを聞いただけであり、ゆえに彼らには錬金術の鉱物性の手法を採る傾向があるのではないかと考えている[25]」。彼はさらに記す。

錬金術《ラサヤーナ》の科学—彼らはかなり独特な—錬金術によく似た—科学を有している。それは「ラサ」すなわち「金」という言葉から成る、ラサヤーナという語でよばれる。その意《こころ》は幾何かの処理、薬、および複合剤に限定された術式、ということであって、ほとんどは植物由来なのである。若返りの道は、望みのない患者に健康を蘇らせ、衰え行く老人に若さを取り戻す。かくて人々は回春するのである。白髪は黒さを取り戻し、若者の機敏さや同棲の能力とともに、感覚の鋭敏が再現される。そして世の人々の生は永きを誇るまでに至るのである[26]。

龍樹について評しつつ、アルベルーニは記す。「錬金術《ラサヤーナ》の書の著者たる龍樹—若返り術の第一人者といえば、ソムナート近郊、ダイハク砦の産の龍樹である。彼は当術に熟達し、関連する全般的かつ実質的な文章を含む貴書をものした。龍樹は当代からみて、数百年前頃の人である」[27]。

アルベルーニがどの龍樹に言及しているのかを言うことはたしかに難しい。しかし、これはおそらくサータヴァーハナと同時代の龍樹の伝統に連なるものであり、それゆえ錬金論書《ラサシャーストラ》編纂に取り組んだ者達もまた、おそらく自身のことを龍樹と称したということであろう。龍樹は一般に、全部で四人いたとされている。金《ラサ》、錬金術、錬金術論書《ラサヤーナシャーストラ》についての知識は極めて広漠で、その浜の真砂のような表明が残るに過ぎない。言葉には自ずと限界があり、錬金術の科学は秘密にされていた。すなわち、定義の大部分と、様々な関連側面に限度があったということである。

錬金術論書―歴史と進歩の概観

クシャナ王朝時代（紀元七八―一〇二年）には、複数の権威者達が庇護を受けていた。チャラカは『チャラカ・サンヒター』を編纂した、カニシカの宮廷医だといわれる。のみならず、『スシュルタ・サンヒター』は龍樹によって加筆修正され、彼は改訂に加えて「ウッタラ・タントラ」という新章を補筆したが、『スシュルタ・サンヒター』という元の名前がそのまま残ったのである。

チャラカは植物性と動物性の生成物の他に、金属と鉱物を薬用にすることを考案した。金属と鉱物からの調合は、内科にも外科にも用いられた。水銀、硫黄、黄銅鉱等の調合は、チャラカが内科用に宣揚したところである。金属と鉱物は、まず別種の煎じ薬と薬草汁を浸み込ませてから乾燥させられ、その粉末状のものは擂鉢《すりばち》の中、擂粉木《すりこぎ》でひいて調合され、しかる後に患者に投与された。

錬金術または錬金論書の学問の歴史は、渾沌としたものではあるが、おそらく人類発祥時からあるものである。原人達が薬として用いた薬草産物は自然の中で好きなだけ入手できるもので、ある種の薬草はまた、ミネラルを含んでいるのである。このように、病気治療で用いる金属の導入もまた、チャラカによって奨励され、その金属への拡張が起こった時、錬金術は真の錬金術となったが、そこに何か他から区別される独立した印があるわけではなかった。かくして、原始錬金術は幾度もの修正と変化を経たのである。これが科学的な近代化学の先駆である。

要約すれば、錬金術は科学的な近代化学の祖であったと表現することができる。その信奉者達はこの技芸によって―神秘主義、占星術、実用化学、インチキ療法混淆の助勢も藉りて―卑金属を金に変え、人の寿命を延ばさんとする探求を行った。

かくして、水銀の調合を含む金属と鉱物は遠い昔から、単純な病そしてまた難病の治療に用いられていたと結論できる。これらはまた、複数種類の病に対する予防の手段としても用いられた。しかるに金属と鉱物は、いかなる年齢層でも健康を保持し促進できることになる、若返りのために特に用いられたのである。

ホブソン（一九六二）に拠れば、

われわれの科学と技術に関する知識は長大の進歩を遂げてきたが、それでもその進歩を遮る最大の障碍は無知と利己と疑念である。世界の保健における進歩は、二五〇〇年前にガウタマ・ブッダが宣揚した四諦の理解に基づく必要がある。……

一　この世間には病むことと苦とがある
二　原因がある
三　原因を除く手段がある
四　それを達成できる道がある

今日の世間は多過ぎる科学的事実と過剰な情報とに溢れるも、それをいかに応用すべきかという知識はなきに等しい。病と苦とを取り除くべきわれらの将来の努力は、国際協力の新形態と、世界文明の観念とに立脚せねばならない。(28)

世界保健機関は「保健」を単なる病の不在ではなくて、身体的、精神的な、そして心の健康と定義し、この積極的健康の定義は、遠い昔に『スシュルタ・サンヒター』が宣布したところである。

Samadosh samagniccha samadhatumalkriyah |
Pannatmendriyamanah swastha ityabhidhiyate ||

―『スシュルタ・サンヒター・スートラ』、一五・四〇一

ドーシャ（内部環境の生理的諸活動を制御する要素）、アグニ（新陳代謝の過程と関係する要素）、ダートゥ（細胞組織の要素）、マラ（排出物）、クリヤー（身体および精神の活動）のつり合いが保たれている人物と、心と精神の幸福を有する人物が、真の意味で健康な人物である。

人は誰も生まれたからには死ぬ運命にあり、死は不可避である。しかしながら、人は明瞭な視野、正常な聴力、全身体器官の正常な機能と知性とをもって、もてるだけの寿命を生き切るべきである。人生の終末期が無痛なものとなるべく、試みを重ねる必要がある。それは錬金術療法《ラサヤーナ》によって達成され得る。種々の金属と鉱物、なかんずく、水銀より成る調合の利用が、最も価値が高い。これこそが、デーハ・シッディすなわち完全なる健康の獲得に有用な「錬金論書《ラサシャーストラ》」である。錬金術療法の目的について記述しつつ、バグワン・ダーシュは以下のように記す。

デーハという語は、一般に「体」と訳される。しかるにアーユルヴェーダでは、デーハの概念はもっと微妙な内容である。これに五層（ママ）あり、すなわちアンナマヤコーシャは飲食物の最終生成物に涵養される肉体、プラーナマヤコーシャは生命力《プラーナ》を維持する身体層、マーナマヤコーシャは知的活動全般の因となる身体層、アーナンダマヤコーシャは心の働き全般の因となり、個人がその中で不断の幸福を享受する、ほかならぬ個人の層である。

錬金術《ラサヤーナ》すなわち若返りの療法は、単に肉体のみならず、これら個人の五つの層（ママ）全部に必要な滋養を供給することを意図するものである。

……錬金術の別な側面が、錬金術論書《ラサヤーナシャーストラ》の主要部分に当たるラウハ・シッディである。ラウハについてさらに付言される。

処置を施された水銀の助けを得て、平凡な金属から金や銀のごとき貴金属を調合するという成就の達成のことである。錬金論書《ラサシャーストラ》のこの重要な側面は、疑いなく複数のアーユルヴェーダ文献に記述されている。しかしこの技芸を実践したのは、二、三の高位の達人たる聖者のみに限られている。加工済みの水銀の力を借りた、金調合の技術は大変刺激的かつ儲かるものであったので、好ましからぬ人々がこの知識を活かして私利のために蓄財し、それが翻って社会に害をなすために利用された可能性が大いにある。錬金論書の重要な提起者たる龍樹は説いた―

Siddhe rase karishyami nirdaridrim yamidam jagat―

われは成就もて、わが水銀処理中の達成により、全世界を貧困から自由にせん。[29]

錬金術処理―錬金術においては、精錬と調合のために、いくつもの過程と処置とが記述されている。諸文献のほとんどに記述された処置には幾何かの差異があるが、主題は―師匠《アーチャーリヤ》達が実践した―関連するまじないであり、時間等、実に多くの要素が秘せられたままになっている。これらの処置のいくつかは、明らかによく近代の生化学的処理に比肩し得るが、記述されたこれらの処置が、よく似てこそあれ、単に現代の物理的・生化学的な処置にとどまらぬことが理解されねばならない。

リード(30)（一九三六）は、錬金術における一二（ママ）のかかる処置について、以下のごとく描写した――

焼鉱法：焼鉱の力となる火、安定素（獅子）の揮発性物質（原質精）への優勢から成る過程。安定しそれぞれ結合している揮発性の原質の精が、金銀といった貴金属華をもたらす。

溶　解：固形物や乾燥土の、ある特定の液状物質への還元。かくして、哲学者は言う、「全てが液状になるまで、施術するなかれ」と。

分　離：湿った気体を精錬するか、気体から液体状の物質を精錬する、すなわち水を気体と液体とに精錬すること。

結　合：特質の結合と、諸素の均等化、反対物の順を追った配置である。これは、空における太陽と月とともにある、王と王妃との結婚式の表象によって象徴される。

腐敗作用：結合に起因する金属の種晶は、腐敗作用に従う。それは六から四〇晩の間、浄罪界の影のもと続き、必要な腐敗作用なのである。なぜなら、これは物質の腐敗であり、化学的再生を準備するからである。腐敗作用は錬金術では、後に闇によって示される。

凝　結：ゆるやかな硬化、水分の隠蔽、原質精の不揮発化、均一な物質の回復、火から飛んで来る物の火への適応である。

坩堝への材料追加：幼児への授乳として表象される。それは白さ、赤さ、質の良さ、および量を増すことであり、色の差異を明かすことを完成させる。

昇　華：これには四つの主要な特徴が含まれる。すなわち、王、王妃、狼、そして坩堝と鉛である。王は不死鳥の、王妃は聖者の印を帯びるといわれる。

発酵作用：これは生物の取込みである。二種あり、白と赤である。

機能亢進：獅子達に守られた一連の階段と、その上の玉座に即いた王と王妃―間に金属の木を伴う―へと導かれる様相を呈する。

増　殖：薬それ自体が木切れの間の火か、良い香水中の麝香のごとく、それゆえ、それが増えれば増えるほど、処理によって粉々にされるのである。

投　入：これはサフランによる染色に譬えられる。もし乾いた状態で付けられればわずかしか染められないが、一度少量の液体に加えて溶かされれば、ほんの少量でも際限なく染め上げることができる。

それはまちまちな質の金属線かモスリンでできている。伝導度を示す複数の語が用いられている。以下のごとし。（一）粗粉、（二）亜粗粉、（三）亜精粉、（四）精粉、そして（五）極精粉である。

蒸留作用：これは揮発性物質か熱を加えることでできる物質の蒸発、続く冷却による気体から液体への凝縮から成る過程である。これは通常、分離している揮発性物質が安定した構成物質となるのに適用され、また揮発性物質の混合にも用いられる。さもなくば、この混合を行うことはできないのである。

破壊的な、あるいは乾燥した蒸留は、物質を元来存在しなかった揮発性生成物へと分解するために熱が加えられる過程であり、同生成物はその後容器の中に集められる。酢酸と木タールがこの過程で得られる。

結　晶：固体は二組に分けられる。（一）結晶を形成することができるもの、そして（二）結晶できぬものである。結晶の過程は、液剤から蒸発、冷却、沈澱、融解あるいは昇華によって、結晶体状物質を得ることの内に存する。結晶の大きさは、同過程の進行が速いか遅いかによって変わる。

水《すい》　簸《ひ》：これは物質がほぐされ、水と混ぜられる過程である。この過程においては、より重い粒子が底にたまり、軽いものは液体とともに、異なる容器へと移し出される。ここに、ゆっくり沈澱作用が起こる。砂、砂利その他の不純物がこの過程で分離される。

圧　搾：この過程では、組織液《スヴァラサ》の準備におけるがごとく、汁と油とが植物性物質から圧し出される。精製が大規模に亘る場合に、圧搾過程が用いられる。一般に果肉状の物質は汁の多い原料を伴っていて柔らかく、例えば「柑橘類」（レモン等）のごときはかかる処置に最も適している。

浸　漬：これは可溶性の部分を溶かすために、物質を熱を加えないアルコールのような、ある適切な溶媒の中に浸す過程である。不可溶の残留物は「雌馬」とよばれる。薬はこの過程の成功のために、可溶性のものでなければならない。浸漬はさらなる処置のための、最初のステップとして機能する。

温　浸：この過程は、沸騰に達せぬ温液の力を藉りた精素《エキス》の抽出より成る。このように、温浸は途中に熱の助けを必要とする浸漬と異なる。この過程の重要な利点は、それが溶媒の性質に修正を施すことなく、物質のあらゆる可溶成分の完全な溶解を実現するという事実にある。

振り出し：この過程は、冷くても熱くてもよい。煎じ薬は植物素の水溶液剤であり、湯か冷水に浸されることで調合され、適時に蓋付き容器に入れられて粗粉状の薬となる。それから濾されて上澄み液となるのだ。これらはそれぞれ、濾液《パーンタ》と香薬《ヒマー》とよばれる。

煎じ出し：煎じ出しの過程は、構成物質が水溶性である薬の抽出に適用される。この過程は口の開いた器で押し潰された薬を必要強度に達するまで水中煮沸することの内に存する。薬はそれから濾されて使用されるのである。

浸　透：これはアルコールその他の適切な液体がすっかり移されるか、あるいは通り抜かされる過程であり、粗粉薬が溶けて一緒になる対象を伴い、薬に含まれる活性物質となる過程である。このように集められた液体が濾過液とよばれる。この過程で溶媒として用いられた液体は溶剤とよばれる。

濾　過：これは液体が透明になる程度の、溶けなかった固体粒子の液体からの除去より成る。これは木炭、砂、あるいは濾紙を媒質に用いる濾過器によって行われる。

蒸　発：この過程は、熱、低圧、あるいは乾燥空気への曝露による液体から気体への蒸発を意味する。液体が熱源との接触を許されない場合もある。かかる場合には、蒸発は湯に浸けるか、砂に置くか、砂に埋める形で、あるいは蒸気の助けを借りて行われる。

浸　出：可溶性の塩《えん》を固体の化合物から、その化合物を水に溶かし上澄み液を別の容器に移して分離することの内に存する。その液体はその後、乾燥状態まで蒸発せられ、それによって不可溶の残留物が後に残る。上澄みして移された溶剤は「灰汁《あく》」とよばれる。

摩　砕：これはモルタル中で絶えずこすることで、固体が極精粉へと変えられる過程である。

すり潰し：これは細かく粉末状になった粒子が中で洗い出しによって集められ、ゆっくり沈澱するようにされた液体の力を藉りる、摩砕の別過程である。より粗い粒子は固体全体が精粉に変わるまで、液体と共に繰返し擦られる。

融　解：これは固体が熱によって溶けるか液化する過程である。この過程は石膏、軟膏、座薬等の調合に用いられる。炉と蒸気、あるいは砂風呂が溶融の目的で使用される。

灰汁《あく》滓《かす》取り：これは不純物が滓として表面に浮かんでくるまで有機的な液体を煮る過程である。それからこの滓は、掬い取るか濾されるかして除去される。この過程でできる汁《シロップ》は長持ちする。

乾　燥：これは固体から水分を奪う過程である。物質を日光か暖気に晒すか、暖かい部屋の中に置くかすることでその効を得る。

沈　澱：この過程は固体を、それが溶けている液体から分離することの内に存する。これは一般に化学反応によってその効を得るが、時として特定の液体内で、その物質の溶解度が変わることが利用されることもある。かくして、アルコールに溶ける固体は、液剤に水が加えられさえすればこれを沈澱させることができる。アルブミンや銀塩等の場合のように、熱か光が沈澱状態を生むこともある。

インドのアーユルヴェーダ文献はまた、薬剤調合のための他の過程をも付記する。

押し潰し、あるいは搗き混ぜ：これは薬用植物の根、樹皮、葉の様な堅く丈夫な、あるいは柔らかい物質を粉砕機か破砕製粉機の中で粉砕するか、またはバラバラにする過程である。小規模で必要とあらば、家庭用の乳棒と乳鉢をこの目的のために用いてもよい。

ふるい分け：これは精度のまちまちな金属線かモスリンでできたふるいによって精粉が粗粉から分けられる過程である。これを指して様々な語が用いられている。

カニシカの時代がいつかということには議論があるが、歴史は医学を含む、当時の権威達による知識の編集という彼の試みを忘れてはいなかった。仏教文献の損失は主に後代の反仏教運動による。今われわれの手許にある典拠は、チベット、中国、日本その他の仏教国の寺院で手に入る文献のみである。龍樹は多彩な歴史上の人物であったが、彼が何者であるかはあらゆる点からして極めて断片的で、彼は今や伝説的背景をもつ神秘的人物として表象されてしまっている。彼の出生地、幼少期、仏教および、医方明《チキッツァーヴィドヤー》あるいは医学（錬金術論書《ラサヤーナシャーストラ》）を含む様々なインドの科学への貢献は暗い影の下で混同されてしまっている。それにもかかわらず、彼は今日まで生き続け、発見された証拠類によって、益々著しく傑出していくだろう。

龍樹について、大考古学者のヒラーラール、ライ・バハードゥル(31)(一九一六)は以下のように記す。

彼は文献に、際立った天才、ほとんど世界的な学者、含蓄深き哲学者、そして文芸の大才を具えた詩人にして著述家として登場する。彼の名声はインドのみに留まらず、諸の異国にまで轟き、そして遠い古代に、彼の著作の数々は漢語に翻訳されたのである。同州における仏教の繁栄は、マウリヤ王朝による統治と、地元の首長達が同宗教を受け入れたことに依っていると結論するのが、理に適っている。

薬用の鉄の使用は、おそらく錬金論書《ラサシャーストラ》と錬金術の発達とともに始まったのだろう。薬用に使われたであろうその様々な形状については描写されていない。

グプタ、ナーリニー・ダース(32)はこれについて次のように評する。

古代インドの医学における鉄の使用は、遠い昔、……ヴァーグバッタの時代からあり、金属の調合が徐々に用いられるようになったことが実際観察される。そしてチャクラパーニとヴリンダの時代に、彼らはその主張を十全に確立したため、彼らはそれでもはや看過し得ぬほどにまでなった。このように一〇世紀以降、あらゆる医学書が多かれ少なかれ、合成的にしか調合できぬ金属の化合物を推奨していることが見出される。しかし、鉄調合の利用はそれ以前から認識されていたに相違ない。スレーシュヴァラ某によってデーヴァナーガリー文字で書かれたある写本が最近発見された。これは鉄の薬としての使用と、そのいくつかの調合法について書かれた論書である。彼はスシュルタ、ハリタ、ヴァーディ、そして龍樹らの著作から引用している。

集合型の教育システムが仏教時代になってからのみ始まったということは認められている。仏教の寺院《ヴィハーラ》と僧院とは、最初は小規模な学修の中心地となり、だが後にはインド人と異国の学生達を招く大学としての地位を確立するまでに発達した。仏陀は（律蔵《ヴィナヤピタカ》のなかで）いくつもの薬用植物の使用を僧達に奨励したが、それらの採れる季節や、それらが必要とする大量の貯蔵が主たる困難事であった。これらの薬用植物を濃縮した状態で、少量の服用に供するため長保ちさせる処理への龍樹の貢献は有益であり、仏陀が推奨したことにぐっと近付くものであった。仏陀、そして龍樹の時代から、仏教は自身の広がりとともに、同じく進歩していた医科学を庇護し、その重要性はアショーカ王が―その岩刻法勅から明らかなように―認識するところであった。

パティ、A・L（一九四四）は、仏教哲学について記述しつつ、以下のごとく評する。

アショーカと他の仏教徒たる王達によって建造されたあらゆる都市は、私に給仕せんと思うものは、病人の世話をせよ、という仏陀の命に呼応したものであった。有名な『チャラカ・サンヒター』の著者たるチャラカは、仏教徒であったカニシカの宮廷医であった。龍樹はアーユルヴェーダの科学に新生命を吹き込んだ。高遠で知的な、そして広汎な学問に加えて、インドは今も利用されている『スシュルタ・サンヒター』の改訂版を有するに至ったのである。スシュルタの論書の後半部は「ウッタラ・タントラ」という名を帯び、これは完全に龍樹の独立した研鑽と思想との賜物である。真の仏教徒科学者の精神の下、龍樹はカーストによる差別やあらゆる階級への留保なく教示することで、アーユルヴェーダの科学を社会に広めた。今日でもなお、アーユルヴェーダについての書物として、入門者はヴァーグバッタの著作を読む。仏教徒たる龍樹もまた、蒸留、昇華等の過程を発見し、そのようにしてインドにおける化学（錬金明《ラサヤーナヴィドヤー》）の発展に刺激を付与したのである。(33)

インド医学における龍樹の貢献について、シャストリ、Pは以下のごとく述べる。

元々チベット語への翻訳が可能な姿をしていたであろう龍樹の医学論書は、結局翻訳され得なかったのだが、今なおグリーン僧院（ママ）にある、ボージャ樹の葉《パトラ》に書かれた元の写本としてこれを読むことができる。チベットの僧院に保存されているインド医学の概論には、龍樹の『ジーヴァ・スートラ』、『アバイシャジュヤカルパ』、『ヨーガシャタカ』、ヴァーグバッタの『アシュターンガ・フリダヤ』、『ヴァイダカ・シッダサーラ・マハウシャディバラ』、『アーユルヴェーダ・サーラ・サングラハ』、そしてシャーリホートラの『アシュヴァ・ヴァイダカ（馬医）』が含まれる。(34)

錬金論書《ラサシャーストラ》の重要性が認識されたとき、そのさらなる研究が着手された。様々な著作が編纂された正確な時期について、はっきり断言することはできない。この著者らのほとんどは、処置の詳細について評し、経験から得られた彼ら自身の見解を付記し、前時代の処置に修正を施してこれを批評している。残念ながら、これらの編纂者のうちのわずかしか元の著者の名前に言及していない。その不明度は、編纂物のほとんどが散逸するか、著者もろとも失われてしまうかしているほどである。残存する一、二の書は、科学にその力をおよぼしているその様々な影響ゆえに、その時代や信頼性について議論が喧しい。細かな差異は度外視して、大小、直接・間接に龍樹となんらかの関係をもっているものが、以下簡潔に考察される。全部が今考慮するところの龍樹と関連しているという風に、はっきり断言することはできない。科学的証明の類は多くあれど、彼の学派の学匠達から正統とみられてはいない。われわれが理解するところの歴史では、「科学的証拠」に誤謬が見つかることは度々である。そしてとどのつまり、苦い真実に目を向ければ、歴史を書き残してきたのは誰で、歴史は書き直される必要があるということが、繰り返し思い起こされねばならないのはなぜなのか。

入手可能な著作は複数の学者によって概説されてきた。そのうちのごくわずかなものの要旨が以下に含まれる。

龍樹に帰せられる編纂物抜粋

龍樹の『ラサラトナカーラ』

これは龍樹が編纂した書物の一冊である。『ラサラトナカーラ』もまた、名前の異なる複数の著者のみか、他の「龍樹」の手によっても編纂されている。レイ、P・C[35]（一九五六）は自著『ヒンドゥー教化学史』のなかで、龍樹の『ラサラトナカーラ』について詳細に描写している。これは劈頭、直接、処置についての内容となっており、他の著作で一般に見出されるような、他の前代の著者や神へのいかなる賛頌をも冒頭にもたない。これは以下のごとく始まる。

吾は重要な鉱物《ラサ》の精錬について説かん。

一　ビルマ合歓《ねむ》の汁に温浸されたラージャーヴァルタ（ラピスラズリ）が、一グンジャ（ラティ、すなわち重量約一・九グレインの種の一種）の重さの銀を、朝日の光沢をもった一〇〇倍の重さの黄金へと変じたとて、何の驚くことがあろうか？

二　花没薬樹《はなもつやくのき》の汁もて浄らかにされた黄色い硫黄が、牛糞塊の火の上で三度焼かれたときに、銀を黄金へと変じたとて、何の驚くことがあろうか？

三　銅と一緒に三度焼かれたカラミンが、その銅を黄金へと変じたとて、何の驚くことがあろうか？減少する有機物質のあるところで、銅とともに焼かれたときに、カラミン、亜鉛鉱は真鍮を生じ、ことによると人工的に調合された黄金として通用していた可能性がある。

四　雌羊の乳と灰（植物の灰）に何度も温浸された辰砂が、サフランのごとき光沢を銀に与えたとて、何の驚くことがあろうか？

五　鉱物の温浸は、マメ科フジマメ属、皺稃雀稗《すずめのこびえ》、人の尿、籐《とう》（ヤシ科トウ亜科トウ属の一種の果実）の灰の汁、それからアルカリ（芝・硼砂《ほうしゃ》等）を付加した煎じ出しのなかでもたらされる。焼き処理は三度行われるべきである。

六　五尺バナナの汁と蓖麻《ひま》子《し》油と澄ましバターに浸漬され、臭魔芋《ゾウコンニャク》の球茎の内側に置かれて、（密閉した坩堝の中で）焼かれた黄鉄鉱が完全な精錬を経たからとて、何の驚くことがあろうか？

この過程は黄鉄鉱から金属の銅の錬成を導くものであるようだ。

一二　レモン汁に三日間浸漬されたチャパラ（おそらく鉱物を含んだなんらかの硫黄類）その他の鉱物は精錬される。

五種の土、灰、塩を塗られ、焼かれた金は精錬を経る。

一三　鉛および溶けた灰と混ぜられた銀は精錬される。

一四　見よ！　土、雌羊の乳、澄ましバターそしてその一六分の一の重さの油からもたらされたアルカリと溶け合わされた銅が、月の精髄のごとく浄らかになるとて驚くまいぞ。

これは生木投入《ポーリング》によって粗製銅を精錬する過程に比せられるかもしれない。

二三—二五　モクセイ科と花没薬樹《はなもつやくのき》の灰、牛の尿に浸漬され、粉末状にされた仙人掌《さぼてん》大戟《たいげき》の根、鬱金硼砂、粉末状のラックと混ぜられ、それから乳の様な蓬莱青葛《ほうらいあおかずら》の汁と蜂蜜と共に団子状にされ、そして密閉した坩堝の中で強く熱せられる。ヴァイクラーンタ宝石がその精髄をもたらす。これについて疑う余地はない。

二五—三〇　マークシカ、すなわち繰り返し蜂蜜に浸された硫黄と、唐胡麻《とうごま》の油、牛の尿、澄ましバター、そして五尺バナナの球根の精《エキス》とを混ぜて、坩堝の中で熱すれば、銅の姿をした精髄がもたらされる。また、類似の処置がタープヤ（黄鉄鉱の一種）のために指示されている。

三一―三二　ラサカ（カラミン）、すなわち発酵した米水、ナトロン、そして澄ましバターに繰り返し温浸され、それから羊毛、ラック、訶梨勒《ミロバラン》と硼砂と混ぜられて、蔽いをされた坩堝の中で焼かれると、錫の様相の精髄がもたらされる。これについて疑う余地はない。

三五―三六　ヴィマラ、すなわち明礬《みょうばん》、緑礬《りょくばん》、硼砂と、山葵《わさび》の木と五尺バナナから絞り出された水のような液体に温浸され、最終的に蔽いをされた坩堝の中でモクセイ科の灰と組み合わせて焼かれると、チャンドラールカ（文字通りには、金のような光沢の銅）の姿をした精髄がもたらされる。

三七　ダラダー（辰砂）は、パータナ・ヤントラ（蒸留あるいは昇華の器具）中で、水の入った容器へ蒸留されると、水銀と同一な精髄をもたらす。これについて疑う余地はない。

五〇―五一頌　植物の灰、すなわち発酵した粥、不純な酢、そして特定の酸性植物の汁への温浸による宝珠（真珠等）の溶解。

＊＊＊

これで龍樹の『ラサラトナカーラ』の、ダイヤモンドと金属への脱酸剤投下、鉱物の精髄抽出、および雲母の液化に関する第二章を終わる。

この章のはじめに、特定の調合法類《レシピ》が見られ、全て金へと変ずる卑金属の浮揚物に言及している。これらは至って簡潔で、断片的で支離滅裂な性質のものである。それゆえ、その意味は必ずしも常に明瞭ではない。劣化する金（ママ）、銀、銅、鉛、亜鉛、水銀はしばしば合金《アマルガム》、なかんずく、小ぶりにされ、石黄《せきおう》で黄色く変えられた合金にされていたので、様々な工夫を凝らした方法が復元された。法律書が貴金属を詐欺で粗悪品にしてしまう者への複数の処罰を命じているのも、驚くには当たらない。かくして、『マヌ』に拠れば、王は不正な行いをした金細工師を、刑罰の荊棘のなかで最も不快な、剃刀で細切れの刑に処すべし、とされる。

二（ママ）

一　われは今、水銀の不揮発化の過程を説かん。ライムの汁、磠砂《ろしゃ》、灰、アルカリ、五種の塩、胡椒、蓽撥《ひはつ》、生姜の乾燥根、山葵の木の汁、臭魔芋《ゾウコンニャク》の塊茎でこすられた水銀の王《ラサ》は、難なく自身を八種の金属と合金化《アマルガム》することができる。

＊＊＊

四　深更、般若波羅蜜《プラジュニャーパーラミター》（智慧の完成）が夢の中で龍樹の前に現れ、彼にある調合法の材料（鋼鉄、銅、雲母、黄鉄鉱等より成る）を明かした。

三〇―三二　水銀は同じ重さの金とともにこすられ、それから（その合金《アマルガム》が）さらに硫黄、硼砂等と混ぜられるべきである。それから、この混合物は坩堝へと移され、その蓋を閉め、その後弱火にかけられるべきである。

この霊薬（つまり昇華物）を服用することによって、求道者は衰え難い身体を手に入れるのである。

われは今、ピシュティカ（水銀と硫黄の塊）を灰に変えるための……ガルバ・ヤントラについて記さん。長さ四指幅《ディジット》、幅三指幅の口の丸い粘土の坩堝を作り、塩とブデリウムを二〇対一の割合で取り、細かくすり潰し、水を小まめに加える。坩堝にこの混合物を塗り付けるのである。稲の殻に火を点けて弱火を加える。

黒硫化水銀《カッジャリー》あるいは「エチオピアの鉱物」の調合法―

八四―八六　この調合はヴリンダとチャクラパーニが記述したものと、大変よく似ている。

罪の染汚を離れたる一切諸仏に帰命し、われは今、苦しめる人々の利益のために、『カクシャプタ・タントラ』を説かん。

ここに龍樹、ラトナゴーシャ、そしてサーリヴァーハナ王の対話が続く。

自身の究竟（済度）を成就していた龍樹は、一切衆生に慈悲深く、あらゆる親切な行為をなして神聖で、シュリーシャイラ山上に住していた。

ラトナゴーシャは「われに化学処理の知識を伝ふることを喜べよかし」と言いながら、両の手を組み合わせて彼の前に立った。

龍樹曰く――

善哉！ 善哉！ われは汝の信心を慶し、汝が知りたいと思ふこと全て、すなわち皺、白髪その他の老齢の兆を予防する薬について汝に伝へん。鉱物の調合活動は、身体（人体組織）に効き目があると同等程度、金属にも効あり。

＊＊＊

有情の利益のために、われは一二年の長きにわたり、あらゆる苦行に堪へ、ベンガル菩提樹上に棲める夜叉女神《ヤクシニー》を崇拝せり。そして、われはお告げを得たり――

「善哉！ 善哉！ 大賢者よ、妾《わらわ》は汝が妾から聞き出さんと思ふことを全て授けん」。

龍樹曰く――

「おゝ、女神よ。もし汝のお気持ちがしづめられたるとなれば、われに水銀不揮発化の稀有なる知識を伝ふることを歓べよかし」。

＊＊＊

サーリヴァーハナ曰く――

「おゝ、女神よ！ 余は汝に決定せり。金と宝珠との宝について、余は今汝が教示を待つ」。

女神曰く――

「善哉！　善哉！　おゝ、賢王よ！　妾は汝にマンダヴヤ（高名な錬金術師。有名な医療化学論書たる『ラサラトナ・サムッチャヤ』が言及する二七達人の一人）の執り行ひし化学処理を説かん。

「弟子は聡明で、仕事に献身し、罪を離れ、自身の情熱の主たるべし。

「コーシュティとして知らる、器具、口吹管、牛糞、（燃料としての）丈夫な薪、一連の雄牛の鳴き声、鉄板、ヴィダ（金属への脱酸剤配合）。これら全てを集めたる後に、化学処理は執り行はるべし」。

ラトナゴーシャ曰く──

「細心の注意もて『投入粉』を調合したる後、卑金属はその重量の一千万倍の黄金へと変ずるぞよ」。

龍樹曰く──

「われはサカンダが実験したるところを汝に説かん。

「水銀に脱酸剤を付加する試験──

「水銀がその流動性を失ひたる後に、種々の色を帯ぶるとき、それは衰へたるものとして知らる。脱酸剤を付加されたる水銀は、流動性、可動性、および光沢の兆を示さず。朝日の色と光沢を得たる水銀が、火の試験に耐ふる（すなわち蒸発しづらくなる）とき、それは『安定せり』とみなさる」。

それから、ラセーンドラマンガラより借用された器具の一覧が続く──

シーラ・ヤントラ、ペーシャナ・ヤントラ、ブーダラ・ヤントラ、バンカ・ヤントラ、ナリカー・ヤントラ、ガジャダンタ・ヤントラ、ドーラ・ヤントラ、アダスパータナ・ヤントラ、ブヴァスパータナ・ヤントラ、パータナ・ヤントラ、ニヤーマカ・ヤントラ、ガナマ・ヤントラ、トゥラー・ヤントラ、カッチャパ・ヤントラ、チャチュキ・ヤントラ、ヴァールカ・ヤントラ、アグニソーマ・ヤントラ、ガンダカ・ターントリカ・ヤントラ、ムシャー・ヤントラ、ハンディカー・ヤントラ、カンバジャナ・ヤントラ、ゴーナー・ヤントラ、グダブラカ・ヤントラ、ナーラーヤナ・ヤントラ、ジャリカー・ヤントラ、チャラナ・ヤントラ。

これらのヤントラもしくは器具の多くの描写は、『ラサールナヴァ』のごとき後世の論書類、また特に医療化学時代の『ラササトナ・サムッチャヤ』のなかに示されている。

文献中の一切諸仏への帰命についての言及は、同編纂物の仏教色を示すものである。二六の器機が挙げられ、他の編纂物には別な器機類について記述されていることも言及された。

このように、インドの錬金術師中、最も異彩を放つ人物たる龍樹が、その信仰においては仏教徒であったことが見出される。有名なタントラ論書たる『ラサラトナカーラ』の著述は彼に帰せられる。彼はまた『カクシャプタ・タントラ』と『アーローグヤ・マンジャリー』等の名高き著者、そして高名なアーユルヴェーダ文献である『スシュルタ』の編集者である。しかし、龍樹の年代については議論の多いところである。彼はしばしば、紀元二世紀の終りから三世紀のはじめまで活躍した、仏教哲学の中観派の開祖にして、大乗仏教の立役者の一人たる龍樹と混同される(36)。

レイの学問的著作中の記述のほとんどは、自明なことばかりである。

モーミン・アリによる、インド錬金術概観(37)

龍樹の『ラサラトナカーラ』についてのモーミン・アリの批評は以下の通り—

同文献の祈禱文が一切諸仏に対して発せられ、またある箇所では、夢のなかで龍樹の前に現れ、彼にある調合法の材料（鋼鉄、銅、雲母、黄鉄鉱等より成る）を明かす般若波羅蜜《プラジュニャーパーラミター》（智慧の完成）への言及が示されることからして、これは大乗部派のタントラである。この著作の特筆すべき特徴は、いくつかの化学的な過程が、シャーリヴァーハナ、龍樹、ラトナゴーシャ、そしてマンダヴヤの対話の形式で議論されることである。この最後の二つの名前は、龍樹への畏敬と、また『ラサラトナカーラ・サムッチャヤ』のごとき後代のいくつかの化学論書に現れる、彼らの貢献への礼儀正しい謝辞において、同等に扱われている。

『ラサラトナカーラ』に示される、ラージャーヴァルタ（ラピスラズリ）、ガンダカ（硫黄）、ラサカ（カラミン）、ダラダー（辰砂）、マークシカ（黄鉄鉱）、ヘーマ（金）、ターラ（銀）、そしてシュルヴァ（銅）についての精錬法、ダイヤモンド、またその他の金属への脱酸剤付加、ヴァイクラーンタ（トルマリン?）、黒色酸化マンガン、マークシカ、およびタープヤ（黄鉄鉱の一種）、ラサカ（カラミン）、ダラダー（辰砂）そしてアブラカ（雲母）等のごとき、精を含む鉱物からの抽出法、また、例えば発酵した粥（不純な酢）のごときや特定の酸性植物の汁といった、植物の灰への温浸による宝珠（真珠等）の溶解、それから水銀の不揮発化の過程等である。霊薬の調合法《レシピ》―「水銀は同じ重さの金とともにこすられ、それから（その合金《アマルガム》が）さらに硫黄、硼砂等と混ぜられるべきである。それから、この混合物は坩堝へと移され、その蓋を閉め、その後弱火にかけられるべきである。この霊薬（つまり昇華物）を服用することによって、求道者は衰え難い身体を手に入れるのである」。それから黒硫化水銀《カッジャリー》あるいは「エチオピアの鉱物」の調合法等がある。

ニトヤナータの『ラサラトナカーラ』

これはニトヤナータによる、別な『ラサラトナカーラ』である。これについては、パールヴァティーの息子で、このインド錬金術の論書をものしたニトヤナータは、自身の情報の典拠を示し、続く文章で、自身の編纂物の主題を説明した、と言われている。『ラサールナヴァ』でシヴァが水銀調合下に明かしたものや、『ラサマンガラ』でディーピカーが水銀について明かしたものは何であれ、皆龍樹が、成就者《シッダ》チャルパティやヴァーグバッタ、スシュルタがしたように、病に苦しむ人々の利益のために説いたことなのである。私はこれら全ての、そしてまた別な多くの、水銀と鉱物に関する論書を調べたが、貴重で手に入れることが難しくなっている医薬を捨て去った後、（わが著作に）重要な特徴を全て一緒にまとめて置き、そのために、私が師から学び、実践的試験を前提とする地位にあって得たことの全てを、人類の利益のためにわが著作に組み入れた。ニトヤナータの正確な執筆時期はわからないが、その執筆は、彼の著作に述べられているように、一三世紀頃、インドにユナニ療法の体系が確立されたときになされた。このニトヤナータの『ラサラトナカーラ』には、五つの節《カンダ》がある。すなわち一、「ラサ・カンダ」、二、「ラセーンドラ・カンダ」、三、「ラサヤーナ・カンダ」、四、「ヴァーディ・カンダ」、五、「マントラ・カンダ」である。同著者はまた、冶金学者龍樹がその水銀調合によって、化学的化合物の学問を進めたと述べる。

フィリオザもまた、錬金術の古さを求める。彼に拠れば、「錬金術書たる『ラサラトナカーラ』は実際、仏教徒の龍樹の時代（紀元二世紀）にまで遡ることができた。もし本当によく模倣された別人であるなら、の話である」(38)。

近代において、古代インド医学の歴史は多くの人物の関心の的であり続けた。ジャッギ、O・P（一九七三）もまた、自著で錬金論書《ラサシャーストラ》に関連している龍樹について論評した。彼に拠れば、「龍樹は『ラサラトナカーラ』の著者であると言われている。彼は他のいくつかの著作も編纂し、それには『カクシャプタ・タントラ』、『アーローグヤ・マンジャリー』が含まれる。ダッラハナに拠れば、『スシュルタ』への注釈者たる龍樹が『スシュルタ・サンヒター』を構築《プラティサンスクリタ》し、これに『ウッタラ・タントラ』を追加したのだという。『ラサラトナカーラ』は金属化合物、より具体的に言えば水銀の調合と使用について扱う。また、その他の金属を金のように見え、金として通用した化合物へと変ずるために、植物性か動物性の生成物が用いられる特定の調合法を記述する。これらの化合物、ことに水銀のそれは、不壊の強靭な身体を作るために調合され、用いられたのだ[39]」。

龍樹に帰せられる別の概論が『カクシャプタ』である。モーミン・アリが示す、その概要は以下の通りである——

龍樹の『カクシャプタ』

モーミン・アリは、過渡期とタントラ時代（紀元八〇〇年—紀元一三〇〇年頃）に重なるインド錬金術史の概観を示していた。

またモーミン・アリは龍樹による別な論書である『カクシャプタ』について記述していた。彼に拠れば、

あるタントラがあり、この名前で通っていて、その高名な著者が龍樹である。歴史的観点からみて最も重要な部分は、龍樹が住んでいたシュリーシャイラへの言及、そして龍樹、シャーリヴァーハナ王、ラトナゴーシャの対話である。水銀への脱酸剤付加—最初の二つの対句は、『ラサールナヴァ』とほとんど同じである。「水銀がその流動性を失ひたる後に、種々の色を帯ぶるとき、それは衰へたるものとして知らる。脱酸剤を付加されたる水銀は、流動性、可動性、および光沢の兆を示さず。朝日の色と光沢を得たる水銀が、火の試験に耐ふる（すなわち蒸発しづらくなる）とき、それは『安定せり』とみなさる」。それから、器具の一覧が続く[40]。

それから、水銀への脱酸剤付加のための試験についての詳細な描写がある。

同文献はまた、総数とその名前が『ラサラトナカーラ』に記述されたものとよく似た異なる器具の名称を示すが、同

著者はラセーンドラマンガラから借用したものとして、それらに言及した。

龍樹の『カクシャプタ・タントラ』

ムコーパディヤーヤもまた、以下の通り、龍樹の『カクシャプタ』についての情報を提供していた——罪の染汚を離れたる一切諸仏に帰命し、われは今、苦しめる人々の利益のために、『カクシャプタ・タントラ』を説かん。

［歴史的観点からみて最も重要な部分は龍樹、シャーリヴァーハナ王、ラトナゴーシャの対話である。］自身の究竟（済度）を成就していた龍樹は、一切衆生に慈悲深く、あらゆる親切な行為をなして神聖で、シュリーシャイラ山上に住していた。

ラトナゴーシャは「われに化学処理の知識を伝ふることを喜べよかし」と言いながら、腕を組んで彼の前に立った。

龍樹曰く——

善哉！　善哉！　吾は汝の信心を慶し、汝が知りたいと思ふこと全て、すなわち皺、白髪その他の老齢の兆を予防する薬について汝に伝へん。鉱物の調合活動は、身体（人体組織）に効き目があると同等程度、金属にも効あり。

他に示された情報のほとんどは、レイ、P・Cが記述したところと同内容で、『ラサラトナカーラ』から来たものである。

錬金術論書《ラサヤーナシャーストラ》のタントラ時代

初期仏教に存した主要一八部派に、後代もっと些末な多くの部派が加わった。そして大乗の興起とともに、再び新部派発展の時代を迎えた。

ラトナーカル・シャストリ（一九七七）は、『バーラト・ケー・プラーナーチャーリヤ』（ヒンディー語）という題名の自著のなかで、古代インド医学史を概観した。仏陀以降の時代の箇所で、彼は医科学における進歩と修正に影響をおよぼした様々な要素について描写した。

仏教徒の教育の広がりについて彼は、「タクシラからウッタル・カーシー、ウッジャイニー、そしてヴィダルバに至る国々は栄光ある大学を有し、そこでは教授細目に医科学が含まれていた」(41)と述べている。

彼がヴィダルバにおける仏教学修の中心地の存在を認め、また近年遂行された発掘もこれを立証するということを銘記しておくのも興味深い。ここで再度強調しておかねばならないのは、仏教僧院は単に僧達の居住の場所であったのみならず、また仏教の時代の集合型の学修の中心地であったということである。

ラトナーカル・シャストリは、Ｈ・Ｈ・バガトシングジーの著作から引いてさらに付記する。


この科学は、インドへのギリシャ人到来（紀元前三二七年）に至るまで繁栄し続けた。ギリシャ人歴史家のアリアノスは、アレクサンドロス大王侵入当時のインドの状況について描写しつつ、当時のヒンドゥー教徒の医者についての少なからぬ信憑性を反映した興味深い事実に言及する。アレクサンドロスはその従者のなかに、複数名の熟練したギリシャ人医師を随行していたが、彼らはパンジャーブでは至ってありふれた毒蛇の咬傷の症状を扱えない、自身の無能さを白状せねばならなかった。それゆえ、アレクサンドロスはインド人医者《ヴァイドヤ》達に患者を診せることを余儀なくされ、彼らは見事これらの症状を治療した。このマケドニア人王は彼らの腕の良さに大層衝撃を受け、ネアルコスに拠れば、王は数名の腕利きの医者達をその野営地で召し抱え、自分の家来達が蛇咬傷その他の危険な病気に罹った場合、これらのインド人医師の診察を受けることを欲した。ヨーロッパの毒物学者達が、今なお蛇毒に対する特効薬を探究しているという事実を前にすれば、約二二〇〇年前に生きたかのインド人医師達は自身の腕に大層矜りを覚えるかもしれない。アレクサンドロス、インドでの呼称でいえばシカンダルが、その帰途の行軍に二、三のヒンドゥー教医学の師匠筋を同伴して行った可能性は極めて高い。この仮説には早期ギリシャ医学史からの一定の証拠がある。(42)

インド人の特定の階層はダルマシャーストラで海を渡ることが許されていなかったので、アレクサンドロスとともに去った人々は蛇咬傷の症状の治療技術を知っていて、かつ自由に海を渡ることが許されていたという答えが自ずと浮かび上がる。第二に、このことはまた、病気治療に携わっていた人々の階層が、当時存在していた社会と宗教から敬意のこもった応対を受けていて、全ての貧しい人々に対する保健を促進し、医学を知る人々はアウトカーストに属してはいなかったということを明かしている。歴史は龍族《ナーガ》達が、蛇毒のためのその土地固有の毒消しによる、蛇咬傷治療の技術を知っていたことを裏付ける。そしてインド古代史は、龍族達が仏教徒であったことを証明している。アレクサンドロスがやって来た時代は、仏教がインドの一般大衆の宗教であった時代と一致するのだ。

グプタ、バガトラム(43)もまた自著『アーユルヴェーダ・カー・プラマーニク・イティハース』で、龍樹が『スシュルタ・サンヒター』を改訂したというダッラハナの評を繰り返す。

中観哲学の開祖たる龍樹と、彼の友人たるサータヴァーハナ王の説話は、『ラサラトナカーラ』に偉大で広く認められた権威を箔付けすることを意図し、同書に故意に挿入された付け足しであったのかもしれない。シャストリ、H・Pがまとめた、ネパールのドゥルバール図書館に属する貝葉と選り抜きの紙写本の目録には、『ヨーガサーラ』(目録第一巻、二三五頁)と『ヨーガシャタカ』(第二巻、七五頁)という題名の、龍樹による二本の論書が見出される。

前者には身体改善のための調合法があり、後者は美容と髪の病気の治療のための調合法を含んでいる。(44)

龍樹大徳の『ラサヴァイシェーシカ・スートラ』(45)

これは錬金論書《ラササシャーストラ》と関連する医科学についての別な論書である。「スートラ」形式にて書かれている。スートラに対する「注釈《バーシュヤ》」という形も取り得る。サンスクリット語では、論書の主題を表現するスートラ形式が種々の理由から発達した。昔は筆記するものが足りないことから、一つの主題について巻に巻を接いで書き連ね、弟子達を通じて後の世代に伝えるということは全く不可能であった。同作の時代ははっきりとは断言できぬが、これが仏教文化的様相を呈していることは疑いなく証明できる。同論書中には、龍種《ナーガ》関連の言及が複数認められる。

導入部の節は以下の通り始まる。

Tacchastram rasabhaidikadhmidam Nagarjunah prabratit.

そして章の終りの奥付は、

Iti Bhadant Nagarjunasya prravajitasya vaidendrasya rashavaiseshikasutrasya.

である。

この奥付よりして、導入節では「龍樹」と始まる一方、章の終りには「大徳龍樹《バダント・ナーガールジュナ》」と言及する奥付があることが明らかである。一つ目に冒頭に「龍樹」と言及されているこれは、おそらく『スシュルタ・サンヒター』の改訂者にして―各章の終りに言及される「大徳龍樹」にその著作を利用された―名高い仏教徒錬金術師たる、元の龍樹であろう。同書の編集者は二人の龍樹を「龍樹」と「大徳龍樹」として区別していた。この区別について評して、同編集者は以下の様に記した。

『ラサヴァイシェーシカ』の著者たる「大徳龍樹」が、紀元二世紀に活躍した、名高い仏教徒錬金術師にして『スシュルタ・サンヒター』の改訂者たる「龍樹」と同一人物であると立証する肯定的な証拠はない。龍樹が「大徳」という称号で知られたということはないので、これら二人の医者が同一人物であったか、といえば極めて疑わしい。古代には、何とも奇妙にも、医者にして仏教徒隠者《サンニャーシン》たる三、四人の龍樹がいたことが確認される。[46]

序論に続いて同編集者は、古代のケーララにおける仏教と医科学の概観にいたく骨を折った。彼はさらに付記する。

> 実際、仏教寺院はあちこちにあったし、今もなおあるのであるが、その儀式はかなりヒンドゥー教によって手を加えられている。[47]
>
> それより以前に、仏教徒はケーララに定住し、色々な場所に精舎《ヴィハーラ》を開き、仏教を説いた。彼らはまたその時間とエネルギーのかなりの部分を、病の治療に捧げた。トラヴァンコールはシェルタッラ徴税支区《タルク》には、かつては仏教寺院であったに違いないティルヴィザイ寺院がある。今日でもなお、この寺院では心神喪失者の治療に成功をみている。[48]

さらに付記して曰く、

> ケーララでは、シャスタに奉献された寺院がどこにも見出せる。シャスタとは、サンスクリット語では単に仏陀と同義であり、ゆえにこれらのシャスタ寺院は全く仏教寺院であるのである。シャスタがヒンドゥー教の神々に加

えられてしまったとき、彼の生れと剛勇について語るべく、説話まで捏造されてしまった。ケーララにはおびただしいシャスタ寺院があり、その存在は仏教寺院に負うところなくしては語り得ない(49)。

仏教がケーララから一掃されてしまったときに仏教寺院は、巧妙にも神の部類に仲間入りさせられてしまった新たな神としてのシャスタに奉献する寺院へと転用された。当時の人々の改宗への心理的葛藤は、彼らにとっては仏陀のことであった「シャスタ」という名前によって未然に防がれたが、その後違う方向に舵を切って、ハリハラの息子を意味するようになり、このように仏陀の観念はケーララの人々の頭から綺麗に拭い去られてしまった。仏教を一掃した者達の元の意図が何であったにせよ、仏陀は、ヒンドゥー教徒達が敬虔な信心もて崇敬するシャスタの名前で、今なおケーララに息づいている(50)。

ヴィールヤーチャーリヤの著作の注釈者が『チャラカ・サンヒター』、『スシュルタ・サンヒター』、あるいは『ヴァーグバッタ』という論書三部作を用いたということははっきり断言できないが、彼はこれらの年代より以前に生きていただろう。

同書の注釈者たるナラシンハはナーガ・ヴィールヤーチャーリヤの弟子であり、彼自身、注釈書のどこにも言及のない複数の著作の注釈者であったのだ。このナーガ・ヴィールヤーチャーリヤ自身が『ラサヴァイシェーシカ』の著者であるか否かということもまた、はっきり確証できない。可能性としては、同注釈者が自身の師として言及するナーガ・ヴィールヤーチャーリヤと、『ラサヴァイシェーシカ』の著者たる大徳龍樹が、同一の個人であるということ。さらに言えばそうすることで、その弟子が、師が自著であるスートラ類の重要性と意義とを個人的に説明していた、その自分の師の著作に対する注釈書を書くのに、より大きな便宜と慰めを得たであろう、ということが考えられる。[51]

この論書の文章にみえる仏教の影響は、いくつもの証拠がこれを裏付ける。そして同注釈書は、仏教がケーララで栄えていた時代に書かれたのである。

ケーララにおける仏教時代の栄光は、その注釈者の文章にも反映されている。

Viraharthe Atapaswijanoyam Vihari Iti

これは注釈者が無意識に行った「寺院《ヴィハーラ》」の語の使用が、彼の属する宗教を明確に示す実例である。ヒンドゥー教徒なら、単に仏教の「寺院」の代わりに「庵《アーシュラム》」の語を用いたことであろう。同注釈者は導入部の節でも、ヒンドゥー教徒ならふつうに行う、なんらかのヒンドゥー教の神への祈りの呼びかけもしていない。この例では、これらは多かれ少なかれ、思想の仏教的傾向を示している。これらの証拠全てを総合すれば、ナラシンハが仏陀の徒であることが証明されるという結論になる。[52]

同論書について、手短に編集すると以下のようになる―

第一章冒頭で、龍樹は自身の論書の主題が「アーローグヤ」、「ドラヴヤ」、「ラサ」、「ヴィールヤ」、「ヴィナカ」、そして「カルマ」であることを述べる。彼は複数の師匠《アーチャーリヤ》の見解を引用し、これらを否定する。また二種の「プラクリティ」、七種の「ドーシャ・プラクリティ」、そして七種の「グナ・プラクリティ」について描写する。同章の終わりに注釈者が、ドラヴヤは他のものを支持し所有する、ということを補足する。第三章。「ラサ」についての記述がある。全部で六種の「ラサ」が描写され、これらの機能が明確に述べられる。次のように評する。「『ラサヴァイシェーシカ』の論題が『ドラヴヤ』、そしてとりわけ『ラサ』であるので、他の論書原典、特に『チャラカ』、『スシュルタ』、およびその主題についての同時代の複数の著作から、そっくりそのままの引用を行いつつ、これらの論題に十分な光が投げかけられる。」『ラサヴァイシェーシカ』と他論書との比較研究、あるいは相互関係についての研究への試みはまったくなされていない(53)。

バティア、S・Lに拠れば、

仏陀の教えは、古代の医学実践のうえに、特に倫理面で、最も有益な影響をおよぼした。彼の「汝ら、私に給仕する者、これに病人の世話をさせよ」という有名な言葉は、とても遠くにまで教えの効果をおよぼした。アショーカその他の仏教王の時代に、慈善病院が開設されたのは、この慈悲深い教えゆえであった。『チャラカ・サンヒター』の著者たるチャラカは、カニシカの宮廷医であった。仏教徒の賢者たる龍樹はアーユルヴェーダの科学に新生命を吹き込んだ。彼は紀元一世紀に生きた、古代インドの偉大な錬金術師にして哲学者であった(54)。

医学への龍樹の貢献を認めつつ、ジャッギ、O・P（一九七三）は次のように記す。

龍樹は、ヴリンダやチャクラパーニといった後代の著者等によって、錬金術《ラサヤーナ》についての権威として引用されている。ヴリンダは『シッダ・ヨーガ』とよばれる、おそらく紀元一〇〇〇年頃の論書を書いた。この論書はチャラカ、スシュルタ、ヴァーグバッタ、マーダヴァカラ、そして龍樹から借用したいくつかの素材を組み込んだ医化学につ

いての著作である。(55)

ジャッギはさらに付記する。「特に金属化合物の使用は龍樹から始まる。ヴリンダは、次第に増加した医療目的のための水銀化合物に言及する」(56)。

ビルンバウム、ラウール（一九八九）の見解では、

大乗文献の執筆は、釈迦牟尼の滅後、四から七世紀後に起こったようで、それでもその文献群は彼が説いた教えを記録することを主張する。大乗の見地からすると、この問題を扱うには多くの方法があるのである。例えば、龍樹（紀元一五〇年―二五〇年頃）に帰せられる『大智度論《マハープラジュニャーパーラミター・シャーストラ》』では、仏陀の身近に侍った弟子にして、仏陀以降僧達によって、説かれた教えの限りを委ねられた阿難《アーナンダ》が、大乗の教えを暗誦せぬことを選んだ、とされる。なぜなら、彼には僧達が大乗の教えを理解せぬであろうことがわかったからだという。この理由ゆえに、これらの教えは大菩薩たちによって、乾闥婆《ガンダルヴァ》（香を食べて生きる音楽の悪鬼の）城や龍《ナーガ》（蛇の悪鬼）王の宮殿のごとき様々な秘密の場所で守られていたのである。これらの教えは、後に人々がそれを受け入れられるまでになったときに解放されたのだという。(57)

レッシング教授が記述した曼荼羅に言及しつつ、ビルンバウム、ラウール（一九八九）はさらに述べる。

南には月光《チャンドラプラバー》、大慧《ハーマティ》、弥勒《マイトレーヤ》、および龍樹《ナーガヴリクシャ》という四菩薩がいる。龍樹についてはさらに以下の情報を示す。龍樹という名前は、字義通りには「蛇の木」を意味し、金色の樹皮をもつ木の一般的種類に言及するのにしばしば

用いられる。おそらくこれには治療法上の意義があるのだろう。龍樹《ナーガヴリクシャ》菩薩は似たような名前の龍樹《ナーガールジュナ》と関係があるかもしれず、龍樹は、『図像書』（一一三五年版、および後代の写し）第五の巻を含む、一二世紀の日本の秘儀の神々の偉大な図像学概論の多くに描かれている。ここでは龍樹は僧形を示す。それとともに彼が瞑想中に思い浮かべられたり、美術上、描かれたりするかもしれぬ、彼に特有の三昧耶の象徴は、レッシングの『曼荼羅』にもみえる通り、書巻である。[58]

ハルダル、J・R（一九九二）は「仏教における保健の発達」という論文中の、歯の手入れについての情報に言及する段落のなかで以下を引用する。「一度、水を鼻から取り込む。これは龍樹が採用した、長寿を保つ秘訣を意味する」[59]。同段落の最後で、著者は玄奘と義浄に触れるが、これは古代インド医学、あるいは仏教文献のいずれかについての、いかなる文献にも言及されない。

後に『ラセーンドラ・マガラ』、『シッダベーシャジャ・ペーティーチャ』、『ラサラトナカーラ』が加わる、錬金論書《ラサシャーストラ》と関連する龍樹の著作が複数あったことは明らかである。化学についての龍樹とヴァーグバッタの著作を除いて、おそらく今ではチベット以外ではほとんどお目にかかれないアーユルヴェーダについてのアガスティヤの著作は、サンヒター時代の最も遅い段階に属し、これらは皆紀元一一〇〇年以降のものである。前述の通り、『マーダヴァ・ニダーナ』、『シャーングラダラ』、『ラセーンドラサーラ・サングラハ』、『バーングセーナ』等の場合も似たり寄ったりである。

龍樹の最も重要な貢献は、当時医方明《チキッツァーヴィドヤー》とよばれ、僧院で科目の一つとして教授されていた長寿の科学のためになされた。このことを認める学者は沢山いる。スシュルタの概論は、古代インド医学において広く受け入れられた文書だと主張されている。それは幾度もの再執筆、再構築、および改訂による変容を経たに相違ない。この概論についての最後の正統な注釈書は、紀元一〇六〇年—一一六〇年の間頃の時代の人であるダッラハナのものであるようだ。

龍樹の著作について混乱させるのは、古代インド医学とまた文学のなかに、複数の龍樹が描かれていることだ。しかし詳細な情報が手に入るのは、それらの龍樹の唯一人についてのみだ。すなわち、ヴィダルバで生れ、サータヴァーハナ王と同時代人であった龍樹である。さらにこのことについてウジャスティク、ドミニク[60]（一九九八）は次のように表現する。

チャラカによる概論のように、スシュルタのそれも歴史の複数層から成る著述で、本文がダヌヴァンタリがその学生であったスシュルタに説いた教えとして表明されている著作である。ダヌヴァンタリは同書の冒頭で、ベナレス王と同定されている。この繋がりの歴史的調査はまだ結論には至っておらず、「ベナレス王」ダヌヴァンタリも—チャラカの著作におけるアトレーヤのごとく—謎の人物のままである。さらに同書の重要な注釈者は、一度ならず同概論が再編集《プラティサンスクリタ》されているという事実に言及する。この編集者に付与される名前が龍樹であり、そのことが事態を明瞭にするよりむしろ混乱を深めている。なぜなら、インド文学史上には複数の龍樹がおり、そしてそのどれが誰であるかということについて多大な疑念があるからである。

『スシュルタ・サンヒター』自体が以下の通り言及している—

Yatra yatra parikshe lit prayogstatra tatraiv pratisansrtusutram

Dnuatyamiuti, pratisanskrtapiha Nagarjuna aav. S.S. 一／一–二

しかし、歴史上には複数の龍樹がいるので、上記の龍樹が誰を指して言っているのか判断するのは難しくなる。伝統的な混乱がいかに存続するかということは、ラナデーとパランジャペーの批評から明らかである。著者達は以下のように記す。

錬金術論書《ラサヤーナシャーストラ》に熟達していた龍樹はまた、彼自身がラサ・タントラについての概論の執筆者であるところの『ラサラトナカーラ』や『ヨーガシャタカ』を書いた。カシミール史もまた、「龍樹」という名前のある仏教徒王に言及するが、彼が同サンヒターを編纂したとするのは難しいだろう。そのうえさらに、大乗の祖たるもう一人の龍樹がいたのである。彼はおそらく『スシュルタ・サンヒター』を改訂しただろう。チベットの説話は有名な医者として龍樹に言及する。また玄奘の記述からみると、この龍樹が紀元一世紀に活躍したようである。(61)

古代インド医学と関連する分野で研究を行い、貢献した学者や科学者は何人もいるが、医療の科学への仏教の貢献に言及した者はほんのわずかである。他の者は医科学を含む科学への仏教の貢献を隠すか秘密にしているのである。

『スシュルタ・サンヒター』の「ウッタラ・タントラ」概観

古代インド医学概論たる『スシュルタ・サンヒター』改訂への龍樹の多大な貢献を考慮に入れる。少なくとも簡潔に、彼の評価を行う必要がある。引用はカヴィラージ・クンジャンラル・ビシャグラトナによる『スシュルタ・サンヒター』の英訳・校訂テクスト本から任意に行った。(62)

序

スシュルタが書いた元の姿のサンヒターがどんなであったかを確認する術はない。今あるものは龍樹が作った単なる組み込み、あるいは組み込みの組み込みである。彼を仏教哲学中観派の高名な開祖に比定することで全ての意見は一致し、現在のサンヒターの年代を特定するのに、事実が物証として助けとなってくれる。(63)とにかく『スシュルタ・サンヒター』を改訂した龍樹は、紀元前四世紀後半頃に生きたのである。(64)

文献のほとんどは、龍樹を一世紀の人とする。紀元前四世紀という時代はより近くなるし、一世紀の龍樹による改訂がより受け入れられそうだと認めるのなら、むしろ『スシュルタ・サンヒター』がかくも古いということが証明される必要があるのだ。

同編者はさらに付記する。

ダッラハナの注釈書におけるサンヒターの組み込みについて、かの権威に関する曖昧で一般的な陳述をなす学者が何人もいて、「ウッタラ・タントラ」（『スシュルタ・サンヒター』後半部）の執筆を龍樹に帰せしめている。一方、われわれは「ウッタラ・タントラ」を改竄とも後代の追記ともせず、むしろ聖仙《リシ》は計画こそしていなかったけれども、まるで元から書かれていたかのごとく、同書と一体をなす一部を形成しているとみるのである。……おそらく龍樹はサンヒターの他の箇所と同様に、この部分をも改訂したのかもしれない。(65)

もし早い時期の『スシュルタ・サンヒター』からして、すでに全体が備わっていたとするならば、それとは別に「ウッタラ・タントラ」として追記を行う必要はなかったはずである。訂正や小さな私的であれば、脚注か単純な改訂でよかったろう。別な部分の追加が示すのは、いくつかの重要な特徴が含まれておらず、当初不可能であったより詳しい説明を他の者達が必要とし、それゆえ改訂者は「ウッタラ・タントラ」を別の新たな著作として加えたのだ、ということである。しかし、冒頭に改訂者がスシュルタの著作に敬意を表して、そのスシュルタに自身の帰敬を捧げているのとは対照的に、同改訂者は自分の名前をどこにも言及していない。

スシュルタはカートヤーヤナ（紀元前四世紀）のヴァールッティカで言及されており、元のサンヒターは少なくとも仏陀が生れる二世紀前に書かれたと断言できる。一方、少なくとも現在われわれの手元にある形での、龍樹によるサンヒターへの最終的な組み込みは、紀元前二世紀頃になされたということも、も同じくらい確信をもって認められる。(66)

今日手に入る形の記述は、『スシュルタ・サンヒター』を仏陀が生れる二〇〇年前まで遡らせる役には立たなかった。

タクシラは医学教育の有名な中心地であったが、権威のリストにスシュルタの名前は見出されない。

ダッラハナ（『スシュルタ・サンヒター』の名高い注釈者）の正統性について、複数の学者が一〇世紀の高名な錬金術師たる龍樹（このサンヒターの改訂者）の名前の有名さゆえ、彼と同一人物であることを立証せんと努めたが、『スシュルタ・サンヒター』の多くの偈が、ヴァーグバッタの著に現れることを知っては、彼らの主張も地に落ちてしまう。

その著書の二つが『アシャーンタナ・フリダヤ』と『マーダヴァ（ニダーナ）』である。同書中の証拠は、このヒンドゥー教外科医学の父の伝記のようなものを構成するための、いかなる権威ある資料にもなりはしない。(67)

今のところ少なくとも、四人の龍樹がいて言及されていることは事実であるが、これは一世紀に属し、錬金論書《ラサシャーストラ》の発展に興味を抱き、また『スシュルタ・サンヒター』を改訂した、ヴィダルバ生れの龍樹とのみ関連している。

専門家の見解の総体的合意としては、時系列上、チャラカをスシュルタの前に置くものである。だがプラーナ文献は一致して、スシュルタを医科学の最初の提起者たるダヌヴァンタリの弟子として描く。しかるに、これらは少なくとも、龍樹による組み込み、すなわち現在われわれが見ることのできる『スシュルタ・サンヒター』の年代の確定には寄与するかもしれないが、黄金時代（サトヤユガ）に原始の海から攪拌されて出てきたというダヌヴァンタリの弟子たる、スシュルタのサンヒターの年代確定には全然役立たない。(68)

インド医学史は神話や歴史と複雑に混ざり合っている。この混淆は極めて緊密かつ入り乱れているので、前者と後者の区別は難しくなっている。もしスシュルタがダヌヴァンタリの弟子だと考えられるならば、それは神話と歴史を混同することになってしまう。そうなればこれは単なる想像の産物となってしまう。もしこれを歴史的背景からのみ考察するなら、どこかで線引きをしなければならない。そしてスシュルタと後代の龍樹の両者とも、歴史的な証拠に基づいて評価される必要があるのである。

同編者は、アーユルヴェーダの起源と歴史について評して言う。

学問の全支派の一部としての医療の科学では、アーリヤ人はその知識を神々から直接の啓示を通じて得たのだと主張する。スシュルタがそのサンヒターにおいて、アーユルヴェーダを『アタルヴァ』の下位区分として描写している一方、他の者達に拠れば、アーユルヴェーダの科学は『リク・サンヒター』の諸偈にその起源をもつという。実際のところは、この科学の起源は朧な過去のうちに失われてしまっているのである。病と死とは人類の出現以来、世にあるところである。原始時代のわれらが先祖達は、病気の下級動物の例に倣って、多くの有用な医薬の効果についての知識を偶然手に入れた。『リグ・ヴェーダ』に、下級動物は食料と薬草を選ぶうえで人の師である、という旨を示す偈がある。治療と衛生の分野における個人的経験が集められ、体系化されて、かくして現在のアーユルヴェーダの基礎を形成するに至った。諸ヴェーダの偈は明確に、医学知識の進歩上、アーチのように架かる足跡を刻印している(69)。

医学が神々に淵源するのではなく、むしろ動物からわずかのことを学んだ古代人の経験と実験の賜であることは明確である。これらの実験は今日まで続いているが、われわれの許には動物研究に基づく科学的な専門知識がある。前述のように、残念ながら同科学が人類の必要に応じて学ばれたというこの事実は常に抑制され、ただ神々由来の起源のみが、あたかもより科学的な価値を有するかのごとくに印象づけられている。

アーユルヴェーダの外科医学の起源について、同編者は以下のように記す。

インドでは、他のあらゆる国におけるのと同様、病を治す呪文と治療の咒《マントラ》が医学より以前からあった。そしてインドにおける最初の医学の人は、僧侶たるビシャグ・アタルヴァンで、彼は世間で行われていた外科医術を凌いでいた。パンジャーブに初めてできたアーリヤ人集落は、度々同国の色の黒い先住民達に襲撃され、その戦のさなか、後続の医者達は頻りにアーリヤ人の首長達や兵士達の看護をせねばならなかった。これゆえ『リグ・ヴェーダ』中で、脚が切断されたり鉄の義肢と取り換えられたり、傷付いた眼球が摘出されたり、それからアーリヤ人兵士達の四肢から矢柄が引き抜かれたりするのが見出されるのだ。それどころか、多くの外科の難手術が成功裡に執り行われたが、そのうちのいくつかはほとんど事実とは思えないようなものなのである。しかるに、外科手術による手当は絶えず模索されたが、医者達がヴェーダ時代のインドのバラモン教社会に融け込むことを許されるのは稀であった。天界の医者たるアシュヴィン双神が、自身で供犠の神の刎ねられた首を片割れの胴体と接合したことで、供犠を捧げられるに相応しいとみなされるようになるまで、いかなる供犠の奉献を受ける権利も与えられていなかったというのは、この神々と悪鬼達との戦争の間のことであった、とわれらが今検討している著者が語ることにそのことの一端がほのめかされている(70)。

様々な器具《ヤントラ》が、薬剤調合のためにデザインされたので、外科手術もまた進歩した。『スシュルタ・サンヒター』の外科器具について評しつつ、同編者は付記する。

ヴェーダ外科医学の歴史についてはここまでとしよう。われわれが最初にスシュルタ以前の医者達の外科にまつわる経験を整理し、広範なヴェーダ文献群からバラバラな科学的知識を集積する体系的方法論に出会すのは『スシュルタ・サンヒター』中である。スシュルタは、ヴェーダを暗闇へと葬り去り、独自の発見の航海へと邁進することはまったく欲しなかった。粗削りな手法と、サンヒターに言明・記述されたさらになお粗笨なガラス刃、竹の皮等の切開器具は、なんらかの賛歌偈《リチュ》が謳い上げられる遠い以前のわれらが祖先の気に召した原始的な計測器学の遺物であるのかも知れない。スシュルタはその人生の全てを外科医学の追究一筋に捧げ、下等動物から得た啓発的類推とともに蓄えられた知性をそれへと振り向けた。彼は獣や鳥の形を模して作られた、異なる一二五の器具を現実化し、また医者達に新たな器具を考案するよう促した(71)。

古代の文献は明確に低カーストとしての医者の身分に言及している。医者達の低い社会的地位は、アシュヴィン双神の例からも明らかである。『マヌ法典』と『シャタパタ・ブラーフマナ』もまた、このことを裏付ける。アーリヤ人達は、原始的ながら効果的な外科学の知識をもった先住民達から治療を受けていたのだ。スシュルタによって、大掛かりなものから小規模なものまで、種々の外科処置が施され、のみならず、ヴェーダに出る器具もまた、その意義と原始的器具の利用を実現したものなのであった。これらの器具はおそらく古代インドの先住民階層の人々が用いていたもので、彼らは外科処置の達人であったのである。

スシュルタは分散していた古代の医科学についての資料、幾度も修正を施された書物を収集した。それはおそらく龍樹の時代ですら同じ姿をしていただろう。龍樹は一通り揃った『スシュルタ・サンヒター』を、その最初から改訂した。元の『スシュルタ・サンヒター』には八部門が含まれていた。「ウッタラ・タントラ」は改訂された現在の形の『スシュルタ・サンヒター』のなかに、龍樹が新たに追加したものである。これについての議論は本書の扱う範疇を超えているので、『スシュルタ』の最初の頁を提示し、諸学者の自由な議論に委ねようと思う。

『スシュルタ・サンヒター』第一節概論《スートラスターナ》

第一章
さて、今われらは（脚注：元々聖賢ダヌヴァンタリによる、その弟子スシュルタへの教説の主題を形成していた本書は、龍樹尊者がこれを現在の形に編纂し、それに相応しく『スシュルタ・サンヒター』と称されている）、聖ダヌヴァンタリがその弟子スシュルタに明かした通りに、医療の科学の起源を記述せん。（ヴェードートパッティ・マディヤヤ）一。

昔々、力強き最も偉大な天人にして、カーシー王たるディヴォーダーサの姿をとって化身した聖ダヌヴァンタリが、その庵でアウパデーナヴァ、ヴァイタラナ、アウラブラ、パウシュカラーヴァタ、カラヴィールヤ、ゴープラ・ラクシカ、**スシュルタ**その他の聖仙の集合に囲繞され、この上なく幸福に座していたとき、彼らは彼に以下の通り話しかけた。

―

「おお、陛下……（中略ママ）な人々を見出すことは、われらの非常な哀しみでありますが…………」

『スシュルタ・サンヒター』はスシュルタの名を収載する（太字は筆者が、古代インド医学研究者や、龍樹の重要性に気付いている人々の注意を惹くために、あえて付加した）。これについて他の証明は不要である。なぜなら『スシュルタ・サンヒター』は冒頭から巻末まで龍樹の改訂を経ており、そもそもまた編纂者自身が自分に帰敬することはない、ということは自明であるからである。『スシュルタ・サンヒター』の初期の性質については知られていない。しかし前述の通り、『スシュルタ』には神、あるいは人間の典拠に由来する、可能な限りのあらゆる情報が含まれていた。創造神によって世間に宣説された医科学の八部門は以下の通り。

一、サルヤ・タントラ、二、サーラキヤ・タントラ、三、カーヤ・チキッツァー、四、ブータ・ヴィドヤー、五、カウマーラ・ブリトヤ、六、アガダ・タントラ、七、ラサヤーナ・タントラ、八、ヴァージーカラナ・タントラ。『スシュルタ』には、スシュルタが神自身が言明した限界を超えぬことで十分足れりと判断した、これら八つの形態をとった部分が含まれる。このように八部門を説き切った後に、一二〇章の梗概が示されている。そして今ここに、それ自身の名に因んでよばれる補足の部門（「ウッタラ・タントラ」）が続く。

「ウッタラ・タントラ」もまた、読者がこの龍樹の著作の主たる内容についてよく知ることができるよう、要約して記述されている。

『スシュルタ・サンヒター』「ウッタラ・タントラ」（論書補遺）

第一章から第一九章にわたる「サーラキヤ・タントラ」に、眼病についての議論（眼科学）**がある。**眼病の病理学および眼部の種々の解剖学的部分が、眼の様々な病気の特殊療法とともに詳細に描写される。

「カパジャ・リンガナーシャの外科学的治療―今、われらは調子の狂ったカパの活動によるリンガナーシャ（白内障による瞳孔障害あるいは狭窄）の症状を治療するためにとられるべき（外科学的）方法を記述せん。内蔵中の乱調のドーシャ、すなわち内蔵の罹患部が半円形か中間が細い形をし、安定しておらず、（運動が激しく）、（形状が）不均整でもなく、多数の線か色の差異という印もないようである場合や、あるいはそれが形のうえで真珠か水滴に似ていないか、またはそれが痛くもならず赤色も発しない場合は、患者は、一年のうち、目的遂行のうえで寒過ぎも暑過ぎもしない季節に、まずスネーハとスヴェーダによって治療されるべきである。それから患者の手等はしっかり結え付けて固定され、（彼自身の両眼で）同時に自身の鼻（尖《さき》）を見させながら、彼を座らせておくべきである。それから、賢き医師がアパーンガ（眼の周縁部）の端から、眼球の白目の部分を二ヶ所切除しつつ、また十分かつ注意深く自身の親指と人差し指と中指で、両の目蓋をすっかり引き上げた後、ヤヴァ・ヴァクトラ（針）の器具を、血管を刺さないように気を付けながら、上過ぎず下過ぎない、眼の外角近くの一点のような、自然な隙間の側部を通して挿入すべし。左眼は右手で、右眼は左手で針を刺すべきである。手術（穿孔術）が満足に行ったかどうかは、特有のドンという音と、穿孔後の患部からの水滴の射出によってこれを推し測るべきである」。

「穿孔後すぐに、罹患した内臓に母乳をふりかけるべきである。サーラカはその場所に保たれるべきであり、病腫あるいはその表れ（白内障）は安定・運動にかかわらず、風《ヴァーユ》を和らげる効果をもつ柔らかい葉の助けを借りて、外側から単調に温湿布され続けるべきである。そして続いて瞳孔《ドリシュティ・マンダラ》を、サーラカの尖った先端でこするべきである。罹患した眼に溜まった粘液あるいは痰（カパ）は、患者に、施術中の眼球と反対側の鼻孔を閉じて、これをフンと鼻息で吹き飛ばすよう頼むことで、取り除くべきである。同部が雲一つないまばゆい太陽の光沢を帯び、また痛みがなくなった時点で初めて、適切にこすり落とされたと判断されるべきである。それから視覚が感知できるようになり次第、棒《サーラカ》を優しく引き抜くべきであり、そして（罹患した）眼に澄ましバターを振りかけ、リネン片で眼帯をすべきである。この期間中（ヴァーグバッタに拠れば七日間）、患者は（埃も煙もない）居心地の良い部屋で仰向けに寝かされ、げっぷ、咳、欠伸、嘔吐、くしゃみ等のような、なべて身体の作用という作用に耽ることなきよう、注意させるべきである。その後の規定食の摂生計画と管理は、身体内でスネーハを用いて治療（第三一章「チキッツァー・スターナ」三六A参照）された例で守られるのと同様にすべきである。眼帯は四日ごとに取り外し、視覚器官たる眼は風《ヴァーユ》を和らげる効果をもつ薬を煎じたものでこれを洗浄し、また新しいもので眼帯すべきである。眼は前と同じく、四日ごとに（優しく）温湿布すべきであり、そうすれば体の風が悪化することはないであろう。一〇日間、この約束に従うべきである。そうすれば、視覚に新鮮な活力が与えられることだろう。それから（嗅ぎ薬、オコジョの毛皮、タルパナ等といった）処置を施し、また規定食は軽めの品で作り、控えめな量だけこれを与えるべきである」[72]。

「カパジャ・リンガナーシャの外科学的治療」についての情報は当時、白内障のために施された外科手術の類についての記述であり、白内障横臥療法とよばれるものであった。眼病について書かれた同章は、以下の評言をもって閉じる。「医療の科学は、海のごとく広大無辺なものである。数百、数千の偈を連ねても、これを書き尽くすことはできない。もし医科学が数千の偈で詳しく取り扱われたならば、論証の科学の真の意味を摑むことのできない鈍根の人々は、その正しい洞察を得ることができないであろう。それゆえ、これらの頁に解説された（医科学の）難解な諸原理は、それに相応しい医学の天才の熱烈さにおいてのみ芽を出し、生育し、豊かな実を結ぶことであろう。ゆえに、学識深く経験豊かな（医学の）士は、本書でしかるべき注意と他の科学の参照を添えて説かれた難解な諸原理を理解せんとすることであろう。一五」[73]。

「サーラキヤ・タントラ」第二部には耳、鼻および頭の病が含まれる。聴覚器官たる耳の病の原因と症状、耳特有の病の一般的および特別な医療、鼻の病の原因と症状、鼻の病の治療術、カタル（ふつうの風邪？）の症状と医療、頭部に特有の病の症状と、頭部の病の治療術について記述がある。

同章は「サーラキヤ・タントラ」（眼、耳、鼻、および頭の病に関連する簡単な外科手術）をもって終る。この章では主として症状、種々の三ドーシャ《トリ》にまつわる病理学、それから医学的治療術などが長々と議論されている。

第二七章から第三八章は、「カウマーラ・ブリトヤ・タントラ」、すなわち小児の病の診断法と治療術についての章として描写される。

色々の章が、九匹の有害なグラハ魔に帰せられる、幼児期の九つの病の特徴を扱っている。同箇所はスカンダグラハの発作の治療術、スカンダパスマラの発作の治療術、シャクニの発作の治療術、レーヴァティーの発作の治療術、プータナーの発作の治療術、アンダ・プータナーの発作の治療術（一般に、補遺部（「ウッタラ・タントラ」）は、龍樹が『スシュルタ・サンヒター』にこれを追加したと考えられている。この考えは、仏僧の三衣の一たる「比丘僧伽梨《ビクシュサンガーティー》」の語が、アンダ・プータナーの治療上の燻蒸消毒のために用いられている証拠によって、よく裏付けられ得る—『スシュルタ・サンヒター』「ウッタラ・タントラ」三三、四）、シータ・プータナーの発作の治療術、そしてナイガメーシャの発作の治療術を扱う。

小児の病について扱う同章は種々のグラハ魔、そして彼らの起源と子供の健康におよぼす影響について描写する。子供の病を治すときの、呪《マントラ》の唱誦の利用についても記述されている。同章はまた、女性生殖器の病の症状と治療術も扱う。彼らが様々なドーシャに関わっていることが描写され、また地方に固有の様々な薬剤を用いた医療が示される。

ここに、主として幼児の病と女性外性器、および病気の治療術が含まれる「カウマーラ・ブリトヤ・タントラ」は章を閉じる。

第三九章は熱をめぐって、その原因、病理学、および熱の特殊療法について詳細に記述する。熱《ジュヴァラ》は「汗の流れの停止、（皮膚の）熱の上昇、全身の痛み、そして四肢の痺れの感覚に特徴付けられる病気が熱とよばれる」と定義される。[74]熱の種類と症状は（一）**ヴァータジャ熱**：悪寒、異常な熱の発作、喉、唇、口の渇き、不眠、全身の痛みが特徴。これは身体の乱調な風《ヴァーユ》による。（二）**ピッタジャ熱**：高熱、少量の下痢、上気道の炎症、うわごとを伴う発汗、失神の発作、舌がヒリヒリする感覚等が特徴。（三）**カパジャ熱**：四肢のだるさ、悪寒、吐き気、睡眠障害、嘔吐、眼の白濁等を生ずる。**（四）三《トリ》ドーシャ熱**：これは身体の三ドーシャ全ての乱れによる。描写される重要な特徴としては不眠症、眩暈、呼吸困難、眠気、脱水症、舌の黒色被膜、頭痛、うわごと、発汗とがあり、末期的には昏睡状態に陥る。

これらの他に、他の特殊な熱も描写されている。

アビニヤーサ熱（ヘータウジャーサ熱）：独特な熱として記述される。ドヴァンドヴァジャ熱は、いずれか二つのドーシャの乱れによって引き起こされる。

ヴィシャマ熱：ヴィシャマ熱（腸チフス）についての詳細な描写がある。病期は間断ない（継続的な）七、一〇あるいは一二日の期間と記述される。病期の他、熱は二日、三日あるいは四日毎に高まる。

アーガントゥカ熱は外部からの打撃あるいは怪我によって引き起こされる熱である。毒の作用や、花粉を鼻から吸うこと（花粉症）で起こる。

ガンビーラ熱：この熱の症状は、熱が出てもたらされる事態が絶望的様相を呈することである。全身燃えるような感覚、脱水症、便通の停止、呼吸困難、あるいは呼吸や咳による痛みが特徴。

熱の治療はヴァータジャ、カパジャ、ピッタジャ、三ドーシャジャ（ママ）、あるいは二《ドヴィ》ドーシャジャという熱の種類に依る。熱が出たときの絶食は、最良の治療法として奨励され、ことに嘔吐を伴うときはそうである。熱の予後が体力消耗を伴うときには、絶食は禁じられる。成功している絶食は、自然に小便が通じ、摂水と食欲が増え、身体が軽快になるなどする一方、絶食が過度におよぶときには、体力低下、脱水症、乾燥の増大、不眠症、眠気および疲労という結果をもたらす。ぬるま湯（か熱い湯）はカパの集積を分解し、身体の乱調のカパ、ピッタ、あるいは風をその正常な状態に回復させてくれる。服用《ペーヤ》は湯で煮られた、様々な薬剤のことについてである。消化剤の服用では、脱水症を緩和し、嫌な感じの味覚を除去し、熱に効果があるものが投与されるべきである。熱が出て七日目と指示されている。様々な薬剤と調合された煎じ薬も、同様に効き目がある。

パクヴァ熱：身体の軽さ、大小の自然な便通が特徴。消化における乱れを示唆している。別名アーマ熱。

第六〇章は、下痢の症状と治療法を記述。

第六一章は、癆《ろう》の症状と治療法を記述。

第六二章は、グルマの症状と治療法を記述。
第六三章は、心臓病の症状と治療法を記述。
第六四章は、黄疸の症状と治療法を記述。
第六五章は、大出血の症状と治療法を記述。
第六六章は、失神の発作の症状と治療法を記述。
第六七章は、アルコール中毒の症状と治療法を記述。
第六八章は、脱水症の症状と治療法を記述。
第六九章は、嘔吐の症状と治療法を記述。
第七〇章は、しゃっくりの症状と治療法を記述。
第七一章は、喘息の症状と治療法を記述。
第七二章は、咳の症状と治療法を記述。
第七三章は、嗄声《しゃがれ》の症状と治療法を記述。
第七四章は、寄生虫の症状と治療法を記述。
第七五章は、ウダーヴァルタの症状と治療法を記述。
第七六章は、ヴィシューチカーの症状と治療法を記述。
第七七章は、アローチャカの症状と治療法を記述。
第七八章は、尿の停止の症状と治療法を記述。
第七九章は、尿障害の症状と治療法を記述。
第八〇章は、超自然的な力を通じてもたらされる病の症状と治療法を記述。

第八一章は、アパスマーラの症状と治療法を記述。
第八二章は、精神障害の症状と治療法を記述。
第八三章は、六つの別々なラサの異なる併発症を記述。
第八四章は、健康の習慣を記述。
第八五章は、同論書で用いられる専門用語を記述。
第八六章は、別々なドーシャの異なる変化を記述。

同書のはじめの方に記載のなかった諸条件は、「ウッタラ・タントラ」の色々な章で詳細に議論される。『スシュルタ・サンヒター』における龍樹の貢献を裏付ける、多くの証拠がある。『スシュルタ・サンヒター』自体が、このことを裏打ちするのである。以下は、支持を表明する意見のいくつかである。

『スシュルタ・サンヒター』と龍樹についてのもういくつかの批評

バーナード・クォリッチ（一九二二）に拠れば、「龍樹は大乗部派の開祖にして、『スシュルタ』原本の編者であった」[75]。クトゥンビア、P（一九六二）は、その古代インド医学についての著書で、以下のように述べる。

『スシュルタ』の原著は五節のみから成り、主として外科的な事柄を扱う。後代、匿名の著者が、古い『スシュルタ』が顧みなかったあらゆる主題を扱った『ウッタラ・タントラ』とよばれる補遺部をものした。ダッラハナに拠れば、この匿名の著者は龍樹であると信じられている。彼を、カニシカ王と同時代人であったといわれる同名の高名な仏教の祖師と比定する人もいる。『ウッタラ・タントラ』著者は序文で次のように言う。「この部分は、その病―すなわちヴィデーハ王が語る『サーラキヤ・タントラ』（眼、耳、鼻、および喉の病）の主題を形成するもの―の浩瀚で多岐に渡る一覧の明確な記述の内に成り立つ」。幼児と女性に特有の病（カウマーラ・ブリトヤ）の病因学と症候学等、また古の聖賢の手に成る一段と優れた医術実践の六冊本（『カーヤ・チキッツァー』）に言及された、それらの病についての病理学等、そしてウパサルガ（例えば鬼神学《ブートーパサルガ》）として知られる病、および外傷性起源の病もまた、この補遺文献に含まれる(76)。

クトゥンビア、Pはさらに追記する。「スシュルタの元の著作の改訂増補版を龍樹に帰する、インド医学の伝統が存在する。もし彼が、カニシカ王と同時代人であったといわれる同名の高名な仏教の祖師であるなら、事実上、彼の時代はチャラカのそれと一致することになるだろう(77)」。

マウリヤ王朝時代以前からクシャナ時代までの医学の古代史を批評して、ミトラ、ジョーティル博士（一九七四）は明確に指摘する。

　クシャナ時代に、カニシカ王は馬鳴《アシュヴァゴーシャ》、龍樹、世友《ヴァスミトラ》、および脇尊者《パールシュヴァ》を含む複数の優れた人物達に、寛大な庇護を与えた。馬鳴の『仏所行讃《ブッダチャリタ》』は、『チャラカ・サンヒター』の元々の師匠筋に当たるアトレーヤを賞賛する。龍樹は『スシュルタ・サンヒター』（『スシュルタ・サンヒター』一・一へのダッラハナの注釈を参照）に反応し、補遺を加えた(78)。

彼はさらに付記する。「大乗の教義の大唱道者たる龍樹と名高き医者のチャラカは、おそらくカニシカ王の宮廷で活躍したのだろう(79)」。

龍樹については、すでに議論の的であったが、ジョーティル・ミトラはさらに情報に追加する形で述べる。

『スシュルタ・サンヒター』の改訂者、龍樹：『スシュルタ・サンヒター』の有名な注釈者たるダッラハナ（紀元一一世紀）は、龍樹がこの概論の改訂者である（*prati-sanskrta api iha Nagarjuna eva*）と説く。一般に、補遺部（「ウッタラ・タントラ」）は、龍樹が『スシュルタ・サンヒター』にこれを追加したと考えられている。この考えは、仏僧の三衣の一たる「比丘僧伽梨《ビクシュサンガーティー》」の語が、子供の病たるアンダ・プータナーの治療上の燻蒸消毒のために用いられている証拠によって、よく裏付けられ得る。だが、彼が大乗哲学の説法師にしてカニシカ王と同時代人であるのか、あるいは王舎城《ラージャグリハ》近郊に位置したナーランダー大学の化学の師匠たる、錬金術師の成就者龍樹《シッダ・ナーガールジュナ》と同一人物なのかということはいとも容易にわかる。それゆえ、大乗哲学についての最初期の著者であるのは龍樹であり、彼については諸伝承が、馬鳴についてのものよりもなおさらに混乱しているのだ。漢語とチベット語文献の著者達が提供する記述は、すべてインドの典拠に由来しており、それはサータヴァーハナ王の同時代人たる、有名な錬金術師にしてタントラの師匠のナーガールジュナと、大乗哲学の唱道者たる、哲学者龍樹とを混同してしまっていた。ターラナータとプトンの歴史書にある情報は、ほとんど哲学者龍樹ではなく、タントラの師匠の方に関連しているようである。鳩摩羅什《クマーラジーヴァ》による伝記（漢語、紀元四〇五年）は、いかなる詳細で確かな情報も提供しない。あらゆる伝承が、龍樹がその傑出した知性を浮き彫りにしている『二万五千頌般若《パンチャヴィンシャティサーハスリカー・プラジュニャーパーラミター》』に注釈を書いたと述べる。彼は『勧誡王頌《スフルルレーカ》』、『方便心論《ウパーヤフリダヤ》』、『ジーヴァナ・スートラ』といった様々な著作をものした。複数の仏典に、仏陀の般涅槃後、四〇〇年後に龍樹が生れるであろうという、仏陀の予言が含まれている。もし仏陀の般涅槃が紀元前四八三年に起きたのならば、哲学者龍樹の活動した時代は、およそ紀元一世紀と比定されよう。われわれはこの見解に従い、また『スシュルタ・サンヒター』の改訂者が、この紀元一世紀に活躍した龍樹と同一人物であると、確信するものである。(80)

『スシュルタ・サンヒター』への龍樹の貢献は、古代インド医学に関連する著者、あるいは『スシュルタ・サンヒター』の注釈者達のほとんどが、これに言及している。『スシュルタ・サンヒター』について評しつつ、モーミン・アリは以下のように記す。

『スシュルタ・サンヒター』の年代を考慮すれば、『チャラカ』と比較してその形式は、書かれた時代がより下ることを何がしか示している。現存の『スシュルタ・サンヒター』は一般に、「補遺部《ウッタラ・タントラ》」を追加したといわれる有名な仏教徒の龍樹による、比較的新しい組み入れであると信じられている。もし長年の議論を有効と認めるなら、『スシュルタ・サンヒター』の年代はその主要論題であったのである。(81)

さらに水銀の使用について以下のように述べられる。「水銀使用のために、ある個所(「ウッタラ・タントラ」第一三章)で水銀の均等な部分を取り、水を送り、そしてそれと同じ重さのアンチモンおよび樟脳と一緒に洗眼剤にするための指示が与えられている(82)」。

錬金術の歴史的諸側面についての論文を要約しつつ、モーミン・アリは以下の通り結論づける。

このように一番最初には、不死を約束する薬草学が存したに相違ない。それから、効き目を高めるための薬草・鉱物の調合がくる。そして、不死の薬としての水銀剤が用いられ、このようにして、錬金術は登場した。薬草および薬草・鉱物の錬金術《ラサヤーナ》と水銀剤の錬金術の全ては、錬金術に関して同一のものとなったのである。(83)

『スシュルタ・サンヒター』を龍樹と相関させて、フィリオザ、J(一九六四)は次のように評する。

『スシュルタ・サンヒター』の伝統―「歴史的ではない」（ヘルンル）『スシュルタ』という人物に関しては、『スシュルタ・サンヒター』それ自体が、特定のスシュルタという人物の個人的著作ではなく、スシュルタをその庇護者に選択したある学派の、匿名で編纂された手引書という様相を呈している。まさにその伝統から、この手引書が少なくとも一度、加筆修正されて伝わっていることが知られている。注釈者のダッラハナ（紀元一一―一二世紀）は、龍樹が『スシュルタ・サンヒター』の再編者（*pratisanskrta*）であることを、事実上支持している。コルディエは、龍樹がまた、現在サンヒターの一部を形成し、同書の最終章たる「ウッタラ・タントラ」として知られる、その最終章を同書に加えることで、従来の本文を完成させたのだという仮説を提出している。(84)

スシュルタ、龍樹、そして彼らの貢献について、ジャッギ、O・P（一九七三）は次のように記す。

古代インド医学は、新旧二人のスシュルタについて記述している。この新しい方のスシュルタが誰なのか、そしていつの時代に生きたのかということは、やはり明確にはわからない。インド医学の伝統は、スシュルタの元々の著作が、龍樹によって改訂増補されたとする。スシュルタとは、龍樹の異名であるのか。もしそうであるなら、この龍樹はどの時代に生きたのか？　現段階でわかる範囲では、いかなる回答も単なる憶測の域を出ぬであろう。(85)

ムコーパディヤーヤ（一九八七）はその著書『ヒンドゥー教徒の外科器具』で『スシュルタ・サンヒター』の著者スシュルタの地位を明らかにしていた。彼は現在利用可能な系譜とは異なる位置にスシュルタを置く。彼に拠れば、スシュルタはラーマと同時代人の賢者ヴィシュヴァーミトラの息子であった。彼はベナレス王ディヴォーダーサ、別名ダヌヴァンタリから、そのヒマラヤの庵で医科学を学んだ。ディヴォーダーサは、有名な天界の神々の医者たるダヌヴァンタリの化身で、初めてこの世界に治療の技術を提起したのである。スシュルタが外科学派を代表していた一方で、チャラカは際立って内科医であった。実際、書物の執筆上、両者の意見は異なる。ダヌヴァンタリは、スシュルタが同書で再編している主要外科学についての講義で、スシュルタに語りかける。しかし、同書の冒頭数行では、敬礼はブラフマー、ダクシャ、アシュヴィン双神、インドラ、ダヌヴァンタリ、スシュルタその他に捧げられている。このことは、スシュルタが同書あるいは少なくとも現在の形での同書の著者ではあり得ないことを示している。なぜなら、いかなる著者も自分自身に帰敬するなどということはあり得ないからである。これは疑いなく他の者によるものであり、すなわち外科の科学を実践し教えていた有能な医者で、スシュルタと同時代か後代の人による行為であったことを意味していた。おそらく、元の『スシュルタ・サンヒター』は書き直され、その改訂者は適切に元の著者と、ダッラハナ師《アーチャーリヤ》の注釈に銘記されているインド医学の伝統とに帰敬することができたのだろう。そしてその注釈は、スシュルタの元の著書の増補改訂版を、サータヴァーハナ王と同時代人だといわれる、名高き仏教徒化学者たる龍樹に帰するのである。[86]

ムコーパディヤーヤ（一九八七）はさらに付記する。

> 第三章で、スシュルタは自身の記述する主題を列挙する—すなわち、この章は同書の目次を形成している。その箇所で彼は自著の主要五部門に言及し、「補遺部《ウッタラ・タントラ》」が後で記述される、と説く。そして今や、その第六部門が「補遺部」（すなわち「論書《タントラ》・の後《ウッタラ》」）として付録に付けられたという事実は、それが後代、別な医者によって書かれ、元の論書に追加されたということを明らかに示している。もし、スシュルタ本人が自著の第六部門を望んでいたなら

ば、彼はそれを目次にて明確に言及したろうし、自身の著作が五部から成ると述べた後に、「補遺部」が後で記述されると補足しはしなかっただろう。つまり、それはどうやら改訂者が自身の改版を著者その人の著作として通用させるためにした、追加物の挿入であるようなのだ。それからまた第五章の終りに、アーユルヴェーダの重要性を説く件りがあり、それは著者が同書の結論を意図したものであった。彼はまた記す―このように一二〇章が記述されたが、さらに付記して曰く、「他の病気は『ウッタラ・タントラ』で説かれるであろう」。この後半部が、疑いなく追加物の挿入に当たるであろう。(87)

龍樹をより早い時代に措定することは、これをムコーパディヤーヤ（一九八七）がさらに支持している。「われわれは暗に、仏教徒化学者たる龍樹が『スシュルタ・サンヒター』の改訂者であるとしてきた。彼はおよそ紀元前一世紀に、カニシカ王の同時代人であったといわれる」(88)。

スシュルタの医学概論《アーユルヴェーダ・サンヒター》の偉大な教科書について、今のところ、ただ一つの完結した注釈書があるばかりである。それはダッラハナの『ニバンダ・サングラハ』である。同書は一八九一年にカルカッタで、ジーヴァナンダ・ヴィドヤーサーガラから出版された。ダッラハナは自身の注釈書を、スシュルタの教科書についての『編纂物綱要《ニバンダ・サングラハ》』と称する。「ニバンダ」の語の意味は彼の「ある特定の読み《パタ》は同書の数多の写本《プスタカ》に見出されるが、いかなる注釈書《ニバンダ》にもみられなかったりする」という発言に表れている。さらに、彼は『スシュルタ』についての注釈書全ての綱要を示したと主張している。

ダッラハナはある箇所で、「あらゆる注釈書を極めた後、彼はパンジーカラの根拠についてのある特定の読みを採用した」と述べる。これはおそらくガヤダーサ（*sarva-nibandha-ojivina maya panjikarrapathitavat pathotah*）のことであろう。彼は同様に、最終章（「ウッタラ・タントラ」）の第六二章に、自分が能う限りの注釈書群全体について説明したと述べており、このダッラハナの首長に特段疑うべき余地はない。だがもちろん「存在するあらゆる注釈書」というのは、彼が知っていたかあるいは利用することのできた注釈書全て、だと何が何でも言い張るものではないかもしれない。ダッラハナはその注釈書の序文で、自身「あらゆる」という語で含めるところの著作《ニバンダ》を列挙する。すなわち以下の五つである
—

一　ジャッジャタの注釈書《ティーカー》
二　バースカラの注解《パンジカー》
三　シュリー・マーダヴァの語彙集《ティッパナ》
四　マーダヴァの注解
五　ブラフマデーヴァの語彙集

ダッラハナは自身の注釈書の主たる典拠として、上記の五つに言及していたが、また以下に示す複数の名称を、自身の注釈書の途中で引用してもいた—

著者	龍樹に言及する回数
一　チャラカ	二回
二　ハリタ	一回
三　ジャトゥーカルナ	一回
四　カーシュヤパ	一回

五	クリシュナートレーヤ	一回
六	マダサウナカ	一回
七	龍樹	二回
八	（両方の）ヴァーグバタ	およそ二五回
九	ヴィデーハ	およそ八回
一〇	ハリシュチャンドラ	二回
一一	ボージャ	およそ一四回
一二	カールッティカクンダ	およそ一五回
一三	ジャッジャタ	およそ七三回
一四	ガヤダーサ	およそ一五三回
一五	ブラフマデーヴァ	およそ一〇回

最初の九つの名前は、自分自身で書いた教科書（サンヒターあるいはタントラ）の著者か、著者でないスシュルタの教科書の注釈者のものである。今問題にするところのつながりでいえば、彼らは一旦隅に置いてよい。なぜなら前述の通り、ダッラハナが言うのは彼が『スシュルタ』の解釈書《ニバンダ》とよぶところの摘要書であるからである。

ヘルンル、ルドルフ・A・Fは同研究に多大な興味を示し、古代インドの医科学研究に貢献した。チャラカと龍樹の著作を比較しつつ、彼は以下のように記す。

チャラカと龍樹：ある伝承（シルヴァン・レヴィ教授が発見、『インド古物研究』、第三二巻、三八二頁／『ウィーン東洋学報』、第一一巻、一六四頁）に拠れば、有名な「インド－スキタイ人」のカニシカ王の医者は信頼されていたようだ。残念ながら、カニシカの年代は未だ議論の的であり、紀元前一世紀から紀元三世紀まで見解は分かれる（V・A・スミス、「デカン前史」、D・R・バンダルカル『王立アジア協会ボンベイ支部雑誌』、第二〇巻所収、二六九頁以下参照）。管見の限り、証拠は圧倒的にカニシカの治世が二世紀中葉、紀元一二五―一五〇年頃であったことを示している。スシュルタの元の著作の改訂増補版を龍樹に帰する、インド医学の伝統が存する（スシュルタの概論（編：ジーヴァナンダ）に対するダッラハナの注釈書、二頁、およびコルディエ博士の『ルセント・デクーヴェルト』、一二頁、一三行目を参照）。もし彼が、カニシカ王と同時代人であったといわれる同名の高名な仏教の祖師であるなら、事実上、彼の時代はチャラカのそれと一致することになるだろう。したがって、アグニヴェーシャとスシュルタの元々の概論は、まさに同時期に改訂・再編されたのであろう。(89)

スシュルタの概論の本文が、時を経て、どうにも混乱に陥ってしまい、改訂もしくは再編が必要になったということは、よく知られた事実である。幾度ものかかる改訂あるいは再編が、異なる時期に遂行されたに相違ない。そしてその最初の再編が、「補遺部《ウッタラ・タントラ》」の追加がなされたとされるものであったのかもしれない。これは伝統的に、紀元二世紀の龍樹に帰せられる。『チャラカ』も『スシュルタ』も存在しなかった、伝統的文献たる『ヤージュニャヴァルキヤ法典』のおおよその年代が紀元三五〇年頃まで遡ることに鑑みて、もし龍樹がスシュルタの概論の本文に何かしらの再編を施したとすれば、骨についてのスシュルタの論述の明確な再編を彼が行ったとすることはまったくできない、ということになる。(90)

医学のアーユルヴェーダ的体系が『チャラカ・サンヒター』と『スシュルタ・サンヒター』という二つの主要な文献で議論された。後者はより科学的かつ体系立っており、龍樹がこれを書いたと信じられている。古代史においては年代がほとんど必ず論争の的となるが、チャラカの著作は一―二世紀に、スシュルタのものは四世紀に属するようだ。[91]

シャルマ、P・V（一九八七）に拠れば、

しかるにスシュルタは、外科手術についての権威ある論書を書いた唯一の開業医ではなかった。スシュルタと同時代に、他の著者達（パウシュカラーヴァタ、アウラブラ、そしてアウパデーナヴァ）もまた外科手術についての著作を編纂したという、議論の余地のない文献内の証拠がある。さらにスシュルタの書の様々な注釈者達が言及する多数の著者達とは別に、スシュルタ自身が引用する他の六人の外科論書の著者達がいる。むろん、スシュルタの書自体が元のものが改訂されて出回っており、そうでなければ、初っ端の第一行から、他の者達に紛れて、スシュルタ自身への敬礼がありなどはしなかったであろう、ということを忘れてはならない。だが『スシュルタ・サンヒター』にその名が登場する医者達は皆、仏教以前の時代に属していたということに、疑いの余地はない。[92]

紀元前には、中国とインドの間に、絶え間ない交流があった。訪問した旅行家、使節、そしてかの仏僧によって、中国は彼らとともに、贈り物として古典籍を得た。『スシュルタ』のこの主題についての章とのつながりで、紀元六八四年に、中国の皇帝がある使節をインドに遣わし、この役人がある医者に会ったところ、彼は自分が二〇〇歳であり、不死の霊薬の調合法を保持していると語り、このことを聞いて、二番目の使節が賢者の石の捜索に派遣された、ということも銘記しておくべきだろう。[93]

アワデー、ディークシトは龍樹とラーマギリ（現代のラームテク）を相関づけた。彼に拠れば、ラーマギリの僧伽藍《サンガーラーマ》での滞在中に、龍樹は複数の医科学上の重要な発見をした。龍樹山上と周辺地帯には、人間の病に効く薬草として価値がある、いくつもの植物が生えている。龍樹は薬草類からの抽出物を配合する手法を開発し、これらはチベットの医書に記述されている。医学分野における知性と倦むことのない努力を兼ね備えた龍樹には、長寿をもたらすことのできる調合剤を発見することができ、これは全て彼の洞窟から程近い工房でなされたが、その場所が正にどこであるかは、現在に至るまで未発見のままである。やがて、もしこの場所が見つかった暁には、古代の化学とインド医学の錬金術論書《ラサヤーナシャーストラ》および錬金論書《ラサシャーストラ》の知識における革命が起るだろう(94)。

『スシュルタ・サンヒター』はわれわれにとって、外科手術の知識の主要典拠である。同文献はおそらく『サルヤ・タントラ』として知られ、「ウッタラ・タントラ」の追加によって膨らまされたものであろう。インドの伝統は、龍樹が同文献の再編に功績ありとする。

龍樹と眼科学

錬金論書に加えて、龍樹はまた眼科の科学にも貢献した。元の『スシュルタ・サンヒター』に龍樹が追加したものとして認められている「ウッタラ・タントラ」は、眼球の解剖学、眼科の病およびそれらの特殊療法について詳述する。デシュパンデー、ヴィジャヤー(95)（二〇〇一）は古代インド医学とその中国への伝播についての彼女自身の論文で、龍樹が考案した眼科学の詳細を描写していた。漢語の眼科学書における龍樹について記述しつつ、彼女は次のように記す。

紀元六世紀よりこの方、インド医学、殊に龍樹の眼科学に言及した漢語文献が複数あるようだ。また、四から五世紀間に亘って中国に現れた、眼科学についての三つの有名な著作は、インド医学と関連していた。まず唐王朝の時代に、紀元七五二年に編まれた、インドにおける眼科学の古典が登場した。少し遅れて『龍樹菩薩眼論』と冠する他の文献があった。これは八世紀中頃に書かれたに相違ない。これこそ前述の詩に言及されたものに他ならない。そして他にもまだ、紀元一二世紀に龍樹の完全な論書の名で、一早く登場した著作もある。……インドの影響の結果、中国の眼科学で多くの新たな流行がみられた。スシュルタは眼病を様々な作法で分類したが、そのうちの一つは眼の形態に依るものであった。当時、他の古代文化では病は症状のみに基づいて分類されるものだったので、これは新しい研究方法であった。解剖学に基づく分類は、中医学に疾病分類学（病気の分類）の新概念を吹き入れた。今指摘するところの治療とは、すなわちインドの外科手術の手法と、中国古来の内科の手法とを組み合わせたものであった。処方に特定の薬が含まれること、つまり「*An mo le*」と称する、すなわちアーマラカや、「*He li qin*」すなわちハリータキー、眼《チャクシュス》「*Jue ming zi*」すなわちジャターマーンシ、あるいは漢語の「*Ma xi*」「*huang lian*」などは、二つの医学の系統の、有益な統合をさらに示唆するものである。眼科学的外科手術が、その全側面に亘って、当時の中医学に導入された。中国に導入された全ての外科処置のうち、眼科学的手術というのは、金針を用いた白内障の除去のことであり、大いに注目を集めた。これは成長した白内障の術例ですこぶる有効であったので、優れた、そしてほとんど魔術的な手法であると考えられた。概して、治療アプローチ、その種々の段階、そして用いられた外科器具までもがどれも似通っていた。今や外科手術の様々な側面が考慮されるようになった。これには手術に適切な時間と場所、手術に先立つ注意と警告、外科手術の禁忌、手術での正確さ、成否の告示、包帯・規定食・転所を含めた術後の世話等が含まれていた。このように、インド医学は中医学、なかんずく、紀元七世紀以降の外科手術の発達に主導的な貢献を果たした。古代インドの医者達は、病変、患部、症状、および病因論に基づいて、眼病を診断せんと試みた。眼内部の機能、すなわち視神経の機能、あるいは眼房水の流れと眼球内の圧力の関係といった、これら全ては当時未知のことであった。それでも彼らは眼の萎縮症および緑内障のごとき病気が、白内障とは異なると認識していた。彼らはその経験から、このことを認識することができた。彼らは眼の萎縮症と末期の緑内障は治せないことを知っていた。上昇した眼球内の圧力の一時的緩和は、時として蛭を用いた瀉血によって果たされた。……

……古代インド哲学の現代眼科学との関係は明瞭でないが、眼の解剖、病因研究、外科治療処置の基本原理、すなわち白内障混濁および腫瘍のようなポリープの除去、眼瞼内反の症例での瞼の脱毛および剥離、緑内障の症例での瀉血による眼球内の圧力の緩和、それから使用時に有糸／減数分裂あるいは殺菌を伴う薬剤の処方箋に基づく疾病分類学は、基本的に全て現代の病気とその治療法理解と一致するものである。これは同医学の発展における、一発達段階を示すものである。これを何か時代遅れなものとして無視する傾向の者がいる一方、これを古代インド文化の功績として美化する者もいる。そうではなくて、眼とその病に関連する、蓄積された種々の知見の体系的集成、それから他の文明にとっては、眼科科学の黎明を告げることになった、その合理化の最初の試みの一つとして認識されるべきである。

……インド眼科学の中国医学界への影響は、かくも多面的であった。それは暦紀元の最初の数世紀に、医療哲学についての幾許かの乏しい思想とともに始まり、相当量のインドの知識が中国眼科学書へと浸透して行った紀元一四世紀まで続いた。この刺激を受けた後、中国眼科学はその後数世紀を通じて、際立った進展を成し遂げた。このことは後代の元、明、清王朝時代にも著述・編纂され続けた、数々の眼科学書のなかで言及されている。……

……インドの知識の流入は、中医学における別個の学問としての、眼科学の確立のための基盤を提供し、千年におよぶその発展における支配的な要素を、医療哲学、病因学、疾病分類学、診断法、治療、医学書および医学教育といったその様々な側面のうちに残した。眼の手術に対して、おそらく西洋の手術が入ってくるまで、インドからの輸入物が唯一の支配的要素であり続けたのである(96)。

サータヴァーハナ王と同時代人の一世紀の龍樹が唯一、眼科学を含む医科学に多大な貢献をなした龍樹菩薩であると考えられた。眼科の科学は一二世紀までにさらなる進歩を遂げ、従来の著者名たる龍樹が残存した。後代の『スシュルタ・サンヒター』への改訂増補としては、その『スシュルタ・サンヒター』に関連してのみ、龍樹の名前が残っている。

龍樹と古代仏教の学修中心地

居住用の複合構造物《コンプレックス》であった寺院《ヴィハーラ》と僧院はまた、集会形式の学修組織が仏教の時代にはじまり、仏教の学修の中心地となった。おそらくこれらはアショーカ帝国の時代には、インド内外に散らばった沢山のものがあった。仏教衰退と王家の庇護の喪失とともに、反仏教運動家がこれら全ての中心地を破壊し、やがてそれらは打ち捨てられたままになってしまった。一、二のものは、地面や生い茂った厚い密林の蔽いの下に隠れ、仏教遺跡のほとんどを見えなくさせてしまった。中国人旅行家達が示した記述と距離とに基づいて、これらの位置を辿ったイギリス人考古学者達には感謝せねばならない。

ヴィダルバにおける仏教の学修中心地（1）

マンセルｰラームテクの仏教遺跡は、大英帝国の時代に特定されたものとみなされ、多くの学者達の注意を惹いたが、自制的な力が探査を妨げてしまった。ヴィダルバにおける仏教の学修中心地の存在は考察されていたが、それがどこであるかは解明できなかった。近年遂行された発掘は、マンセルｰラームテクにあった仏教の学修中心地を裏付けた。残念ながら、同遺跡で振るわれた破壊が、元来どの遺跡であったのかを変容させてしまった。同地の龍樹山《テークディ》と龍樹の医科学への貢献は、もし体系的に相関づけられるならば、龍樹が発展させ、錬金論書《ラササシャーストラ》が龍樹がその達人であったために教授されていた科目の一つであったこの学修の中心地に、多大な光を投げかけるものである。残された土地には、このことを裏付けるだけのいとも多くの考古学遺跡がある。考古学の専門家と献身的な生物考古学者達による大規模な発掘と、発見物の適切な評価が、この問題をもっと解明して行く手がかりとなるかもしれない。時が経てば、マンセルーラームテクにおける栄光ある学修の中心地が明らかになり、またナーランダー大学とラシュ・シャラを発展させるという構想が、おそらくマンセルーラームテクをその下敷きをしていただろうことも明かされるはずだ。

ナーランダー

龍樹が七歳であったそのほとんど人生の揺籃期から、彼はここに入っていた。その幼少期に僧統に連なったことが、彼の命を救ったのである。彼は後に同大学の監督者の一人となった。素晴らしい運営により、またおそらくすこぶる研鑽に励んだことによって、首座亡き後、彼がその顕位を襲った。その活動期に、彼は数多くの祠堂《チャイトヤ》を建立し、また科学、医学、天文学および錬金術についての数々の著作をものした(97)。

ダッタ、S（一九六二）に拠れば、「玄奘がナーランダーが大寺《マハーヴィハーラ》および本格的な大学となる前、六世紀よりも早くに確かに活躍していた何人かの大乗の師達《アーチャーリヤ》、すなわち龍樹その他の師達と並んで列挙した名前を伝承は説く」。ダッタはさらに追記する。「当時存在していた一八の部派全てが、ナーランダーの学生達には許されていた。同大学で教えられていたと言及される五つの学問は、一、因明《ヘートゥヴィドヤー》（論理学）、二、声明《シャブダヴィドヤー》（文法および哲学（ママ））、三、医方明《チキッツァーヴィドヤー》（医学）、四、呪術明（『アタルヴァ・ヴェーダ』）、五、サーンキヤ（一哲学体系）である(98)」。

医学（医方明）の科目および『アタルヴァ・ヴェーダ』（呪術）は独立した科目として教授されていたが「アーユルヴェーダ」という名の科目への言及はなく、その用語は当時受け入れられていなかったか、存在しなかったということを明確にしておく必要がある。

インドの傑出した知性の持主や創造的天才の何人かは、様々な時代のナーランダーの教師であった。玄奘の時代の僧院長は（南ベンガルの）サマタタの王子で、ヨーギンとなるために世を捨てた戒賢《シーラバドラ》であった。大化学者龍樹は、その有名な弟子たる、仏教の中観学派の開祖（ママ）聖提婆《アーリヤデーヴァ》とともに、長年ナーランダーの教師であった。(99)

ムケルジー、ラーダー・クムドはさらに付記する。

ナーランダーが仏教の学修中心地として栄えていた時にその僧院長にまでなる教師が、ヨーギンとなるために世を捨てたなどということは、想像の範疇を超えており、同書の中で「馬鹿げた考え」であるという簡単な言葉で、議論の余地なしと片付けられている。『妙法蓮華《サッダルマプンダリーカ》（経）』などのように、大乗《マハーヤーナ》もまたサンスクリット語をその伝達媒体に用いている。これは婆羅門龍樹（紀元二〇〇年頃）と、大乗にヨーガを導入した、ペシャワールの婆羅門無著《アサンガ》（紀元三〇〇―三五〇年）によって体系化された。仏教のタントラの著作もまた、サンスクリット語で書かれた。(100)

これは、いかに龍樹が誤認の影響を被っているか、ということを示す一例である。同著者は一方で、ヒンドゥー教の一部であったことがない大乗仏教に言及しているが、他方龍樹と無著を婆羅門としてしまうことで、その素性を完全に変えてしまっている。龍樹の著作のほとんどがサンスクリット語で書かれた、というのは正しい。「ヨーガ」という語の導入も、ヒンドゥー教文献ではよく受け入れられているが、仏教ではさほど一般的ではないのである。仏教の瞑想法は元雄も科学的なものとして描写され、多くの点でヒンドゥー教のものと異なるのである。

またそれゆえ、シッダールタ王子も龍樹も『空性《シューンヤター》』が指し示すところのみを説いたのではなく、瞑想者が直接に全き体験を理解することを可能にする仏教徒の瞑想療法を宣揚したのである。この立脚地から、唯一の、絶対もしくは究極の真実とは経験そのものなのだと議論して、龍樹はシッダールタ王子の教えを体系化し、それゆえに全ての象徴、あらゆる概念はただ相対的な、もしくは経験上の真実しか扱うことができぬのだ、と説いた[101]。

ナーランダーにおける龍樹の活動についてのチベット語資料からは、ラマ・チンパが次のように批評する。

> ナーランダーのような大僧院は、その元の姿をとどめていなかった。それら仏教の中心地で、仏陀の教えは無視され、律《ヴィナヤ》の徒は忘れ去られていた。ナーランダーの教師《ウパーディヤーヤ》として、龍樹は自身の管理能力をの高さを実証した。彼は僧院から約八千の堕落した僧侶を追放し、律の掟に則ってナーランダーの機能を整理し直した。……ターラナータは、龍樹が特に戒律を破ったこれらの比丘《ビクシュ》と沙門《シュラマナ》を、僧院（ナーランダー）から追放することによって声聞《シュラーヴァカ》達を大いに助け、やがて僧伽《サンガ》内で大きな影響力をもつようになった、と伝える。

さらには、

> 僧院からの堕落した僧侶達の追放は、ナーランダーに残った僧達の戒律と、学修の質の向上をもたらした。龍樹

はナーランダーに居住する学者達の生活水準が、直接間接の財政援助によって改善されねばならない、という信念の下取り計らった。錬金術師として、彼は卑金属を金へと変え、また独りナーランダーは長年に渡り、五〇〇人の大乗の教理の師達を養うことができた(102)。

ナーランダーについてファーガソン博士は次のように記した。「中央インドにとってナーランダーは、ちょうど、中世フランスにとってのクリュニーとクレルヴォーと同様であり、あらゆる真実の知識の宝庫、そしてそれが他の全ての仏教国へと広まって行く基礎であった」。そこにマウリヤ王朝の大君主アショーカは、紀元前三世紀に一寺院を建立していた。しかし紀元四一〇年頃の法顕がその教育施設としての名声に言及していないため、その学修中心地としての興隆は紀元四五〇年頃としなければならない。龍樹が、後に大賢者ラーフラバドラの弟子となり、当時あらゆる学部が開かれていたナーランダーで全き研鑽を修めることになる、そのナーランダー大寺《マハーヴィハーラ》へ遣られたということが見出される(103)。

龍樹はサラーハバドラ亡き後の、同僧院の首座であった。

名高きナーランダー僧院は、グプタ朝治世の後期に至るまでその名を馳せはしなかった。ターラナータに拠れば、ナーランダーは早くも龍樹の時代（すなわち紀元二世紀）には隆盛する仏教の中心地となっていたが、龍樹はナーランダーの僧院で、その学問および教育歴を過ごしていた。しかるに、この陳述を裏付けるいかなる考古学的あるいは碑文学的記録もない(104)。

ナーガールジュナコンダ

クリシュナ河右岸の谷の西部に位置した、ヴィジャヤプリーの東と北に、大龍樹がその晩年隠栖した吉祥山《シュリーパルヴァタ》とよばれる台地が広がっている。文献のほとんどが龍樹の後半生とナーガールジュナコンダとの関わりに言及している。同遺跡は龍樹との相関のもと、すこぶる評価されている。最も興味を惹くのはその名称の酷似であるが、同地の龍樹との関連を実証する、いかなる考古学的な証拠もない。

ヴィクラマシーラ

ナーランダー同様、ヴィクラマシーラ大学は塀で囲まれていた。その正面壁上、首座の入り口の右手にはかつてナーランダー大学の長であった龍樹の似姿が、そして左手にはヴィクラマシーラで傑出していたアティーシャその人の肖像が描かれていた(105)。

このことは、ヴィクラマシーラが学修の中心地として開創された当時に、龍樹の著作の影響がおよんでいたことを示唆している。「ベンガルのパーラ王朝の高名な君主たるダルマパーラが創建した」ヴィクラマシーラは、「ナーランダー大寺《マハーヴィハーラ》衰微の時代に有名になった。ヴィクラマシーラ僧院には龍樹とディーパンカラとの二体の素晴らしい影像があった。ディーパンカラ在世当時に学生達によって作られたものと思しきこれらの像は、寺院《ヴィハーラ》入り口両側に据え付けられた(106)」。

ヴィクラマシーラという学修中心地の影像は、龍樹の教えがヴィクラマシーラでの教授細目に含まれていたか、少なくとも彼がインドにおける仏教時代当時の重要人物であったことを示している。

タクシラ

タクシラの医学校は特別な名声を謳歌したが、最高に優れた教授陣のもとで、あらゆる技芸と科学とを学ぶことができた。古代インドの学者達の一部は、タクシラの卒業生か関係者であった。これにはアートレーヤ、チャーナキヤ（カウティルヤ）、パーニニ、ジーヴァカ、ヴィヤーディ、クマーララブダ、馬鳴《アシュヴァゴーシャ》、提婆《デーヴァ》、龍樹、ブラフマダッタ、およびジュナハが含まれていた。(107)

タクシラは古来有名であったが、その龍樹との関わりはさほど言及されていない。タクシラは外科手術、またナーランダーは医学学習の中心地として栄えたが、マンセルは龍樹の錬金論書《ラサシャーストラ》学習のための有名な中心地として有名になった。

ヴィダルバにおける仏教の学修中心地（2）

前述のように、ヴィダルバでは発見されたアショーカの仏塔と彼の法勅文から明らかな通り、早い時期にも仏教が栄えていた。仏教比丘達の居住処であった寺院群は、そのうちの一、二が王家の庇護を享け、徐々に学修の中心地となっていった。宗教教育に加えて、これらの中心地はまた課程の一部で、人類にとって重要とみなされていた医科学の教授が行われていた。

医学史のごく早い時期に、医学教育にとって最も重要な場所はおそらくカーシー（ヴァーラーナシー）であった。仏教がインドの庶民の宗教となったとき、ほとんど同時にタクシラもまた医科学の学習中心地として発展した。このように、タクシラからカーシー、ウッジャイン、およびヴィダルバのような国に至るまで、大学としての地位を備えた教育の中心地の創建がみられた。これらの全てで、医科学（アーユルヴェーダ）が学習上重要な科目であった。(108)

近年の発掘報告書は、巨大僧院が発見されたヴィダルバのマンセルが、仏教の一大中心地であったという考えに好意的ですらある。「大寺がどの位の期間活動していたのかについて、明確に述べることは難しい。しかし、一つ確実なことは、紀元六世紀にプラヴァラプーラが、仏教学修の一大中心地となったということである[109]」。

同遺跡はその錬金論書《ラサシャーストラ》への貢献で有名な龍樹と関連している。同地の薬草の宝庫がこのことを裏付け、同遺跡で発見された奇妙な甕もこれを実証する。

古代インドにおける教育について概観するため、アルテカル[110]（一九四五）は古代を四つの歴史時代に区分した。彼に拠れば、紀元前二〇〇年から紀元五〇〇年までのダルマシャーストラの時代に、哲学体系は「正統」とよばれ続けたが、これらには神ですら入り込む余地はなかった。ジャイナ教や仏教のごとき「正統」でない体系がヒンドゥー教徒達によって学ばれ、ヒンドゥー教の理論や教義はジャイナ教徒や仏教徒達によって分析・検討された。このことが論理学および形而上学における相当の進歩をもたらした。高等教育のための複数の大学が有名な教育の中心地となり、それらはやがて異国からも学生を惹き付けるようになった。彫刻、建築、医学および冶金学のごとき実践科学の訓練は、幾分狭まったとしてもなお、大層能率的であった。

役立つ成果を挙げる責を負っていた学問の過程は、後に寡占状態に陥り、秘密の段階へと帰結し、そしてそれを保持せんとする努力と、限られた知者達とともに廃れてしまった。ＨｏｗとＷｈａｔの学問は、固陋な秘密の体系を免れたが、それはもはやかつてほど強力ではなくなってしまった。はっきり証明することはできないが、人間を不死にする特性を有する調合薬の存在の可能性は却下できない、と指摘する他の文献類から確認することはできる。不死の水（アムリタ）が得られたとされる乳海攪拌の説話は神話の域を出ないかもしれないが、これはたしかになんらかの不死の水、あるいは健康な寿命を延ばすことに効果的な調合薬の存在を示唆するものである。それは特定の身体的・化学的過程の力を藉りて調合された。これらの手続きは、明かしてはならぬという秘密主義のために失われ、かくしてこれは永遠に失われて、ただ空想上の説話類が残ったのである。

註

(1) Filliozat, J. *Classical Doctrine of Indian Medicine*, Munshiram Manoharlal, Delhi, 1964, p.1.
(2) Narayana. A. and Lavekar, G.S. Ayurveda Gleaned through Buddhism. *Bull. Ind. Inst. Hist. Med.* XXXV, 2005, p.131.
(3) Jyotir Mitrra. *History of Indian Medicine from Pre-Mauryan to Kusana Period*. Jyotirlok Prrakashan, Varanasi, 1974, p.5.
(4) Ratnakar Shastri Uttar Kal. *Bharat Ke Pranacharya*, Atmaram and Sons, Delhi, 1977, p.217.
(5) Ibid: p.233.
(6) Ibid: p.236.
(7) Ibid: p.236.
(8) Ibid: p.237.
(9) Pre. Gerald du. The Buddhist Philosophy of Science in *Buddhism and Science*, Ed. Kirtisinghe, B.P. Motilal Banarasidas Pvt. Ltd., 1993, p.105.
(10) Ibid: p.109.
(11) Clifford. T. *Tibetan Buddhist Medicine and Psychiatry*, Motilal Banarsidas Pvt. Ltd., Delhi, 1994, p.27.
(12) Ibid: p.28.
(13) Ibid: p.xvii.
(14) Ibid: p.42.
(15) Medhankar, Bhadant Sawangi. Buddha Bhumi Prakashan, Nagpur, 1997, p.63.
(16) Dash, Bhagwan. *Alchemy and Metallic Medicine in Ayurveda*, Concept Publishing Company, New Delhi, 1986, p.2.
(17) Ibid: p.2.

(18) Mahdihassan T.V. *Indian Alchemy or Rasayana*. Vikas Publishing House Pvt. Ltd., New Delhi, 1979, p.14.

(19) Mehata, B.S. Madhavankar Pathologist and Diagnostician. *House Call*, Vol. 6, 2004, p.51.

(20) Frawley, David. *Ayurvedic Healing*, Motilal Banarsidas Publishers Pvt. Ltd., Delhi, Ed. 1st, 1992, pp. xv–xvi.

(21) Srikantamurthy, K.R.: Nagarjuna in *Luminaries of Indian Medicine*. Chaukhambha Orientalia, Varanasi, 1987, pp.42–47.

(22) Sen, Durga Narayan. Buddhism and Ayurveda. *Journal of the Buddhist Text and Anthropological Society*. Vol. V, Part III, 1897, pp.11–16.

(23) Ibid: p.13.

(24) Ibid: p.15.

(25) Alberuni. *Alberuni's India*. Ed. Sachau, E.C., Chand and Co. India, Indian Reprint, Vol. I, 1964, p.118.

(26) Ibid: pp.188–189.

(27) Ibid: p.189.

(28) Hobson, W. World Health and History in *World Health and the Future*, John Wright and Sons Ltd., Bristol, 1963, p.243.

(29) Dash, Bhagwan. *Alchemy and Metallic Medicine in Ayurveda*, Concept Publishing Company, New Delhi, 1986, p.7.

(30) Read, John. *Prerclude to Chemistry*. G. Bell and Sons Ltd., 1936, pp.262–264.

(31) Alberuni. *Alberuni's India*. Ed. Sachau, E.C., Chand and Co. India, Indian Reprint, Vol. I, 1964, p. ii.

(32) Gupta, Nalini Das. The Vaudyaka Literature in Bengal in Early Medieval Period. *Indian Cultuer* III, 1936–1937.

(33) Pathi, A.L. The Philosophy ofBuddhism in *A Text Book of Ayurveda*, Vol. I, Section II, 1944, p.339.

(34) Shastri, Parrmanand. Prachin Tibbat Me Ayurved Ka Prachar (Hindi), *JBRS*, XL, 1954, p.266.

(35) Ray, P.C. *The History of Hindu Chemistry*. Publ. Indian Chemical Society, Calcutta, 1956, pp.129–134.

(36) Ibid: p.116.

(37) (sic) Momin Ali, Rasayana Therapy in Classical Literature of Ayurveda, A Review. *Bull. Ind. Inst. of Hist. Med.* XXVIII, 1999, pp.95–110.

(38) Filliozat, J. *Classical Doctrine of Indian Medicine*, Munshiram Manoharlal, Delhi, 1964, p.pp.11-12.
(39) Jaggi, O.P. *Indian System of Medicine*, Atmaram and Sons, Delhi, 1973, p.18.
(40) Momin Ali, Brief Histoy of Alchemy Covering Transitional and Tantric Periods, History and Indian Alchemy, *Bull. Ind. Inst. of Hist. Med.* XXVI, 1996, p.14.
(41) Ratnakar Shastri Uttar Kal, *Bharat Ke Pranacharya*, Atmaram and Sons, Delhi, 1977, p.196.
(42) Ibid: Foot Note, from Bhagat Singjee, H.H., pp.199-200.
(43) Gupta, Bhagwatram. *Ayurved Ka Prachin Itihas* (Hindi), Krinadas Academy, 1998, p.270.
(44) Ray, P.C. *The History of Hindu Chemistry*. Publ. Indian Chemical Society, Calcutta, 1956, p.118.
(45) *Rasa Vaiseshika Sutra of Bhadant Nagarjuna*, Ed. Muthuswami, N.E., Publ. Sridhan, N., 1976.
(46) Ibid: p.9.
(47) Ibid: p.9.
(48) Ibid: p.10.
(49) Ibid: p.11.
(50) Ibid: p.13.
(51) Ibid: p.17.
(52) Ibid: p.20.
(53) Ibid: p. xlvii.
(54) Bhatia, S.L. Medicine and Ethics, *Aryan Path*, XXXI, 1960, p.375.
(55) Jaggi, O.P. *Indian System of Medicine*, Atmaram and Sons, Delhi, 1973, p.35.
(56) Ibid: p.37.
(57) Birnbaum, Raoul. *The Healing Buddha*, Shambala, Boston, Revised, ed. 1989, p.53.
(58) Ibid: p.99.

(59) Haldar, J.R. *Development of Public Health in Buddhism*, Indological Book House, Varanasi, 1992, p.60.

(60) Wujastyk, Dominik. Susruta's Compendium in *The Roots of Ayurveda*, Penguin Books, India, 1998, pp.105–106.

(61) Ranade, S. and Paranjape, G.R. *Ayurvedacha Itihas Va Parichaya* (Marathi), pp.30–31.

(62) *The Susruta Samhita*. An English Translation and Edited by Kaviraj Kunjalal Bhishagratna, 3 Volumes, Chowkhamba Sanskrit Series Office, Varanasi, 1996.

(63) Ibid: p. iii.

(64) Ibid: p. iii.

(65) Ibid: p. iv.

(66) Ibid: p. v.

(67) Ibid: p. vi.

(68) Ibid: p. x.

(69) Ibid: p. xii.

(70) Ibid: pp. xiv–xv.

(71) Ibid: pp.34–35.

(72) Ibid: p.36.

(73) Ibid: p.105.

(74) Ibid: p.170.

(75) Bernard Quaritch, Nagarjuna, *Indian Antiquary*, 1921, p.103.

(76) Kutumbiah, P. *Ancient Indian Medicine*. Orient Longmans Ltd. Bombay, Calcutta, 1962, p. xxx.

(77) Ibid: p. xxvi.

(78) Jyotir Mitrra. *History of Indian Medicine from Pre-Mauryan to Kusana Period*. Jyotirlok Prrakashan, Varanasi, 1974, p. xxv.

(79) Ibid: p.50.

(80) Ibid: pp.62-64.

(81) Momin Ali, Brief Histoy of Alchemy Covering Transitional and Tantric Periods, History and Indian Alchemy, *Bull. Ind. Inst. of Hist. Med.* XXVI, 1996, p.161.

(82) Ray, P.C. *The History of Hindu Chemistry*. Publ. Indian Chemical Society, Calcutta, 1956, p.164.

(83) Momin Ali, Brief Histoy of Alchemy Covering Transitional and Tantric Periods, History and Indian Alchemy, *Bull. Ind. Inst. of Hist. Med.* XXVI, 1996, p.164.

(84) Filliozat, J. *Classical Doctrine of Indian Medicine*, Munshiram Manoharlal, Delhi, 1964, pp.11-12.

(85) Jaggi, O.P. *Indian System of Medicine*, Atmaram and Sons, Delhi, 1973, p.18.

(86) Mukhopadhyaya Girindranath. *The Surgical Instruments of the Hindus*. Meharchand Lachhamandas Publications, New Delhi, Reprint, 1987, pp.9-10.

(87) Ibid: pp.10-11.

(88) Ibid: p.13.

(89) Hoernle, Rudolf, A.F. *Studies in the Medicine of Ancient India*, Part I, ClarendonPress, Oxford, London, 1907, p.9.

(90) Ibid: pp.99-100.

(91) Bahadur, K.P. *A Historyof Indian Civilization*, Vol. I, ESS Publications, New Delhi, 1979, pp.295-296.

(92) Sharma, P.V. *Ayurvedic medicine Past and Present*, Krishnadas Academy Varanasi, 1987, p.187.

(93) Mukhopadhyaya Girindranath. *The Surgical Instruments of the Hindus*. Meharchand Lachhamandas Publications, New Delhi, Reprint, 1987, p.276.

(94) Awade, Dixit. *Arya Nagarjunacha Dadalela Itihas* (Marathi), Dhamma-Sampada, Year 12th, Issue No. 2197, pp.12-13.

(95) Vijaya Deshpande, Ancient Indian Medicine and Its Spread to China. *Economic ande Political Weekly*, Vol. 36, Marchi 2001, pp.1078-1081.

(96) Ibid: pp.1080-1081.

(97) Sammaddar, J.N. The University of Nalanda. Lecture Series, Lect. V; *Glories of Magadha*, 2nd ed. Patna University, 1927, pp.140–141.

(98) Dutta, S. *The Monks and Monasteries of India*, George Allen and Unwin Ltd., 1962, p.333.

(99) Mookerji Radha Kumud. *Glimpses of Ancient India*, Bhartiya Vidya Bhavan, Bombay, 1961, p.85.

(100) Ibid: p.110.

(101) Pre, Gerald du. The Buddhist Philosophy of Science in *Buddhism and Science*, Ed. Kirtisinghe, B.P. Motilal Banarasidas Pvt. Ltd., 1993, pp.105–106.

(102) Lama Chimpa. Tibetan account of the activities of Nagarjuna in *Madhyamika Dialectic and the Philosophy of Nagarjuna*. Publ. Tibetan Institute Publication, Sarnath, 1971, p.158.

(103) Barua, Dipak Kumar. Nalanda in *Viharas in Ancient India*. Indian Publication, Calcutta, 1969, p.158.

(104) Sengupta, Sudha, Buddhism in Classical Age. *Indian Historical Quartery*, XXXII, 1956, p.190.

(105) Sammaddar, J.N. The University of Nalanda. Lecture Series, Lect. V; *Glories of Magadha*, 2nd ed. Patna University, 1927, pp.150–151.

(106) Barua, Dipak Kumar. Nalanda in *Viharas in Ancient India*. Indian Publication, Calcutta, 1969, p.158.

(107) Jaggi, O.P. *Indian System of Medicine*, Atmaram and Sons, Delhi, 1973, p.62.

(108) Ratnakar Shastri Uttar Kal, *Bharat Ke Pranacharya*, Atmaram and Sons, Delhi, 1977, p.196.

(109) Joshi, Jagat Pati and Sharma, A.K. Mansar Excavations 1998–2004: The Discovery of Pravarapur. *Puramanthana*, No. 3, Pravarapur Special Dattsons, Nagpur, 2005, p.25.

(110) Altekar, V.S. *Education in Ancient India and Its Achievements*, B.C. Law, Vol. I,1945, pp.128–133.

資料　マンセル－ラームテクの龍樹山《テークディー》における貴重な薬草の発見物（ヒターヴァーダ・ナグプール、二〇〇〇年四月二六日水曜日およびナヴ・バーラト紙（ヒンディー語）、二〇〇〇年四月二九日土曜日所載の薬草類一覧（以下アルファベット順））

慣用名

アーランディ（三種）
アルビ
アルハラ
アルジュン
アジュワイン
アマル・ヴェル
アームラ（タマリンド）
アンク（三種）
阿魏《アサフェティダ》
アウンガ
バブール（マメ科アカシア属のゴムの木：二種）
バヘダ
唐人稗《バジュラ》
竹
バナナ
バスク
豆（三種）
ベル
バタクテリ
ブイ・ニーム
ビライヤン
ビター・ガード（カレラ：五種）
ブラフマ・ブティ
人参
金厚朴《チャンパ》
チャナ（ヒヨコマメ）
チャンダン
チーク
チリーズ
ココナッツ
コリアンダー
玉蜀黍
胡瓜《きゅうり》
蕃茘枝《シタファル》
ダウリー
ダートゥラ
ドゥグディ（六種）
ドゥーブ
フヌグリーク
ガングチ（六種）
ガヴァ
ガルマ（三種）
生姜
ウリ科ユウガオ属
落花生
ハル
イク
ジャルクンビ
紫蒲桃《ジャムン》（三種）
ジャワル

ジュワルファタ
カディパッタ
カインタ
カパス
カロンデ（三種）
ケリ
カンヘル（五種）
カイル
カジュール
芥子《カスカサ》
オクラ
ラルパッタ
檸檬
百合
マダル
マーワ（インド産のアカテツ科の高木）
マンゴー（四種）
マコイ（五種）
マコイカリ
金盞花《マリーゴールド》（三種）
マロードファッリ
マスル

マタル
ミント
モーグラ
ムレーシュティ
文豆《ムング》
ナグファニ
ニーム
ニロフェル
オレンジ
パイダ
パラシュ
ピーパル
プッリカトリ
南瓜《かぼちゃ》
ラティ
ラトラニ
米
薔薇
サルソ（二種）
サタブリ
サマ
シヴァリンガ

シンディ
大豆
ソワ
砂糖黍
向日葵《スールヤムキー》
甘藷
タッド
テンドゥ
トゥルシー（八トゥルシー）
鬱金
トマト
トゥライ（二種）
トゥムラ
ウマル
無花果《ヴァタ》
西瓜《すいか》
小麦
野生の玉葱

第五章　龍樹の著作

王に向けた友情の助言は以下の通り。

三〇二　有益だが気に入らぬことを人に語るのは難しい。僧たる私が大王の貴方に語るときはいうもさらなり。
三〇三　されど貴方が下す慈愛と衆生への憐れみから、私は貴方の気に入らぬ有益なことを語りましょう。
三〇四　時宜を得、慈愛をもて安らぎと意義のある有益な真理を弟子に語れ、と尊師は説かれり。ゆえに貴方に吾説かん。
二五七　地・水・火・風・薬草・樹木のごとく、一刹那でも、自らを他者をして享受せしめよかし。
一二一　例えば誤った食物で破滅し、正しい食物で長寿、健康、強壮等の幸福を得る。
一四三　生命、健康、王権は無常だ、とつねに思念し厭離《おんり》して、貴方はひたすら法を求めよ。
一五〇　体は糞尿、肺・肝臓の容器。愚者は女性をこう見ず、女体に愛着す。
一五四　体は都城。不浄物が出てくる門のごとし。愚者はそれを快楽の対象とみて追求す。
一五五　貴方が自ら糞尿などを不浄だ、とみなすなら、どうしてそれらが集まる体が願わしかろう。

一五六　血液・精液と混ざった不浄なものが胎に宿り成長す。不浄物の本性を知りつつ、誰がこれを欲し愛着せん。
一五七　湿りに濡れた皮に覆われ眠る不浄な塊が、女性の下腹部で眠っている。
一五八　見目良きも悪しきも、老いも若きも、なべて女体は不浄なり。貴方は何に愛着を起こすのか。
一五九　色形良く大いに新鮮でも、不浄なものに愛着すべからず。女体にも同様なり。
一六〇　悪臭を放ち、外は皮膚が覆うこの腐った肉体の本性はいと醜し。なぜあるがまま見ないのか。
一六一　もし皮膚は不浄ならず、飾りのごとし、というとても、不浄塊つつむ覆いのごとくいかで浄らかとならんか。
二二二　悪業により悪趣で体に餓え・渇きなどの苦が生ず。悪業なさず、福徳により他界に生まれなば、その苦なし。
二四三　病者、孤児、苦にさいなまれる者、賤しい者、貧しい者などを、慈愛もてつねに救い、養護せんと心を砕けよかし。
二四四　季節ごとに飲物、穀物、果実などの食物を乞う人に、施さざるべからず。
二七二　報酬を望まず、他者に利益せよ。苦はひとりで耐え、楽は皆でわかちあえ。
一八九　病者に侍し、看護せば、両腋円く、心安らぎ、最高の味覚を具えべし。
二一六　かく無数の一切衆生を、菩薩は慈悲もて苦より救い、仏陀の位に導くべし。
二五一　災厄、凶作、災害、疫病などに荒廃した国においては、世人救済に寛仁たるべし。
二二三　迷いにより、心の苦たる貪・瞋・畏・痴など生ずるも、彼は自覚の智慧もて速やかにそれらを断つ。
二二四　かく心身の苦に害されず。よし世の果てまで衆生を導くとも、いかでか悔いあらん。
二二五　苦はわずかでも忍びがたく、長時に及べばいうもさらなり。苦なく楽あらば、不断なりとていかで苦悩あらん。
二二六　彼に身苦なし。いずこに況や心苦をや。彼は慈悲もて世界の苦に、長らく自らとどまる。
二二七　覚りは長時を要すとも、かく智者は怠ることなし。悪を滅し善を生ずべく、この世でつねに努むべし。

二三八　牟尼主の教えとそに依る諸論を書写し、紙・墨・筆などを施せ。
二三九　国に学校を設け、国力安定・知識増大のため、その教師の生計を援くべし。
二四一　智者よ、庵、園、堤、池、宿、亭などを設け、寝具、食物、草、木を備えよ。
二四二　あらゆる町に家屋、僧院、宿を、水の少ない道路すべてには亭を設けべし。
二四五　堂屋や僧院に靴、傘、濾過器《ろかき》、抜糸具《ばっしぐ》、針、糸、扇を備えよ。
二四六　堂屋に三種の果実、三種の香辛料、乳酥《バター》、蜜、眼薬、毒消しを備え、処方薬や呪文を書くべし。
二四七　堂屋に体・足・首に塗る油、毛氈《もうせん》、椅子《いす》、粥《かゆ》、銅瓶、斧《おの》などを調えよ。
二四八　涼やかな木蔭の、胡麻《ごま》、米、穀物、食物、薬、油などを備える亭を、浄水もて満たせ。
二四〇　幼・少・老・病者など一切衆生の苦を除くべく、地方に医師、理髪師などを置き、田地の報酬を定めよ。
三三五　また、彼らが拘禁される間、牢獄を楽しいところにし、理髪師、浴場、飲食物、薬、衣類を備えよ。
二四九　蟻《あり》の巣穴の入り口などに、心堅固な人々をして、食物、水、糖、穀類をつねに散布せしめよかし。
二六三　もしある人に毒が役立てば、たとえ毒でもそれを施せ。最高の食でも役立たずば、彼にその食を施すなかれ。
三七二　毒でも毒を除ける、と医師がいうごとく、苦でも害悪を除ける、と説いて何の矛盾あらん。
三四六　四州を含む世界を得るとも、転輪聖王には身心の、二種の楽があるのみという。
三四七　身の楽とは感覚の楽にして苦の鎮静に過ぎず。他方、心の楽とは観念にして、構想分別につくられたるのみ。
三七四　今の苦でも、未来に有益ならそを行うべし。況や楽にして、自他の利益なるをや。こは永遠の法《ダルマ》なり。
三七六　もしまたこれが許されずば、苦い薬を出す医師などは害せらるべし。なれど、さは理に適わず。
一四六　この世で飲酒に耽れば、他に軽侮され、務めを損い、財を失い、迷妄によりしてはならぬことをなす。ゆえに
つねに飲酒するなかれ。

四二三　不忍とは、他による害や、自らに生ずる苦を忍ばぬこと。無作法とは、師や指導者のなさることに敬意を払わぬこと。

四八三　地・水・火・風・薬草・樹木を用いるごとく、一切衆生がおよそつねにほしいままさまたげなく、吾を用いる者とならんことを。

最後は、卓抜せる大龍樹師の作『一連の宝珠―王への教訓』を畢《おわ》るとなっている（訳者註：本章を訳すにあたっては、瓜生津隆真訳『宝行王正論（一連の宝珠《ラトナーヴァリー》―王への教訓《ラージャパリカター》）』を参照するところ大であった）。

第六章　新聞の諸見解

速報一　ヒタヴァーダ紙「シティーライン」、一九九七年五月一日

龍樹山―その起源をめぐる論争に直面

アジェイ・マルディカル

ナグプール地区のラームテク山中の神と人の手に成る美しい環境で輝いている小さな山々に囲まれて、龍樹連山は世界中の人々を惹きつけてきた。そのなかの龍樹山が、様々な宗教組織による相容れない主張を通じた、その起源をめぐる論争に直面している。……

龍樹菩薩記念協会は小山の近く、ラームテク―キンシー道路上に、国際龍樹菩薩アーユルヴェーダ研究所を設立した。彼らは同協会が研究所を設立したことを主張している。

研究所の名を冠した小さな家が、村人達から購入された土地の真ん中に所在している。……

（出典：ヒタヴァーダ）

速報二　ヒターヴァーダ紙「シティーライン」、一九九七年一二月八日

無関心が殺しつつあるラームテクの歴史的仏教遺跡

アジェイ・マルディカル

マハーラーシュトラ州第二の州都から四五キロしか離れていないラームテク・マンセルの地中に隠された宝の探査への、政府側の無関心な態度と想像力の欠如が、同地域への収入の大きな損失を引き起こした。本来同地域は主要な観光名所へと発展できたはずであった。また世界中から考古学者達を惹き寄せ、その歴史的重要性に集中した系統だった試みが、権威達によってなされていたはずであった。

……保護を宣言された場所全体が、たった一人の見張りによってしか守られていない。実質、彼一人で地元の住民達や同地への訪問者達による諸活動を見張っておくなどということは不可能である。……過去への多くの重要な鍵が、これらの遺跡の重要性に気付かない訪問者達によって破壊されている。……空っぽの場所は地元の住民達によって、今や埋葬地として使用されている。同地では、死者の追悼のために据えられた数々の墓穴や墓石が見られた。どうやらこの重要な遺跡はすぐにも墓地になってしまうようで、これらの記念の石をそこから取り除くことは難しくなる。さらなる破壊からこれらの遺跡を保護する緊急の行動が取られるべきであり、そうすればこの、同地域の歴史に分け入るための重要な宝物を保存することができよう。

（出典：ヒターヴァーダ）

速報三 インディアン・エクスプレス紙、一九九八年一月一六日

マンセル近郊で見つかった有史以前の道具類
こんな発見がもっとありそうだ、とプロジェクト指揮者

ラジェーンドラ・カトリ

主発掘において、仏塔と寺院複合建造物《コンプレックス》が出土する驚愕の発見の数々が、龍樹菩薩記念協会と研究センターによってマンセルでなされ、今も進行中だ。八万年前から三万年前の時代に亘る有史以前の人類の石器類が、同遺跡で発見されている。……

研究者のアルチャナ・ドゥベー・アスターナもまた、発掘作業に対する積極的支援を提供してくれているとシャルマは語った。

（出典：インディアン・エクスプレス）

速報四 ヒタ－ヴァーダ紙「シティーライン」、一九九八年一月一九日

石器時代の腰掛け見つかる

スタッフ・リポーター

石器時代中期と石器時代後期に属する石器類が、ここから約四〇キロ離れたマンセルの塚での発掘で見つかった。この発掘は龍樹菩薩記念協会によって着手されている。……

発掘作業全体が、学生達と研究者達に資するようにと、ビデオ録画されている。

（出典：ヒターヴァーダ）

速報五　インディアン・エクスプレス紙、一九九八年一月二三日

マンセルの年古る昔現れた

ラジェーンドラ・カトリ

ヴィダルバ人たる者、ナグプールから四〇キロの場所にあるマンセルに、二五万年前まで遡る有史以前の人類が住んでいたという事実を、誇りに思っていいかもしれない。この発見はヴィダルバ地域を、国内最古の居住地域の一つに匹敵するものとするのだ。……

バフマニー王朝時代の銅貨もまた、同遺跡で発見されている。発掘が進み、チームは二五〇〇年前頃に属する仏塔の出土を期待している。シャルマとジャガトパティ・ジョーシは、マハーラーシュトラ州政府がマンセル地域を、その歴史的価値を考慮に入れて、文化と観光の素晴らしいセンターとして発展させることに、特別な興味を抱いてくれるよう願っている。シャルマは発掘プロジェクトに着手してくれたことで、聖《アーリヤ》シューレイ・ササイ（佐々井秀嶺）に礼を言った。もしさらに、政府からの資金が使えることになれば、ビハール州のナーランダー遺跡と同種の仏教の構造物の遺跡が発見されるかもしれない。

（出典：インディアン・エクスプレス）

速報六　ロークマット紙ヴィダルバ版（マラーティー語）、一九九八年三月二五日

アショーカ時代の仏塔、マンセル山で発見さる

（仏教の重要性に関する同速報の、手短な英語意訳）

インド政府考古局からの許可をもとに、一九九八年の一月八日からマンセルでの発掘が開始された。……これ以外に、同速報はまた石器時代の道具類についても議論している。

郡《タルーカ》担当記者

（出典：ロークマット・デイリー、マラーティー語）

速報七　インディアン・エクスプレス紙、一九九八年一月二三日

人間の犠牲祭の証拠見つかる

ラジェーンドラ・カトリ

マンセルで一六〇〇年前頃に執り行われた、古代の「人身供犠祭祀《プルシャメーダヤジュニャ》」の証拠が、ジャガト・パティ・ジョーシとA・K・シャルマの監督のもと、龍樹菩薩記念研究協会が遂行している発掘中に見つかった。……

人身供犠の証拠の発見は、現在発掘されている品々を通じた、ヴィダルバだけでないインド全体の再発見への大きな貢献の一つであり、龍樹菩薩記念協会によって保存されることになるだろう、とシャルマは情報を提供した。

（出典：インディアン・エクスプレス）

速報八　ヒターヴァーダ紙「シティーライン」、一九九八年四月一日

マンセル遺跡が示す人間の犠牲祭の証拠

アジェイ・マルディカル

ここから四一キロの場所にある、ナグプール地区、ラームテク郡《タルーカ》のマンセルは、古代遺物の発見によって、国内最重要の考古学遺跡の一つとなりつつあるようだ。これらの遺物は二五万年前の人類の居住を示し、また人身供犠祭祀《プルシャメーダヤジュニャ》の重要な証拠を提供している。……

発掘の第一段階は一月に始まり、四月の終わりまで続く。仏塔および寺院の存在の根拠を示す発掘された構造物は同センターが保存する。

（出典：ヒターヴァーダ）

速報九　インディアン・エクスプレス紙、一九九八年四月四日

一世紀の彫像、偶像、寺院、マンセル発掘で現る

ラジェーンドラ・カトリ

ラームテク近郊のマンセルで見つかった、石器時代を含む色々な時代の考古学的根拠は、同地が様々な宗教に属する王達の歴史における、幾度もの侵略行為を目撃してきたことを証明している。……

粉々に砕けた状態で見つかった別の緊那羅《キンナラ》像は、グプタ－ヴァーカータカ両王朝時代を表している。緊那羅は神の使

いと考えられており、鷹の爪のような両肢と両翼をもっている。この像の頭部は失われている。

（出典：インディアン・エクスプレス）

速報一〇　ヒターヴァーダ紙「シティーライン」、一九九八年四月二三日

マンセル遺跡がさらに明かす人間の犠牲祭の印

アジェイ・マルディカル

今シーズンの発掘の最終段階に、円形の防壁状を示す、高さ約一・五メートルのがっしりした壁が露わになった。これは紀元前二世紀から紀元二世紀に遡る、巨大な仏塔が存在したことを示している。壁の煉瓦は四四×三七×四センチの大きさである。仏塔の壁はよく仕上げ加工されてある一方、また彫刻へといつでも加工できる状態になった石塊も見つかっている。……

火孔水溜《ハヴァナクンダ》は一・二〇×〇・八〇メートルの大きさで、焼成煉瓦、また中央には彫刻された煉瓦を伴う二つの三角形が並んでおり、人身供犠文献との一致を見せている。水溜《クンダ》では灰と焼けかけの穀類が見つかった。最も興味深い発見は、南の方向にきちんと並んだ石灰の窯である。「鷹積壇《シュイェーナ・チティ》」の中で見つかった人身供犠用の人物像を作るための、石灰質モルタルがここで準備されたのかもしれない鷹積壇のところにある小さな入り口は、この人物像を運び入れるために用いられたに違いない。この入り口は窯の方へ開いている。

（出典：ヒターヴァーダ）

速報一一　インディアン・エクスプレス紙、一九九八年三月九日

発掘が明かすマンセルの文明繁栄の跡

ラジェーンドラ・カトリ

ナグプール、一九九八年三月八日。二基の仏塔、寺院、美しい彫刻群、古代遺物、そして何枚かの古貨幣から成る遺物が、市内から四五キロ、ラームテク近郊のマンセルの古代遺跡での発掘中に発見された。同地では先に、有史以前の人類の存在について報告されている。……

いくつもの発見が、古代、マンセルが重要で宗教的な中心地であったことを明らかにしている、とシャルマは言う。この私的発掘全体にかかる費用は、ナグプール龍樹菩薩記念協会と研究センターが、佐々井秀嶺会長後援の下に負担している。

（出典：インディアン・エクスプレス）

速報一二　インディアン・エクスプレス紙、一九九八年四月二〇日

ヒディンバー山がヴァーカータカ王朝に投げる新しい光

シュラヴァニ・サルカル

豊富な舎利の発見物の出土により、ここから約四一キロのところにあるマンセルのヒディンバー山の考古学遺跡が、最も重要な場所の一つとして、ヴィダルバの強大な東ヴァーカータカ王朝の研究に、綺羅星のごとく現れた。……

よく焼かれた（訳者註：あるいは焼成）レンガの接合に用いられているモルタルは、アカシア（バブール）の樹脂、ジャッガリー糖（グード）、亜麻仁《サルソーン》その他の接合用物質とよく均質に混ぜられた粘土からできている。レンガ上のモルタルの層は目で見えるが、これらの接合部はほとんど気づかぬほどのものである。国中の考古学遺跡での広汎な経験の持ち主で、インド政府考古局（ＡＳＩ）と協働の元上級指揮官であったシャルマは、最近の発見は同地域の建築史および美術史、特にヴァーカータカ王朝時代のそれに、よく新たな洞察をもたらしてくれるかもしれない、と語った。

（出典：インディアン・エクスプレス）

速報一三　タルン・バーラト紙（マラーティー語）、一九九九年四月一三日

マンセルでの発掘

（仏教の重要性に関する同速報の、手短な英語意訳）

……寺院の基壇部にはシヴァリンガの様な彫刻があるが、これらはシヴァリンガではない。なぜなら、基壇部は水路《プラナーリー》の代わりに四角い建築になっていて、また頂上で丸くなっているのは、仏塔である可能性があるからだ。これらはガンダーラ地域でふつうに用いられている。カルカッタ博物館には、この様な仏塔がたくさんある。同様の仏塔はマハーラーシュトラ州西部の洞窟でみられる。ピタルコーラの洞窟では上がって行ったところに穴があり、これはおそらく骨《アスティ》を保存しておくための場所であろう。それゆえ、小山の麓のこれらの小仏塔は、山頂に骨壺《アスティ・カラシャ》が託されたことを示唆している。……

『アーシュヴァラーヤナ・グヒヤスートラ』に拠れば、この時代に祠堂神《チャイトヤデーヴァ》が崇拝されていたということである。紀元三

〇〇年以降、撒骨《アスティ・ヴィサルジャナ》と浄め《シュラッダー》の儀式が始まったが、おそらくこれこそ、同州西部の重要性が忘れ去られてしまった原因であろう。

（出典：タルン・バーラト）

速報一四　インディアン・エクスプレス紙、一九九九年四月一六日

ヴァーカータカ王朝の宗教的印章発見さる

シュラヴァニ・サルカル

最近の、ヴァーカータカ王朝の宗教的印章が作られていた紀元四世紀の工房遺跡の発見から、ヴィダルバの東ヴァーカータカ王朝の宗教上の首都《デーヴァクラスターナ》が、ここから約四一キロの場所にあるマンセルに位置していたことが確認された。……発掘作業はP・M・コブラガデー、ダルメーンドラ・シャルマ、J・S・ドゥベイやM・S・マニといった研究者たちの助力を借りながら、シャルマとインド政府考古局の元長官であるジャガト・パティ・ジョーシが共同で調整している。

（出典：インディアン・エクスプレス）

速報一五　ロークサッタ紙ヴィダルバ版（マラーティー語）、一九九九年五月二一日

ヒディンバー山―古代史の足跡の管理人

（仏教の重要性に関する同速報の、手短な英語意訳）

……先に発掘中に、仏塔の遺跡が発見されたが、その後、他の遺跡が見つかるにおよんで、この小山の独自性が明らかになってきた。三基の仏塔が、六世紀もの間に亘って建立されているのだ。石器時代の人類が使った道具類、また特に建設されたシヴァの祠、二つの自然洞窟、美麗な彫刻、そして遺跡の宝の山が、解明が待たれるこれらの問題に、最終的な解決を与えるはずだ。……

ヴァーカータカ王国は、古代ヴィダルバのすべての王達のなかでも最も強大であった。同時代の美しい彫刻の発見が、進んだ彫刻芸術があった証拠を提供している。……従来、グプタ王朝時代の美術が最も優れていると考えられてきたが、この小山からも発掘中に相当な水準の彫刻芸術が発見された。美術品は綺麗で美しい人間の顔と、男性と女性の像とを描いたものである。複雑な髪形と雑多な装飾品もまた、彫刻の重要な特徴である。彫刻の多様性と見事さが、ヴァーカータカ王朝時代の平和と安定とを物語っている。……紀元四六二年頃に、アジャンターでの彫刻制作が始まった。制作初期にはヴァーカータカ王朝がこれを支援したと信じられている。

（出典：ロークサッタ、マラーティー語）

速報一六　ヒターヴァーダ紙「シティーライン」、一九九九年一一月二九日

シュンガ王朝時代前期の碑文見つかる

ヴェヌゴーパル・ピッライ

紀元前二世紀と紀元三、四世紀に属する石刻碑文が、ナグプール－ジャバラプール道路上にあるマンセルのヒディンバー山にて、発掘指導者のA・K・シャルマ率いる考古学者グループによって掘り出された。……それゆえ、マンセルの考古学遺跡は完全に調査、発掘、そしてヴィダルバの主要観光地へと発展させるためにも保護される必要がある。「われわれは発掘された文化的遺物の全てを、マンセルの遺跡博物館に展示することで、保存している」とシャルマは付け加えた。

（出典：ヒターヴァーダ）

速報一七　ヒターヴァーダ紙「シティーライン」、一九九九年一二月九日

シャストリ教授、シャルマを非難―考古学の発見の不適切な報告で

スタッフ・リポーター

よく知られたインド学者、考古学者、歴史家で、ナグプール大学の古代インド史、文化、考古学研究室の元主任であるアジェイ・ミトラ・シャストリ教授が、考古学的事実の不公正な報告ありと、インド政府考古局の元監督級考古学者であるA・K・シャルマに対する論争に加わった。……

そして一、二のヴァーカータカ王朝碑文に言及されるプラヴァレーシュヴァラの遺跡はマンセルであった、とする推測を裏付けるものも何もない。

これや別の名前を帯びた物品は、元々生まれた場所に属する印章ではなくその刻印であったので、このことはおそらくこれらがよそから来たことを示している。以上、指摘したように、これらのいくつかにはその背面に、この結論を確認する糸の印がある。

（出典：ヒターヴァーダ）

速報一八　ヒターヴァーダ紙「シティーライン」、一九九九年一二月一三日

考古学者シャルマ「発見物は本物」

スタッフ・リポーター

一二月九日付ヒターヴァーダ紙に「シャストリ教授、シャルマを非難—考古学の発見の不適切な報告で」という見出しで出版された陳述を勘案して、シャストリ教授は特定の思想派閥と結びついた学者であり、残念ながら最近出土した証拠を開かれた目で見、調べる労を取らず、あらゆることを自身の先入観と思想に従って評価してしまっている、と書面の形式で述べた。……

シャストリ教授が述べるように、これらに紐の印があるので、どこかよそから持って来られたのだと語ることは（これらは紐の印ではなく、その上で刻印を日に晒して乾かした衣服と糸の印である）、科学的根拠を解釈するのに無知であると露呈しているだけのことである。糸か紐の印は即輸入を意味しない。これらは製作中、まだ乾いていないときに付くので

ある。ヴィダルバの理想的な遺産遺跡へと発展し得たかくも偉大な遺跡が、他の研究機関の方で無視されてしまったということは、悲しむべき話である。

（出典：ヒターヴァーダ）

速報一九　ロークマット紙（マラーティー語）、一九九九年一二月二七日月曜日

いつになれば龍樹山発掘の重要性に気づくのか？

（仏教の重要性に関する同速報の、手短な英語意訳）

ラカジュワール・アショーカ

本速報はラームテク近郊龍樹山にある龍樹の住居の遺跡について記述する。付近には、龍樹窟をはじめ多くの仏教文化の遺跡がある。……本研究は、同遺跡の古代仏教文化の偉大さに、強い光を投げかけるものである。

（出典：ロークマット、マラーティー語）

速報二〇　ヒターヴァーダ紙「シティーライン」、一九九九年一二月二九日

権威がシャルマ博士の発見物を否定

スタッフ・リポーター

古代インド史、文化、考古学研究室のチャンドラセカール・グプタ博士とイスマイル・ケッレール博士は、参加・遂行した発掘の数と、発掘と調査の成果に基づいて書いた著作に合計から言えば、シャルマ博士が今日随一の考古学者の一人であるということを認める。……

しかし次回の発掘で、マンセルにおける仏教の存在に関する議論の余地のない証拠が出土するかもしれない。そうでしょう？

（出典：ヒターヴァーダ）

速報二一　ヒターヴァーダ紙「シティーライン」、二〇〇〇年一月二日

マンセルからもっとすごいお宝――専門家達も衝突

ヴェヌゴーパル・ピッライ

マンセルにおける考古学的発見物をめぐる議論が、専門家達の間に異なった見解を引き起こすまでに、ヒディンバー山の遺跡の発見は、ヴィダルバの豊かな文化遺産であり続けている。……

発掘の努力に取りかかっている龍樹菩薩記念研究協会は、一般市民と学者達に資するようにとの、マンセルの遺跡博物館での新たな発見物の展示に加えて、同時に構造物遺跡を強化し保存する責務も引き受けている。

（出典：ヒターヴァーダ）

速報二二　ナヴ・バーラト紙（ヒンディー語）、二〇〇〇年一月一二日

紀元前二世紀の遺物、マンセルで発見さる

……六―七世紀、小山の上の破壊された寺院の土地に、第二仏塔は房の形で建立された。これは二五の房に支えられる形で建てられた。またもう一基仏塔が建立され、その証拠が遺跡に明白にみられる。最も重要な発見物は、白石に彫られた文殊文利菩薩で、また額に金剛《ダイアモンド》をもち寂静印を結ぶという、ほとんど大人《マハープルシャ》の象徴をもった赤砂岩の彫刻は、ラトナサンバヴァであることを示している。……

……彼はまた、これらの証拠の発見はマンセルが寺院《デーヴァクラスターナ》かプラヴァラプーラであり、またおそらくインド一である偉大なヴァーカータカ美術が当地で発展したことを明白に示している、と語った。

（出典：ナヴ・バーラト、ヒンディー語）

速報二三　ジャンヴァド紙（マラーティー語）、二〇〇〇年一月二八日

ヒディンバー山が明かす「美術上のマンセル派」

……これまで発掘中に、小山の頂上で巨大な仏塔、多くの仏像、石刻碑文、たくさんの石像断片、供犠穴《ヤジュニャシャーラー》とシヴァリンガが発見されている。このように全ての遺物から、マウリヤ王朝からヴァーカータカ王朝に至る時代の古代史が生き生きと立ち現われてくる。その石造彫刻美術は、アジャンターの彫像のようである。同地で発見されたこの美術様式は、「美術上のマンセル派」とよぶことができるものである。……

……また発掘中に、マウリヤ王朝時代の菩薩、ウマー・マヘーシュヴァラ、文殊支利菩薩も発見されている。

（出典：ジャンヴァド、マラーティー語）

速報二四　ジャンヴァド紙（マラーティー語）、ジャンヴァド・チャム、二〇〇〇年一月三一日

仏教のある高僧の舎利、マンセル発掘中に発見さる

ヒディンバー山での発掘で、とても重要な骨壺《アスティ・カラシャ》が発見された。この骨壺は土と滑石《アブラク》との混合物からできている。赤い骨壺断片の中には、二片の人骨《アスティ》があった。この骨が仏塔内で発見されている通り、これらは偉大な仏教徒の骨である、と発掘指揮者は語った。……

……同地で遂行された発掘で、複数の彫刻が発見されている。ラトナサンバヴァ、シヴァ、ヒロイン、ダーシ、荷担《バーラヴァーハカ》（夜叉）、毘沙門天《クベーラ》等の彫刻が発見された。他のどこにも見られない、荷担（夜叉）の裸像が同地で発見された。ヴァーカータカ王朝時代のプリティヴィーシェーナ一世像もまたここで発見された。どうやらアジャンターとエローラへの彫刻への影響があったようである。これらはよそよりも美しくまた芸術的で、この彫刻美術はここからアジャンターへと流入したに違いない。

（出典：ジャンヴァド、マラーティー語）

速報二五　ナヴ・バーラト紙（ヒンディー語）、二〇〇〇年二月四日

古代の貨幣と舎利の遺物、仏塔より発見さる

マンセル発掘の進捗の情報について、発掘指揮者のシュリー・シャルマ、A・Kは、六―七世紀の仏塔基壇南西角で、骨壺《アスティ・カラシャ》断片と二片の骨《アスティ》が発見されたと語った。……

……人身供犠《プルシャメーダ》の北側では、ピラミッドのようにレンガ壁で支えられつつ三方から盛り上げられた、四番目の側面が破壊された火孔《ハヴァナ》が発見された。その形から、これは石で建立された仏塔であるようだ。


（出典：ナヴ・バーラト、ヒンディー語）

速報二六　ヒターヴァーダ紙「シティーライン」、二〇〇〇年四月二六日

龍樹山が明らかにする薬草の宝庫

ヴェヌゴーパル・ピッライ

マンサルのヒディンバー山での継続した発掘でさえ、ヴィダルバの豊富な文化遺産が発見されており、ましてマンセルから数キロの場所にある龍樹山は、古代に用いられたアーユルヴェーダの薬草の「宝庫」となっている。……

彼は、発掘中でさえ古代の人々の薬草の利用が明るみに出た、と語った。

しかし、利用可能な同地の宝については、薬草は保存され、さらに多くの薬草研究が遂行されたのだ、と正しくみるための適切な試みが開始された、とみなくてはならないと付け加えた。

（出典：ヒターヴァーダ）

速報二七　ナヴ・バーラト紙（ヒンディー語）、二〇〇〇年四月二九日

二五〇種の珍しい薬草発見さる

（同速報の、手短な英語意訳）

……マンセルでは、様々な目的に用いられている何種類もの植物がみられるが、とりわけ薬草は無視できない。……彼は、発掘中でさえ古代の人々の薬草の利用が明るみに出た、と語った。しかし、利用可能な同地の宝については、薬草は保存され、さらに多くの薬草研究が遂行されたのだ、と正しくみるための適切な試みが開始された、とみなくてはならないと付け加えた。

（出典：ナヴ・バーラト、ヒンディー語）

速報二八　ヒターヴァーダ紙「シティーライン」、二〇〇二年二月二日

新たな光を当てる―マンセル発掘準備完了

アジェイ・マルディカル

ここから四〇キロほどの場所にあるマンセルで進行中の発掘は、歴史的事実の驚愕の新発見につながりそうだ。……

シャルマは、これは「法輪《ダルマチャクラ》」の表現であると述べた。法輪を伴う菩提樹の表現は、同地域での発掘において意義深いものである。早期の発掘では、マンセルが古代のヴァーカータカ王朝のプラヴァラプーラであった証拠がもたらされている。ヴァーカータカ王朝のブラーフミー文字で「*Pravaresvarasya*（プラヴァレーシュヴァラに属する）」と刻まれた粘土の刻印という形の碑文学的証拠が、マンセルは国の聖所たる「勝授法所《ヴァイジャイカ・ダルマスターナ》」であると考えていた歴史家バッカーの疑念を晴らしている、と彼は語った。

（出典：ヒターヴァーダ）

速報二九　ヒターヴァーダ紙「シティーライン」、二〇〇二年三月九日

仏塔、大寺姿を現す—マンセル付近の発掘で

スタッフ・リポーター

ラームテク道路上、ナグプールから四〇キロの場所にあるマンセルで、龍樹菩薩記念協会および研究センター後援で遂行されている科学的発掘の成果として、展開する大寺に囲まれた巨大な仏塔が徐々にその姿を現してきた、と発掘責任者のA・K・シャルマがプレスリリースで報せた。……

今のところの証拠に関していえば、この複合建造物《コンプレックス》全体が、紀元五世紀も末頃の、仏教への造詣深かったヴァーカータカ王朝のヴァトサグルマ支派のハリシェーナ王の時代に盛り上げられたようである。

（出典：ヒターヴァーダ）

速報三〇　ヒターヴァーダ紙「シティーライン」、二〇〇二年六月二八日

仏教僧院、マンセルで発見さる

スタッフ・リポーター

一九三三年に、T・A・ウェルステッドはその論文「中央諸州およびベラールのヴァーカータカ王朝と彼らの国、紀元四世紀から八世紀」で以下のように記した。……

後にこの宮廷の幅は、仏塔第一層の周りの擁壁が高くされた後、二・二五メートルまで減らされた。繞道《プラダクシナパタ》は第二層の上にある。これは幅七五から八〇センチで、仏塔の円筒形部分を取り巻いている。

（出典：ヒターヴァーダ）

訳者後記

本書はドクター・アニル・クマール・ガイクワード氏の『ディスカバリー・オブ・ナーガールジュナ・アンド・マンセル－ラームテク（龍樹とマンセル－ラームテクの発見）』の抄訳である。同書は二〇〇八年、ナグプールのボーディサットヴァ・ナーガールジュナ・スマラク・サンスター・ヴァ・アヌサンダン・ケーンドラ（龍樹菩薩記念研究協会）より出版された、同氏の労作である。この度、同協会会長を務め一億人ともいわれるインド仏教徒の最高指導者である佐々井秀嶺師からの、「本書の内容を是非日本人にも知ってもらいたい。広めたい」とのご慫慂とお勧めを受け、分不相応ながら私が翻訳の任に当たらせていただいた。

著者のドクター・ガイクワードはインド政府アウランガバード医科大学元教授で冠状動脈や結合組織の病気等、慢性病治療の権威。医業の傍ら古代インド、特に仏教時代の医学を研究しており、その業績にはババサーヒブ・アンベードカル博士文学賞に輝いた著作『ジーヴァカ』や、アショーカ・ブーシャン勲章を受章した「アショーカの医学への貢献」の論文などがある。本書にも見られる通り、英語やヒンディー語の文献にとどまらず、マラーティー語等で書かれた貴重な文献を英訳して紹介することも多く、結果として今まで見落とされてきた資料や、知られざる事実に光を当てる役割を果たしている。

本書が中心的に扱うマンセル遺跡（北緯二一度二四分、東経七九度二〇分）は、インドはマハーラーシュトラ州の州都ナグプールから北東に約四〇キロメートルの地点に位置する小山上にある複合遺跡群である。本書の翻訳作業は、佐々井師が長年望みながらも、その内容の特殊性（仏教学と考古学の両分野にまたがっている）や、少ないとはいえない誤植の数

（著者本人が緒言で告白しているように、タイピングは得意でないらしい）から、なかなかその日の目を見なかったものである。それが今回急がれた理由の一つとして、現在、日本人チームを中心に進行中のマンセル遺跡（再）発掘プロジェクトがある。かつて、ほかならぬ佐々井師率いる龍樹菩薩記念研究協会が、J・P・ジョーシ博士やA・K・シャルマ博士らのインド人考古学者達と行った本格的な発掘以来（その短い報告書が本書第三章にみえる）、マンセル再発掘の機運が今最も高まっているといえる。

そもそもは二〇一五年と二〇一六年に、デリーのインド政府考古局から佐々井秀嶺師のもとに、「もし日本人が自己負担で発掘を行うなら、許可を与える準備がある」という手紙が届き（インドでは原則として、外国人に発掘許可が下りることはないので異例の打診）、それに応える形で二〇一六年、日本の考古学、土木工学、建築学等の専門家によるチームが編成され、デリーとナグプールの考古局への申請が行われた。佐々井師の後援団体である南天会の助力や、インドはアーメダバード在住の建築家、飯田寿一氏の驚異的な尽力もあり、MNS－3遺跡におけるボーリング調査と半ば崩れた古代の隧道の再掘削の計画が認可直前まで行ったのだが、突如インド人メンバーからボーリング反対の声が上がり、さりとて中途半端な発掘を行うわけにもいかないという佐々井師の英断から、認可下りず―というなんともインドらしい顚末でこの年は幕を下ろした。

だが、当発掘計画はまだ継続しており、このとおり実現は決して容易ではないながらも、本年以降も認可を勝ち取るためにまた総力と智慧を結集し、万全の態勢で再申請に臨む予定である。それを踏まえたとき、本書は現時点での、マンセル遺跡とこれまでの調査・発掘成果、そして―本文や厖大な例証が物語るとおり―大乗仏教の開祖にして、空の思想を集大成したことで有名な龍樹との関わりについての、集大成に位置づけられる書籍であるといえる。

実は二〇一五年に件のA・K・シャルマが、『エクスカヴェーションズ・アット・マンセル（マンセル発掘）』（B・R・

パブリッシング・コーポレーション）という、前回の発掘終了（打ち切り）以降ずっとのびのびになっていた発掘報告書を、ようやく発表したかに思われたのだが—同書はＭＮＳ－３出土の遺物リストや遺跡見取り図等の有用性こそ認められるものの—僧院・王宮複合構造物《コンプレックス》遺跡（従来のＭＮＳ－２）が、図版も含め無視されたかのごとくほとんど扱われない、遺跡番号や発掘期間が箇所によって混乱しているなど、看過し得ぬレベルの不備がいくつもあり、極め付けは「一二世紀頃マンセルに来た仏教徒が、王宮跡に仏塔《ストゥーパ》等を作ってこれを『大寺《マハーヴィハーラ》』と称し、ヴァーカータカ王朝時代の彫像類を破壊した」旨の珍説がシャルマの序論部に現れるなど、残念ながらほとんど考古学資料としては扱うことができない性質のものであった。

当時、インド亜大陸に侵入したイスラム教徒（と比較的良好な関係を保ったヒンドゥー教徒）によってインドから仏教が失われつつあったことは周知の事実であるが、シャルマに拠ればラームテクのヒンドゥー寺院群がイスラム教徒による偶像破壊の餌食となっていないことが、マンセルが仏教徒に破壊された証拠だという。その頃のインド仏教（密教）は迫害に耐えかねて、ネパールやチベットやブータン方面にその伝統の拠点が移って行く—と歴史的にはむしろ事態は逆であるのに、なんらかの理由によるイスラム教徒の素通りや、ヒンドゥー教徒が寺院を守ろうとした駆け引き・攻防の存在の可能性を閑却して、一足飛びにこういう結論に至ってしまっていることは、比較的中立的であったＪ・Ｐ・ジョーシ亡き後、シャルマがヒンドゥー教的側面に偏った編集に走っていることの表れとして象徴的である。また、ナグプールにヒンドゥー至上主義団体である民族義勇団（民族奉仕団：アール・エス・エス）の本部があることなど、現代の民族主義・ナショナリズム等が学問世界にまで反映された結果にほかならない。

インド考古学はじめ、インドにおけるアカデミズムは、どうしても現在の政治的・宗教的な影響がつきまとってしまう傾向にある。例えば、現在のナレーンドラ・モディ首相が前述の民族義勇団のメンバーであることは有名だが、私が留学していたナーランダー大学も、卒業後の現在、政府の介入によって少なからず混乱の途にあるようだ。

その兆しは二〇一五年、初代（名誉）学長でノーベル経済学賞受賞者でもあるアマルティア・セン博士の留任辞退（留任をめぐり政府と軋轢があったことを公に訴えた）にみられたが、その後二〇一六年下旬には、初代（副）学長であるゴーパ・サバルワル博士の任期延長が突如政府によって却下され、ナーランダー大学理事会のメンバーのほとんどが交代させられることになった。これらの決定が第二代（名誉）学長で前シンガポール外務大臣であったジョージ・イェオ氏らに全く相談なくなされ、事前に知らされてすらいなかったため、同氏は「就任前の話と違う、大学の自治の存在に疑義あり」と抗議してやはり留任を辞退。そして二〇一七年、第三代（名誉）学長が民族義勇団に近い人物に決まったばかりだが、現在（副）学長候補者も、同団体寄りの人物達であるとの報道である。残念ながら今のところ、インドの学問に政治や宗教がおよぼす影響とはかくも大きいのだ（後日註：同大に留学中の後輩日本人学生に拠れば、二〇一七年五月に副学長に就任したシュナイナ・シン博士が教員を恣意的に大量馘首し、心ある教員達も自ら辞職するなど大混乱であるそうだ）。

それゆえ、本書やA・K・シャルマの報告書で言及される「人身供犠《プルシャメーダ》」説等も、このようなヒンドゥー教史観による牽強付会を差し引いて検討する必要があるが、さらに注意しなければならないのは、インド人以外の学者にもかかる見方が影響している場合があることだ。例えば本書にも登場のハンス・バッカー博士らの編集にかかる、二〇〇八年の電子書籍『マンセル：ザ・ディスカバリー・オブ・プラヴァレーシュヴァラ・アンド・プラヴァラプーラ・テンプル・アンド・レジデンス・オブ・ザ・ヴァーカータカ・キング・プラヴァラセーナⅡ（マンセル：ヴァーカータカ王プラヴァラセーナ二世の寺院と住居たるプラヴァレーシュヴァラとプラヴァラプーラの発見）』（グロニンゲン大学図書館）のケースがそうだ。

同書はシャルマの報告書とは別に、比較的、現時点で総括的にマンセル遺跡を扱っている研究書である。しかるに、筆頭著者のバッカーは東ヴァーカータカ（ナンディーヴァルダナ支派）王朝史の第一人者でありながら、かねてマンセル遺跡を含む、ヴァーカータカ王朝遺物の仏教的側面を一切扱わない（！）というスタンスを取り続けている人物である。

また、バッカーが僧院・王宮複合構造物《コンプレックス》遺跡における、サータヴァーハナ王朝期の遺物・痕跡すらこれを疑問視しているためか、他の著者達の議論も、ヴァーカータカ王朝期の、それもヒンドゥー教の文脈のみに終始してしまっていることは、やはり片手落ちであると言わざるを得ない。なぜなら西ヴァーカータカ（ヴァトサグルマ支派）王朝は世界遺産アジャンター石窟寺院遺跡で知られるように、仏教と仏教美術の代表的庇護者であった時代が長く、東支派王朝のみを扱う場合であっても、本書に収載されたマンセル出土の仏塔や舎利等の遺物に代表される仏教的要素に触れることなくして、当時のマンセルの実態に迫ることなど到底不可能だからである。バッカーのこうした奇妙な態度の源流は、実は彼の一九九七年の著、『ザ・ヴァーカータカズ：アン・エッセイ・イン・ヒンドゥー・イコノロジー（ヴァーカータカ：ヒンドゥー図像解釈学小論）』（エグバート・フォルステン）に見出すことができる。

すなわちバッカーは同書で、自身の研究対象の範囲について「私自身の力量と、特定の仏教的な証拠を除外する意図的な決定によって制限が設けられている。これすなわち、読者は例えばアジャンター石窟の美術史的評価も、そこに保存されている図像の表現形式の研究も見出さぬであろうということである」（五頁）と宣言しているのだ。ことヴァーカータカ王朝やマンセルの研究に関しては、バッカーのこの制限はずっと課され続けたままのようである。このことは、アジャンター研究の第一人者であるウォルター・M・スピンク博士によっても批判されているが、ある特定の文化的要素や社会的側面のみを恣意的に除外し、それも一時的にではなく言わば黙殺し続けたまま、それ以外が王朝やその文化の全体であるかのごとく論ずるということは、学問的態度として望ましくないことであろう。本書が示すようにシャルマやバッカー以前には、マンセル等の仏教的伝承や遺物が、遠くはイギリス植民地時代から近くはジョーシらによる発掘レポートでも報告されているのであるから、今後、他の研究者達にはかくも顕著なヒンドゥー教史観を踏襲しないことが求められるであろう。

実際、本書には龍樹菩薩やマンセル遺跡についての、あまりよく知られていない重要な知見がいくつもちりばめられている。例えば、マンセルからラームテクの方向へ向かうと龍樹山《ナーガールジュナ・テークディー》とよばれる場所に、かつて人間の石像の首と石の蛇があり、それが「ナーガールジュナ」という名称にまつわる伝承と結びついていたということが記録に残っているという。具体的には、一八七三―七四年に同地を訪れたイギリス人、J・D・ベグラーに拠れば、

> 下方、丘陵の側面では、岩の中の小さな裂け目が頂上からの短い道となっており、やがて壁を作って小房となる。ここにある二つの像は龍《ナーガ》とアルジュナのものだといわれており、そこから「ナーガールジュナ」という名前が出ている。

とある（本書第三章）。

これまで「ナーガールジュナ」という名称については、仏教学の分野では、「彼はアルジュナという名の木の下で生まれ、また龍と関わりがあったので『ナーガールジュナ』とよばれるのである」といった旨が、鳩摩羅什の『龍樹菩薩伝』等で語られることが知られているが、考古学的な探査記録にこうした別の伝承が残っていることはまったくといってよいほど知られていないため、これ一つとっても本書の貴重な記録の価値がわかろうというものだ。ちなみにこの石の首や蛇については、本書にみられるとおり、R・B・ヒラーラール（一九〇七）やV・V・ミラシ（一九五八）ら、インド人学者達の記録にも言及があり、また、佐々井秀嶺師も渡印当初、実際にそれを見ているそうである。同像は不幸にもあるとき何者かによって破壊され失われてしまっており、こうした記録の存在がより重要になってくるゆえんである。

今後マンセル発掘が実現した暁には、本書はマンセル遺跡やその発掘計画に関する基礎資料となる性質のものである。

ちなみに本書では、マンセルからヴァーカータカ王朝のブラーフミー文字で「*Pravaresvarasya*（プラヴァレーシュヴァラに属する）」と刻印された、五世紀頃の印章が発見されたことに言及しているが、また、このほか現在では「*Pravarasya*（プラヴァラ〔プーラ〕に属する）」という印章の出土も知られている。また本書の別の箇所では、七世紀にインドに巡礼し、古代のナーランダー大学で学んだ玄奘三蔵法師の『大唐西域記』に、龍樹とサータヴァーハナ王にまつわる「跋邏末羅耆釐《ブラマラギリ》（黒蜂山）」の記録があり、五世紀の東晋のインド巡礼僧法顕の『法顕伝』（同地を「波羅越《バーラーヴァタ》（あるいはパルヴァタ）」と記録）や、八世紀の新羅のインド巡礼僧慧超の『往五天竺国伝』でも、同じ遺跡のことが報告されている。これまであまり指摘されていないが、これら表記言語や時期を異にしながら、比較的近い時代に残された「波羅越」や「プラヴァラ〔プーラ〕」や「跋邏末羅〔耆釐〕」といった記録上と出土印章上の地名が、音韻上極めてよく似通っているという事実は、もっと注目されていい。実際、これらの記録上の遺跡の特徴（玄奘らが言及する、岩山を削って作られた三層あるいは五層の寺院や、その頂上から各房の周りを流れ下って落ちる水路や人工の滝等）は、マンセル現地の僧院・王宮複合構造物《コンプレックス》遺跡の考古学的特徴とよく一致しており、つまり、本書の内容とは異なる文献や考古学的証拠を通じたアプローチからも、マンセルが大乗仏教の開祖、龍樹菩薩の遺跡である可能性が補強されるのである。

本書の内容をまとめると、第一、二章で龍樹にまつわる伝説・伝承の概観、第三章で大英帝国統治時代から現在までのマンセル遺跡踏査・発掘成果の総覧と問題点の指摘が行われている。第四章では、マンセルから多数の薬草や、古代インド医学（アーユルヴェーダ）の薬・器具が見つかっていることから、インド医学の歴史とそれに対する龍樹の貢献について辿る。第五章は龍樹菩薩の著作とされる『宝行王正論《ラトナーヴァリー》』からの抜粋。第六章はマンセル遺跡に関する近年のインドの新聞記事の紹介である。今回、まず主要部分を占める第一―四章を完訳した。以降の章も全訳を収めたかったが、分量の膨大、そして予算との兼ね合いから、第五章のガイクワード氏コメント、第六章各記事の中間部分、そして新聞記事に対する同氏の批評から成る第七章全体と付録を割愛せざるを得なかった。読者諸賢のご寛恕を乞う。これらの部分も含めた完訳については他日を期したい。（後日註：現地新聞では今なおマンセルやラームテクについての記事が紙面を飾ることも多く、最近も龍樹山の国定史跡認定をめぐる記事が二紙に掲載されたので、以下に訳して紹介したい。

ナグプール・タイムズ紙 二〇一七年一一月九日付

公益訴訟 龍樹山の国定史跡認定を

タイムズ・ニュース・ネットワーク

ナグプール：ラームテク近郊の龍樹山（ナーガールジュナ・テークディー）の国定史跡および文化遺産認定を求める公益訴訟が、ボンベイ高等裁判所ナグプール支局で提起された。

ブーシャン・ダルマーディカーリ、スワプナ・ジョーシ両判事から成る第二審判事団は、インド政府考古局と州考古局長官を含む被告に通知を行い、同地の「現状の維持」を許諾した。被告には一二月四日までの返答提出が命じられている。

社会活動家のパラマーナンダ・ガテー氏は、弁護士のシャイレーシュ・ナルナワレー氏を通じ「龍樹山一帯には古い洞窟や古代の人工遺物があり、何種類もの薬草が発見されている。これら全ての国家的遺産は保存を必要とするため、原告は同遺跡でのあらゆる種類の掘削の停止と侵食の除去を願うものである」と主張した。

原告は法令第四九条を引いて、国家的・文化的に極めて重要な場所や物を守ることを被告に命じるよう嘆願した。

ヒターヴァーダ紙「シティーライン」二〇一七年一一月一〇日付

高等裁判所 龍樹山の「現状の維持」を命じる

スタッフ・リポーター

ボンベイ高等裁判所ナグプール支局は、パラマーナンダ・ガテー氏がラームテクの龍樹山（ナーガールジュナ・ヒル）と遺跡構造物の保護・保存についての指示を求め提起した公益訴訟について、インド政府考古局と同地質局に通知を行った。同構造物はナグプール地区ラームテク行政支区のナーガルダン・モウザ・ナヴァルガオン歳入支区パトワリ・ハルカ四一－A、調査七九（旧調査四七－一、四七－二、四九－二、一五七）で示されたもの。

同訴訟では被告である当局に対し、龍樹山を国定史跡および州指定遺産として認定するのに必要な措置をとるための指示も求められている。

ブーシャン・ダルマーディカーリ判事とスワプナ・ジョーシ判事から成る第二審判事団は、被告である当局に通知を行い、龍樹山に関して現状を保つよう命じた。同高裁は以前にも、二〇一一年九月二一日に同じ訴訟で「現状の維持」を命じていた。

その後、同高裁は二〇一二年七月六日の判決で、被告である当局が一九五八年に成立した「古代史跡および考古学的遺跡と遺物に関する法令」にもとづき、龍樹山に保護史跡の地位を付与することを説得するために、原告自身が所持する資料を添付した陳情を提出することを原告に対し認めていた。当局に対しては仏像遺物ほか、サータヴァーハナ王朝時代の人工遺物にもとづき、決定を下すよう再考することを求めていた。

しかし、原告側には今なお、様々な人の活動が進むことで、この文化財が永久に失われてしまいかねないとの懸念がある。現在、このように詳細な陳情が三度行われたにもかかわらず、いかなる決定も下されなかったため、二〇一二年七月六日の命令は守られていないと同訴訟は主張している。

同高裁は次回のヒアリングを、二〇一八年一月一〇日の日程で告示している。

原告側は弁護士のシャイレーシュ・ナルナワレー氏が出廷し、州当局側は副・村パンチャーヤトのシシル・ウケイ氏が代表として出廷する。

以上）

マンセル遺跡やその仏教的要素・側面、そしてそれらと龍樹菩薩との関係についての研究は、考古学上・仏教史上大変重要であり、またかなりの進展をみていると同時に、学問として扱ううえでの難しさも伴う。それは仏教学的には文献や教学に依拠せざるを得ないがゆえの制限、考古学的には物証や碑文に拠ることが必須であるがゆえの制約や、日本においてインド考古学を研究できる場が、ほとんどなくなってしまっているという現状（日本考古学を専門に研究しつつ、個人でインドの遺跡のフィールド調査等も行いながら研究している人が多い）などからくる難しさである。まさしく「情報をもたない考古学者が仏教文献学者に正鵠を射た質問をするのは、後者が、沢山の土器の破片や水文学的データが、自身の研究にどのくらい貢献し得るか評定するのと同じくらい難しい」（ジュリア・ショー『ブッディスト・ランドスケープス・イン・セントラル・インディア（中央インドの仏教ランドスケープ）』ザ・ブリティッシュ・アソシエーション・フォー・サウス・アジアン・スタディーズ、二〇〇七、二六頁）というわけだが、マンセル研究にはそうした厄介さを補ってあまりあるやり甲斐や潜在性があるし、そのように仏教学と考古学の両方の知見から分析や仮説の検証が求められるだけに、何か新しいことがわかったときの喜びは一入である。

しかるに、マンセルの研究は、佐々井秀嶺師という不世出の名僧による、驚くべき発見の経緯（しかし、それが本書中の主要な考古学資料が世に出る契機・下敷きになっていることも事実だ！）ゆえに、極力（仏教的にもヒンドゥー教的にも）先入見を排さねばならない（はずの）アカデミズムの世界で、（それも特に日本では）疎んじられがちであることも否定できない。しかし、そんなことは些末なことだ。佐々井師は『イーリアス』で有名なトロイ遺跡を発掘・発見したシュリーマンに譬えられることもあるが、実際、前回中途半端に発掘された後、また土で埋め戻されさえしたこのマンセルという遺跡は、もっとよく掘ればさらに多くの遺物や様々な真実を、われわれの眼前に明らかに示すことだろう。本書によって学問の世界で、そして学問外のもっと広い世界で、マンセル遺跡や歴史的人物としての龍樹菩薩の真実に迫らんと志す同志や、同好の士が一人でも増えてくれるならば、訳者にとって望外の歓びである。

最後に、本書の翻訳をお勧めくださった佐々井秀嶺上人様、原著者のドクター・A・K・ガイクワード氏、発掘計画をともに進めている南天会の小林三旅氏と佐伯隆快師、同計画の立役者の飯田寿一氏、計画の技術的な相談に乗り、世界遺産の調査・登録に関わる日本イコモスのニュースレターに、マンセル遺跡の紹介記事を掲載するなどサポートしてくださっている（一財）地域地盤環境研究所の岩崎好規博士と安田女子大学の山田俊亮博士、すばらしい帯をご執筆くださった京都産業大学客員教授で評論家の宮崎哲弥氏、色々と親身にご相談に乗ってくださった同大准教授の志賀浄邦博士、同じく本書出版のご相談に乗ってくださった四谷真成院の織田隆深ご住職様、快く本書の出版を引き受けてくださった八木環一様や担当の水野華菜様をはじめとする、株式会社六一書房の皆様に心からなる謝意を表明いたします。

また、いつも見守り出版をサポートしてくれた父、母、応援してくれた弟、妹、居候の身分の私を温かく受け入れ応援してくださった妻のご一家の皆様、そして、いつも惜しみない愛と美味しい料理で私を奮い立たせてくれる妻の千可と、私達を選んで宿ってくれた新しい命であるお腹の娘に、この場を借りて感謝を伝えさせていただきます。

二〇一七年二月一四日

練馬区小竹町にて、母の還暦を祝った後のうららかな日に訳者識す

写真・図版

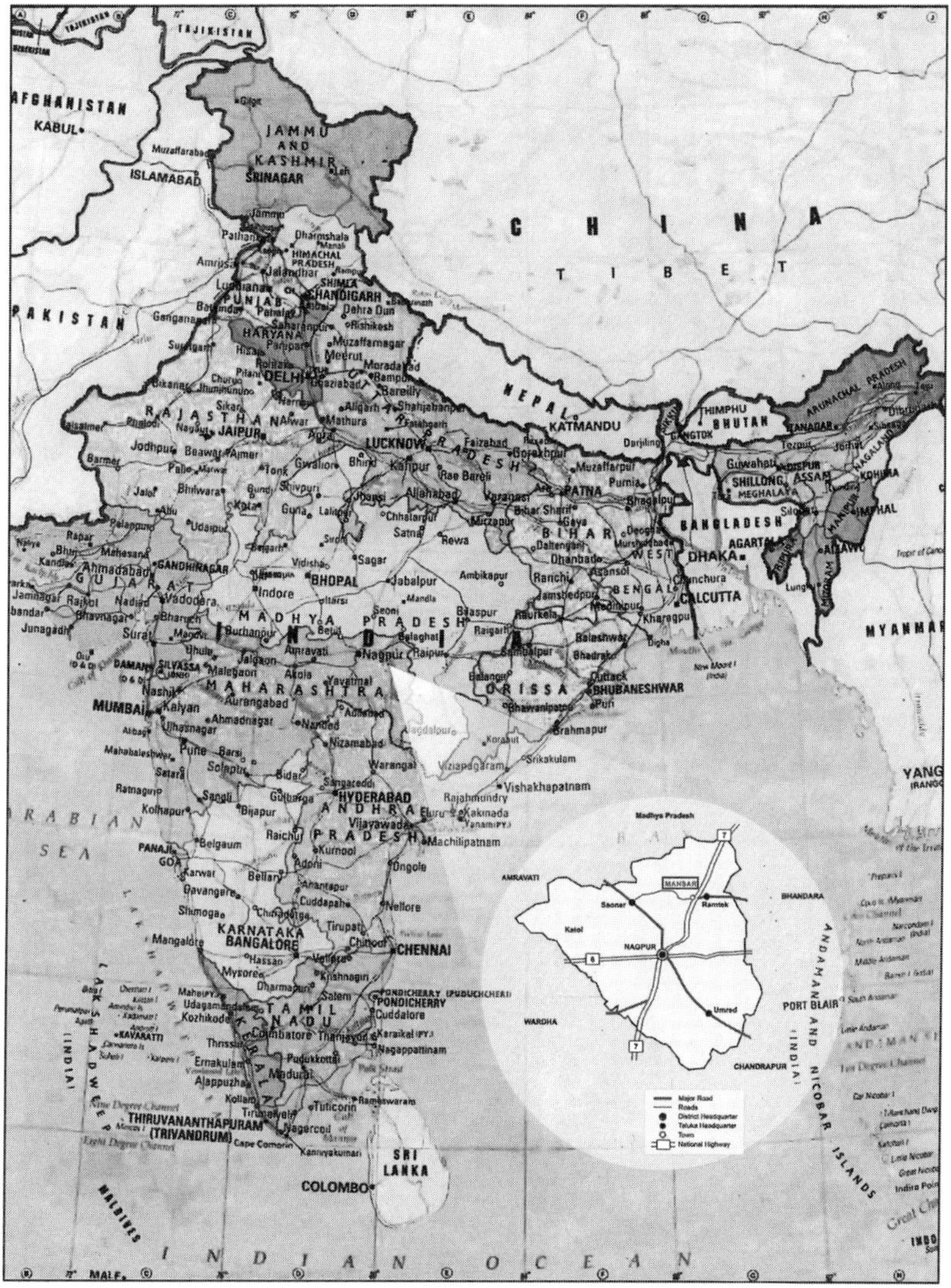

図１　インド地図：マンセルの位置

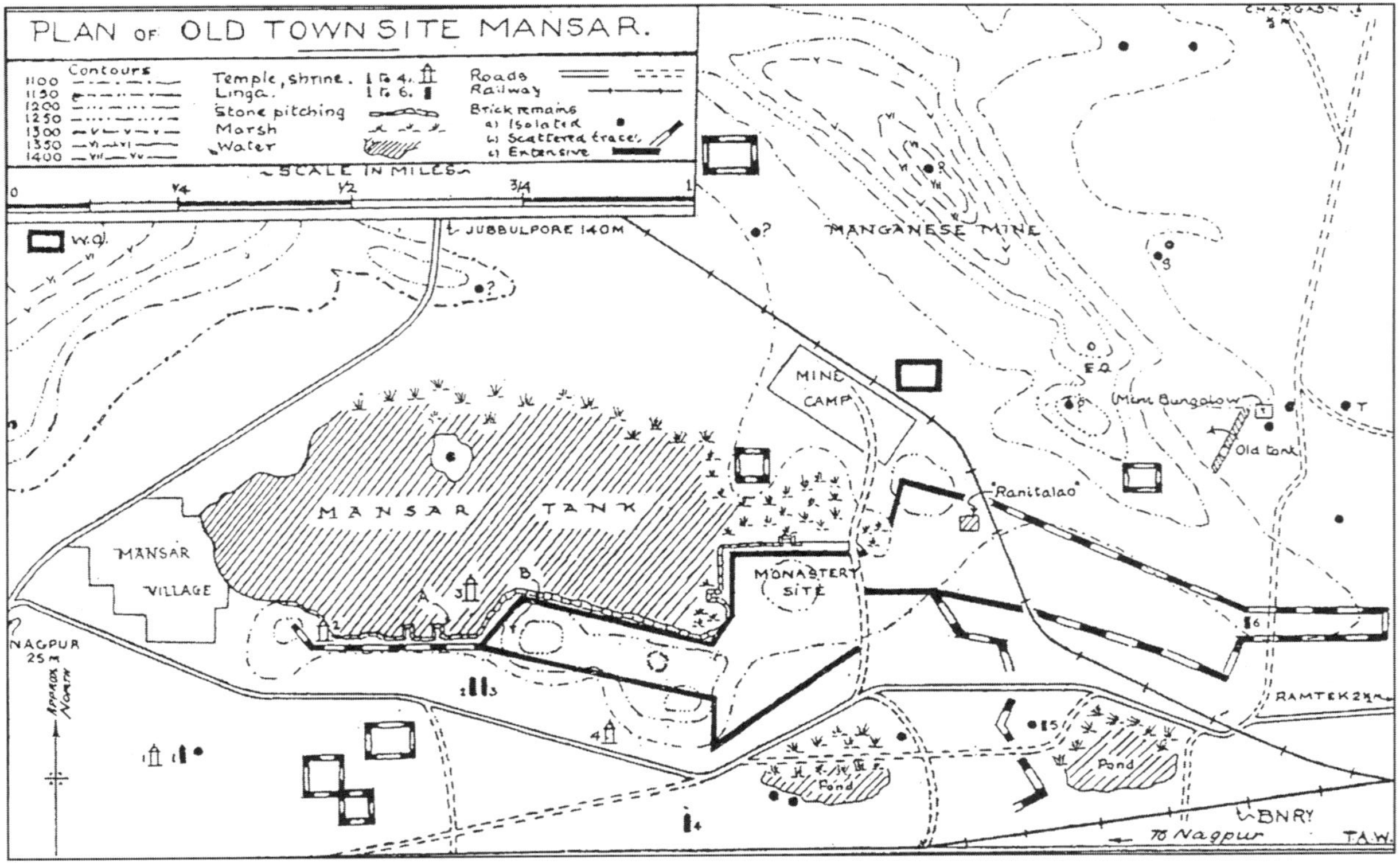

図2　マンセル古集落遺跡の見取図

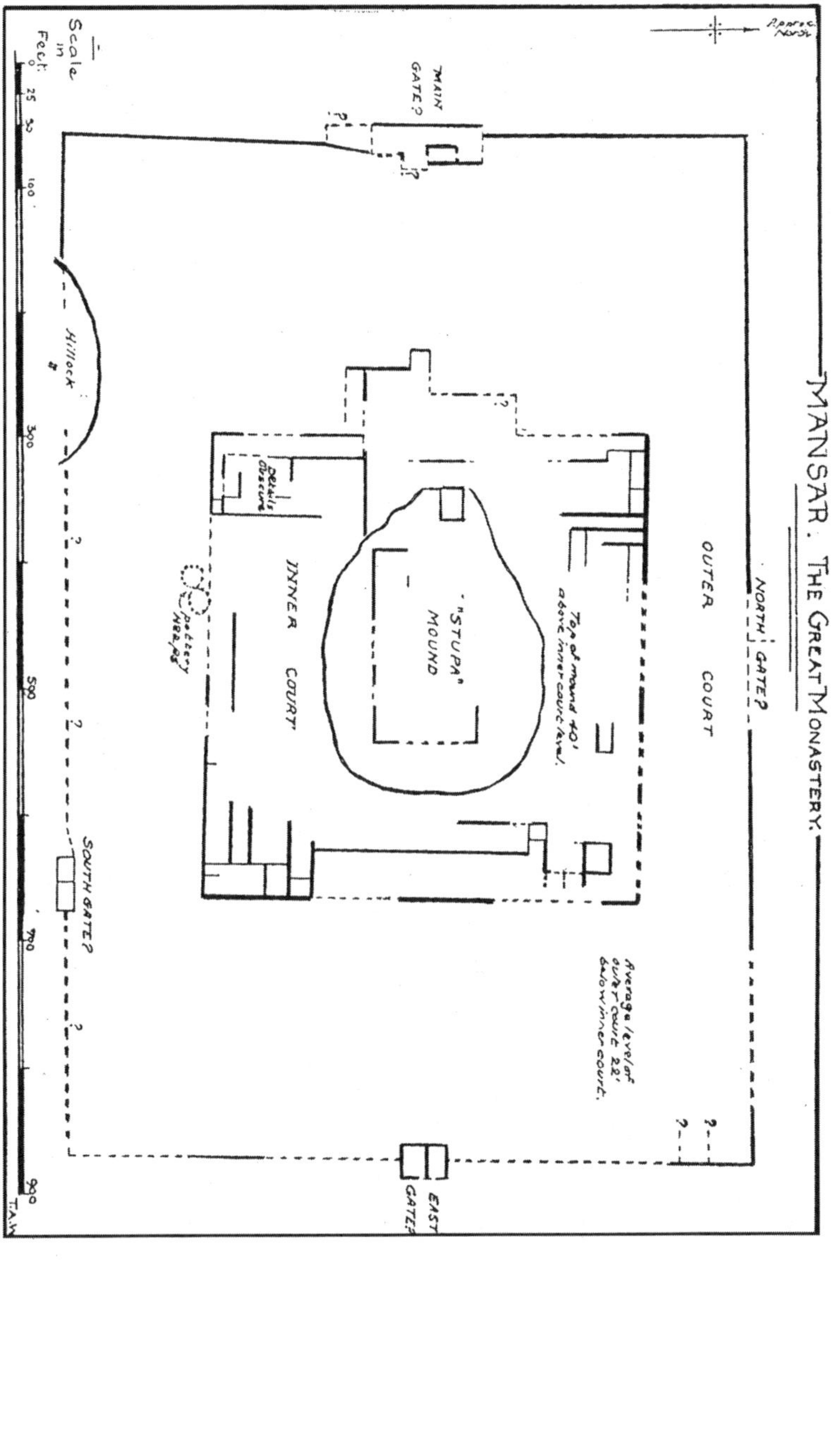
MANSAR. THE GREAT MONASTERY.
Approx. North
MAIN GATE?
Scale in Feet
0 25 50 100 300 500 700 900
Hillock
OUTER COURT
INNER COURT
"STUPA" MOUND
Top of mound 40' above inner court level.
Details obscure
NORTH GATE?
SOUTH GATE?
EAST GATE?
Average level of outer court 22' below inner court.
T.A.W.

図3　マンセルの大僧院

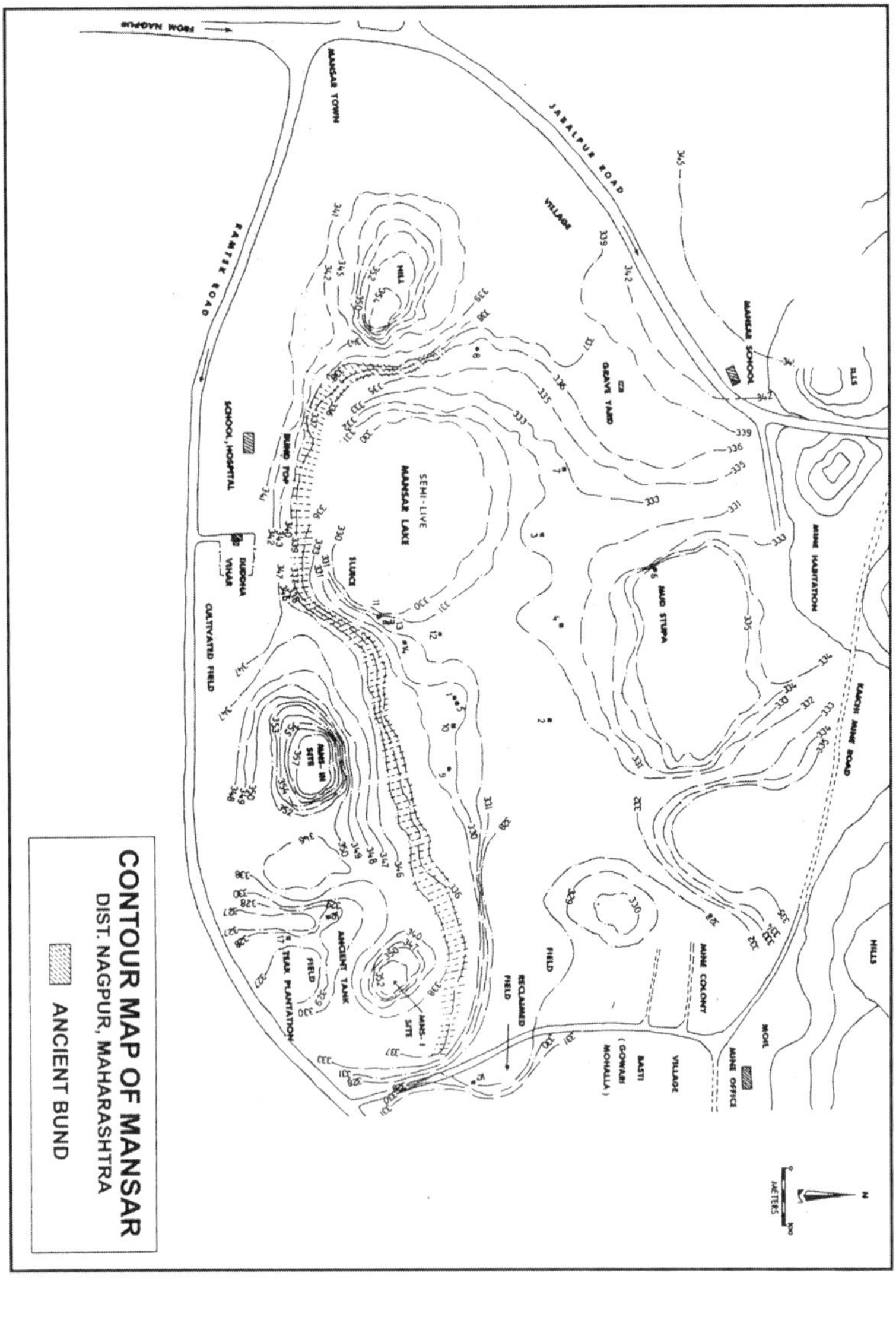

図4　マンセルの等高線地図

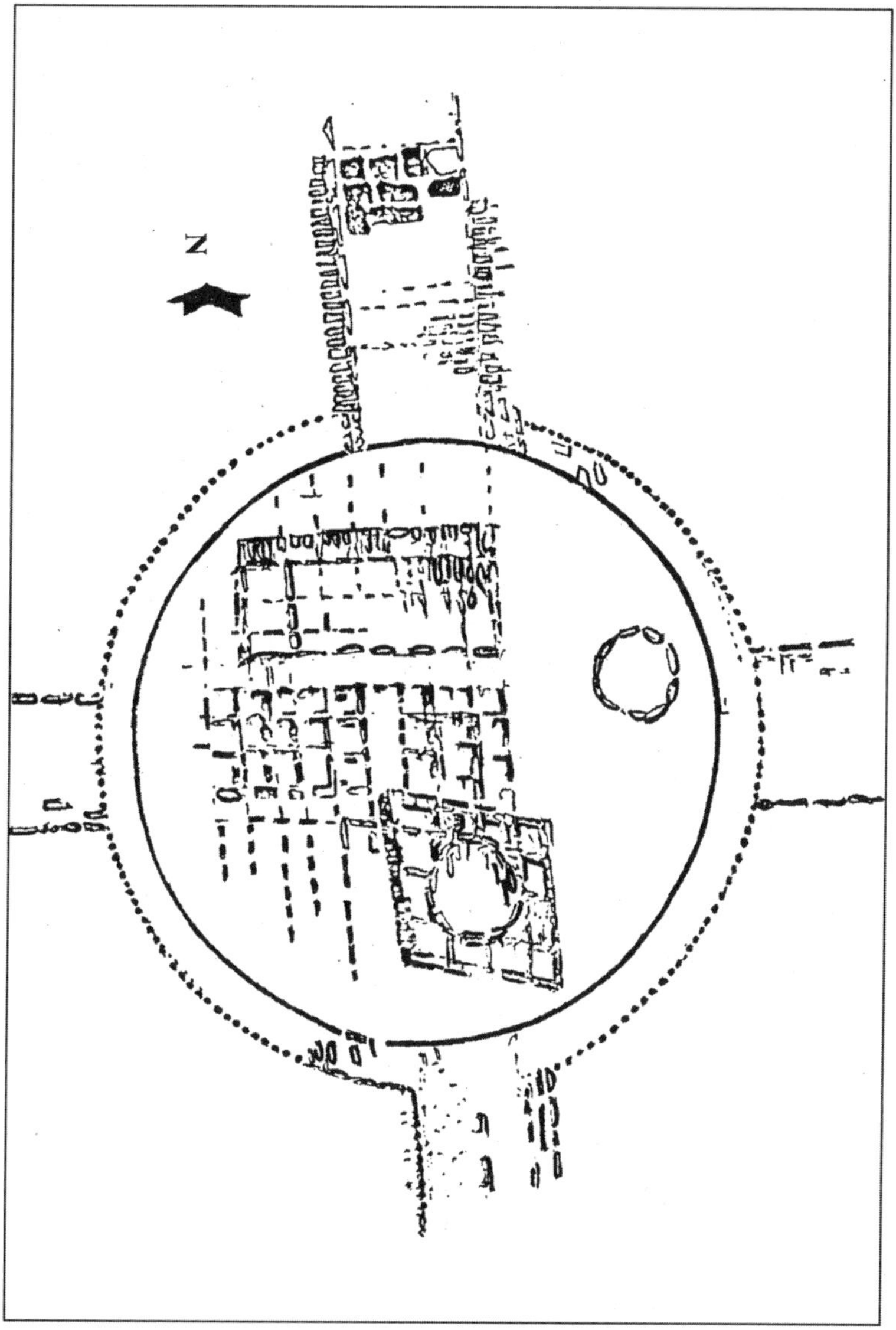

図5 マンセルのMNS-3遺跡、第三段階、ヴァーカータカ王朝期後の仏塔見取図

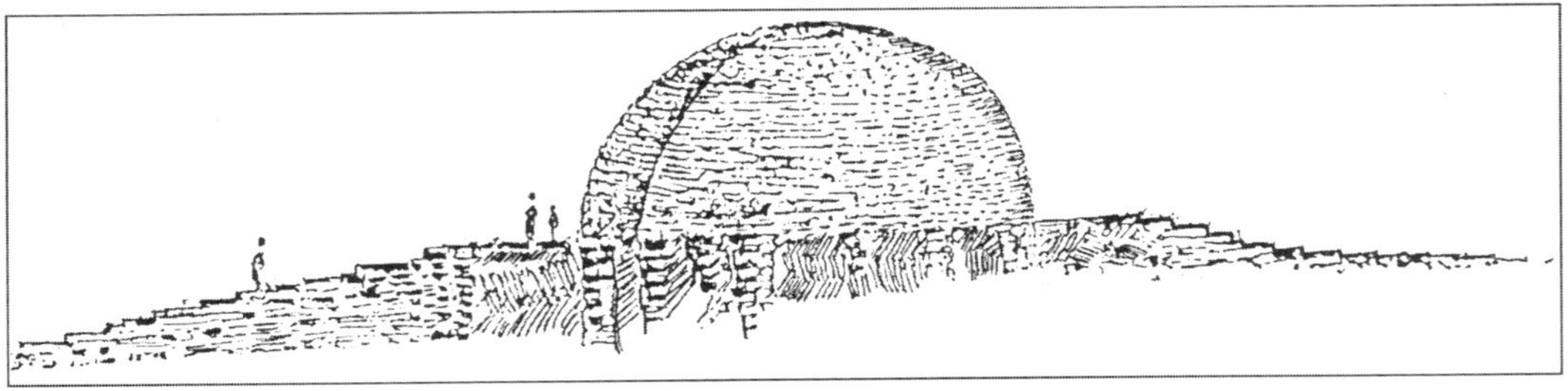

図6　マンセルの MNS-3遺跡、第三段階、ヴァーカータカ王朝期後の仏塔立面図

図7　マンセルの MNS-3遺跡出土、ヴァーカータカ王朝期後の仏塔遺構

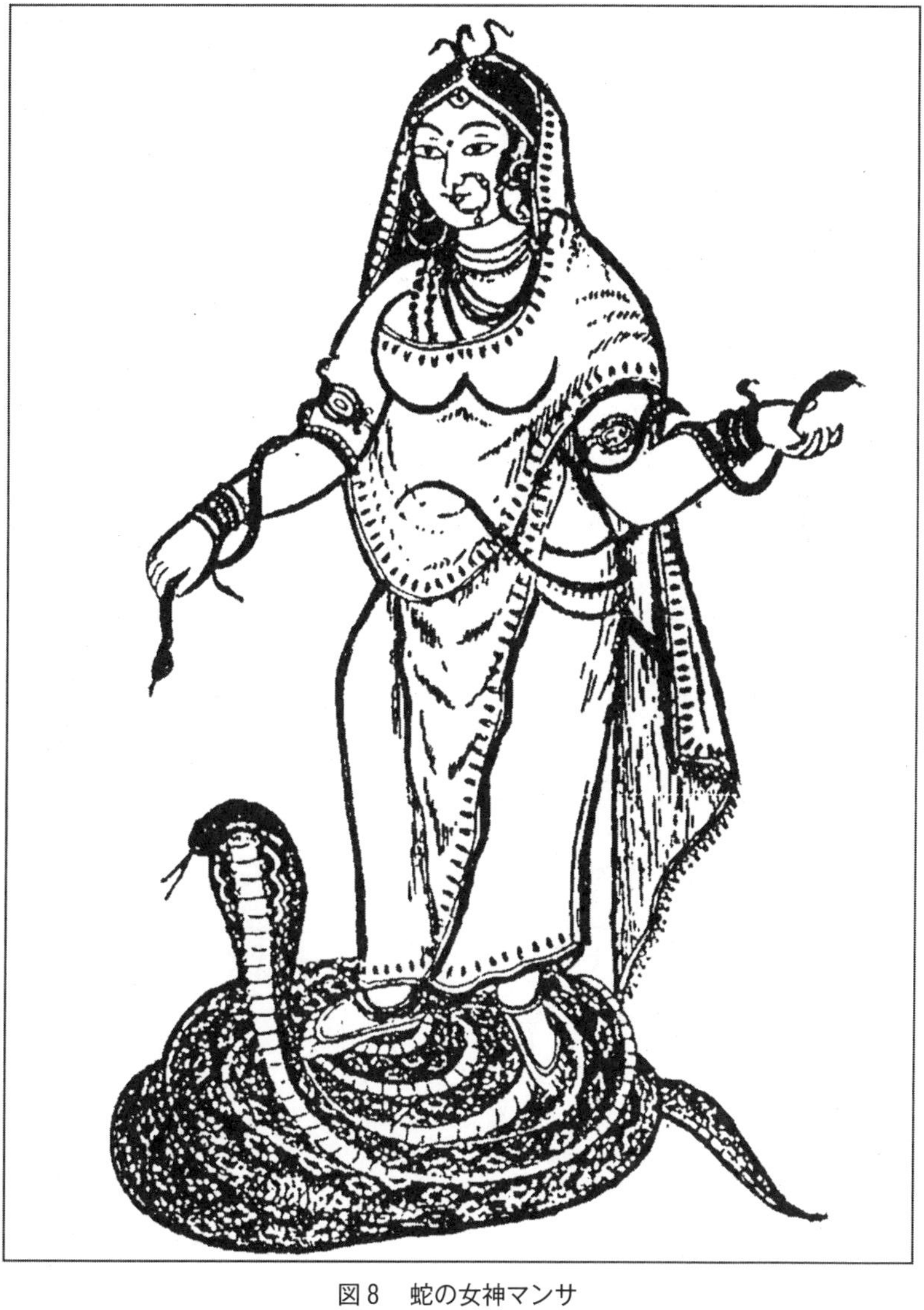

図8　蛇の女神マンサ

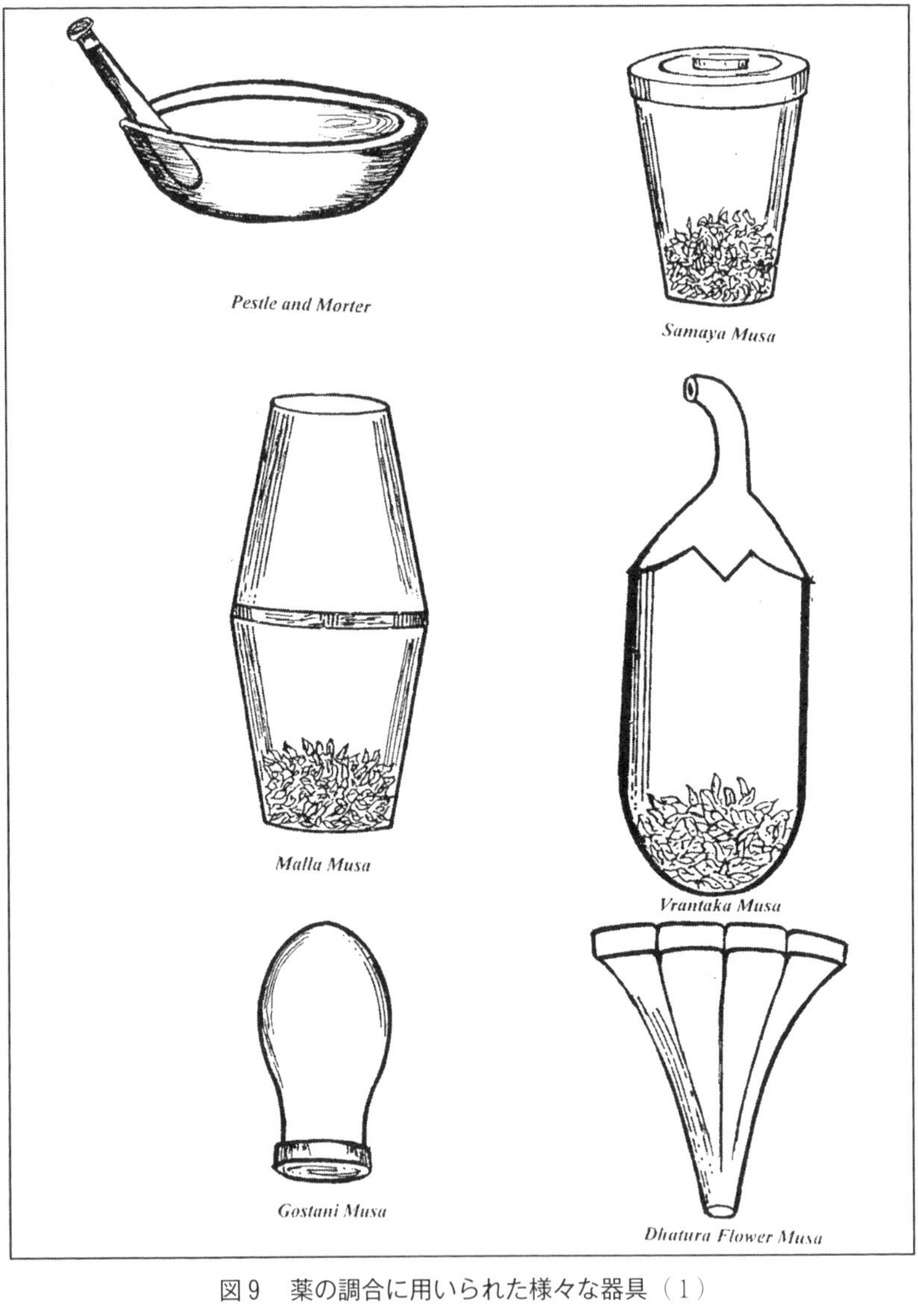

図９　薬の調合に用いられた様々な器具（１）

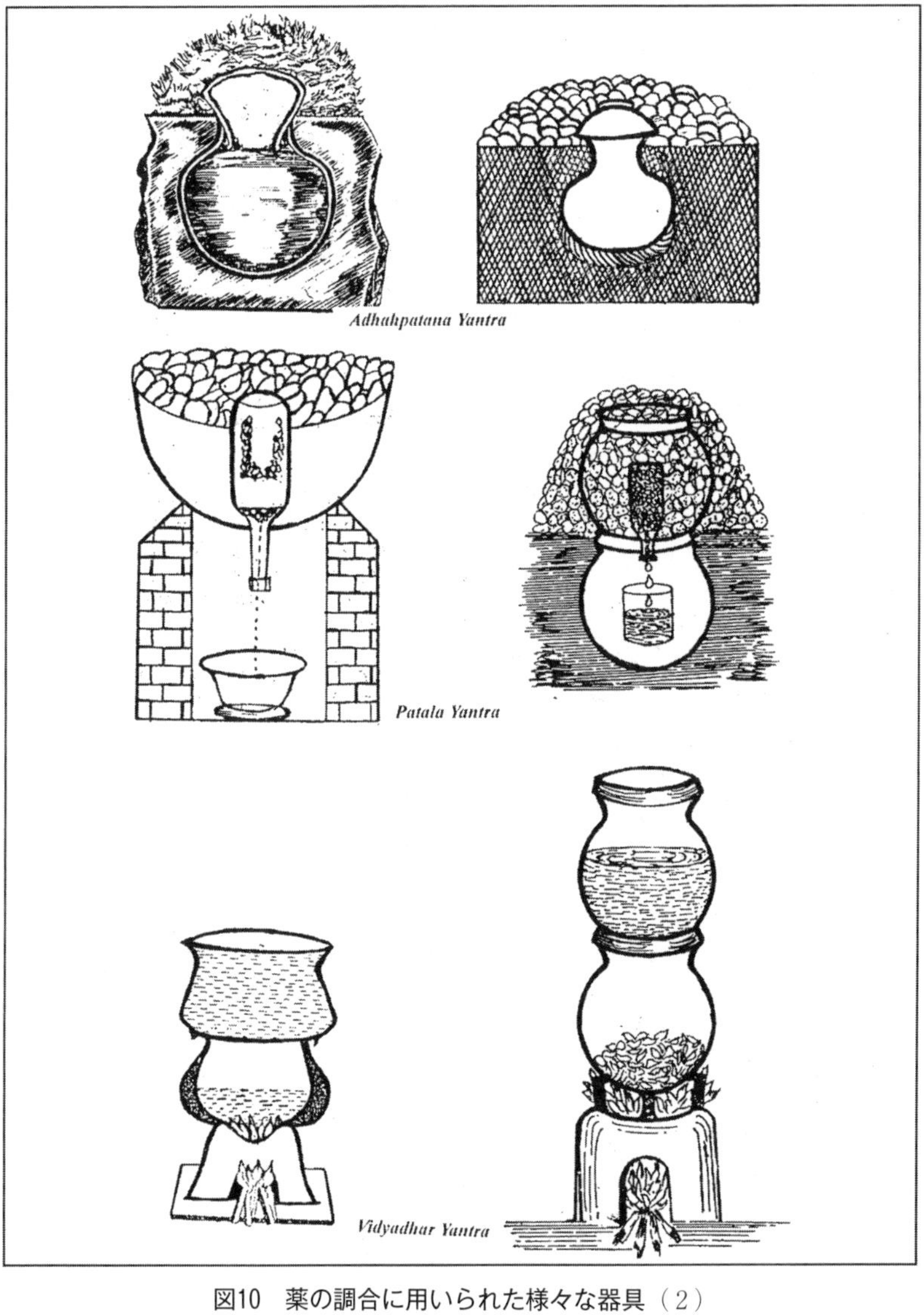

図10　薬の調合に用いられた様々な器具（2）

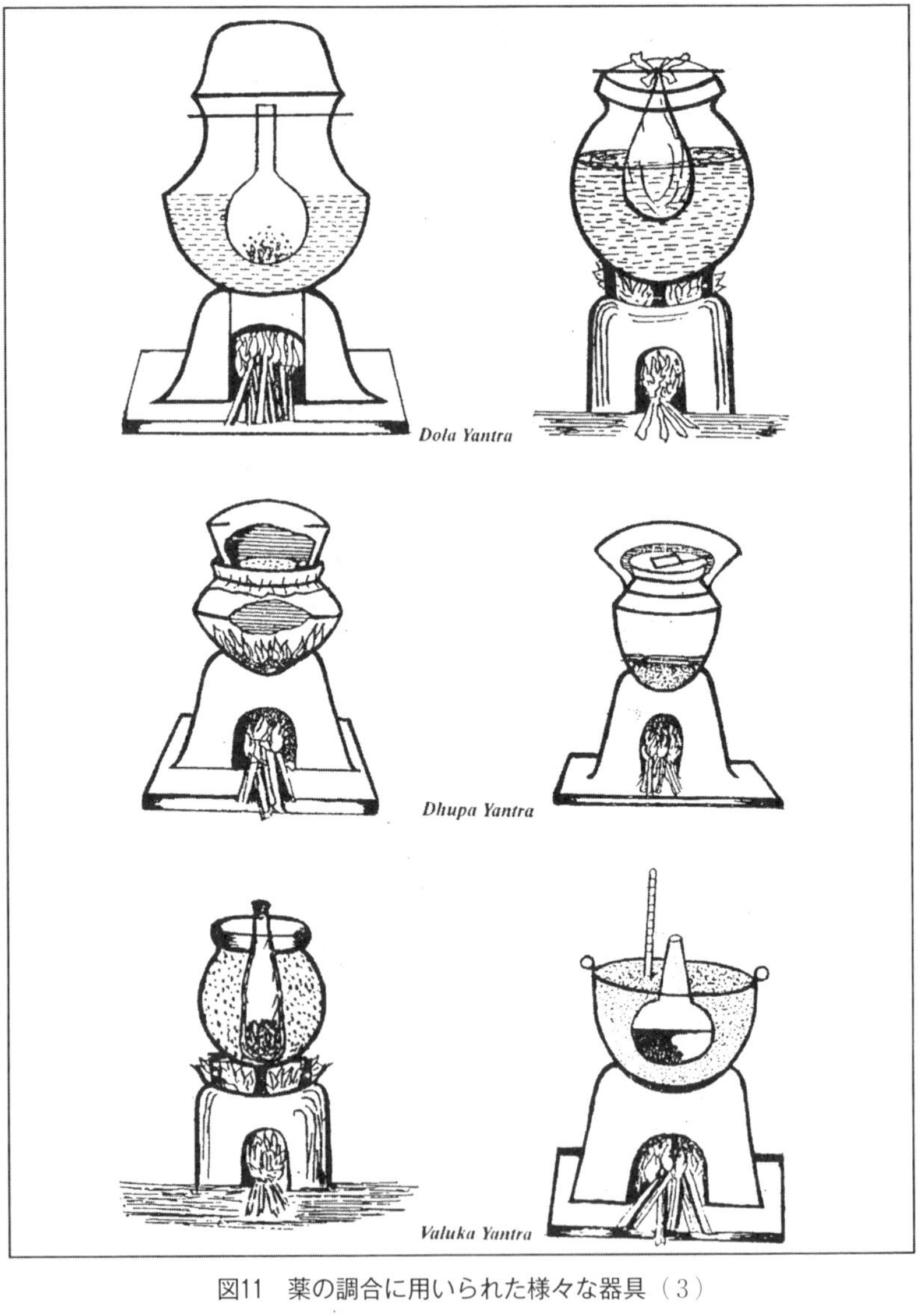

図11　薬の調合に用いられた様々な器具（3）

図12　薬の調合に用いられた様々な器具（４）

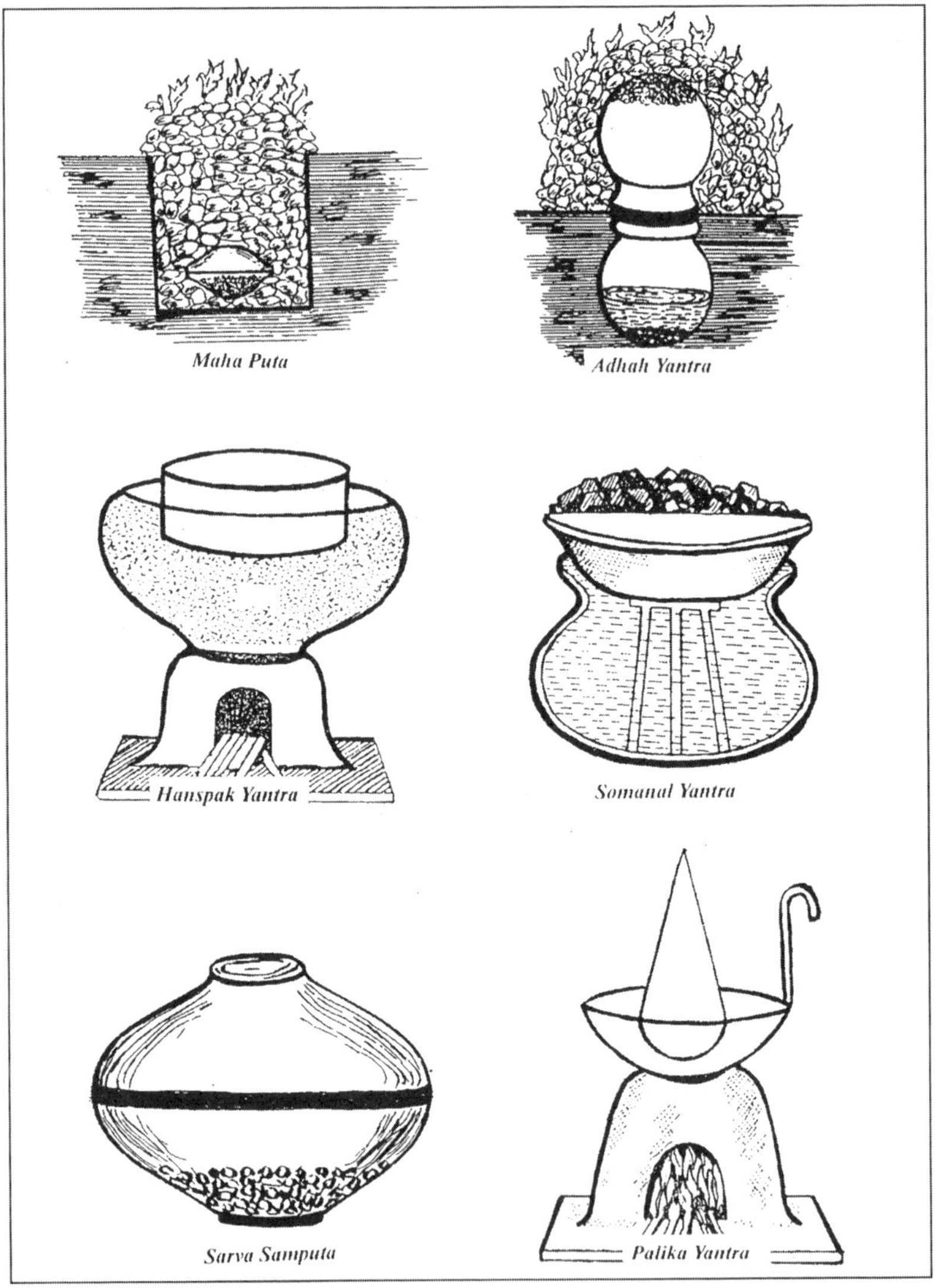

図13　薬の調合に用いられた様々な器具（5）

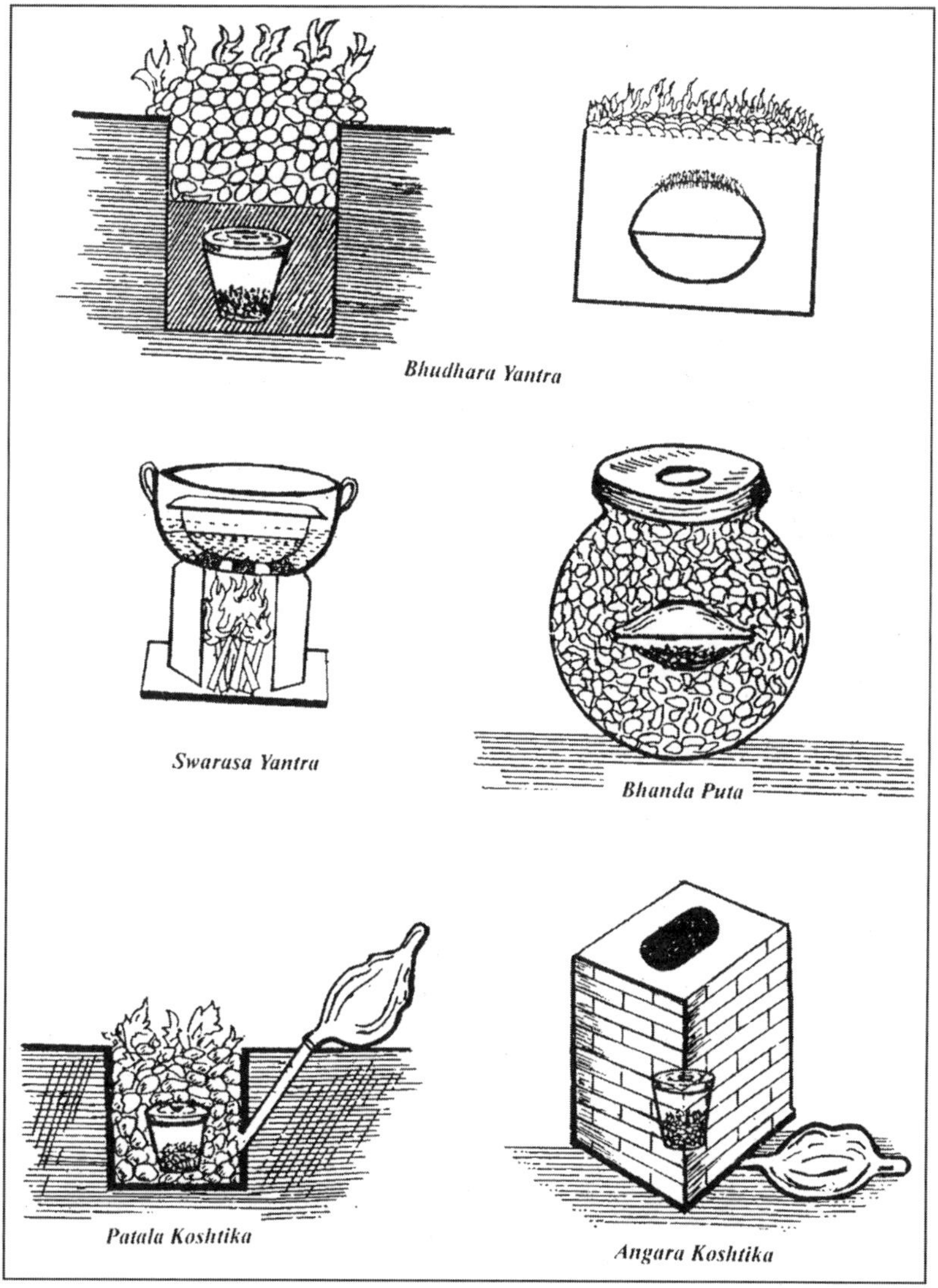

図14　薬の調合に用いられた様々な器具（6）

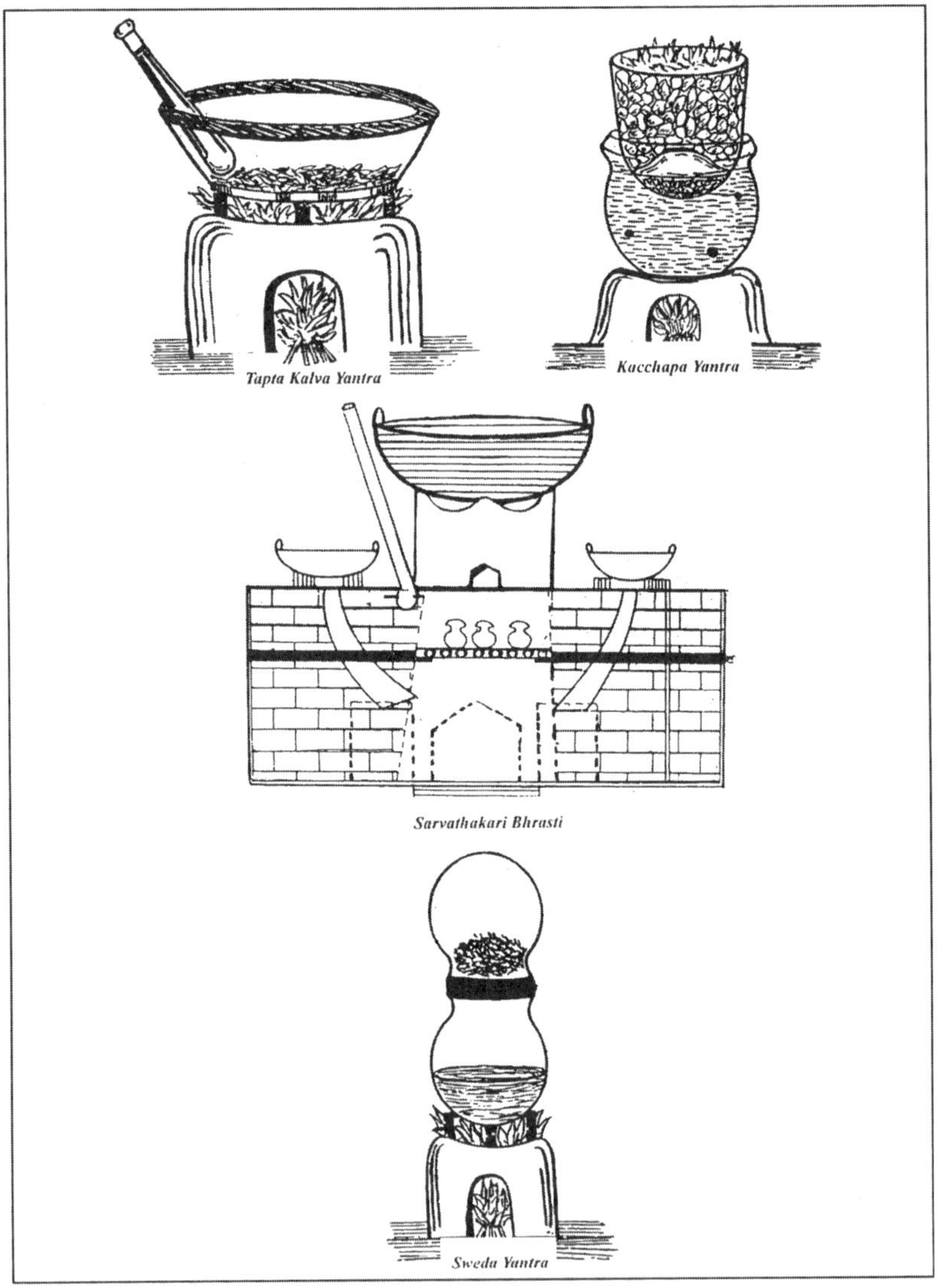

図15　薬の調合に用いられた様々な器具（7）

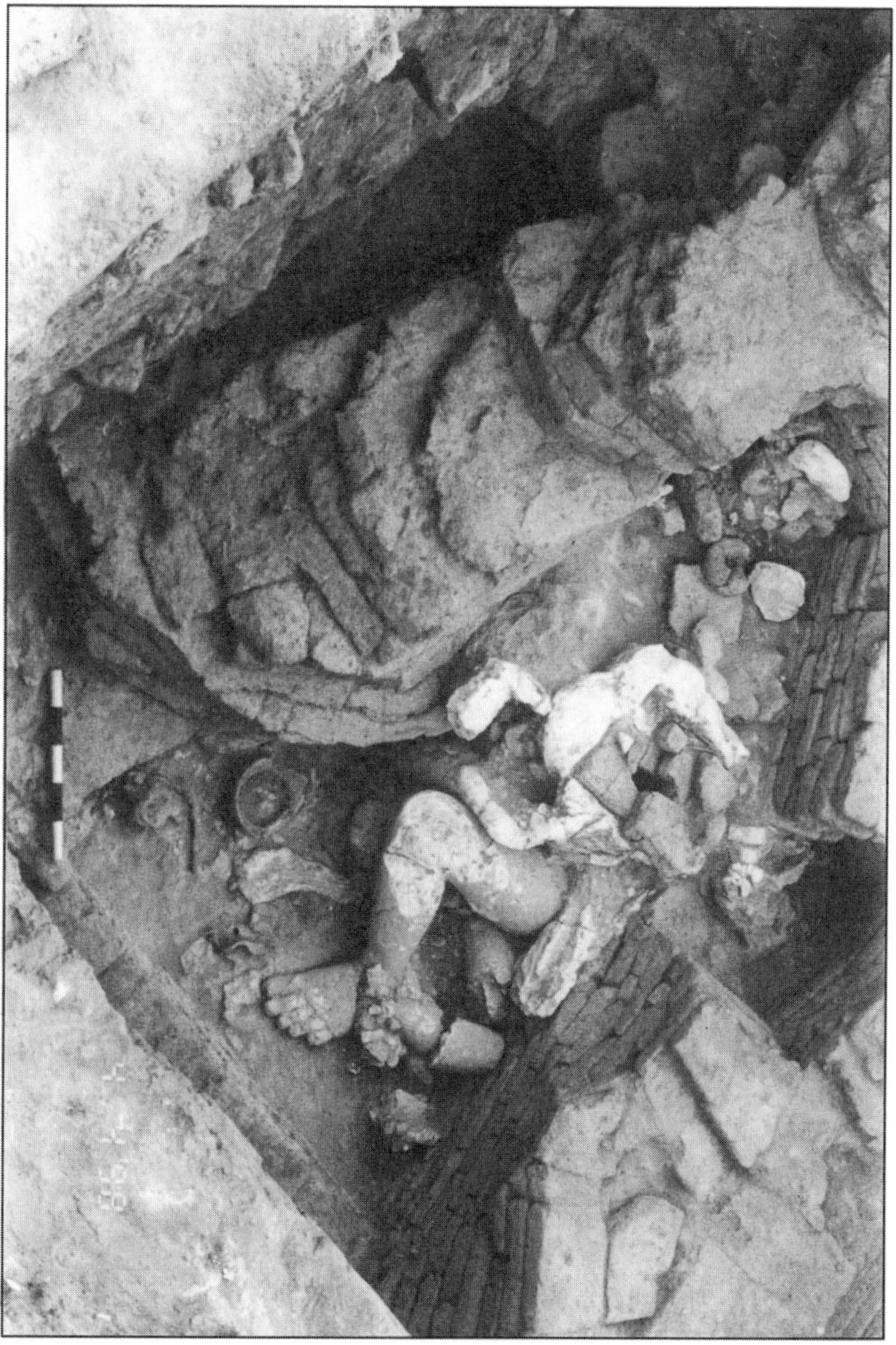

写真1　龍樹菩薩の記念物（龍樹菩薩を象徴するその暗殺死の表象）

写真２Ａ　マンセル山、第三段階の仏塔遺構（MNS-３遺跡）

写真２Ｂ　仏教学修の一大中心地たる大寺遺構の概観（MNS-２遺跡）

※邦訳にあたり、「MNS-１遺跡」の名称を「MNS-２遺跡」に修正した。以下同じ。

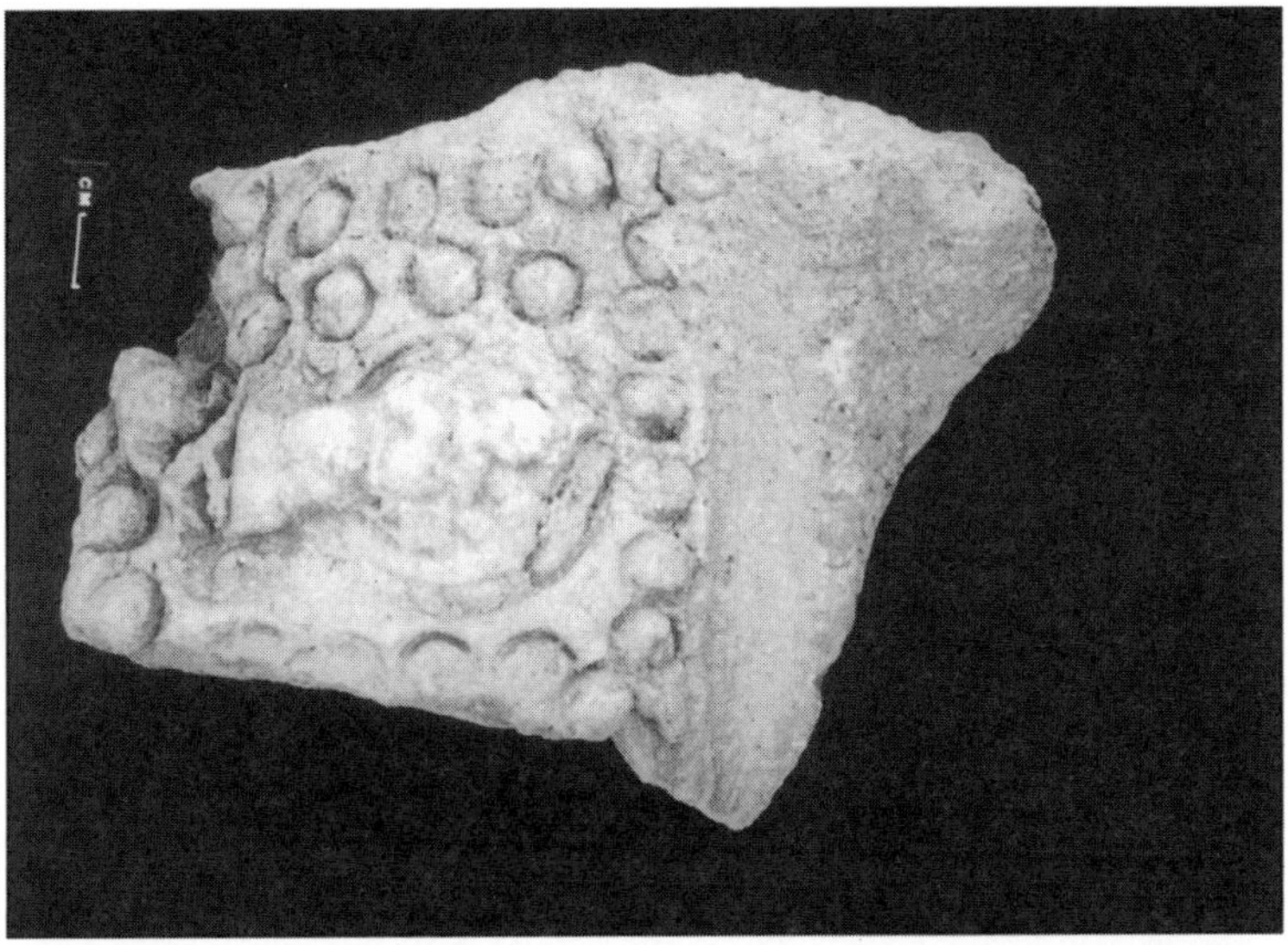

写真３A　法輪中の菩提樹をかたどったマンセル固有の発見物（MNS-２遺跡）

写真３B　仏像か菩薩像の頭部（MNS-３遺跡）

写真４Ａ　舎利容器断片と蓋（MNS-３遺跡）

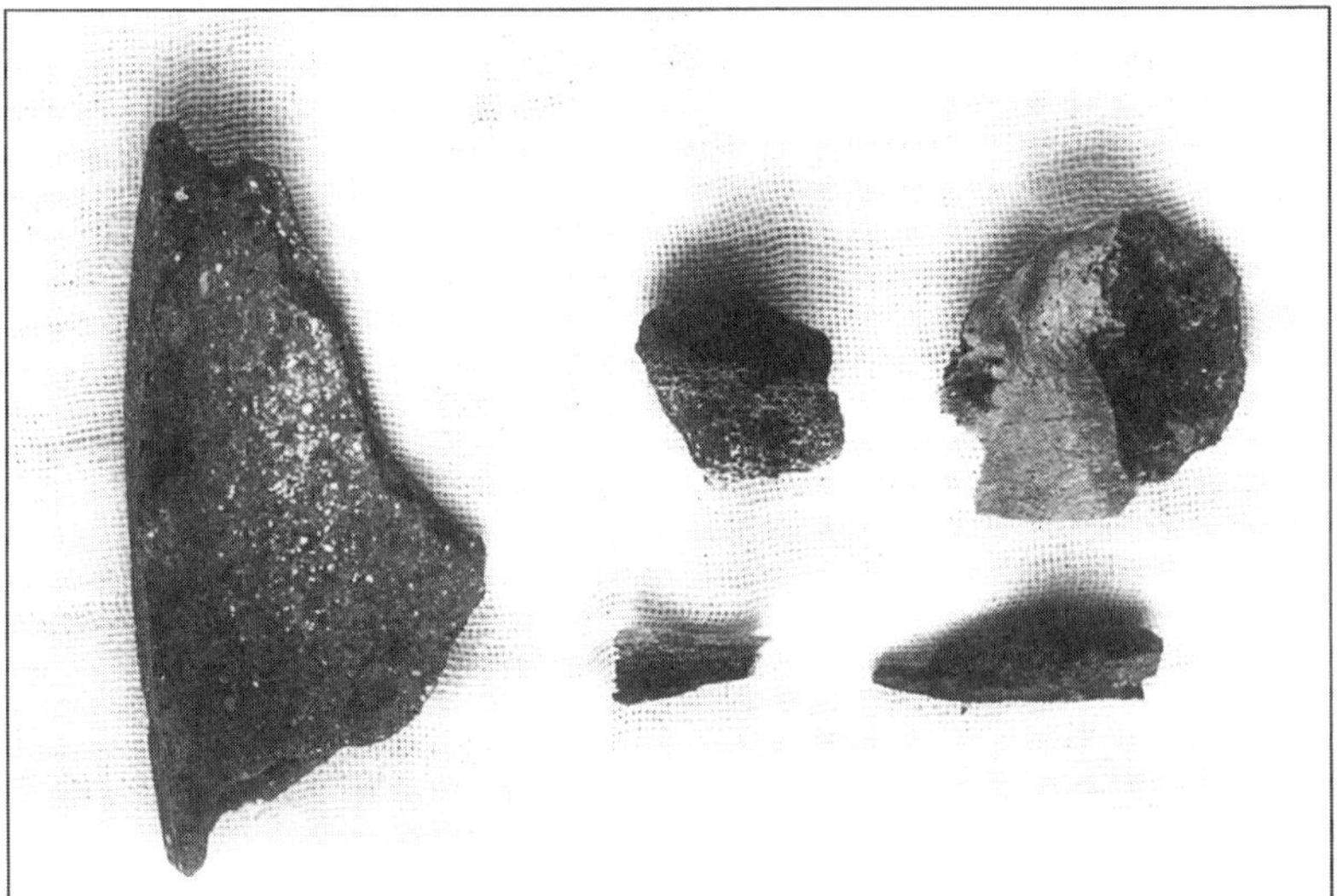

写真４Ｂ　舎利

◀ 写真５A　龍王像頭部

写真５B
ムチリンダ龍像 ▶
（？）の表象

写真６Ａ　菩薩像（MNS- 3 遺跡）

写真６Ｂ　菩薩像（MNS- 3 遺跡）

写真7A　ジャンバラ像（ニューデリー、国立博物館蔵）

写真7B　菩薩像

▲
写真８A　緊那羅像

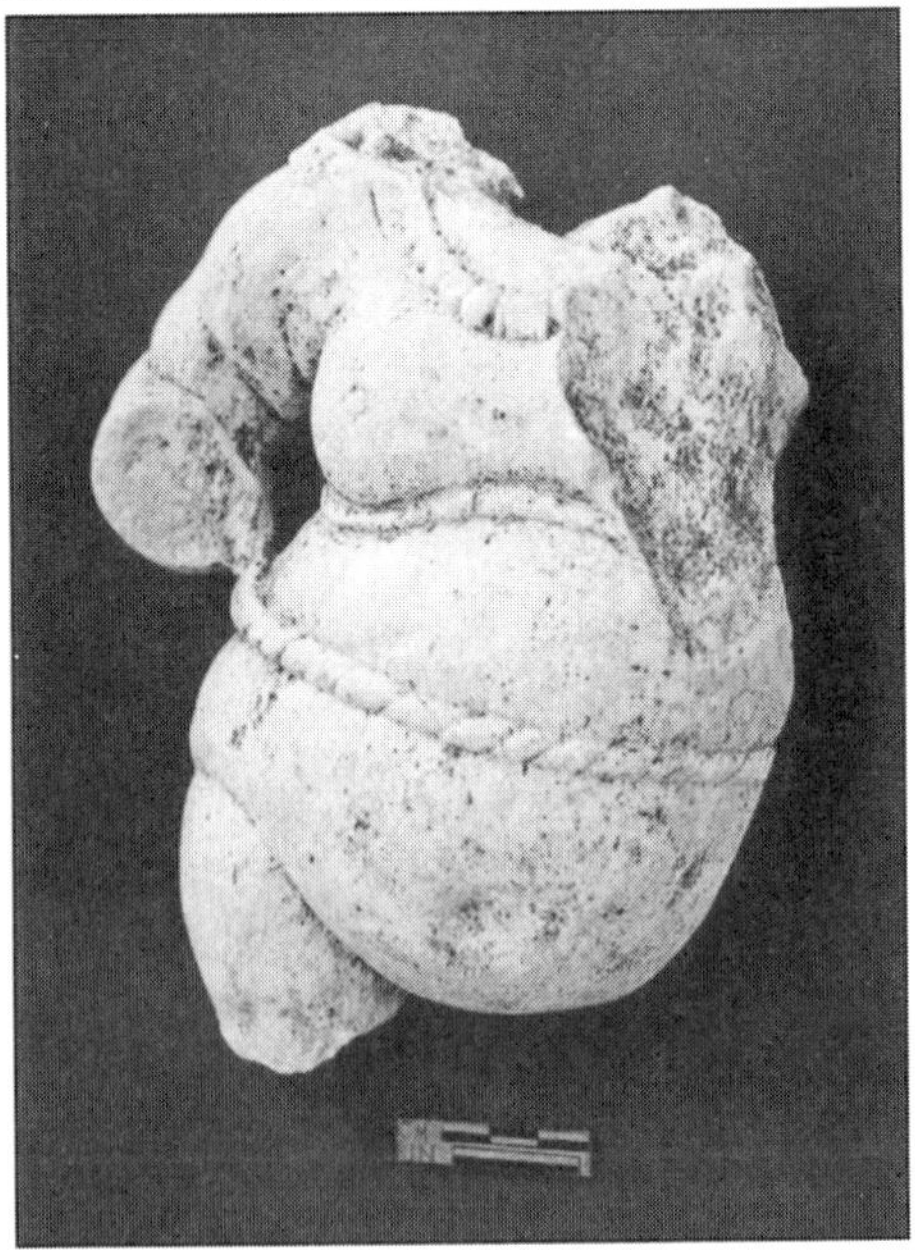

写真８B　夜叉像 ▶

写真９Ａ
MNS-３遺跡付近で発見された
絵のような文字（巻貝状文字？）
のある岩の断片

写真９Ｂ
仏塔遺構（MNS-３遺跡）

写真10A　MNS-３遺跡の出土遺構概観（マンセル山）

写真10B　MNS-３遺跡近郊の湖

写真11　龍樹の記念物の近接写真（MNS- 3 遺跡）

写真12A　仏塔の蓮華状文様のある構造物（MNS- 3 遺跡）

写真12B　仏塔の蓮華状文様のある構造物の近接写真（MNS- 3 遺跡）

写真13A　蓮華状文様のある仏塔（保存修復前）

写真13B　蓮華状文様のある仏塔（保存修復後）

写真14A　最初期のアショーカ王時代の仏塔外観を示す断層写真（MNS-3遺跡）

写真14B　第三段階の仏塔外観を示す断層写真（MNS-3遺跡）

写真15A 仏塔構造を支える石垣（MNS- 3 遺跡）

写真15B 仏塔構造を支える石垣の近接写真（MNS- 3 遺跡）

写真16A
第三段階の仏塔の異なる
外観（MNS-3遺跡）

写真16B
仏塔の装飾的意匠

写真17A
楕円形の構造物、祠堂《チャイトヤ》と居住房《グリハ》？
（MNS-３遺跡）

写真17B
洞窟入口（MNS-３遺跡）

写真18　四角形の台座—おそらく仏塔破壊後に用いられた祭壇レールの断片
（MNS-3遺跡）

写真19A　大寺遺構概観（MNS- 2 遺跡南面）

写真19B　発掘中の大寺南東部概観（MNS- 2 遺跡）

写真20A　大寺概観（MNS-2遺跡）

写真20B　様々な建築段階を示す大寺の出土遺構の近接写真

写真21A　大寺最初期の構造を支える壁（MNS- 2 遺跡）

写真21B　大寺主要壁を支える外壁（MNS- 2 遺跡）

写真22A　大寺基壇（MNS- 2 遺跡）

写真22B　大寺頂上部へ続く階段（MNS- 2 遺跡）

写真23A　大寺基壇の様々な繰形《モールディング》（MNS-２遺跡）

写真23B　大寺基壇の近接写真（MNS-２遺跡）

写真24A　大寺僧房（正面 MNS-2 遺跡）

写真24B　大寺僧房（側面 MNS-2 遺跡）

写真25A
僧房の近接写真（MNS- 2）

写真25B　大寺僧房（MNS- 2 遺跡）

▲
写真26A
大寺最上階の僧房（MNS- 2 遺跡）

写真26B
仏教複合構造物《コンプレックス》の排水網 ▶
（MNS- 2 遺跡）

写真27A 仏教のターラー女神と侍者像

写真27B 荷担夜叉《バーラヴァーハカ》像

▲
写真28A　夜叉像断片

写真28B　夜叉像断片 ▶

写真29A　棒を持つ夜叉像

写真29B　ヴィドヤーダラ像

◀ 写真30A　仏像頭部？

写真30B　文殊菩薩像頭部 ▼

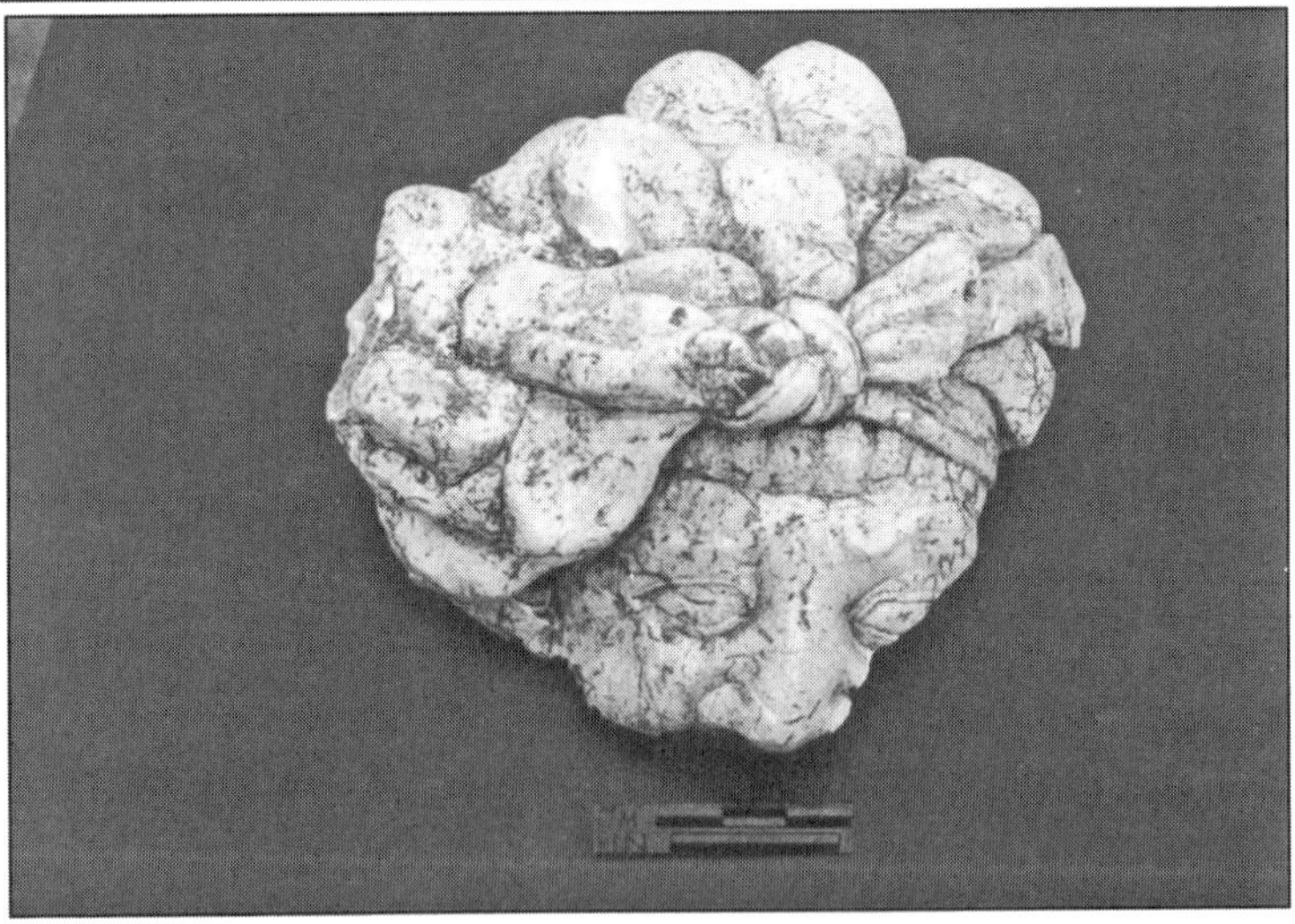

写真31A　石像頭部

写真31B　石像断片

写真32A　ひき臼断片

写真32B　ひき臼断片

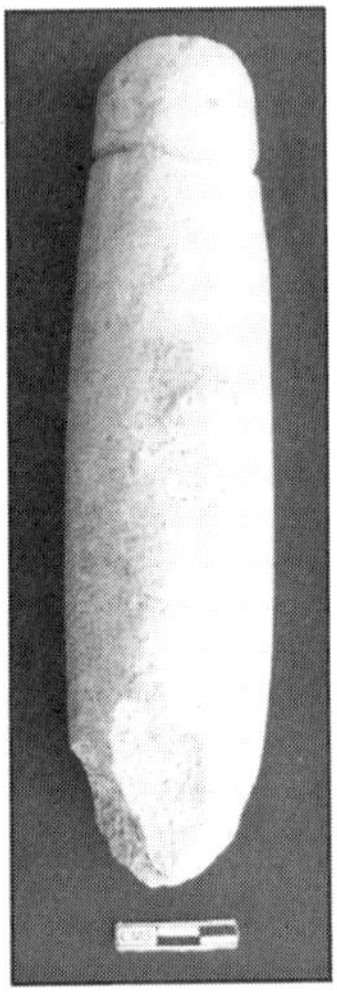

写真32C　乳棒

写真33　龍樹菩薩像（ナーランダー出土）

写真34A　龍樹菩薩像（コルカタ、インド博物館蔵）

写真34B　龍樹菩薩像（コルカタ、インド博物館蔵）

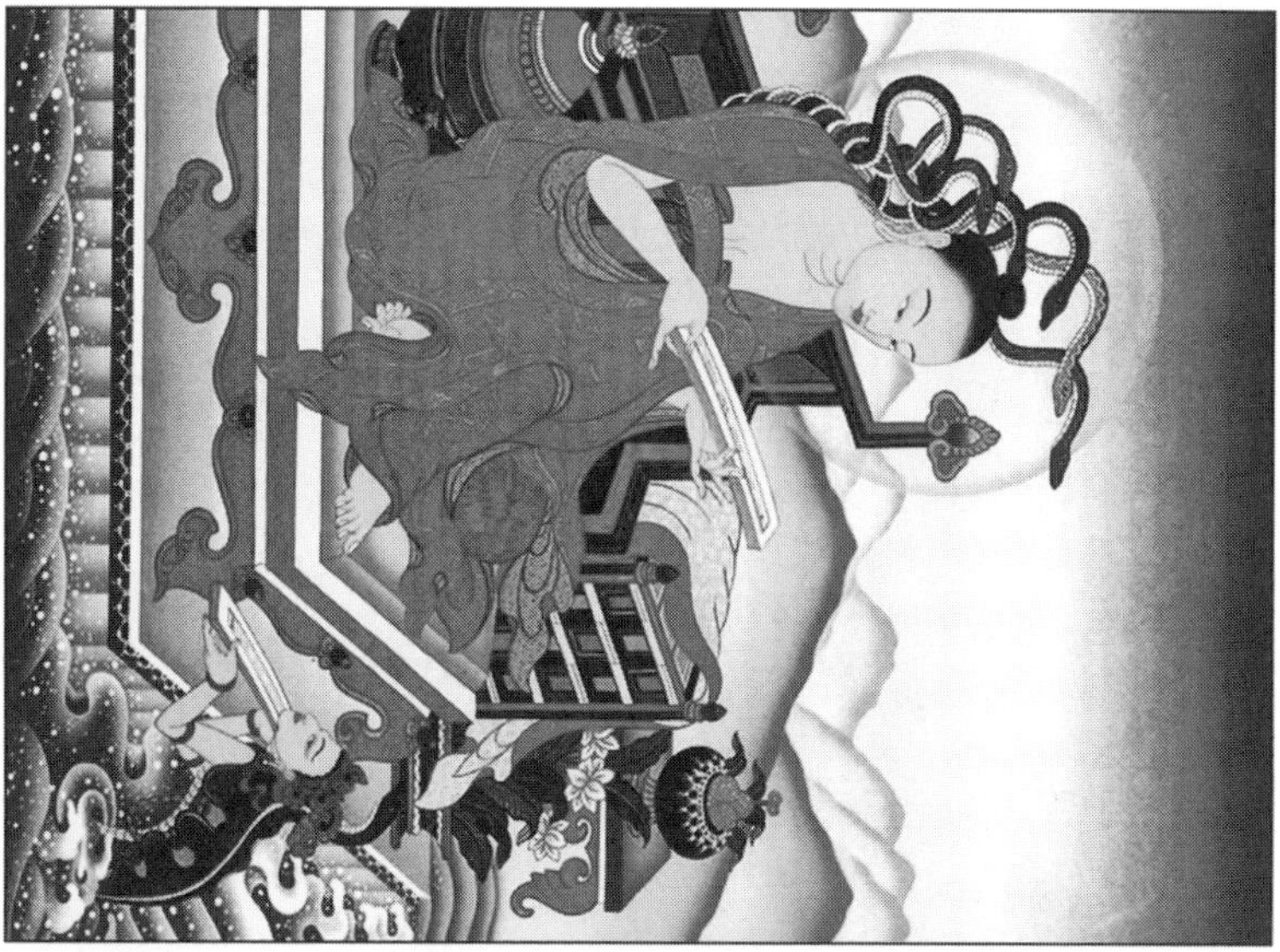

写真35A　龍樹菩薩の図像

写真35B　龍樹菩薩の図像

写真36　仏教大寺概観（MNS-２遺跡）

写真37　仏教大寺長壁概観（MNS-2遺跡）

写真38　仏塔複合構造物《コンプレックス》と径の概観（MNS-3遺跡）

写真39A
仏塔の祭壇レール遺構（MNS-３遺跡）

写真39B
仏塔の祭壇レール遺構
（MNS-３遺跡）

写真39C
主要仏塔複合構造物《コンプレックス》へ続く階段。段を組むのに祭壇断片が用いられている
（MNS-３遺跡）

ラームテクの龍樹山概観

著者略歴

アニル・クマール・ガイクワード（Anil Kumar Gaikwad）

1969 年大学卒業後、M.D.（Gen. Med.）、Ph. D.（医学、社会学）の学位を取得。元インド政府アウランガバード医科大学教授。アウランガバード MGM 大学医科大学医学教授。古代インド医学、殊に仏教時代の医学に造詣が深い。エイズ、心臓病等の診療に携わる。HIV 感染患者のカウンセラーを養成し、自身も冠状動脈や結合組織の病気等、慢性病治療の第一人者である。『ジーヴァカ』の著述でババサーヒブ・アンベードカル博士国際文学賞を受賞。「アショーカの医学への貢献」の論文で、アショーカ・ブーシャン勲章を受章。

訳者略歴

中村　晃朗（なかむら　あきろう）

1985 年生まれ、鹿児島県出身。2012 年、東京大学大学院人文社会系研究科インド文学・インド哲学・仏教学専門分野修士課程修了。2014 年、インドに復興した「世界最古の大学」といわれる国立ナーランダー大学に、日本人として初めて留学。2016 年、同大学歴史学部修士課程修了。同年、同志社大学で開かれた第 8 回世界考古会議京都大会で、“Mansar – Discovery of the Site of Nagarjuna: Based on Its Hydraulic Architectures and Chinese and Korean Travelogues”（「マンセル—龍樹の遺跡の発見：水流に関係する建築および中国・朝鮮の旅行記にもとづいて」）と題して発表を行う。

龍樹の遺跡の発見
—インド、マンセル・ラームテク遺跡—

2018 年 1 月 20 日　初版発行

著　　者　アニル・クマール・ガイクワード
訳　　者　中村　晃朗
発 行 者　八木　唯史
発 行 所　株式会社　六一書房
〒 101-0051　東京都千代田区神田神保町 2-2-22
電話 03-5213-6161　FAX 03-5213-6160　振替 00160-7-35346
http://www.book61.co.jp　Email　info@book61.co.jp
印刷・製本　藤原印刷株式会社

ISBN 978-4-86445-096-6　C1022　　Printed in Japan

索　引

【か行】

【さ行】

【た行】

【な行】

【は行】

【ま行】